平安京――京都

都市図と都市構造

金田章裕 [編]

京都大学学術出版会

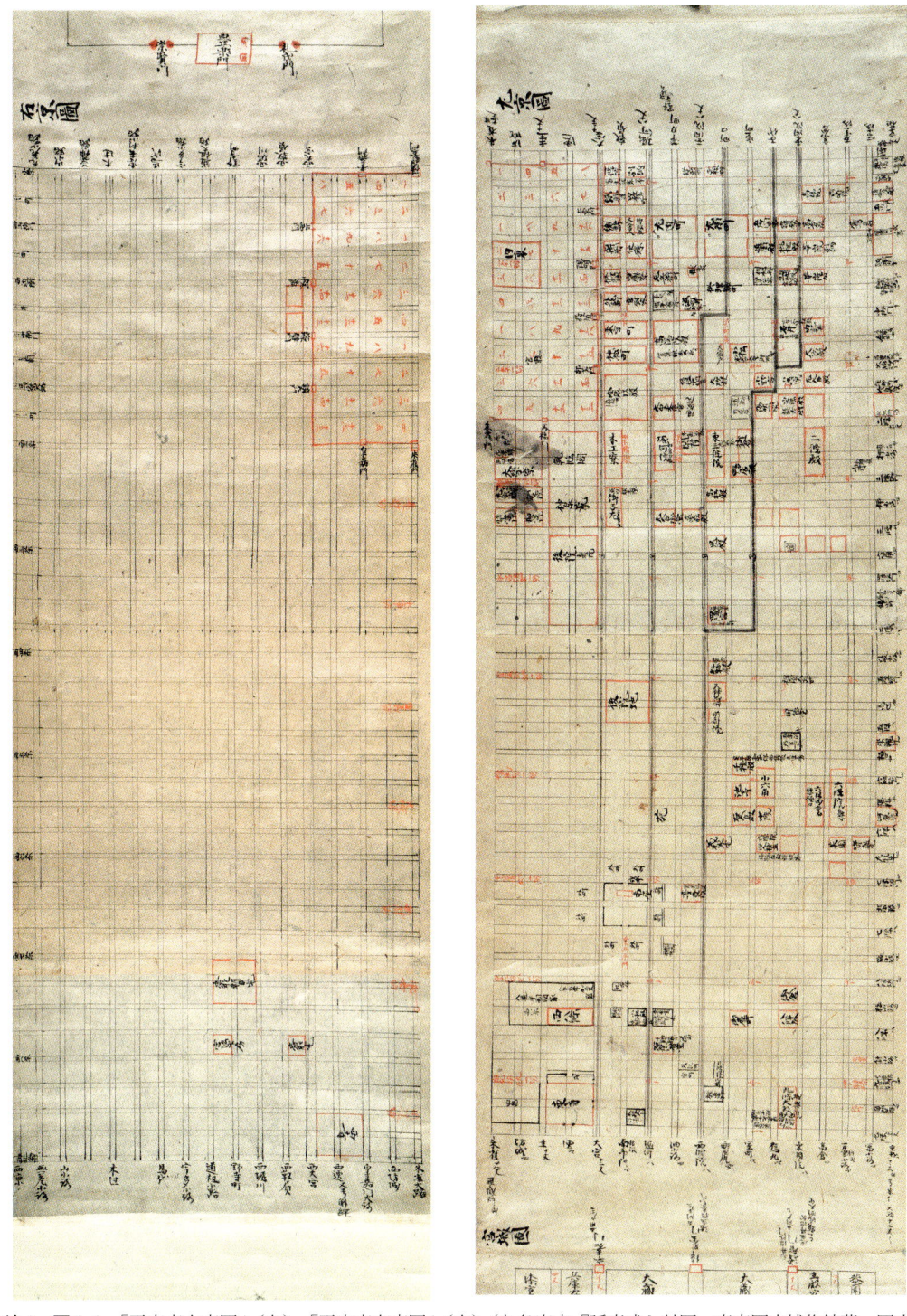

口絵1　図1-1　「平安京右京図」（左）、「平安京左京図」（右）（九条家本『延喜式』付図、東京国立博物館蔵、国宝）
Image: TNM Image Archives　Source: http://TnmArchives.jp/

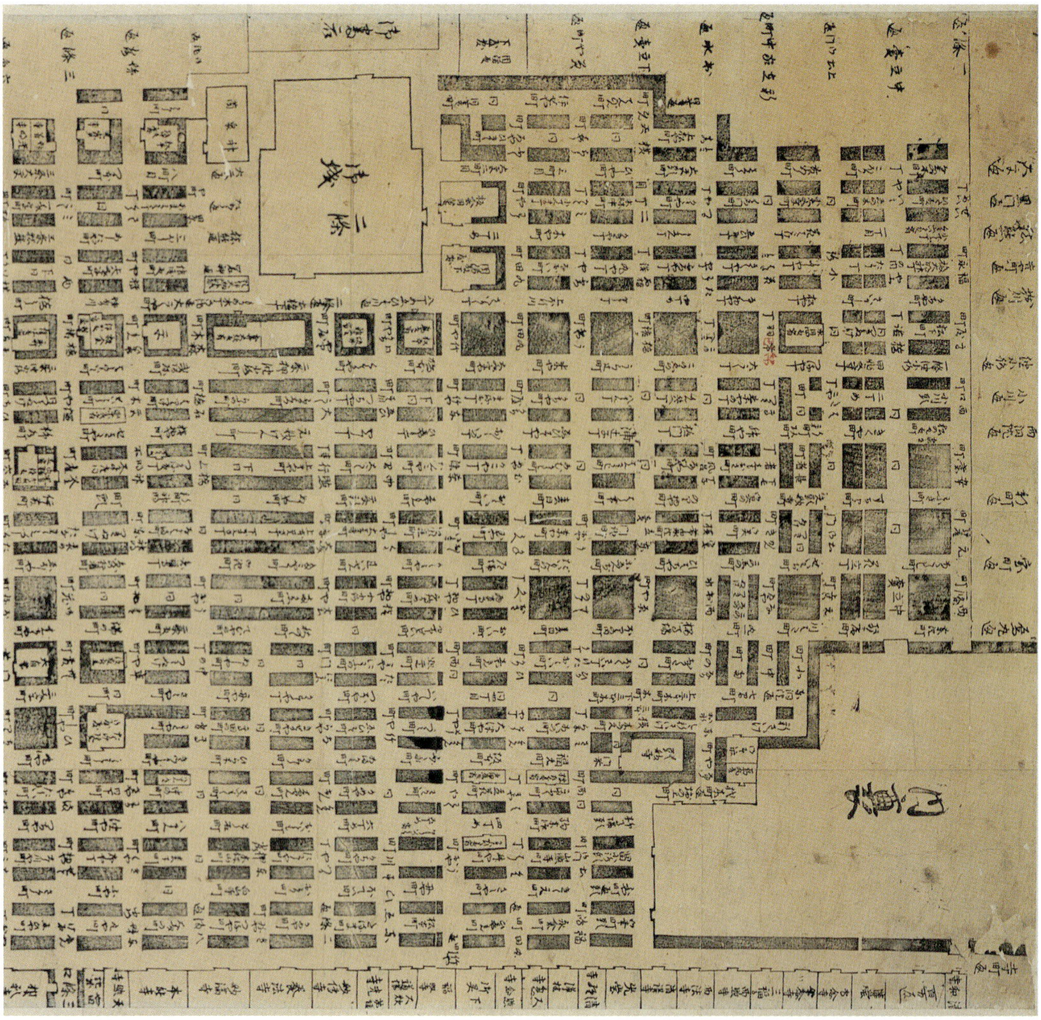

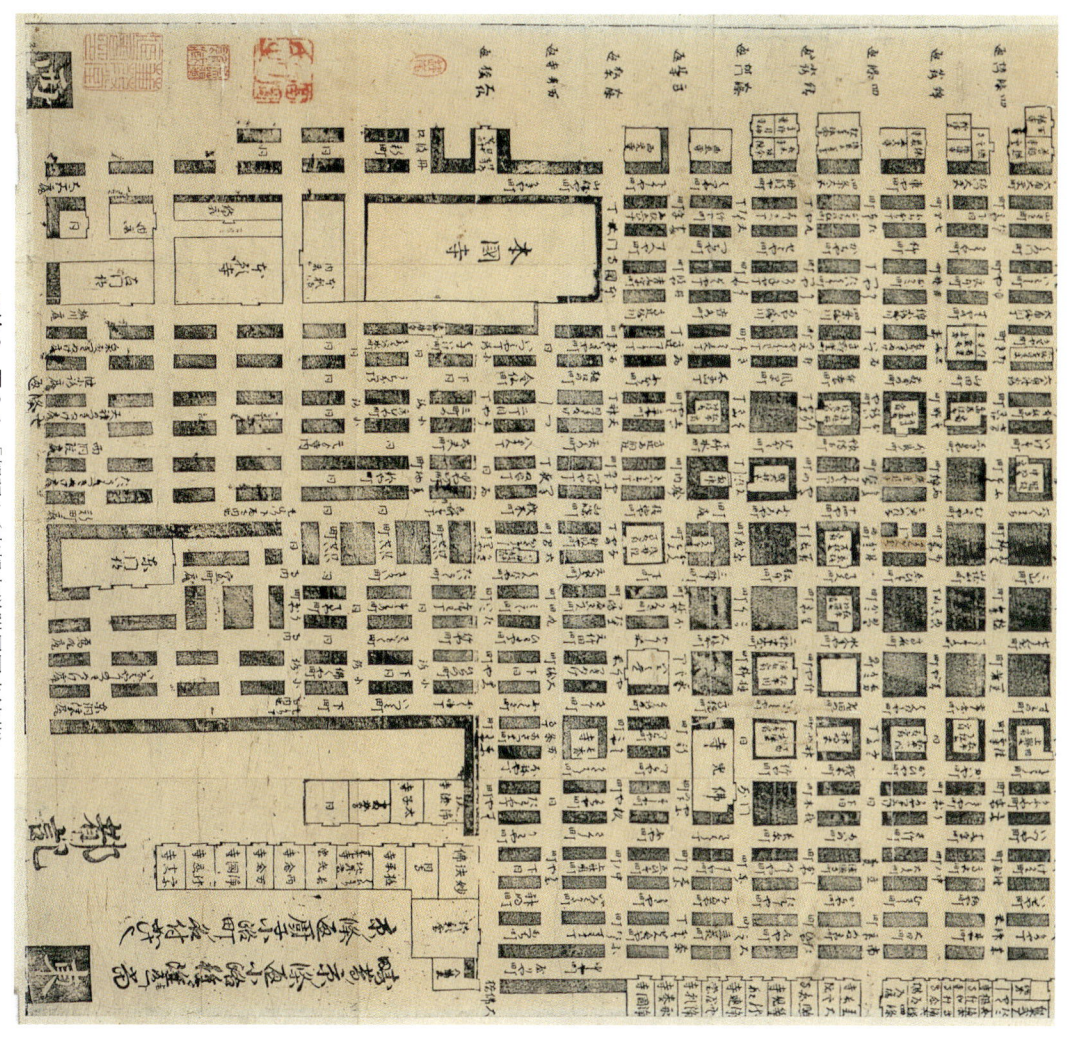

口絵2 図3-1 「都記」(京都大学附属図書館蔵)

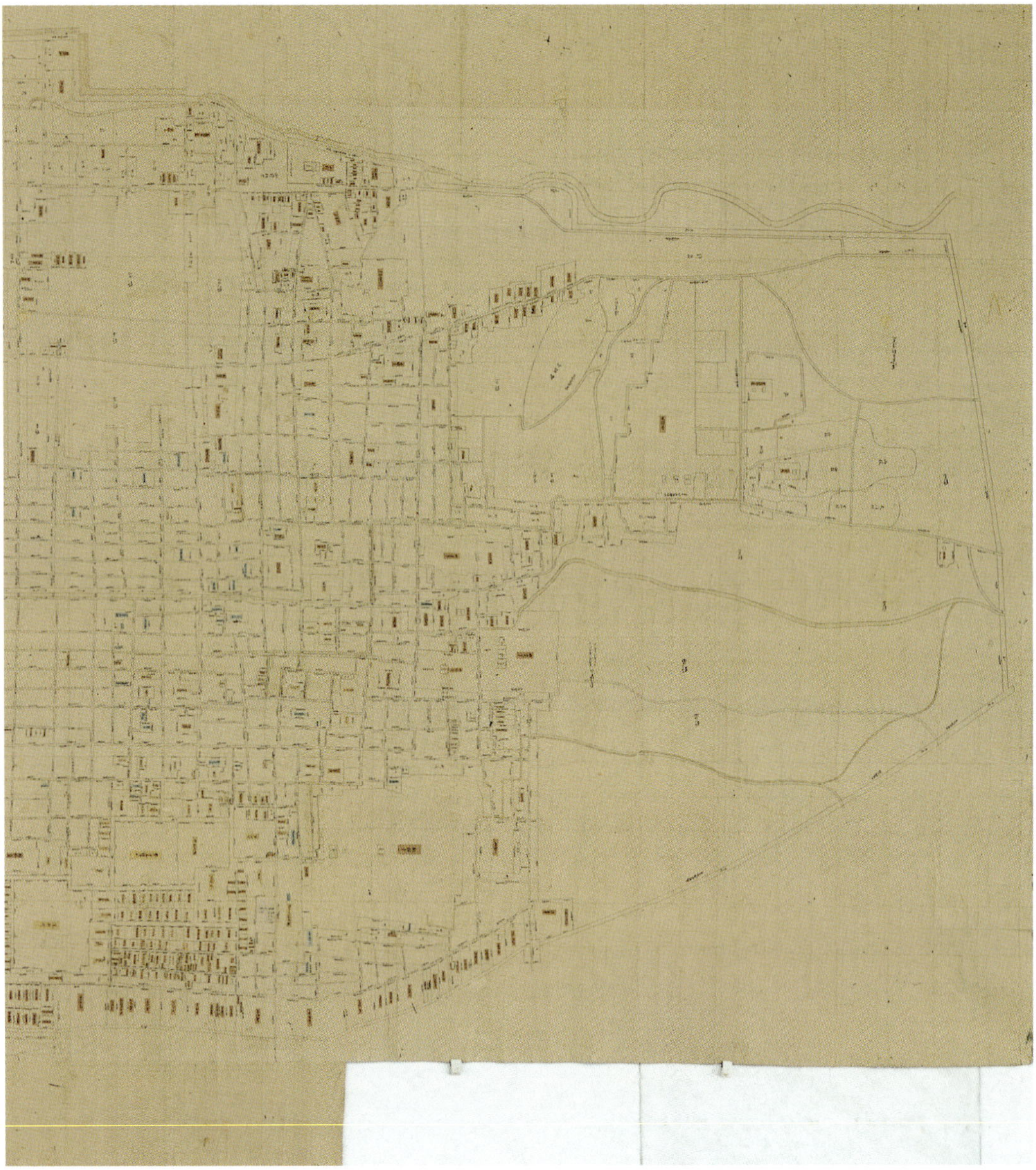

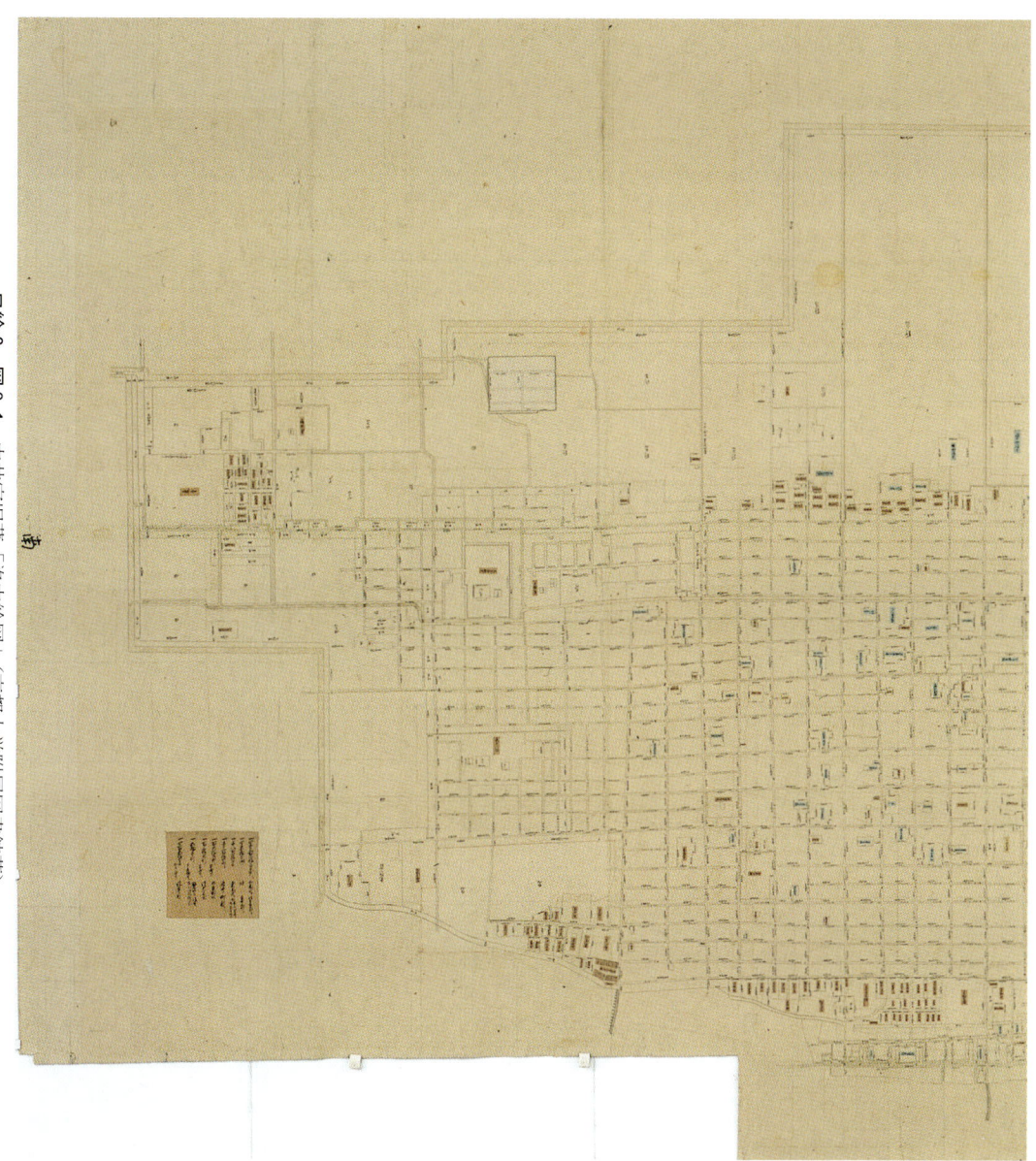

口絵3 図9-1 中井家旧蔵「洛中絵図」(京都大学附属図書館蔵)

東

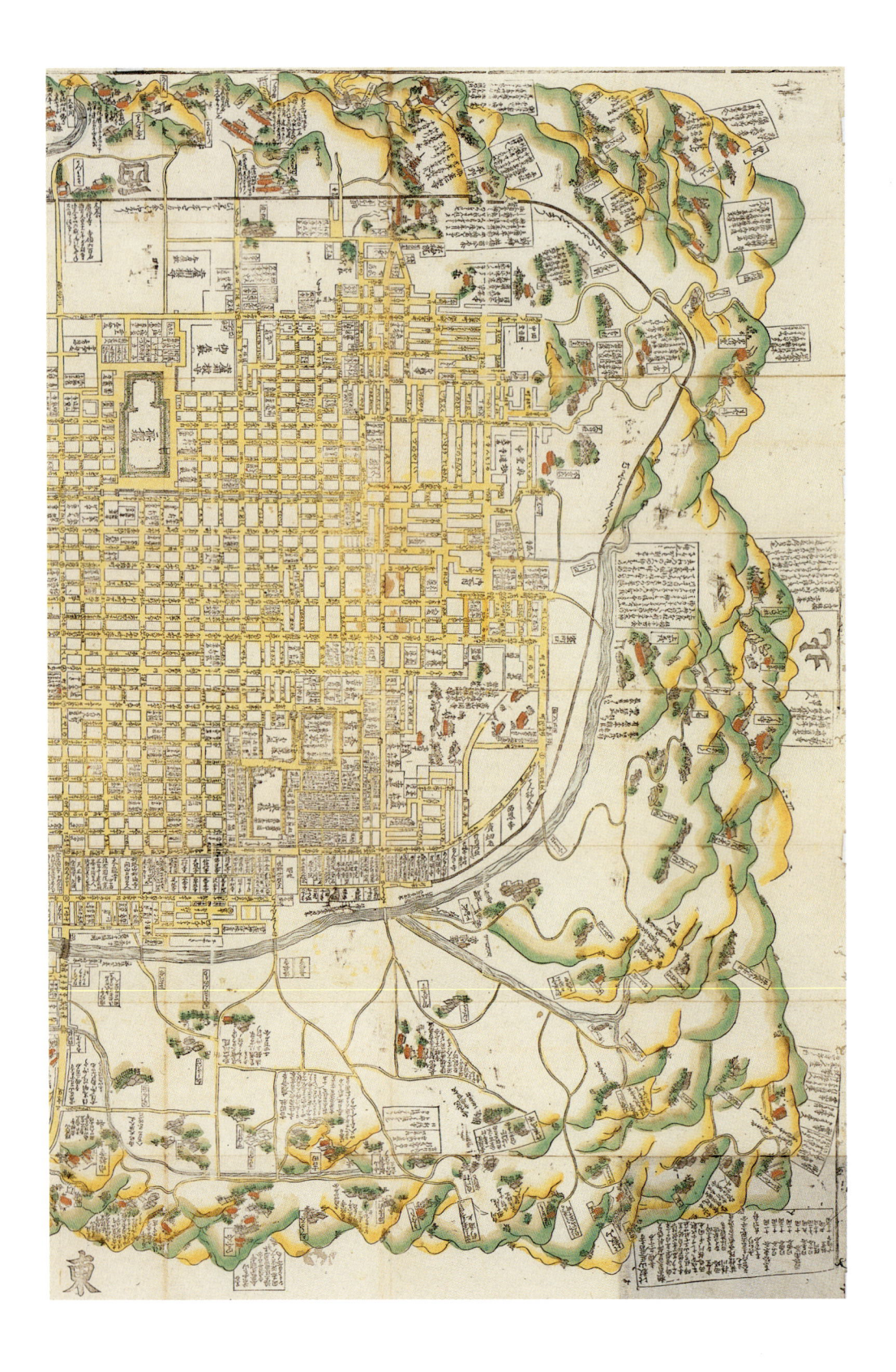

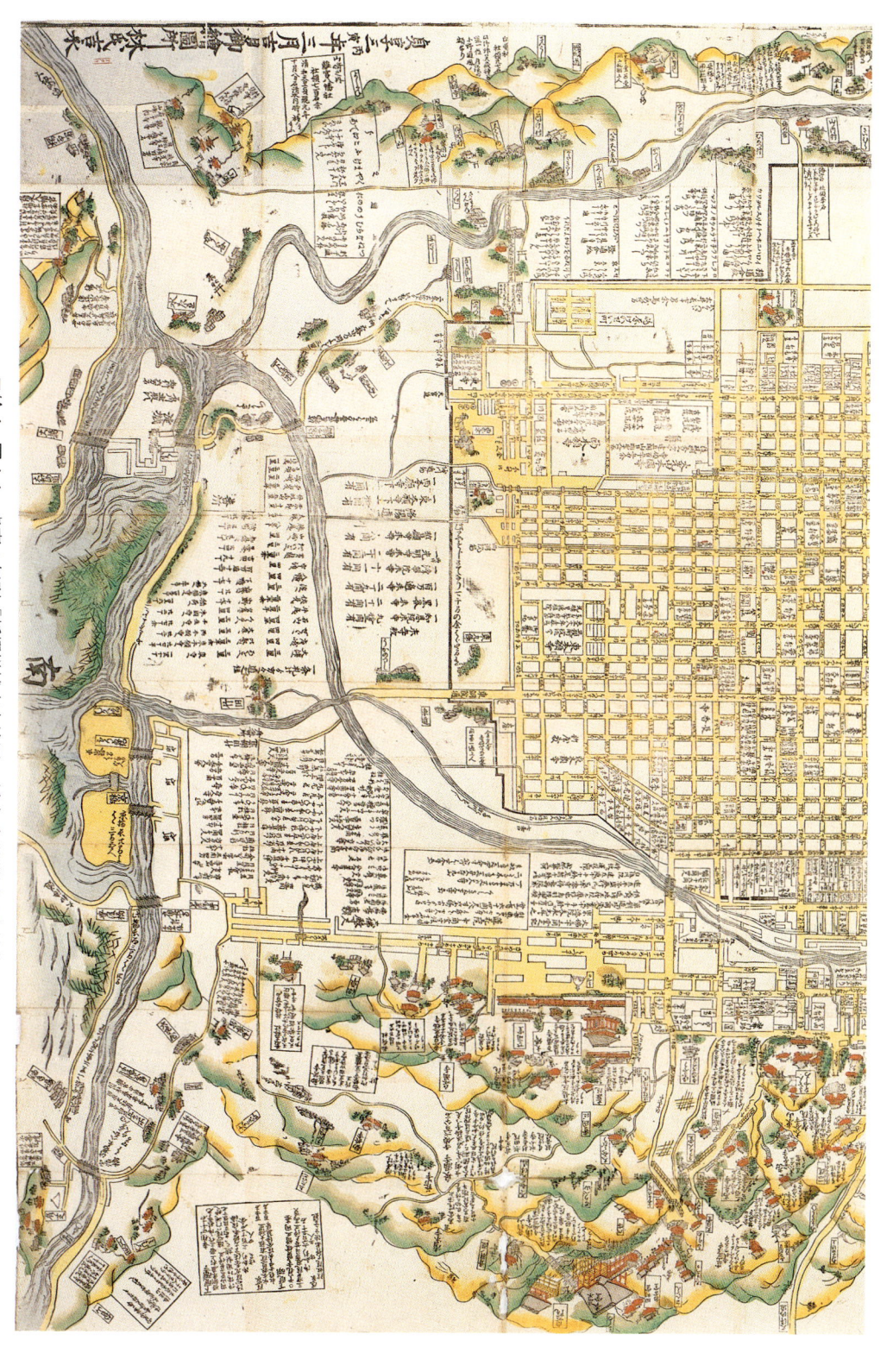

口絵4 図4-1 貞享3年刊「新撰増補京大絵図」(京都大学附属図書館蔵)

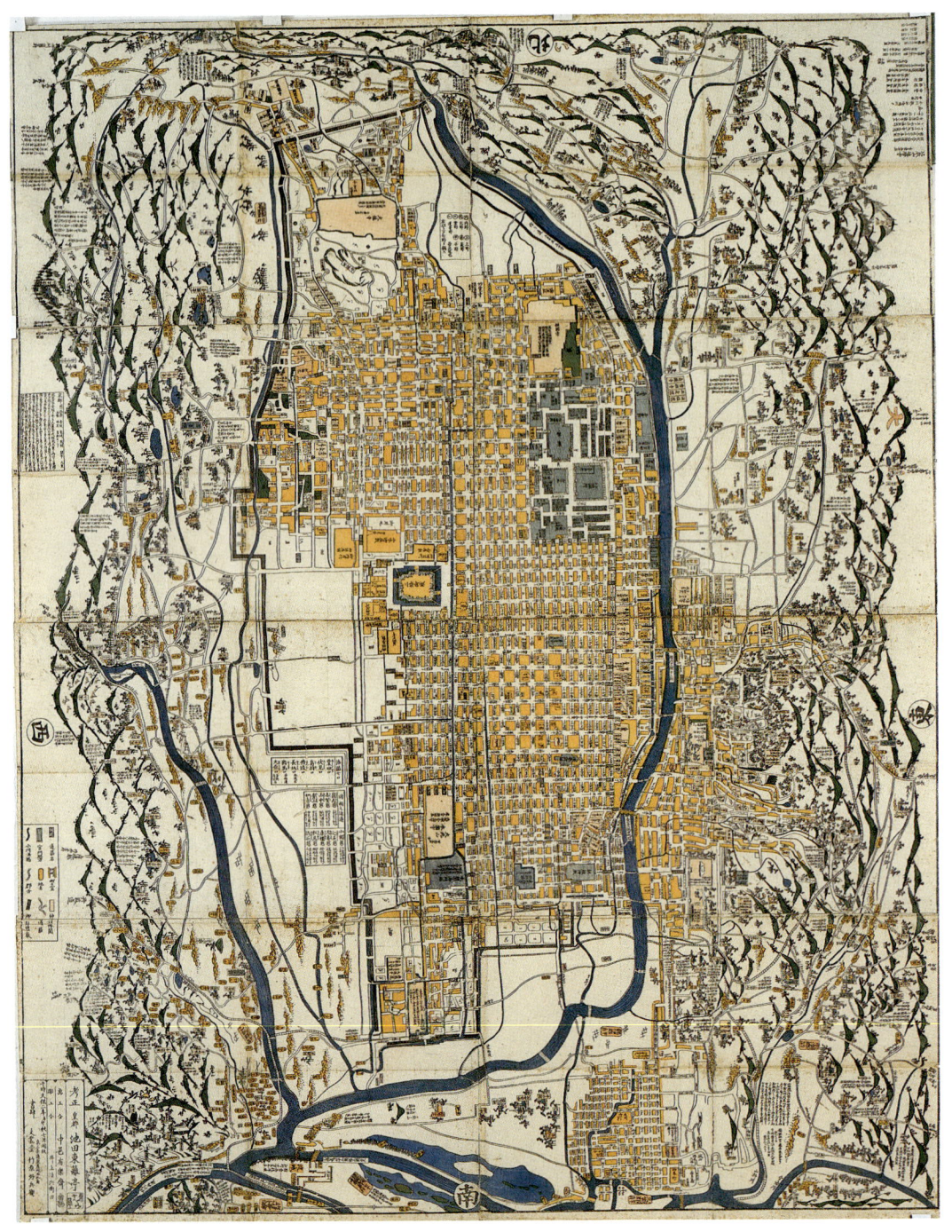

口絵 5　図 4-7　「改正京町絵図細見大成」（京都大学附属図書館蔵）

口絵 6　図 2-4　「松尾社境内図」（松尾大社蔵）
使用提供：財団法人京都国際文化交流財団

口絵 7　図 2-6　古墳時代後期〜中世初期頃の水路跡（発掘以前の松室遺跡）
ベースは 1974 年の国土地理院撮影カラー空中写真（CCK-74-14）

口絵8 図5-4 「皇州韜韞撰部 中古京師内外地図」(国立公文書館蔵 177-1-10)

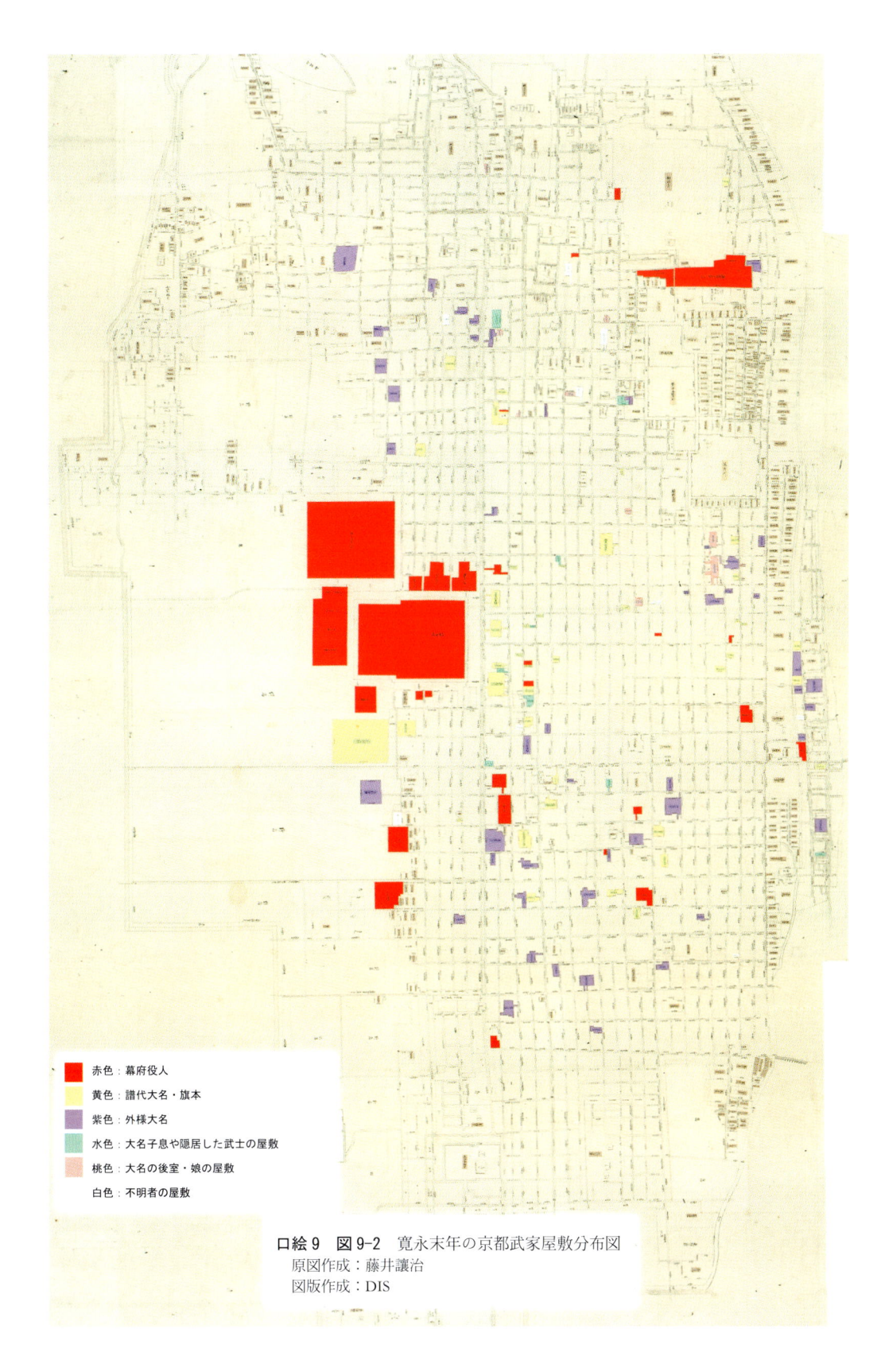

赤色：幕府役人
黄色：譜代大名・旗本
紫色：外様大名
水色：大名子息や隠居した武士の屋敷
桃色：大名の後室・娘の屋敷
白色：不明者の屋敷

口絵9　図9-2　寛永末年の京都武家屋敷分布図
原図作成：藤井譲治
図版作成：DIS

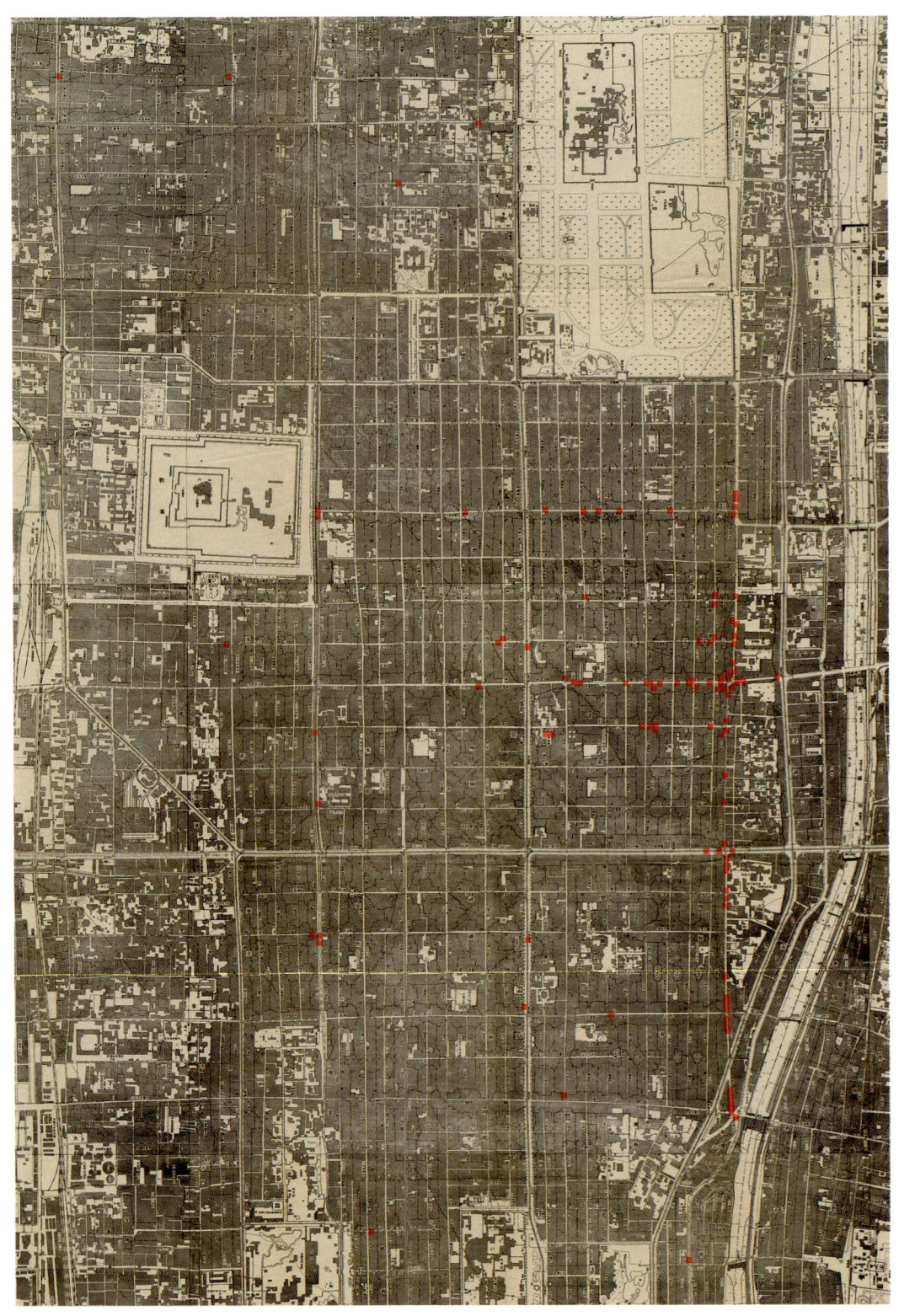

口絵10　図3-2　京都の版元分布（3,000分の1大正都市計画図を利用）

はしがき

八世紀末の延暦一三年(七九四)、新京となった平安京は、東西約四・五キロメートル、南北約五・二キロメートルの長方形の外形と、方格状の街路をもつ都市として計画・建設された。人口は一〇万人に近く、当然のことながら日本最大の都市であった。

その後、形態と構造は大きく変貌しつつも現在に至るまで大都市として継続し、人口の増減を繰り返しつつ、一八世紀初めごろには四〇万人を越える状況となっていた。近世には江戸・大坂と共に三都と称されて、首都機能の一部を維持していた。さらにこの間、呼称もまた平安京から京・京都へと転じ、時には洛陽・京洛・洛中・京師・花洛などさまざまに呼ばれてきた。

このような平安京―京都は、都市研究にとってまことに魅力的な存在であり、すでに膨大な研究の蓄積がある。すぐに想起される包括的なものに限っても、『平安京提要』(角田文衛監修、古代学協会・古代学研究所編集、角川書店、一九九四年)、『京都の歴史』全一〇巻(林屋辰三郎責任編集、学藝書林、一九六八年)、『新京都の歴史』全一六巻(京都市編、平凡社、一九七九年)などをはじめ、枚挙にいとまがない。『京都歴史アトラス』(足利健亮編、中央公論社、一九九四年)は各巻に、時代ごとの別添地図を付し、都市構造へのまなざしを有していたが、この点では『京都歴史アトラス』(足利健亮編、中央公論社、一九九四年)も極めて有益である。

しかしながら、膨大な研究蓄積にもかかわらず、対象が多彩であるが故に依然として研究の必要な点が多々残されている。これが、本書の企画を意図した背景の一つである。加えて、平安京―京都を表現した古地図が数多く伝存することも理由の一つである。本書では、この両者を結合して分析を深める試みを展開したい。

京都の都地図についても長く豊かな歴史を有しており、都市そのものと同様に研究の蓄積は大きい。京都図については、『京都市史 地図編』(京都市役所編纂、京都市役所、一九四七年)が初期の段階での京都図集として大きな役割を果たした。最も体系的なリストは『京都図総目録』(大塚隆著、日本書誌学大系18、青裳堂書店、一九八一年)であり、著者は、京都図の蒐集家としても著名であった。

その大塚隆氏のご高配により、日本最古の現存刊行都市図である「都記」をはじめとする京都図の最大のコレク

ションが京都大学へ寄贈され、京都大学附属図書館に「大塚京都図コレクション」として架蔵されている（金田章裕編集代表『京都大学所蔵古地図目録』京都大学大学院文学研究科、二〇〇一年）。本研究は、このコレクションなしには成立し得ないものでもある。大塚京都図コレクションの寄贈を受けて、二〇〇一年に京都大学総合博物館においてその主要図の企画展示を催した『近世の京都図と世界図─大塚京都図コレクションと宮崎市定氏旧蔵地図─』京都大学附属図書館、二〇〇一年）が、本書はこの研究編としての性格を合わせ有する。このような研究の場を実質的にご提供いただいたことについて、大塚隆氏に深く敬意を表すると同時に、改めて厚くお礼を申し上げたい。

ところで、古地図には、作製された時代の政治状況や社会状況を反映し、身分的差別に関する表現が含まれている場合がある。本書においても研究対象とした古地図の一部にもそのような表現がみられる。それも含めて歴史的な資料であり、差別や偏見が歴史的に形成された経緯を解明し、正確な認識を得るために不可欠であるとの考えに立脚していることをご理解いただきたい。

本書は、平成一四〜一六年度科学研究費補助金による共同研究「平安京─京都の都市図・都市構造に関する比較統合研究とデジタルデータベースの構築」の成果を基とし、その一部に新たに補訂を加えて一書を編むものである。平成一八年度科学研究費補助金（研究成果公開促進費）の交付を受けて刊行される。

本書の編集には、執筆者の一人でもある愛知県立大学助教授山村亜希氏の御尽力を得た。記して感謝したい。本書が企画の目的を達し、多少なりとも研究の進展に貢献することができれば、幸いこれに過ぎることがない。とはいえ、その点は読者諸賢のご判断に属することである。

平成一八年師走

金田章裕

平安京―京都　都市図と都市構造

目次

口絵

はしがき

序章　平安京—京都の特性と本書のねらい　［金田章裕］1

1　平安京の建設とその市街　1
2　「平安京—京都」の名称　5
3　市街の変遷と町の成立　7
4　平安京—京都の都市図　8
5　本書の構成とねらい　14

第Ⅰ部　平安京—京都の都市図

第1章　平安京左・右京図について　［金田章裕］19

1　目的　19
2　左・右京図に関する主要な見解　20
3　九条家本『延喜式』左・右京図の表現　24

4 九条家本『延喜式』左・右京図の特性 27

5 平安京左・右京図の系譜について 35

第2章 平安京西郊桂川の河道変化と耕地開発
――葛野郡班田図から松尾社境内図まで―― [青山宏夫] 41

1 はじめに 41

2 葛野郡の条里プランと桂川の河道変化 43

3 桂川右岸の耕地開発と松尾社 49

4 おわりに 53

第3章 刊行京都図の版元について [三好唯義] 59

1 はじめに 59

2 刊行地図の版元についての調査概要 60

3 刊行京都図と版元 69

4 おわりに 73

第4章 林吉永版京大絵図の特徴とその変化 [山近博義] 75

1 はじめに 75

2 林吉永版京都図の概要 76

第5章 森幸安の地誌と京都歴史地図　[上杉和央] 99

1 はじめに 99
2 京都関係の地図・地誌 100
3 幸安の京都歴史地図の情報源 104
4 京都歴史地図作製における幸安の姿勢 111
5 地誌作成から地図作製へ―むすびにかえて― 118

3 京大絵図の図の描写にみられる諸特徴 78
4 京大絵図の地誌情報などにみられる諸特徴 85
5 林吉永版京大絵図と同時代の京都―むすびにかえて― 94

第II部　平安京―京都の都市構造

第6章　院政期平安京の都市空間構造　[山村亜希] 125

1 はじめに 125
2 諸施設の分布傾向とその変化 127
3 院政期平安京の空間構造 140
4 おわりに 149

第7章　中世都市嵯峨の変遷　　　　　　　　　　　　　　　　　　　　　　　　　　　　　　　　　　　［山田邦和］153

1　はじめに 153
2　「舎那院御領絵図」の景観 154
3　鎌倉時代―南北朝時代の都市嵯峨 159
4　室町時代の都市嵯峨 170
5　「洛中洛外図屛風」に見る嵯峨 175
6　江戸時代の嵯峨の様相 179

第8章　中世後期京都の都市空間復原の試み　　　　　　　　　　　　　　　　　　　　　　　　　　　　　　［仁木　宏］183

1　はじめに 183
2　史料と先行研究 184
3　時代区分と所在地表示 187
4　空間復原と都市構造 189
5　おわりに 193

第9章　一七世紀京都の都市構造と武士の位置　　　　　　　　　　　　　　　　　　　　　　　　　　　　　［藤井讓治］197

1　はじめに 197
2　一七世紀京都の都市構造 197

3　武家屋敷の立地と規模 199
4　居住武士の構成と存在形態 202
5　おわりに 205

第10章　近現代期京都の富裕層と都市空間構造　［田中和子］211

1　はじめに──研究の背景と課題── 211
2　分析対象範域と資料 213
3　都市富裕層の居住地区の変遷 216
4　富裕層内部の分化と空間的な分離 225
5　おわりに 227

終章　都市図と都市構造への接近──むすびにかえて──　［金田章裕］233

索引 244

執筆者紹介 246

平安京——京都　都市図と都市構造

序章　平安京─京都の特性と本書のねらい

金田章裕

1　平安京の建設とその市街

新都造京に先立つ延暦一二年（七九三）正月、桓武天皇は、遷都のために「山背国葛野郡宇太村之地」へ大納言藤原小黒麿以下を派遣し（『日本紀略』延暦一二年正月一五日条）、三月にはみずから「葛野」へ幸して「新京」を巡覧した（同、延暦一二年三月一日条）。翌年一〇月には遷都し、新都「葛野乃大宮地」を「平安京」と号した（同、延暦一三年一〇月二三日・二八日・一一月八日条）。つまり平安京は、山城国葛野郡に主たる部分が設定されていたとみられる。

遷都に関連し「近郡」の故をもって、愛宕・葛野郡の鴨・松尾二神に加階している（同、延暦一三年一〇月二八日条）こと、同時に愛宕・葛野二郡の同年の田租を免じている（『類従国史』巻八三、延暦一三年一〇月二八日条）ことからすれば、葛野郡の一部のみならず、愛宕郡域もまた同様に平安京域に編入された部分があったと考えられる。

から、山城国他郡の条里プランもこの頃に完成した可能性が高い。従って、平安京の条坊は既存の条里プランの上に、その一部を消去する形で成立したことになる。

周知のように、貞観一五年（八七三）の広隆寺資財交替実録帳と仁和三年（八八七）の広隆寺資財交替実録帳に、葛野郡七条生養里内の計二町八段二九七歩の所在を条里呼称で示した上で「既入京」と注記しており、このプロセスを最も端的に示している。

その概要は図序-1のようであり、平安京は、鴨川・桂川間の盆地北部に建設された。

さて、『延喜式』左・右京職の京程条によれば、朱雀大路（図序-2A。以下同じ）は幅二八丈（約八五メートル）もの大道であり、その他の大路は基本的には幅八丈（約二四メートル）であった。ただし、二条大路（f）は一七丈（約五一メートル）、大宮大路（C）・西大宮大路（H）・九条大路（m）は各一二丈（約三六メートル）であり、壬生大路

山城国久世郡の条里プランは天平一五年（七四三）には完成していた

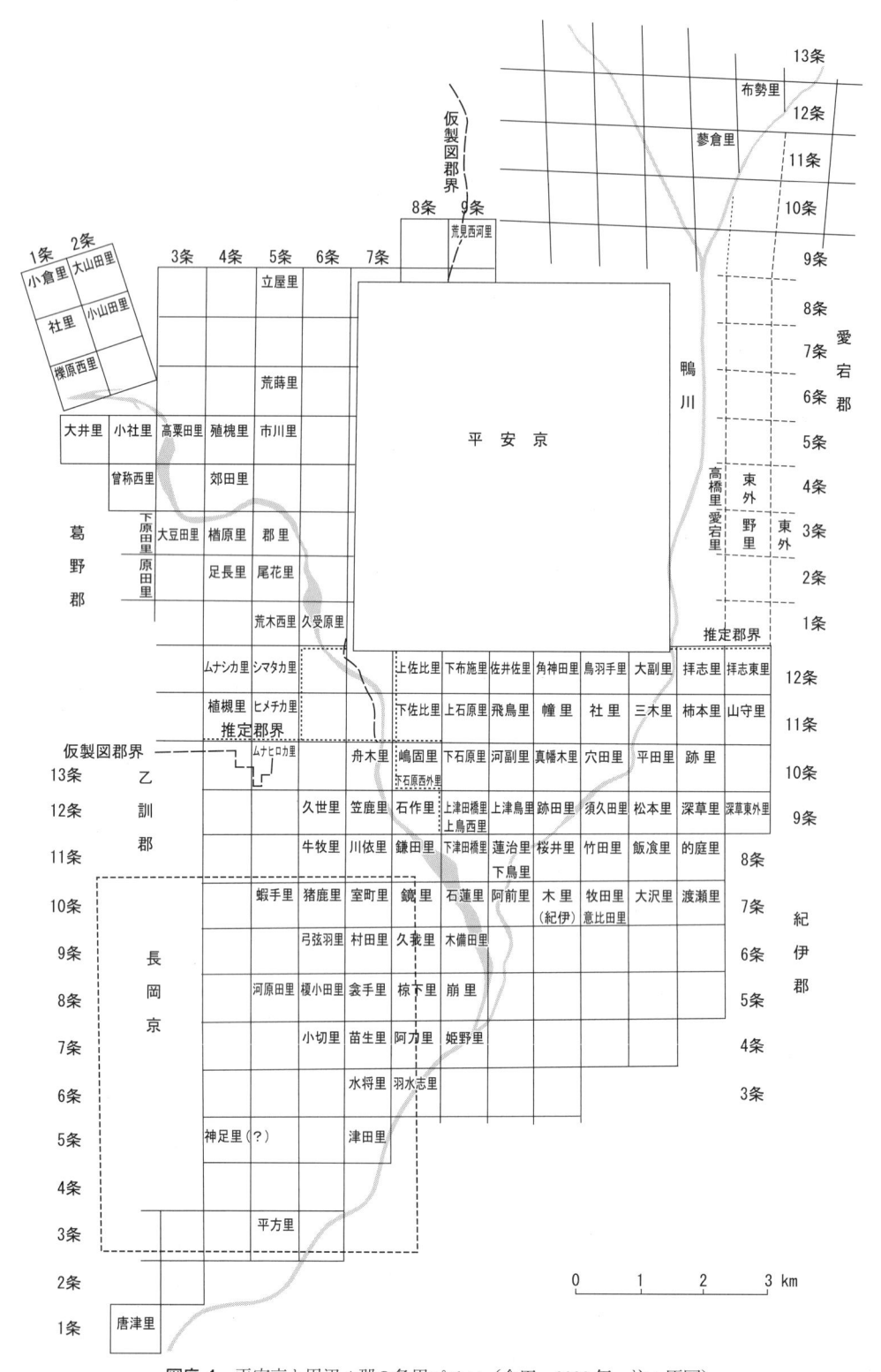

図序-1　平安京と周辺4郡の条里プラン（金田、2002年、注1原図）

（B）・東京極大路（F）・皇嘉門大路（G）・西京極大路（K）・一条大路（a）・土御門大路（b）・近衛大路（c）・中御門大路（d）・大炊御門大路（e）は各一〇丈（約三〇メートル）であった。二条以南の大路に囲まれた坊を東西・南北にそれぞれ四等分する小路は幅四丈（約一二メートル）、二条以北および朱雀大路東西の左・右京各一坊の小路も同様に幅四丈であった。ところが、左・右京各二坊の左・右両京に比較して、堀川小路・西堀川小路は、堀川の両側の各四丈に堀川中央の四丈を加えて計一二丈幅と考えるのが、京域の東西幅一五〇八丈に合致させる一般的な見解である。なお、大路・小路に区画された正方形の町の一辺はすべて四〇丈（約一二〇メートル）である。

ただ、これらの街路がすべて実際に建設され、京域全体が市街となったわけではない。

図序-2は、文献史料・考古学的調査などによって、平安時代に役所・邸第・寺社・市などが所在したことの判明している町、および何らかの都市的遺物・遺構が検出されている町の分布を示したものである。同図によって知られるように、平安時代前・中期では、大内裏内外には官衙・諸司厨町が集中していたが、それ以外はほとんどが各種の邸第・民家である。邸第・民家の規模や構造については、ここでは立ち入らないことにしておきたい。いずれにしろこの分布は同時に、実際の街路の造成・分布とも対応していたと考えられる可能性が高い。

ところが平安後期になると、同図に示されているように、著しく左京に偏った分布を示していることが知られる。大内裏周辺の官衙・諸司厨町にも、退転したものが多く、邸第・民家の分布は左京のほぼ全

域に及んでいる。

慶滋保胤が『池亭記』に、天元五年（九八二）当時の右京の衰退の状況を記しているのはよく知られているが、図序-2のように各種の資料からみてもその状況が明らかであることになろう。右京の不振に比べて左京の方は、平安前・中期よりも稠密な市街となったと考えられている。後に「太郎焼亡」「次郎焼亡」「千余家」「数千戸」が灰燼に帰した火事の記録は、逆に左京における被災した市街の存在を示しているとみてよいであろう。

図序-2から知られる状況の一つは、平安時代全期を通じて、史料上も、考古学上の知見からしても、建物の建築ないし居住の事実を全く確認することのできない町の区画が、かなり存在することである。

このような居住・市街化の証拠のない町の区画が、実際に市街化したことがなかったとは速断できないにしても、その可能性を検討すべき余地が存在することは確かであろう。天長五年（八二八）の太政官符に京中の全町数を「五百八十余町」とするものがあり、弘仁一〇年（八一九）の太政官符でも京中に「閑地」が少なくないと記しているものがあるから、このころでも市街化していない部分は相当広範に及んだものであろう。大内裏を除く平安京域は一二三六町であり、『拾芥抄』図に記載する諸司厨町の合計九七・五町を除いてみると一〇三八・五町となる。天長五年官符の町数「五百八十余町」の対象が不明であるが、仮にこの一〇三八町余を基礎とすれば、五五パーセント強が町数として計上されていることになる。朱雀院をはじめとする諸院・鴻臚館や市・寺社を別途考慮するとしても、四割近い四〇〇町程度もの空閑地を想定し得ることになる。

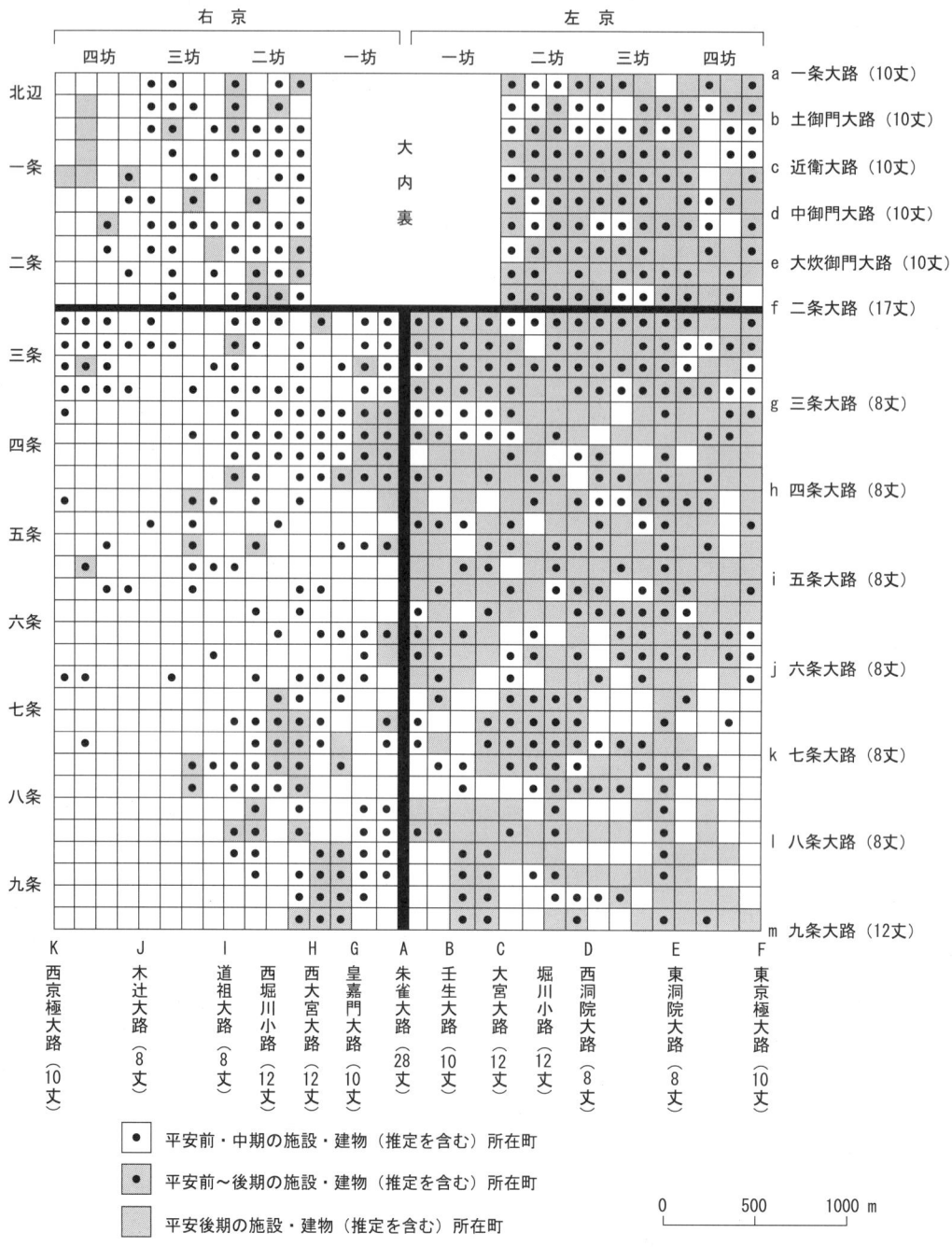

図序-2 平安京域の施設・建物分布（金田、1997 年、注 1 原図）

一方、平安後期の応徳三年（一〇八六）には「西京」に「田三百余町」があり、検非違使を遣わして刈り棄て、牛馬の飼料としたとの記事がある。三百余町は右京の約五〇パーセント、大内裏・諸司厨町を除く左・右京の三〇パーセントに近い面積である。

これらはすべて、相互に矛盾しない数値である。しかも図序-2のような各種資料による分布確認の結果とも軌を一にする状況である。平安京は、全域が市街化されたわけではなく、ことに右京では、全く市街化することのなかった区画さえ広範に存在したことになろう。図序-2では、資料上空白になっている区画が連続して集中している部分がある。とくに著しくまとまっているのは、京域南西隅の右京八・九条三・四坊付近である。この部分では、平安京の街路遺構と考えられる地割形態もほとんど検出できない。つまり、このような部分は、平安京域ではあっても、実際には市街化することのなかったところであったとみられる。

この付近については、次のような興味深い事実が知られる。貞観一三年（八七一）に、「葬送」ならびに「放牧地」として、「葛野郡五条荒木西里、六条久受原里」と、「紀伊郡十条下石原西外里、十一条下佐比里、十二条上佐比里」の二カ所が設定された。葛野郡の二里分は右京八・九条四坊の西側、紀伊郡の三里分は右京九条三・四坊の南側である。葛野郡の部分の北側が「京南大路西末」と「悲田院沼」と記されているが、紀伊郡部分の東側は「西京極大路」と記されている。京南大路は九条大路の別称であるから問題はないが、末というのは、平安京の街路が京域外へ延びている部分の呼称である。つまり、本来であれば「京南大路」と記すべきところを、その「西末」と記しているのである。このような表現が官符という正式の文書に記されているところからすれば、この段階ですでに、この部分では京域の大路が存在せず、単にその延長の道があるといった認識が一般的であったことを意味するとみるべきであろう。平安京西南隅付近では、本来平安京域であった部分が、九世紀の段階で、京域とはみられないような状況であったことを示すことになる。

平安前・中期ごろの市街は、左京の方がやや密度が高いとしても、右京西南部などを除けば、図序-2のように左・右京全域に及んでいた。ところが、平安後期には、同図からみられるように、ほとんど左京に市街が展開し、右京には田園に帰した部分が多かったことが知られる。

2 「平安京―京都」の名称

本書のタイトルを「平安京―京都」としたが、その説明も含めて、京都の名称について概観しておきたい。

京都あるいは京・都のいずれの表現も、本来は普通名詞であり、地名（固有名詞）ではない。桓武天皇は延暦一二年（七九三）に新京の造営を始め、翌年そこに移り、ついで平安京と命名したことは既に述べた。以来、天皇の居所としてのミヤコは、明治に至るまで基本的には平安京であり続け、それに伴ってミヤコを示すさまざまな表現が用いられ、やがてそれが地名化していく過程で、京都が最も代表的な呼称として定着したものである。

平安京は、東半を左京、西半を右京として、左・右京職がそれぞれ行政を担当した。左・右京の範囲を京中と総称することもあったが、末というのは、平安京の街路が京域外へ延びている部分の呼称であった。つまり、京はミヤコそのものであり、平安京の略称でもあった。同時に現実には平安京の初期以来の表現であった。

一方、左・右京はそれぞれ一条から九条の坊の列からなり、各条の坊に一坊から四坊の番号が付されていた。ところがやがて、左京一条一坊が桃花坊、同二条が銅駝坊といった唐風の坊名も付された。当時、数詞の名称は唐風ではないと考えられていたようであり、天禄元年（九七〇）に源為憲が著した『口遊』では、これら各種の唐風名称を弘仁九年（八一八）に定められたものとして説明している。いずれにしても時の嵯峨天皇の強い唐風志向の中で生成したものである。

平安京の右京が衰微し、左京が発展していることを記すことで有名な慶滋保胤の『池亭記』は、平安京を東・西二京と表現し、さらに東京を洛陽城と記している。左・右京を東・西京、さらに洛陽・長安に擬するのは、同書が著された天元五年（九八二）頃にはすでに一般化していたようであり、鎌倉末に原型が成立していたとされる『拾芥抄』などは、これらを完全に併用している。一四世紀後半に成立した『帝王編年記』は、これらが延暦一二年に平安京造京に着手した時の名称とするが、唐の両京への擬京は、おそらく弘仁以後のことであろう。

前掲の図序−２にもみられるように、平安後期には、右京すなわち西京が衰微し、京の中心が左京・東京となったことから、京中とほぼ同義で洛中という表現が使用されるようになった。一四世紀ころから使用された洛中に対して、一四世紀ころにはその縁辺を辺土と称する例があったが、やがて洛外という表現が一般化した。京洛の語も洛陽あるいは洛中と同義であり、相前後して使用された。

右京の衰微と左京の発展は、さらに鴨川の対岸、鴨東への市街の拡大を伴った。一一世紀後半には白河殿・法勝寺の造営により、白河（現在の岡崎付近）が「京白河」と並び称されるほどの発展を示し、九条以南の鳥羽にも「都遷り」（『扶桑略記』）と表現されるほどに山荘・

別業の造営が進んだ。ついで法住寺殿が造営された鴨東七条付近や、その北の六波羅付近にも邸宅・人家が急増した。

このような市街の拡大とともに京中では、『殿暦』『中右記』『今昔物語』などに、一一世紀末頃から「上辺り」「下辺り」といった表現が散見するようになる。後の上京・下京に対応する表現であるが、やがて左京北東隅付近一帯に御所・貴族邸・室町幕府などが、三条以南に町衆の市街が発達するようになると、貴族・武家の町としての上京と、庶民の町としての下京という表現が人口に膾炙しはじめる。その時期は一四世紀末・一五世紀初頭の応永のころであるが、同時に中京というう表現も、北に向かうのを上ル、南へ向かうのを下ルとする今日と同じ表現も日記・古記録に使用されるようになる。

このように平安京が律令計画都市としての左右京（東西）対称の構造を失うとともに、京洛・洛中という左京を意味する表現が使用され、京・白河、上辺り・下辺りといった、新しい京の構造に対応した東西・南北の地域の表現も出現するようになる。このころから京都という表現も散見するようになる。

現在知られている「京都」の初見は、永祚二年（九九〇）のことであり、琵琶湖水運の拠点であった朝妻と併記され、また京という表現とも併用されている（『尾張国郡司百姓等解』）。京の貴族も平安末頃には京都という表現を用いており（『中右記』）、次第に広く用いられるようになったものであろう。ことに『吾妻鏡』は、京都の表現を多用しており、街路名で表現される京中のそれぞれの場所や六波羅などと異なり、それらの全体を意味して使用しているようである。同書は建久二年（一一九一）に幕府の職名としての京都守護を記している。在京御家人を率いて警備・裁判・折衝・諸連絡に当たったもので、後に大幅

に権限が強化されて六波羅探題となることからしても、京都が総称としての地名として用いられるようにもなった。これらは、上京区、中京区、下京区、左京区、右京区などといった現在に継承されるような広域のまとまりである。これに対して町は極めて小さな範囲の地名であり、東西ないし南北一二〇メートル程度を標準とする。その基本は、平安京の町の区画の街路沿いの部分が主たる居住地となり、街路の両側が一体化して成立した「両側町」であった。後述するような「間の町」の形成が進んだ部分では、基本的にこの半分幅の場合も多い。各町二〇—四〇軒程度の家数からなっていた。

これらの町では、町法・町定などを制定し、強い共同体・自治機能をもっていた。現在でも、祇園祭の山鉾を有する鉾町などの自立性に、その名残をとどめている。一方、これらの町は一六世紀ころから町組を結成し始め、一七世紀中頃には上京一二組、下京八組が成立し、さらにその下部に枝町組・新町組があって、一八世紀のこれらの町組の下の町数は計一八一六に達した。これらの町がすべて固有の町名をもっていたのである。町組、中でも親町あるいは古町と呼ばれた古くからの町組は自立性が高く、それぞれの結合・連帯を深めた。それらの名称は多様であるが、現在でも通称として使用される西陣・聚楽・若宮などのような中域とでも表現すべき範囲である。

これらの町組が結成された上京・下京の範囲は、もともと図序—3のように極めて限られた範囲であり、しかも相互に離れていた。上杉家本「洛中洛外図屏風」に描かれた範囲もまた、図序—3のようにほぼこの範囲であった。

この上京・下京の市街が、豊臣秀吉による「御土居」の建設によって一種の囲郭都市に改造されたことも、京都の市街にとっては大きな

鎌倉幕府には京都大番役と称される御家人の役務もあった。

従って、鎌倉時代初頭には京都という表現が地名としてほぼ確立したとみてよい。室町時代に入っても、京都という場合には、白河・六波羅等の洛中の縁辺部をも含む場合が多く、前述のような洛中辺土・洛中洛外の縁辺部をも含む場合が多く、前述のような洛中辺土・洛中洛外の全域を意味したようである。室町幕府の諸施策はほとんど洛中洛外を一体として扱い、洛中洛外の諸々の事件は、『大乗院寺社雑事記』など南都からみた表現では、洛中であろうと洛外であろうと京都にほかならなかった。戦国時代以来数多く作成された洛中洛外図屏風も、まさしく洛中洛外を一体として表現してきた。一方で洛中洛外の区別は、豊臣秀吉による洛中をとり囲む御土居の建設で再確定されたが、京都が洛外を含む総称としての地名あるいはそれに対応する役所名・職名であったことは江戸時代においても同様である。

しかし、京都という表現が多用され、定着するようになった後も、京・洛陽・京洛・洛中をはじめ、京師・花洛などさまざまな呼称が用いられてきた。

この点は現在でも変わらず、「上京（じょうきょう）」という場合に東京へ行くことを意味するほかは、京は以前として京都の略称である。

3　市街の変遷と町の成立

平安京では、発展した左京が洛陽・京都・洛中などと呼ばれたことはすでに述べた。新興市街とも言える洛外と対比・併称されたことも周知のところである。

洛中ではまた、上京・下京という南北の分化が

変革であった。この御土居の内側ではさらに、東辺への寺院の移転による寺町の形成が進み、一部で方格の街区の中央に南北の「間の町」を通すなどの改造も行われた。秀吉以前に、すでに織田信長による二条城の建設が行われていたが、秀吉による聚楽第の建造はそれをはるかに越える規模であり、秀吉自身によるその破却の後に、しばらくして徳川家康が二条城を建設して近世京都の陣容が整った。この変遷の概要と主要交通路を示したものが図序-4である。

4 平安京—京都の都市図

平安京—京都は、都市として一二〇〇余年の連綿とした歴史を有しているのみならず、各時代の多くの都市図を生み出し、それが伝存している点においても希有な存在である。

残念ながら実物は伝存していないものの、平安京左・右京職が左・右京図を作製していたと推定される。伝存する平安京図の方は、八・九世紀の実物ではないにしても、それに直結する性格を示していると思われる。しかも、同じ都市である平安京ないし京・京都を描いた地図が、中世にも近世にも存在した。ここでは、伝存する各時期の平安京図・京都図を概観し、それぞれの特性を抽出しておきたい。

すでに概観したように平安京から中近世の京へと、同じ対象を描いた地図の変遷をたどり得るのは世界の数多くの都市の中でも、平安京—京都のみであるといっても過言ではない。

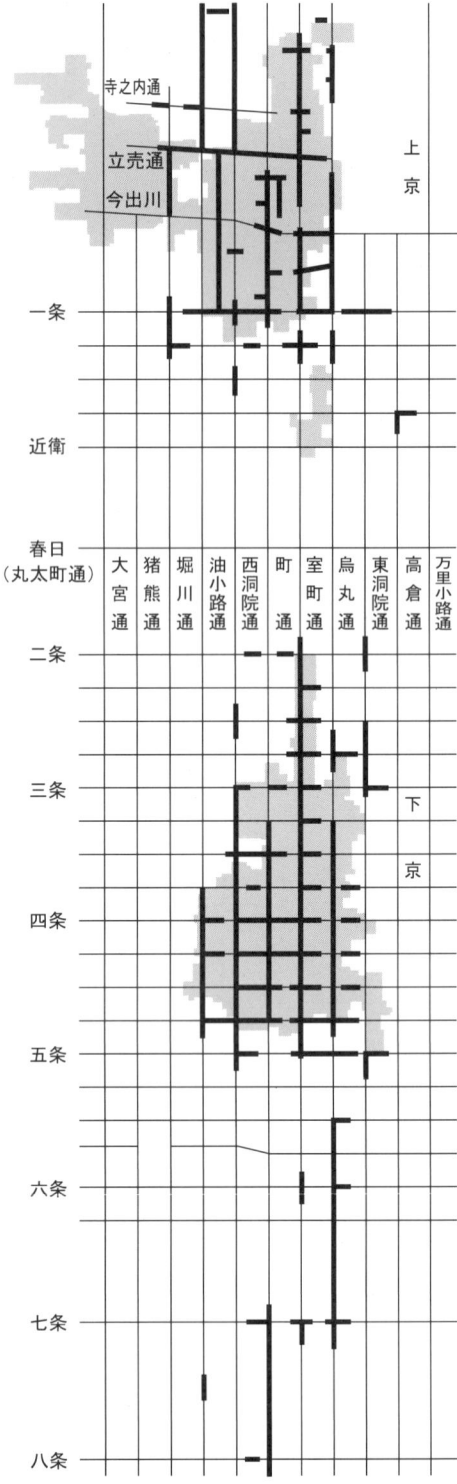

図序-3 上杉家本「洛中洛外図屏風」に描かれた町通（太線）と元亀3年（1572）ごろの上・下京の町組の範囲（アミカケ部分）（吉村亨原図、注14を簡略化）

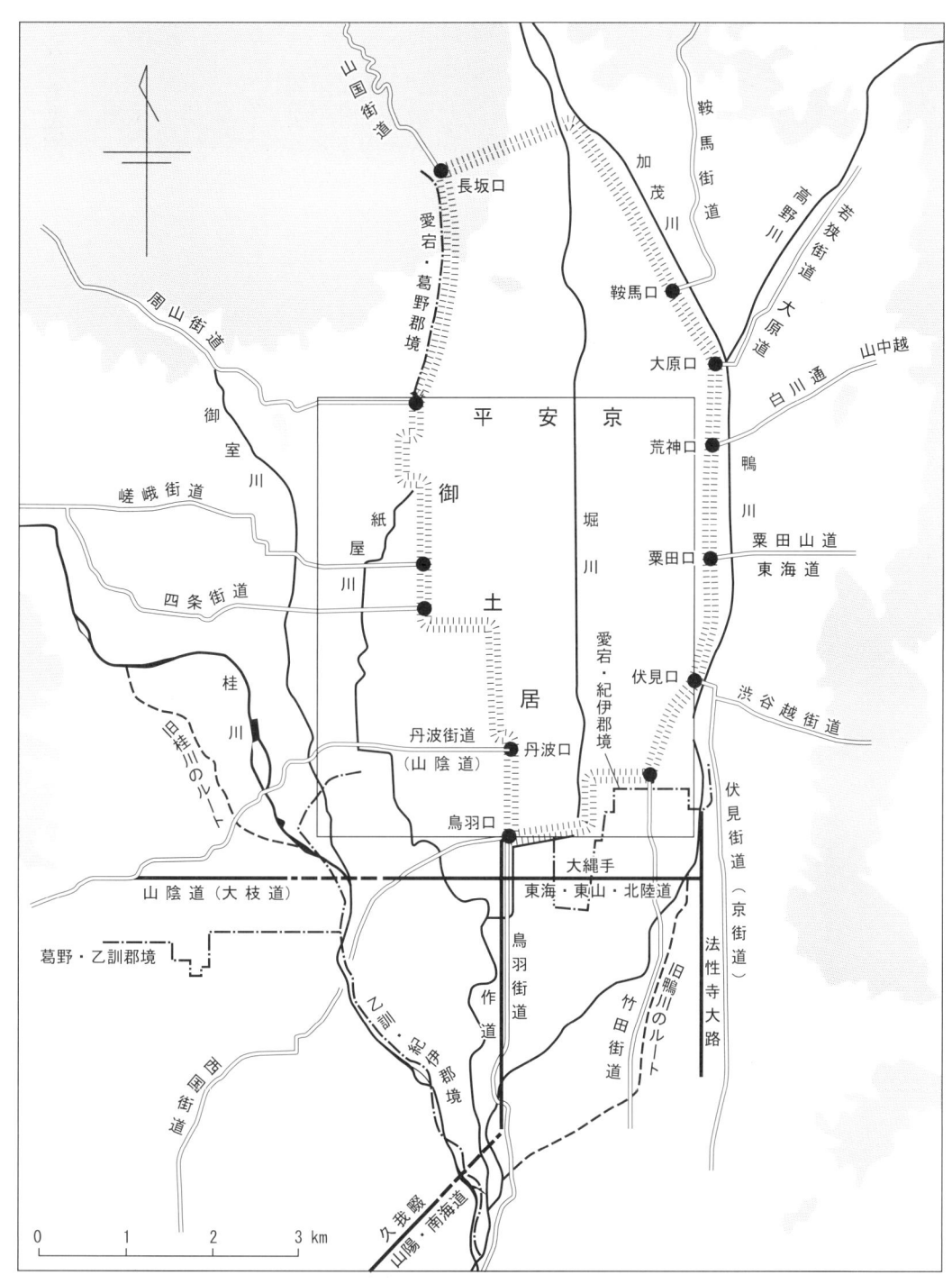

図序-4　御土居に囲まれた近世京都と平安京の位置関係（金田、注1原図）

（1）左・右京図

鎌倉時代に書写されたものと推定されている九条家本の『延喜式』には、巻四十二、左右京職の部分に「左京図・宮城図・内裏図・中和院図・八省院図・豊楽院図・右京図」が付されている。宮城図は内裏とその周辺の官衙の配置を示した図であり、内裏図・中和院図・豊楽院図は、宮城内のそれぞれの施設の配置を図示した指図である。左京図と右京図は、平安京の大路・小路を描き、その名称と各種の邸第の位置と規模を表現した地図である（口絵1）。ただし、これらの地図類が、一〇世紀初頭に『延喜式』が完成した時点から具備されていたものか、貴族・明法家の利用の過程で挿入されたものかは、当面不明としておかねばならず、その分析は本書の課題の一つである。

左京図・右京図は、方格状にほぼ一定幅の街路の方格を描き、その上から施設・邸第の位置と範囲を記入しており、この点では他の伝本も同様である。いずれの場合も、施設・邸第の記入は著しく左京に偏り、右京への記入は著しく少ない。このことのみでも、右京の衰退以後の状況、つまり平安後期の状況を示していることになり、現在伝存する左・右京図は、少なくとも平安初期の状況をそのまま伝えたものでないことは明らかである。しかし、方格状の街路の方格パターン自体は平安京建設以来のものであり、実際に街路の建設が進まなかったと判断される部分も含めて全体が画一的に表現されている。

以上の状況から導かれる推論は、次の三様となる。①左・右京図は本来『延喜式』に付されておらず、後に追加された。②左・右京図は本来付されていたが、現存のものはその後の状況に改めた改訂版である。③左・右京図の原型は方格状街路と街路名部分であり、施設・邸

第の配置は後に加えられた。いずれが現実であったのかは今後の検討を待たねばならないが、ここで留意しておきたいのは、少なくとも画一的に表現された街路パターンの部分が、古代荘園図や校班田図と共通する性格を示している点である。土地を地片に分割して管理する方式は、平安京の場合、現実の街路と坊・町の区画として顕現していたが、実際に街路が建設されなかった部分も含めて、全体を方格の座標に表現している状況は、一連の市街を左・右京という行政単位に分割している点も含めて、土地制度や土地管理システムの地図への反映とみられるからである。

『拾芥抄』もまた、類似の地図類を収載している。「東京図・西京図」と題された左・右京図は『延喜式』図と同様に平安京の街路・邸第などを描いている。ただ『拾芥抄』は、鎌倉末から南北朝頃の有職故実の書であり、少なくとも現在の伝本には、いずれも永仁二年（一二九四）以降の加筆がある。

この『拾芥抄』の東・西京図の地図で、より詳細な内容を有した仁和寺蔵京都古図の存在も知られている。同図には、遅くとも一三世紀初頭を下らない時期以前の、平安京内の邸第や官衙の状況を記入しており、少なくとも『拾芥抄』の東・西京図よりは古い時期の成立にかかわる。

これらの古代的要素を基礎とした地図が、中世の京で使用されていた事実をここでは再確認しておきたい。

（2）屋敷図と街路・巷所

平安京の宅地は、先に述べたように一辺四〇丈（約一二〇メートル）の正方形の「町」を街区の基本とし、それを四行八門に分割した一戸

主（ねじ）（ほぼ一五×三〇メートル）を最低基準としていた。『拾芥抄』にもこの宅地割を図示した四行八門図がある。政府による宅地班給を基礎としたこのような宅地割は、次第に変形を余儀なくされた。変化は二つの方向を有していた。一つは宅地の形状そのものの変化であり、一戸主・二戸主といった単位の崩壊である。いま一つは、街路で区画された正方形の町ではなく、街路をはさんで向かい合う商工業者の連帯を基にした前述のような両側町の形成である。一三・一四世紀頃からは、このような宅地の売買などには、町の区画と四周の街路名、屋敷地の間口・奥行の長さを記すのが普通であり、これによって所在地と面積の確認・表示をしたものである。これらの屋敷指図は、街路をはさんで向かい合う商工業者の連帯部分さえ設けられている。この頃の京都は、左京を中心とした洛中と、その周辺の辺土ないし洛外からなり、洛中洛外と併称することで実質的な市街の全体を表現することが多く、やがていくつも作成された絢爛たる「洛中洛外図屏風」がよくその全貌を示している。

一方、慶滋保胤の『池亭記』の記述によって著名なように、天元五年（九八二）頃にはすでに、右京が衰微し始めていたようであり、市街は洛陽に擬せられた左京とその東から、さらに鴨東へと拡大していく。左京では洛中ではあるが南西端の東寺周辺では、平安京の街区内の耕地化が進んだ部分があり、永享一二年（一四四〇）より少し後の「山城国東寺辺水田并屋敷指図」をはじめ、京域中の水田を描いた地図も伝存する。同図は壬生大路沿いに「巷所」を描いているが、これは道路敷部分を占拠・耕地化したところである。平安京の街路は本来大路が八—一二丈（約二四—八五メートル）、小路が四丈（約一二メートル）を標準としており、両側に側溝を伴ったものとして計画され、事実多くの部分でそのように建設された。しかし中世には、その部分が私的に占拠されて巷所と化す部分が少なくなかった。

大永三年（一五二三）頃の「京都左京九条四坊一町屋地図」は、このような中世の京都の一部をよく示している。町の内部が不規則な形

ただ、この時期に至っても、永正一六年（一五一九）の「京都九条図」にみられるように、平安京の本来の街路配置を表現して使用している例があることにも留意しておきたい。

（3）近世初期京都図の作製と刊行

左・右京図を基本とした地図が使用されていた中世を通じて、両側町や境内町の形成が進み、都市構造と市街の範囲は大きく変化した。さらに決定的な改変は、豊臣秀吉の時代の改造であった。聚楽第が造営され、洛中を囲む御土居が廻らされ、寺町が構成されるとともに正方形の方格であった街区の中央に「間の町」の通りが設定されたところが出現した。聚楽第はまもなく秀吉自身によって破却されたが、江戸時代には、二条城が政治的にはその機能の一部を継承した。洛中洛外図と総称される京都の鳥瞰図がいくつも作製されたのはこの前後の時期であるが、中には鳥瞰図ではなく、平面の地図のものもあった。平面の「京都図屏風」のうち、知られている最古のものは、元和六・七年（一六二一—二二）か寛永元年（一六二四）作製といわれている四曲一隻のものである。残存する聚楽第の堀、二

条城、御土居、寺院等、前述の近世都市の構造が描出されているが、市街の表現法は『拾芥抄』図などと酷似している。大きな違いは、街路のほかに多くの町名が街路部分に記入されていることである。

この頃から、江戸・大坂に先がけて都市図の刊行も始まった。「都記」(旧称「寛永平安町古図」、口絵2) と、寛永元年 (一六二四) から同三年頃の刊行の現存刊行都市図であり、わが国最古のものとみられている。

「都記」には御土居付近までを表現しており、街区を黒く刷り出している。この図には御土居付近までを表現していないこともあり、前述の「京都図屏風」以上に『拾芥抄』図などと近い表現である。ただし、街路名のほかに町名が記入されている点は、「京都図屏風」と同様である。

二条城の西辺は平安京朱雀大路に近く、寺町通は東京極大路を踏襲しているので、「都記」の表現範囲は、東西と北が左京図とほぼ同じであり、南だけが少し狭いことになる。この点も、左・右京図に近い印象を与える理由である。

二条城西側ないし壬生大路付近までを表現しており、街区を黒く刷り出している。北は一条通から南は七条通まで、東は寺町から西は二条城西側とみられている。

「都記」のように、街区を黒く表現するのは、初期の刊行京都図に共通する様式であり、一七世紀中頃まで続いた。ただし、「都記」以後の刊行京都図は、次第に表現の範囲を広げ、やがて洛外に寺社の絵を配置するようになる。刊行年、版元を明記した京都図としては現存最古のものである慶安五年 (一六五二)、山本五兵衛刊の「平安城東西南北町并之図」は、「都記」と同様の様式を保ちつつ、東を鴨東の六波羅、西を新設の島原の「けいせい町」、北は相国寺付近まで市街の表現を広げ、周囲に五〇以上の有名寺社を絵画的に描いている。言い換えると、観光地図としての性格を帯び始めていることになる。

この間、寛永二〇年 (一六四三) 頃には、京都所司代の命によって

縮尺一五〇〇分の一の実測図が作製され、「洛中絵図」と称されて伝存している (口絵3)。この手描き実測図には、道路の幅員まで記入されており、全体が六二七×三〇九センチメートルに及ぶ巨大な地図である。この地図は、方形方格の平安京を、イメージとしては全く継承していない。しかしながら、前述のように当時の刊行図には影響を与えておらず、刊行京都図はむしろまず左京図の系譜を引いていた。

(4) 京大絵図の大成と特性

京都図が左・右京図の影響を脱するのは、一七世紀末のことであった。京都図の刊行は、江戸図のそれと同様に江戸に極めて盛んであり、江戸時代前半における日本の都市図刊行の二大拠点となった。なかでも、林吉永と竹原好兵衛は近世京都図の二大版元であり、現存の刊行京都図の半ばが両店の手になるものである。

林吉永は、貞享三年 (一六八六) にまず、「新撰増補京大絵図」(口絵4) と題するこの様式の初印本を刊行した。同図はそれまでの京都図の墨刷縦長の様式ではなく、東西を横に広くして、洛中・洛外共に表現を詳細にしたものである。前述の慶安五年図などと大きく異なるのは、洛外の部分も絵図として一体化して表現していることであり、著名寺社や名所についての地誌的記載が加えられ、観光地図として、より充実した、完成した京大絵図の画期的様式を有している。同図は木版手彩色であるが、林吉永はこの様式をさらに推進して、寛保元年 (一七四一) には「増補再板京大絵図」と題したさらに大型の京都図を刊行した。三条通を境にして南北二舗に分かち、寺社・名所旧跡とその由緒・沿革などの記載が一層詳細となり、観光地図としての性格が一段と強くなっている。

林吉永は、江戸にも出店を有して元禄三年(一六九〇)「江戸大絵図」などを出版し、また現存最古の刊行大坂図である延享年間(一七四四—四八)の「新板大坂之図」や元禄一二年(一六九九)の「大坂大絵図」など他都市の都市図をも刊行した。林吉永の江戸図は、他の版元と同様に、実測にもとづいた遠近道印図が基図となっており、「新板大坂之図」は初期の京都図の様式で作製された大坂図であった。

林吉永版が木版手彩色であったのに対し、江戸後期の版元竹原好兵衛は、型紙による京染めの手法を用いた合羽刷りの彩色地図を刊行した。その代表作である天保二年(一八三一)刊の「改正京町絵図細見大成」(口絵5)は、山・川・街路のあざやかな配色と詳細な表現に特徴があり、洛中とその周辺部では縮尺を五〇〇〇分の一に統一するなど、精度の面でも林吉永版との相違を示している。しかし、縁辺部の縮尺を次第に小さくし、多くの名所旧跡を描き込む手法は同様であり、他の多くの刊行京都図にも共通の様式である。

江戸中期以降、社寺参詣や物見遊山などの大衆の観光が盛んになり、京都の観光地化が進んだことは周知のところである。林吉永版や竹原好兵衛版に代表される京都図がこのような当時の状況に対応していたことはもとより、一七世紀中頃の初期の京都図がすでにその原型を示していたことも前述の如くである。この動向のなかで、宝永年間(一七〇四—一一)刊の『花洛細見図』や、それを継承した『都名所図絵』のように、社寺・名所・旧跡・風俗などを挿絵によって説明した観光案内書が出版された。京都大学附属図書館蔵「京都寺社名所図巻」のように、刊行されていない手描きのものであるが、絵巻物の様式のものも作られた。

これらとともに、携帯用の小型の京都図が多数刊行された。安永三年(一七七四)正本屋吉兵衛刊の「懐宝京絵図」はその嚆矢であり、天明七年(一七八七)同刊の「早見京絵図」は、「あらまし御見物の御方様」用に赤筋を入れて早見コースを示している。安永七年(一七七八)菊屋長兵衛刊の「改正両面京図名所鑑」は、縮尺一万六千分の一の分間図であり、裏面に名所案内を印刷している。文化八年(一八一一)以来半世紀に及ぶロングセラーとなった竹原好兵衛刊の「都名所自在歩行」も裏面に名所案内が印刷されているが、同図は洛中部分について東西の縮尺を南北より小さくし、東西に圧縮したような体裁になっている。

慶長一二年(一六〇七)に京都所司代板倉勝重の下で整備が始まった公家町は、京都の都市構造を特徴づけるものであり、その部分を詳細に表現した内裏図ないし公家町図も京都ならではのものである。延宝五年(一六七七)林吉永刊の「新改内裏之図御紋入」は、内裏と公家町を含む一帯を描いた現存最古の刊行図であり、禁裏・仙洞御所などの建物を絵画的に表現し、公家屋敷の区画と紋所、公家名を表現したものである。この様式は後の公家町図にも踏襲され、公家屋敷の位置などの変化や表現内容の若干の違いがあっても、全体としては類似の地図となっている。

近世京都図は、公家町図のような部分図の発達を別とすれば、洛中洛外を一体化して表現することと、観光地図的要素を強めることにより、左・右京図の影響を完全に離れ、新たな特性を具現したことになる。

(5) 平安京と中世京都の考証図

『拾芥抄』は先に述べたように鎌倉時代に成立したものであるが、近世にはその刊本が流布した。寛永一七年(一六四〇)刊のいわゆる寛永

刊本はその代表的なものである。これは八世紀末以来の京都の長い歴史への強い関心のあらわれであるが、これらの文献にもとづく平安京や中世京都の復原考証図の作製もさかんであった。

古代の平安京の復原考証図としては、一八世紀初期の京都の儒学者伊藤東涯（長胤）によるものがあり、その主著『制度通』に伴う宝永元年（一七〇四）の「左右京職坊保図」がそれである。中世京都の復原考証図としては、一八世紀後期の大坂の地誌家森幸安（謹斎）による「中古京師内外地図」（後に故実叢書により刊行される）および「中昔京師地図」（同前）が有名である。前者は寛延三年（一七五〇）の作製とされ、応仁の乱以前の社寺・邸宅・宮殿・市家を描き分け、名所旧跡を記載している。すべてが正しいわけではないことは当然であるが、ほとんどが各種の文献によって存在を知り得る事象であり、考証の姿勢を十分に確認することができる。後者は宝暦三年（一七五三）に作製され、前者の続編とでも表現しうる歴史地図である。応仁元年（一四六七）より天正一四年（一五八六）の間の京都、すなわち応仁の乱から秀吉による大改造以前の京都を描いている。

これらは研究者の手になるもので、いくつかの写本がつくられたが、観光客用に市販されたものもあった。寛政三年（一七九一）刊の「京土産花洛往古図」は延暦から永久頃（八―一二世紀）の平安京の条坊プランと洛外の社寺・名勝を描いた土産用考証図であり、大内裏図は別図として刊行された。

造営後ほどなく秀吉自身によって毀された聚楽第（城）に関する関心も深く、やはり近世に何種類もの復原図・考証図が描かれている。

5　本書の構成とねらい

以上、概観してきたように、平安京―京都の際立った特徴は、まず八世紀末に建設され現代まで連綿として続いてきた大都市であること、ついで、各時代の都市図が数多く伝存していること、の二点にあるといってよいであろう。

平安京―京都の研究書は数多く、またその分析の多くは高度かつ精緻なレベルに達している。本書では、この二大特徴にもとづいて全体を二部に分け、既往の多くの研究とは異なった観点からの分析を試みる。第I部では都市図を、第II部では都市構造を中心に取り扱うこととした。

第I部第1章「平安京左・右京図について」は、現存最古の左・右京図とされる九条家本『延喜式』左・右京図の存在について論及する。

第2章「平安京西郊桂川の河道変化と耕地開発―葛野郡班田図から松尾社境内図まで―」は、第1章が平安京域内のみにかかわるのに対し、平安京西郊を対象とする。「葛野郡班田図」と略称される地図は、天長五年（八二八）の班田図を基図とし、一〇世紀初頭までの内容が加筆された貴重な古地図である。これと中世の「松尾社境内図」の分析により、古代・中世の平安京西郊、桂川西岸地域の景観変遷が論じられる。

第3章「刊行京都図の版元について」は、日本における刊行都市図の現存最古の「都記」（口絵2）以来の地図刊行の歴史を版元に注目することによって分析を進めるものである。なお、「都記」と並ぶ一七世

紀前半の実測図である「洛中絵図」（口絵3）については、第9章で取り扱われる。

第4章「林吉永版京大絵図の特徴とその変化」は、近世都市図の画期をなした版元である林吉永を取り扱う。林吉永は京大絵図の刊行によって京都図の画期をもたらしたのみならず、大坂図・江戸図も刊行した版元である。林吉永の京大絵図は、洛中洛外の数多くの名所とその解説を含む特徴的な都市図であり、京都図の潮流を形成した刊行図でもあった。

第5章「森幸安の地誌と京都歴史地図」は森幸安というユニークな好事家かつ研究者を取り上げる。代表的な考証図のほか、森幸安の地誌作製についても分析し、近世の知識人からみた平安京—京都のあり方を析出しようとする。

第Ⅱ部は平安京—京都の都市構造の分析を主目的とする。

第6章「院政期平安京の都市空間構造」は、第1章で取り扱った平安京左・右京図が成立した時代における都市構造を分析する。建設後間もない平安京から大きく変貌した分散的・多核的構造の都市像が析出されることになる。

第7章「中世都市嵯峨の変遷」が取り扱うのは、第2章が対象とした桂川西岸からすればその北方にあたる桂川北岸一帯である。この地もまた、「葛野郡班田図」に描かれた地の一部であるが、中世には大きく景観を変えていた。南北朝ごろの「山城国嵯峨亀山殿近辺屋敷地指図」は、この地に一つの中世都市が出現していたことを表現している。本章はこの地の都市構造とその変遷を分析する。

第8章「中世後期京都の都市空間復原の試み」は、第6章が扱う院政期と、第9章が扱う近世との間の時期を扱う。この時期の都市は変動が大きく、また体系的な資料にも恵まれていない。本章では、各種断片的史料を用いつつも、中世後期京都の全体的な都市構造の析出をはかる。

第9章「一七世紀京都の都市構造と武士の位置」は、中井家旧蔵「洛中絵図」（口絵3）の分析を中心として、近世初期の京都の都市構造を析出する。近世初期、江戸幕府が諸大名に京都藩邸の設置を禁じていた時期の京都である。そこにおける武士のあり方は、当時の都市構造を知る上での貴重な指標となる。

第10章「近現代期京都の富裕層と都市空間構造」は、本書唯一の近・現代の京都の分析である。武士階級がなくなり、貴族の大半が東京へ移った京都の近代は、市民組織である町組と新しい事業家・富裕層が担うこととなった。富裕層からみた都市構造の分析は、近代京都のこれまでの分析では看過されてきた視角である。

本書は以上のように、京都でこそ典型的な形で分析が可能となる都市図と都市構造の変遷についての、歴史学・考古学・地理学各分野の計一〇人の研究者による一〇編の論文で構成される。本書が平安京—京都の研究を一歩でも進め、平安京—京都の新たな局面を読者に一つでも示すことができるならば幸いこれに過ぎることはない。

注

1　金田章裕『条里と村落の歴史地理学研究』大明堂、一九八五、四八—四九頁。
2　『平安遺文』一巻一六八号。
3　『平安遺文』一巻一七五号。
4　「平安京変遷図」、京都市編『平安建都一二〇〇年記念　甦る平安京』一九九四。山田邦和「平安の概要」「左京全町の概要」「右京全町の概要」、古代

5 学協会・古代学研究所編集『平安京提要』角川書店、一九九四。
朧谷寿「平安京の沿革 平安後期（九世紀末～一二世紀）」、古代学協会・古代学研究所編集、前掲注4所収。
6 『類聚三代格』巻二〇、天長五年一二月一六日付および弘仁一〇年一一月五日付太政官符。
7 『拾芥抄』（『新訂増補 故実叢書』三）東・西京図および宮城図による。
8 『扶桑略記』応徳三年六月二六日条。
9 金田章裕『微地形と中世村落』吉川弘文館、一九九三、四三一―四七頁。
10 『類聚三代格』巻一六、貞観一三年閏八月二八日太政官符。
11 金田章裕「『京都』をどう呼んだか」『日本「歴史地名」総覧』歴史読本特別増刊、新人物往来社、一九九四。
12 林屋辰三郎「後院の創設」、日本史研究会史料研究部会編『中世日本の歴史像』創元社、一九七八。
13 『平安遺文』二巻三三九号。
14 吉村亨「洛中洛外図の風景」、足利健亮編『京都歴史アトラス』中央公論社、一九九四。
15 金田章裕「左・右京図と京大絵図」、『古代荘園図と景観』東京大学出版会、一九九八、所収。
16 東京国立博物館蔵、京都市編『京都市史 地図編』一九四六。
17 桃裕行「延喜式附図に就て」歴史地理七五―二、一九四〇）は、黒板勝美が『延喜式』付図を院政期のものとして『新訂増補 国史大系』に収載しなかったことを紹介しつつ、中世に北野社の「紅梅殿社」の所在地をめぐる訴訟の中で、院宣に「延喜以来」の文言があることから、本来『延喜式』に付図があった可能性を提示している。
18 金田、前掲注9。
19 金田、前掲注4、所収。
20 上杉和彦「獄舎と平安京」、五味文彦編『都市の中世』吉川弘文館、一九九二。
21 西岡虎之助編『日本荘園絵図集成』下、東京堂出版、一九七七、四五頁。
22 西岡編、前掲注21、八七頁。
23 西岡編、前掲注21、八五頁。
24 金田章裕『古代日本の景観』吉川弘文館、一九九三、二九四―二九五頁。同図は平安京プラン・条里プランの接合部を中心とした部分の検索のための図である。
25 秋山国三「条坊制の『町』の変容過程」、秋山国三・仲村研編『京都「町」の研究』法政大学出版局、一九七五。足利健亮『中近世都市の歴史地理』地人書房、一九八四、一四三―一五七頁。
26 伊東宗裕構成『京都古地図散歩』平凡社、一九九四、一〇―二一頁。
27 大塚隆『日本書誌学大系18 京都図総目録』青裳堂、一九八一。京都大学文学部博物館編『一九九四年春季企画展図録 三都の古地図』一九九四。
28 伊東、前掲注26。
29 初期の刊行大坂図にも踏襲された（京都大学文学部博物館編、前掲注27）。
30 宮内庁本と京都大学附属図書館本（畿内総大工頭中井家の控）がある。
31 金田章裕「平安初期における嵯峨野の開発と条里プラン」、金田、前掲注1、所収。

第Ⅰ部　平安京―京都の都市図

第1章 平安京左・右京図について

金田章裕

1 目的

九条家本『延喜式』(国宝・国所蔵・東京国立博物館保管)は、計二八巻が遺存し、その巻第四十二には、左・右京図が含まれている。巻第四十二は、左・右京職京程条に続いて、「左京図・宮城図・内裏図・八省院図・豊楽院図・右京図」を掲げている。宮城図は内裏とその周辺の官衙の配置を示した図であり、内裏図・中和院図・八省院図・豊楽院図は、宮城内のそれぞれの施設の配置を図示した指図である。左京図と右京図(図1-1(口絵1))は、平安京の大路・小路を描き、その名称と各種の施設・邸第の位置と規模を標記した地図である。ただし、これらの地図類が、一〇世紀初頭に『延喜式』が完成した時点から具備されていたものか、貴族・明法家の利用の過程で挿入されたものかについては、研究者の見解がわかれているところである。[1]

周知のように、平安京では、左・右京がそれぞれ左・右京職に統治された都市機構を有していた。平安京の規模や街路などについても、『延喜式』に記されているように、左・右京全体の東西は一五〇八丈(約四五七〇メートル)、南北は一七五三丈(約五三一〇メートル)に及び、極めて整然とした方格街路パターンからなる方形の都市プランを有していたことは再言の必要がないであろう。左京図・右京図は、方格上にほぼ一定幅の街路の方格を描き、その上から施設・邸第の位置と範囲を記入しており、この点では他の伝本も同様である。いずれの場合も、施設・邸第の記入は著しく左京に偏り、右京への記入は著しく少ない。このことのみでも、右京の衰退以後の状況、つまり平安後期の状況を示していることになり、現在伝存する左・右京図は、少なくとも平安初期の状況をそのまま伝えたものでないことは明らかである。しかし、方格状の街路パターン自体は平安京建設以来のものであり、実際に街路の建設が進まなかったと判断される部分も含めて全体が画一的に表現されている。[2]

以上の状況から導かれる推論が、次の三様となることはすでに指摘

した。①左・右京図は本来『延喜式』に付されておらず、後に追加された。②左・右京図は本来付されていたが、現存のものはその後の状況に改めた改訂版である。③左・右京図の原型は方格状街路と街路名部分であり、施設・邸第配置は後に加えられた。いずれが現実であったのかは検討結果を待たねばならないが、ここで留意しておきたいのは、少なくとも画一的に表現された街路パターンの部分が、古代荘園図や校班田図と共通する性格を示している点である。土地を地片に分割して管理する方式は、平安京の場合、現実の街路と坊・町の区画として顕現していたが、実際に街路が建設されなかった部分も含めて、全体を方格の座標に表現している状況は、一連の市街を左・右京という行政単位に分割している点も含めて、律令期の土地制度や土地管理システムの地図への反映とみられるからである。

『拾芥抄』もまた、類似の地図類を収載している。東京図・西京図と題された左・右京図は、『延喜式』図と同様に平安京の街路・邸第などを描いている。ただ、『拾芥抄』は、鎌倉末から南北朝ごろの有職故実の書であり、少なくとも現在の伝本には、いずれも永仁二年（一二九四）以後の加筆がある。

この『拾芥抄』の東・西京図と同様の地図で、より詳細な内容を有した仁和寺蔵京都古図の存在も知られている。同図には、遅くとも一三世紀初頭を下らない時期以前の、平安京内の邸第や官衙の状況を記入しており、少なくとも『拾芥抄』の東・西京図よりは古い時期の成立にかかわる。

これらの古代的要素を基礎とした複数の系統の地図が、中世の京で使用されていた事実を再確認した上で検討をはじめたい。

本章では、九条家本『延喜式』に付された左・右京図の検討によ

って、上記の推論にかかわる状況に接近を試みたい。まず、同図についての既往の見解を概観し、問題点を整理した上で具体的に検討を始めることにする。

2 左・右京図に関する主要な見解

九条家本『延喜式』左・右京図の表現内容は図1-2、図1-3のごとくである。両図は、前述のように、巻第四十二の京程条に続く部分と、同巻末に二重の方格線が墨線で描かれ、②左京図では北端部では五本、南端部では三本の川が薄墨で表現されている。③内裏と多くの邸宅の範囲が朱線で記されている。④条坊名および、内裏内における条坊の町の呼称順が朱筆で記入されている。また、⑤主として方格外に街路名が墨筆で記され、邸宅の名称もまた多くが墨筆として記入されている。⑥これらの名称には別称などが注記されている場合があり、⑦中には墨線で表現された邸宅の所在もある（口絵1参照）。

これまでの主要な見解は次の如くである。

（1）黒板勝美（一九三二年）

九条家本『延喜式』に「書き加へられた古図」は、院政時代に書写したものに、その折に作製した図を加えたもので、式文自体とは成立年代を異にすると判断した。黒板校訂の国史大系では、「巻第四十二左右京 東西市」とされ、「左京職 右京職准此」条、「京程」条、「東市司西市司准此」条、からなり、左京図をはじめとする諸図はない。

(2) 桃　裕行（一九四〇年）

「鎌倉時代の末に、延喜式左京図、又は宮城指図なるものが存在し、しかもそれが延喜頃の状態を示す法的根拠のあるものと認められた事実がある」とする。桃が指摘するのは、「北野天満宮史料」に、「延喜式左京図分明之上」（徳治二年社家陳状）、「云延喜式宮城指図」（延慶三年社家陳状）などとみえるものである。桃は、「九条本の図こそは、鎌倉期のいわゆる延喜式左右京図であり、或は更に又遡って撰進当初の延喜式左右京職の条に条坊制説明の為め本来付されたものであるとまで言ひ得るかもしれない」とする。

(3) 福山敏男（一九四一年）

まず、九条家本『延喜式』の巻第四十二は、「実際は『延喜式』巻第四十二の中途の京程の部分を抜粋し、これに京以下の指図その他を加えてつくった勘文のようなものであるから、『延喜式』の一写本の断簡とはなしがたい」とする。京程条の「四位大外記中原師重之本云」の記入から建保六年（一二一八）以後、左京図の「入道平相国家」、「九条太政大臣殿」の記入などから文治五年（一一八九）以後という記入の上限を導いている。また、「右京図は書き入れはほとんどなく」、「おそらく未完成の写しと思われる」とする。

『掌中歴』・『拾芥抄』など各種の収載図との対比の上、左・右京図、内裏図等の諸図については、『掌中歴』と九条家本『延喜式』の系統との二つに分けることができ、前者は図様も記入も簡単であるのに対し、後者は比較的図様も細密で記入も詳しい」とし、前者の系統に『二中歴』、史料編纂所本『拾芥抄』、東寺所伝大内裏及都城図」が、後者に「『京兆図』、神泉苑所伝図、南都二条家所伝図」が含まれるとする。『拾芥抄』は、初め『掌中歴』系統の図であったが、後に九条家本系統の図を合わせて図に重複が生じたとしている。

(4) 田中　稔（一九六三年）

左京図のみでも数次にわたる加筆が考えられるが、「朱郭（先述の③）内の院宮邸宅名こそは本図の本来的なもの」と考え、「或」「或本」と始める注記や、「墨郭（先述の⑦）によるものおよびそれすらもなく名前のみを記されたものはいずれも追筆である」とする。その上で、朱郭内の院宮邸宅名の検討から、左京図の成立について次のように結論する。「保延七年正月乃至天養元年四月の三カ年余の間もしくはそれに僅かに遅れる頃（一一四〇年代）に成立した別の左京図と校合したもので、本書書写直後、平安時代最末期頃に成立した現在の形となった」とする。

また右京図の「七条・塩小路の中間より南の部分は後補と見られること、一連の「宮城図・内裏図等の成立もそれを大きく下るものとは考えられない」とする。

(5) 鹿内浩胤（二〇〇一年）

左・右京図を含む巻第四十二の書写年代が他の巻より新しいことはすでに知られており、他の巻の書写年代についても多様な推定がなされてきた。これらをふまえて鹿内は、九条家本『延喜式』の料紙の紙背文書について全面的な検討を加え、合計八グループから成ると推定した。巻第二十六・二十七・二十八のグループは一〇世紀末頃に書写され、後の六グループの書写が加えられたと考えられるグループで、その後の六グループの書写が加えら

第Ⅰ部　平安京─京都の都市図

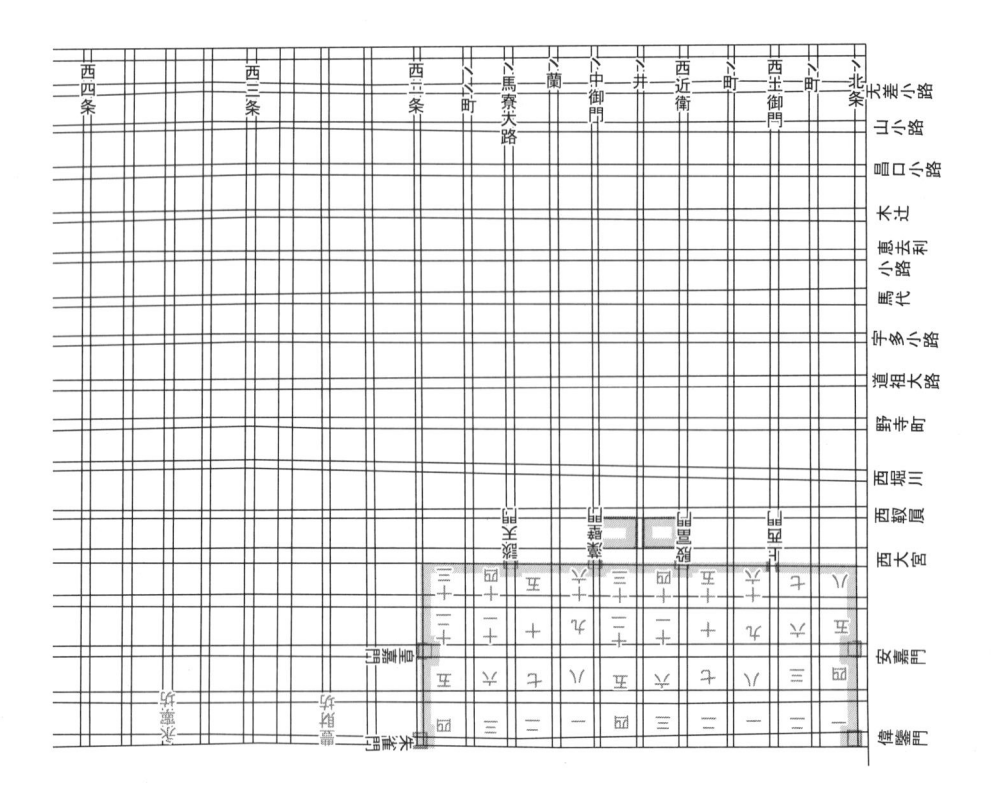

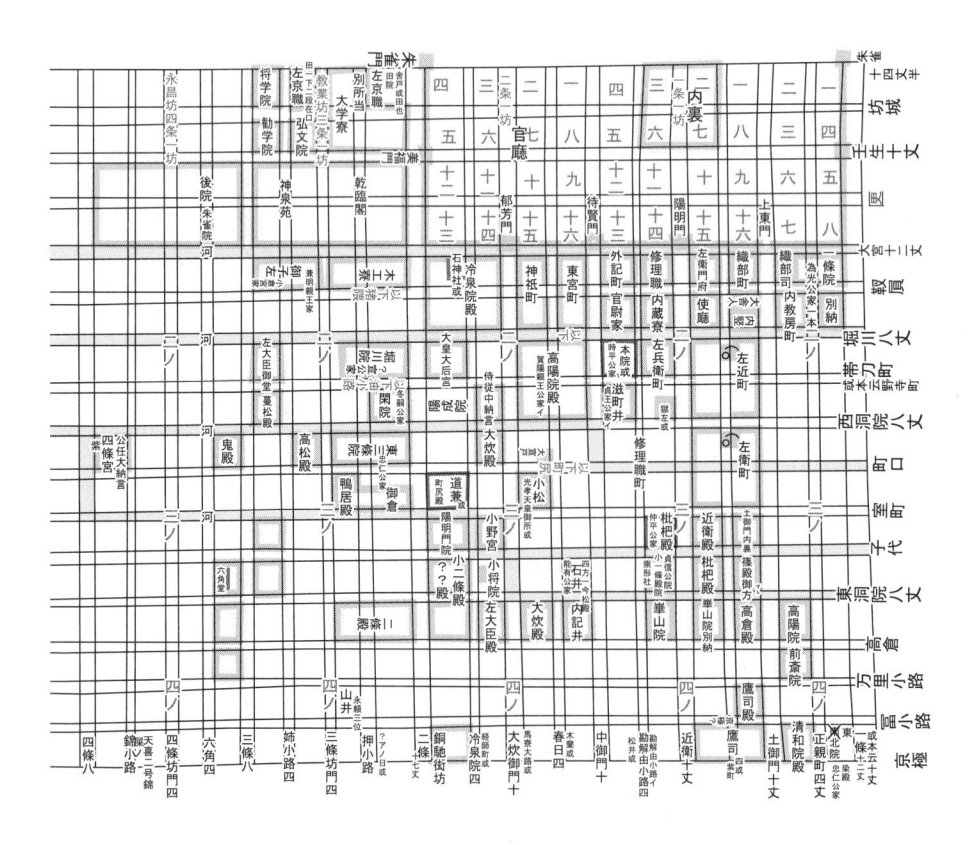

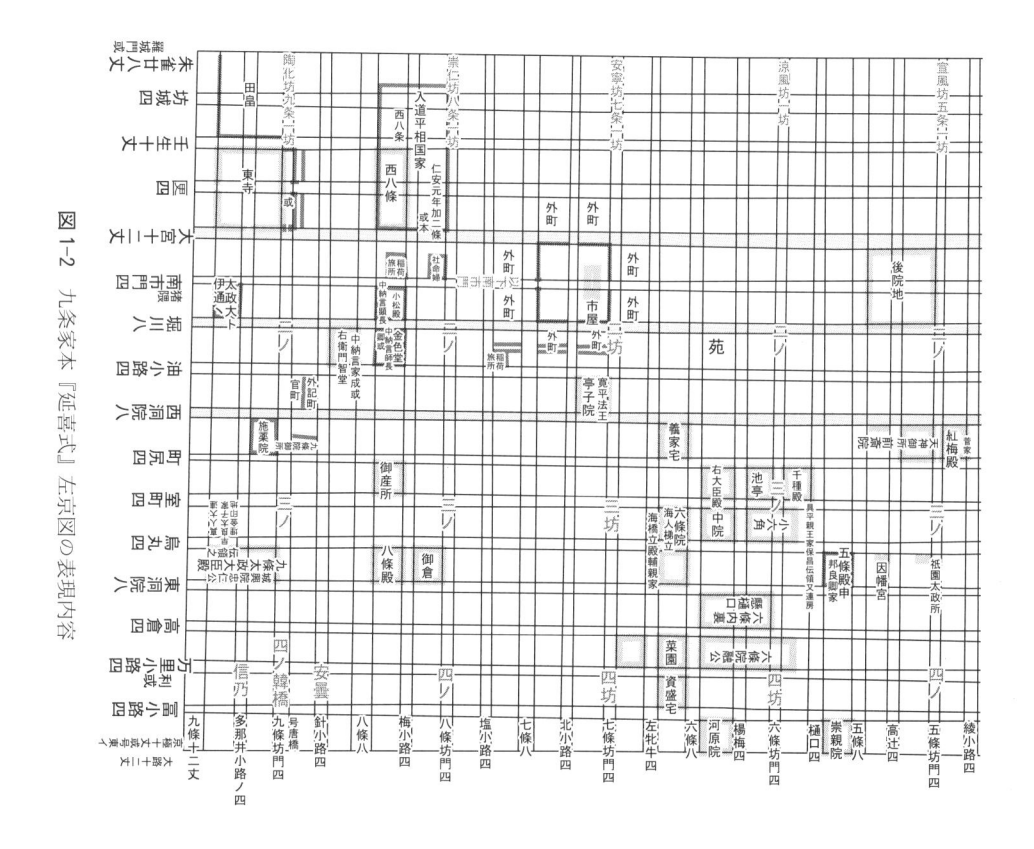

図1-3 九条家本『延喜式』右京図の表現内容

図1-2 九条家本『延喜式』右京図の表現内容

れ、一三世紀前半頃に藤原為家の下で巻六・七（乙本）の二巻が書写されて、主家である九条家へ献上され、最後に巻第四十二が加えられて現状の基礎が成立したと推定する。つまり、九条家本『延喜式』は書写年代の違うものの集成になる、いわゆる取り合わせ本であることが明確となった。

鹿内は、巻第四十二の諸図について、次のように推定している。「九条家本の附図の成立年代が院政期であることから、『延喜式』の撰進（延長五年〔九二七〕）・施行（康保四年〔九六七〕）の当初から附属していたとは考えられないが、院政期に附図が作成され、以後それを含む写本が見られるようになったのではなかろうか。この九条家本にも本来附図はなかったが、十四世紀にこれを書写して加えたのであろう。」

以上のように、既往研究の結果は多様であるが、九条家本『延喜式』自体が、書写年代の異なるものの集成になる、いわゆる取り合わせ本であること（鹿内）、左京図のみでも数次にわたる加筆の結果成立したものである（福山・田中）ことには異論はない。基本は保延七年ごろかその少し後の一一四〇年代の成立との推定があり（田中）、『延喜式』の撰進（延長五年〔九二七〕）・施行（康保四年〔九六七〕）の考えと、撰進当初の左右京職の条に本来付属していたものではない（黒板・鹿内）との考えと、撰進当初の左右京職の条に本来付属されたものとする可能性を指摘する考え（桃）が並存している。

以下、まず九条家本『延喜式』左・右京図自体の表現内容を整理することから検討を始めたい。

3　九条家本『延喜式』左・右京図の表現

（1）条坊プランの表現

左京図・右京図がそれぞれ本来の左・右京の範囲を表現したものであることはすでに述べた。街路・町の区画はすべて同種の墨線で描かれており、線の種類によって条・坊・町あるいは大路・小路の区別を全くしていない。大路・小路の幅についても同様であり、線の引き方によって表現に基本的な差をもたらすものではない。

左・右京図とも、線を引くに際して墨点で当りを付し、定規を用いている。四条大路のやや北で、南北に分けて線が引かれているが、左京図では丁度用紙の継ぎ目でもある。このような作製過程の結果、街路の交叉点では直線が直交する形となっている。

この方格は「内裏」区域内にも同じように描かれており、方格は現実の街路の状況を写実的に表現するものではなく、全体としての位置表示のための模式的表現として扱われているとみられる。

条・坊・町の呼称は、左・右京図とも朱で記入されている。左京図では、坊中央部西寄りに、西を上にして、例えば「一条一坊」と記し、二坊以下は「二ノ、三ノ、四ノ」と略されている。三坊以下については、数詞条坊に加えて、「教業坊、永昌坊、宣風坊、涼風坊、安寧坊、崇仁坊、陶化坊」の固有名詞坊名が加えられている。北辺と一・二条に相当する「北辺坊、桃花坊、銅駝坊」の名称が記されていないことにも留意しておきたい。また、「條」と記され、「条」を使用していない。坊内の町の番号は内裏内に相当する北辺一坊、一

条一坊、二条一坊の部分にのみ、同様に朱で記入されており、やはり西を上にしている。

右京図でも基本的に同一の様式ではあるが、坊名と町番号は、巻子本の上下の逆向きとなる東を上としている。しかも、数詞の条坊の記載が全くなく、三条―九条の「豊財坊、永寧坊、宣義坊、光徳坊、毓財坊、延嘉坊、開建坊」といった坊名のみが記入されている点に留意しておきたい。朱は、これらの条坊名、町番号のほか、一部の街路名と、邸宅等の施設の位置を示すためにも用いられている。これらの朱筆での文字記載は、重複の状況から、墨線の方格網の完成後になされているとみられる。

（2）川の表現

左京図には、三本の川とその支流二本が記入されている。いずれも薄墨の太線で大宮、堀川、西洞院の各街路の中央部に描かれている。前二者は、北の一条から南の九条まで直線で表現されているが、最後者は北部で町口小路に入っており、さらに室町小路からの支流を四条大路で屈曲して西洞院大路に入っており、上流が屈曲し、小子小路と東洞院大路の二本の流路が合流したものと表現されている。

これらの川には、六角小路上で四カ所の「河」の文字が記入されており、明確に川であることを示している。流路の表現は極めて模式的ではあるが、堀川は明らかに現在に至るまでほぼ直線に南北走しており、西洞院川も三条・四条間以南ではほぼ直線に流下している。いずれもこの左京図の表現に極めて近い。この二河川は、近世の京都図でも明確に川であることが多いが、近世図の大宮通には川の表現は見られない。川そのものは描かれていないが、左京鷹司富小路に「京極河」の標記がある。

（3）街路名の標記

左京図では、南北街路の名称と道幅が、平安京域の表現の北辺と南辺の外側に墨で記載されている。東西道についても、名称と道幅が墨書で記されているが、これは京域内の東辺の町の区画に対応する道路幅内を基本に記載されている。

街路名が朱で記入されているのは左京図であり、「以下猪隈、以下油小路、以下町尻、以下烏丸、以下南市門」と、南北道の名称が標記地点以下で変わることを記している場合と、「安曇、韓橋、信乃」という九条の東西の小路名である。最前者の二条大路以南に「以下」の文字が記入された南北の小路の中御門大路付近に「以下」の文字だけが記入された部分がある。街路名の書きもらしか、猪隈の位置の書き損ねかのいずれかに由来するものと思われる。

右京図では、南北街路の名称が左京図と同様に北辺・南辺の京域外に記載されているが、道幅の記載はない。また、南辺には街路名の記載されていないものがある。東西の街路についても左京図と同様に西辺部に記入があるものの、それ以南は大路のみが記入されているに過ぎない。北から西二条までは不完全ながらすべての名称の記入があるものの、それ以南は大路のみが記入されているに過ぎない。

これらの名称を一覧表にしたものが表1-1である。

表1-1　九条家本『延喜式』左・右京図記載の街路名（幅員の数詞を除く）

〈左京図〉北辺の標記。〔 〕内は南辺、〈 〉内は図中の標記。

朱雀〔羅城門或〕
　　坊城、壬生、匤（ママ）（運）
大宮
　　靱負〔南市門、猪隈〕〈以下猪隈、以下南市門〉、堀河、帯刀町野寺町　或本云〔油小路〕〈以下油小路〉
西洞院
　　町口〔町尻〕、〈以下町尻〉、室町、子代〔烏丸〕、〈以下烏丸〉
東洞院
　　高倉、万里小路、冨小路
京極〔号東京極大路〕

〈左京図〉東辺の標記。〈　〉内は図中の標記

一條
　　正親町、土御門、鷹司或紫町、近衛、勘解由小路松井或、中御門、春日木蘭或、大炊御門馬寮大路或、冷泉院経師町或
二條
　　押小路（ママ）廰アノ日或、三條坊門、姉小路
三條
　　六角、四條坊門、錦小路戻ノ、天喜二号綿
四條
　　綾小路、五條坊門、高辻
五條
　　樋口、六條坊門、楊梅
六條
　　左牝牛、七條坊門、梅小路
七條
　　針小路〈安曇〉、九條坊門号唐橋〈韓橋〉、多那井小路〈信乃〉
九條

〈右京図〉北辺の標記。〔 〕内は南辺の標記。

〔朱雀大路〕
〔西坊城〕、〔皇嘉門大路〕、〔西匤又号解縄〕
西大宮
　　西靱負、西堀川、野寺町
道祖大路
　　宇多小路、馬代、恵止利小路
木辻
　　昌蒲小路、山小路、无差小路
〔西京〕

〈右京図〉西辺の標記。

ヽ北条
　　ヽ町、西土御門、ヽ町、西近衛、ヽ井、ヽ中御門、ヽ蘭、ヽ馬寮大路、ヽヽ町
西二条
西三条
西四条
西五条
西六条
西七条
西八条
西九条

（4） 施設の表現

平安宮の範囲は朱線で囲まれ、前述のようにその内部に朱筆で町の番号が記入されている。さらに宮内の一条二坊二・三・六・七町相当部分が朱で囲まれて「内裏」の語が記入されている。後者はほぼ太政官相当部分であり、内裏を含め、標記の位置は正しいとみてよい。

宮域縁辺には、南北各三、東西各四の門の位置が朱で表現され、北東から「上東門、陽明門、待賢門、郁芳門、美福門、朱雀門、皇嘉門、談天門、藻壁門、殷富門、上西門、安嘉門、偉鑒門」と記されており、蓬智門の名称を欠いている点を除き、各門の名称は、通常の復原と合致する。

上東門と上西門が、両端に朱点を入れる形で表現されているほかは、他の門のすべてが朱の方形枠で表現されており、朱点間、枠内には朱線が及んでいない。これらの朱の記入は、門名の墨書がなされた後でなされている。

左京図には、極めて多くの邸第の標記があり、そのほとんどが朱線で範囲を示す形となっている。ただし一部には墨線の枠もある。数多くの邸第名と朱枠の数は極めて多く、図1-2に示すごとく、とりわけ左京図に多い。すべての例について確認できるわけではないが、ほとんどの場合、邸第名を墨書した後で、朱枠が施されているとみられる。朱枠だけが施されて邸第名が記されていない例が、左京に九カ所、右京に二カ所存在する。墨の枠が施されているのは左京の一二カ所であるが、このうち一カ所は東寺の西の「田畠」の二方のみを囲むもの、一カ所は「市屋」を囲むものである。また、「入道平相国家」を囲む墨線と、その一部に「西八條」の朱枠が施されている場合には、朱枠が最後に記入されたものとみられる。ただし、この墨線の枠も、条坊名の朱筆よりは後に描かれている。

また、東寺の四町分を囲む朱枠に加え、北の町へ広がった範囲を描いた墨線の場合、朱枠の後に墨線が加えられており、同時に門を示すと思われる二対の黒点が、朱枠の上に施されている。このほか、墨線によって町の区画を区分している例が五カ所存在する。

4 九条家本『延喜式』左・右京図の特性

（1） 条坊プラン表現の特性

すでに述べたような条坊プランの表現は極めて模式的であり、また、描線のあり方も丁寧さに欠ける。この状況自体が写本であることの一端を示しているとみられるが、条坊の方格線がまず描かれ、次いで条坊名の朱筆が記入されていることは確認しておいて良いであろう。写本であるから、表現の順序は必ずしも地図の性格を反映しているとは限らないものの、次の二つの可能性を推定することは可能となろう。

① 九条家本左・右京図の直接の原本（これ自体が写本であった場合を含む）が、条坊方格線と条坊呼称の表現を基礎としていた。
② 写本の作製者が、条坊方格線と条坊呼称、すなわち条坊プランが左・右京図の基本と認識していた。

このほかに、作図上の便宜として条坊の方格網をまず描いた、という単純な想定があり得るが、この場合、条坊呼称がそれに続くとは限ら

らないと見るべきであり、上掲の二つの可能性のいずれかに帰結することになろう。また、この二つの可能性が一体化していた場合もあり、現実にはその可能性が最も有り得るべき状況であろう。

一方、この九条家本『延喜式』左・右京図の一つの特徴は、街路の交点で直線が交叉していることであり、『拾芥抄』東・西京図、仁和寺蔵京都古図の両者とは異なる系統のものであったのか、九条家本の写本作成の際の一種の手抜きであったのかは不明である。

（2） 川表現の特性

図中に表現あるいは標記された四河川のうち、大宮川は「耳敏川」とも呼ばれ、平安宮内に引き込まれて「御溝水」と称されていたとされる。「伊勢物語」にみえるところから平安中期には存在のよく知られた川とみられる。

堀川は現存の河川であり、『延喜式』左・右京職の「堀川杭」の規定をはじめ、遅くとも九世紀初頭には存在の確認が可能である。

西洞院川は、現在は消滅しているものの、前述のように近世絵図にもみられるが、戦国時代に再現したものとされ、平安・鎌倉期にその前身があったという。

京極川は『拾芥抄』にいう中川であるとされる。

四河川とともに平安時代から存在したものとみられる可能性が高いが、それが街路パターンに従って表現されているところに大きな特徴がある。川の薄墨の線は、条坊呼称の朱文字の前に描かれており、条坊の方格線と同一箇所で線が描き継がれていることからも、方格線と同時に描かれたとみられる。つまり、これらの川についても、街路の方格網と同様の認識の下にあったと推定される。

（3） 街路名標記の特性

まず、南北街路の名称が京域外の北辺・南辺に記載され、東西街路の名称が東辺・西辺の京域内相当部分に記載されている点の背景を確認しておきたい。

用紙の短辺を東西としていることから、東西については紙幅の余裕がなく、南北については余裕があることがこの状況の大きな理由とみてよいであろう。平安宮の門の名称が、東辺のみ宮内に標記され、他の三方が宮外に標記されている点をみても、京域内外という標記の位置には必ずしも基本的意味がないようである。

すでに表1-1に掲げたように、街路名の標記にはいくつかの特徴がみられる。注記が付されている例のあること、一本の街路に複数の名称が記されている例のあること、の二点がまず注目される。この点から検討を始めたい。次のような状況である。

① 南辺に「朱雀廿八丈　羅城門　或」とあるのは、ある伝本に羅城門にかかわることがらを記したものがあることを示したものであろう。

② 北辺に「靱負」と記された小路は、二条付近に朱筆で「以下猪隈」、七条付近に「以下南市門」と記され、南辺には「南市門四、猪隈」と記されている。小路を越える範囲を占めた「冷泉院殿」と「市屋」を境に街路名が変っていたことを示しているのであろう。「靱負」は、「靱負」の可能性がある。

③ 北辺に「帯刀町野寺町　或本云」とある小路は、二条付近に「以下油小路」と朱書され、南辺には「油小路四」と記されている。猪隈とは

異なり、屋敷に閉ざされている故の別称ではない。

④北辺に「町口」と記された小路は、中御門付近に「以下町尻」、南辺に「町尻四」と記されている。町尻は川の屈曲点以南であり、北は「修理職町」である。『拾芥抄』にも二つの通名が見える。

⑤北辺に「子代」とある小路は、中御門付近に「以下烏丸」と朱書されており、南辺に「烏丸四」と記されている。

⑥南辺に「万里小路四利或」とある小路は、別の用字を示している。

⑦北辺に「京極」、南辺に「京極十丈 或号東ィ 大路十二丈」と記され、東京極大路の呼称と道幅十二丈とする別本ないし別案の存在を記している。

⑧東辺に「鷹司四 或紫町」とあり、別称の存在を記している。

⑨東辺に「勘解由小路神解由小路ィ 四松井ィ或」とあり、別称と別の用字を注記している。西辺に「、井」とある名称に対応する。

⑩東辺に「春日四木蘭或」とあり、別称を注記している。西辺に「、蘭」とある名称に対応する。

⑪東辺に「大炊御門十馬寮大路或」とあり、別称を注記している。西辺に「、馬寮大路」とある。

⑫東辺に「冷泉院四 経師町或」とあり、別称を注記している。

⑬東辺に「押小路応アノ日或」とあるが、「押小路四 庇ィ或」と読むべきかも知れない。『拾芥抄』に「庇小路」と見える。

⑭東辺に「錦小路屍ノ天喜二号綿」とあり、天喜二年(一〇五四)に錦小路となり、それ以前は「屍ノ小路」であったと記す。『掌中歴』には「具足小路」とあり、具足・屍・錦と変遷したことになろう。

⑮東辺の「針小路四」の京域内側には、朱筆で「安曇」と別名を記している。

⑯東辺に「九條坊門号唐橋」と別名を注記しているが、京域内側にも朱筆で「韓橋」と記している。

⑰東辺の「多那井小路ノ四」の京域内側には、朱筆で「信乃」と別称を記している。

右京図にも次の一例だけ注記がある。

⑱南辺に「西匡又号解縄」としている。この「匡」の文字については、左京図北辺に「匡」、南辺に「匡四」とあり、小路の位置は、後の櫛司小路に相当し、「匣小路」とも書いたので「匡」と読んだ。ただし、左京図に先行する左右京職本文の京程条は『国史大系』に翻刻されている。(九)は九条家本の記載を示す。

街路名の標記上の特徴は以上の如くであるが、『延喜式』巻四十二に「廼」と書かれているともみられる。

南北一千七百五十三丈 今勘一千七百五十一丈 今二丈可尋之(九) 四位大外喜中原師重之本云除大路小路各見式文定殘卅八町一町卅丈(九)

北極井次四大路。廣各十丈。

宮城南大路十七丈。

次六大路各八丈。

南極大路十二丈 垣基半三尺犬行七尺。

羅城外二丈 垣基半三尺犬行五尺溝廣四尺者両溝間八丈八尺(九)。

路廣十丈 今案大路北畔垣基半三尺犬行七尺溝廣一丈。

小路廿六。廣各四丈。

町卌八。各卅丈。

東西一千五百八丈 通計東西両京。

自朱雀大路中央。至東極外畔七百五十四丈。

朱雀大路半廣十四丈

次一大路十丈

次一大路十二丈

次二大路各八丈　大宮〈九〉　東西洞院也〈九〉

東極大路十丈

小路十二。各四丈。　一路加二堀川東西邊各二丈一。

町十六。各卅丈。

右京准レ此。

　この記載では、個々の大路名がすべて記されているわけではなく、小路名は全く記されていない。「宮城南大路」とは二条大路、「南極大路」とは九条大路にほかならず、「大宮、東西洞院」という九条家本の注記の成立時期は不明としておくべきであろう。

　寛平二年（八九〇）に著わされた『侍中群要』では、「一条大路 申北邊 大路、二条以下如恒、大宮大路 甲宮城東大路、陽明門大路 申號元々小路云々、堀河大路 路云々、待賢門大路 以下准レ之、洞院東大路 准レ之」といった多くの大路名を記している。つまり、『侍中群要』、九条家本『延喜式』のいずれも全く同一の街路名を記している訳ではない。

　『延喜式』京程条の本文に、一条―九条大路が明示されず、『侍中群要』に大路名の言い換えが多いことも考慮すれば、街路名が固定するまでに若干の時間を要したと考えるべきであろう。

　長保四年（一〇〇二）には所領の四至を限るために実際に使用されていることからしても、このころには定着していたものであろう。『延喜式』京程条、『侍中群要』に小路名は記されていないが、九条家本『延喜式』左・右京図のいずれにも全く同一の街路名を記しているので、当初は必要に応じて個別に記載されていたのではなかろうか。

　家本『延喜式』左・右京図には、すでに検討を加えているようにそれが記されている。これらの街路名は平安京の当初からのものではなく、川勝政太郎は「凡そ一条天皇の項を以て」出揃ったとし、藤井このみはその背景に平安京の都市としての「商業的発展」を推定している。以上の状況からすれば、平安京の街路名の成立は、一〇世紀末～一一世紀初めごろのこととみられる可能性が高いことになろう。とすれば、九条家本『延喜式』左・右京図における街路名の原型もそのころにあると考えるべきであろう。

　さらに、上掲の『延喜式』京程条の記載と九条家本『延喜式』左・右京図との異同を検討したい。両者を対比すると、「北極―一条、宮城南―二条、南極―九条、東極―京極・東京極」の四例の相違、ならびに前者に小路名が全くないことがまず大きな相違である。前者は、位置表示を主目的としており、『延喜式』完成時点、つまり固有名詞としては未成熟な一〇世紀初めごろの段階であったとみなされる。後者は、固有名詞としての性格が強まっている段階、すなわち一〇世紀末ないし一一世紀初め以後の状況とみてよい。小路名の注記の一部に天喜二年（一〇五四）以降の記載を示す内容も含んでいる。

　さらに、道幅についても両者間に相違がみられる。「北極―一条十二丈、或東極大路十丈―京極大路十丈、或号東京極本云二丈」の二ヵ所である。後者は基本的に一〇丈であり、一説として十二丈としているのであるが、前者は基本の記載が一〇丈と十二丈と異なっているのである。

　これについては、九条家本京程条に、「南北一千七百五十三丈」とする本文に「今勘千七百五十一丈　今二丈可レ尋レ之」との注記があることに注意を要する。「北極」つまり一条を十二丈とすれば、南北は京程条の一七五三丈となるのであり、この点では九条家本の京程条の注記

と左京図の道幅の記載はいずれも一二丈で合致していることになる。九条家本の京程条の注記の成立時と左・右京図の成立時とが密接に関わっていることの反映とみることができよう。

（4）邸第等標記の特性

左・右京図には数多くの邸第の所在が標記されている。左京図にはとりわけ多く、右京図には、わずかに「忠能朝臣宅、宮法印房、忠能宅」の三カ所が記されているに過ぎない。忠能は藤原忠能、宮法印は法印権大僧都行慶のことが記されているに過ぎない。忠能は藤原忠能のことである。忠能は藤原忠能、宮法印は法印権大僧都行慶のことと考えられ、いずれも平安後期のことであることから、前掲のように福山説が未完成の写本と考える理由でもある。ただし、邸第が本来の標記事項ではないとすれば、この部分はむしろ右京図の原型を残している可能性に結びつく。

左京図の数多くの邸第等の標記について、それらの邸第等が存続した時期を示せば図1–4のようになる。同図を一見すれば、邸第等の存続時期が多様であることが判明するが、いくつかの代表的事例を取りあげてみると次のようになる。[24]

① 左京北辺三坊一町

「一条院」の所在が記されているが、長徳四年（九九八）に佐伯公行が購入した「一条殿」を一条天皇の母后である東三条院（藤原詮子）に献上し、一条院と呼ばれるようになったもので、その後知られるだけで三回炎上したが一一世紀中ごろまでは存続したと推定される。

② 左京北辺四坊二町

「高陽院」の所在が記されているが、高陽院は、鳥羽上皇の皇后高陽

院藤原勲子の御所を指しており、久安三年（一一四七）に存在していたことが知られる。その後藤原邦綱が入手し、一二世紀後半には「土御門亭」、「正親町東洞院亭」などの名称で知られていた。

③ 左京北辺四坊七・八町

七町に「清和院殿」、八町に「東北院、染殿、忠仁公家」が標記されている。染殿は、藤原良房（八〇四–八七二）の大邸宅で、六・七町を占める大邸宅であったが、六町を昊平親王の土御門第に、七町の南半部を清和院に提供した。清和院は清和上皇の後院として建設されたもので、八七〇年代の後半である。一一世紀末には、白河法皇の皇女宮子内親王の御所となり、彼女は「清和院斎院」と呼ばれたので、このころまでは存続し、一〇世紀後半に村上天皇の皇后（藤原安子）の子為平親王の御所としてその名を残していた。

④ 左京一条三坊九・十町

九町には源師時の邸宅があったが、十町には「近衛殿」が標記されている。近衛殿の造営時期は不明であるが、永久五年（一一一七）に鳥羽天皇の里内裏となり、崇徳・近衛各天皇の皇居となった。保延四年（一一三八）と久安四年（一一四八）に焼失し、後者の後には再建が進まず、中途で放棄されたと考えられている。崇徳天皇皇后の藤原聖子の御所、崇徳上皇・近衛天皇の御所として一二世紀中ごろの記録に見え、以後も藤原氏近衛家の本邸として継承された。

⑤ 一条四坊十五・十六町

京図標記の邸第等とその存続時期

条	坊	町	記名標	900年	1000年	1100年	1200年
		10	堀川院□宣公家				
		12	左大臣御堂				
		13	蔓松殿				
		16	閑院　冬嗣公家				
	3	1	東三条院				
		2	〃				
		3	高松殿				
		7	鴨居殿				
		8	御倉　忠仁公家				
	4	1	二条殿				
		2	〃				
		○10	山井　永頼三位				
4	1	9	後院　朱雀院		(円融天皇)		
		10	〃		(〃)		
		11	〃				
		12	〃				(菅原貞衛)
		13	〃				
		14	〃			(民家)	
		15	〃		(〃)		
		16	〃		(〃)		
	3	1	鬼殿				
		4	四条宮　公任大納言				
		16	六角堂				
5	2	3	後院地				
		4	〃				
		5	〃				
		6	〃				
	3	2	紅梅殿　菅家				
		3	天神御所				
		4	前斎院				
		13	因幡				
		14	祇園大御所				
6	2	12	苑				
	3	5	右大臣殿				
		6	池亭				
		7	千種殿				
		10	小六角				
		11	〃				
		12	中院				
		△16	五条殿申邦良卿家				
	4	3	六条内裏				
		4	〃				
		5	六条院融公				
		6	〃				
		7	〃				
		13	河原院				
		16	崇親院				
7	1	○13	外町				
		○14	〃				
	2	○2	〃				
		3	市屋				
		6	〃				
		○7	外町				
		○11	〃				
		○12	〃				
		14	亭子院　寛平法王				
	3	1	義家宅				
		9	六条院				
	4	8	菜園				
		9	資盛宅				
8	1	△5	西八条　入道平相国家				
		△6	〃				
		△11	〃				
		12					
		△13	〃				
		14					
	2	○1	外町				
		△3	社命婦				
		△4	稲荷根所				
		△5	小松殿　中納言顕長				(小松殿)
		8	外町				(顕長邸)
		△9	稲荷旅所				
		△12	金色堂　中納言師長卿或				
	3	13	八条殿				
		14	御倉				
9	1	3	田畠				
		4	〃				
		5	〃				
		6	〃				
		11	東寺				
		12	〃				
		13	〃				
		14	〃				
	2	△5	太政大臣伊通				
		9	右衛門智堂　中納言家成				
		○15	宮町　外記町				
	3	△2	九条院御所				
		△3	施薬院				
		○12	早良太子家				
		13	九条太政大臣殿				
		14	〃				

注　△：墨囲い・異筆（追筆）　○：囲いなし　その他は基本的に朱囲い　→：存続　--→：推定　｜：存在（焼失）確認時点

第Ⅰ部　平安京―京都の都市図　　32

図1-4 九条家本『延喜式』左

条	坊	町		標記名	900年	1000年	1100年	1200年
北辺	2	1		一条院				
		2		織部司	·······→	→→		
		3		内教坊町				
		4		別納	·······→	→→		
		8		縫殿町				
	3	1		正親町				
	4	2		高陽院			→→→	
		3		前斎院				
		7		清和院殿	→→→→		→→	
		△8		東北院・染殿　忠仁公家				
1	2	1		織部町	→→→→			
		2		佐衛門府	→→→→→→→→→→→→→→→→→→→→			
		3		修理職				
		4		外記町	→→→→→→			
		5		官尉家	→→→→			
		6		内蔵寮	→→→→			
		7		使庁	→→→→			
		8		大舎人・内竪	→→→→			
		9		左近町	→→→→→→→→→→→			
		10		〃	→→→→→→→→→→→			
		11		左兵衛町	→→→			
		△12		本院或時平公家	→→→		→→→→→→→→→→→→→	
		13		滋野井・貞吉家	→→→→→→→→→→→→→→→→→→→→			→→
		14		獄左或	→→→→→→→→→→→→			
		15		左近町	→→→→→			
		16		〃	→→→→→→→→→→→			
	3	1		左衛町	→→→→			
		2		〃	→→→			
		○3		修理職町			→→→→	
		○4		〃			→→→→	
		○5		〃			→→→→	
		○6		〃			→→→→	
		7		左衛町	→→→→			
		8		〃	→→→			
		9		土御門内裏			→→	
		10		近衛殿			→→	
		△11		枇杷殿　仲平公家				
		14		小一条殿院　貞信公院		→→→		
		15		枇杷殿				
		16		篠殿小房（ママ）				
	4	1		高倉殿	→→→→→→→→			
		2		華山院別納	→→→→→→→→→→→→		→→	
		3		華山院殿	→→→→→→→→→→→			
		9		鷹司殿		→→		
2	2	1		東宮町	→→→→→→→			
		2		神祇町	→→→→→→→			
		3		冷泉院殿	→→→→→→→→→→→→→→→→→→→→			→→
		4		〃　石神社	→→→→→→→→→→→→→→→→→→→→			→→
		5		〃	→→→→→→→→→→→→→→→→→→→→			→→
		6		〃	→→→→→→→→→→→→→→→→→→→→			→→
		7		神祇町	→→→→→→→			
		8		東宮町	→→→→→→→→→→→			
		9		高陽院殿　賀陽親王公家	→	→→→	→→	
		10		〃		→→→	→→	
		12		大皇太后宮				
		△13		陽成院	→→			
		14		侍従中納言				
		15		高陽院殿	→	→→→	→→	
		16		〃	→	→→→	→→	
	3	*2		大宣戸				
		3		大炊殿		→→		
		△5		道兼或町尻殿				
		7		小松或　光孝天皇御所或		→→→→→→		
		11		小野宮		→→→→		
		12		陽明院		→→	→→	
		13		小二条殿　□□殿		→→		
		○14		少将院				
		○16		石井　能有公家　四分一今松殿　　（源能有邸）			（松殿）→→	
	4	1		内記井				
		2		大炊殿			→→	
		3		左大臣殿			→→	
3	1	1		余戸或田也田院　左京職	→→	（左京職）		
		2		大学寮別戸当	→→→→			
		3		左京職　田一下二段在	→→			
		4		将学院				
		5		観学院	→→→→→→→→→→→→		→→	
		6		弘文院	→→→→→→→			
		7		大学寮	→→→→→→→			
		8		〃	→→→→→→→			
		9		乾臨閣	···			→→
		10		〃	···			→→
		11		神泉苑	···			→→
		12		〃	···			→→
		13		〃	···			→→
		14		〃	···			→→
		15		乾臨閣	···			→→
		16		〃	···			→→
	2	1		木工寮				
		2		〃				
		3		御子左　兼明親王家	→→→→→→→→→→→→		····（大宮院）	
		4		〃　小倉宮家	→→→→→→→→→→→→		····	
		9		堀川院□宣公家	→→→→→→→→→→→→			

第1章　平安京左・右京図について

朱筆により両町を長方形に囲い込んでいるが、邸第名の標記がない。

一〇世紀末以来、この地は藤原道長の邸宅、天皇行幸の邸宅、里内裏として著名な土御門殿の所在地であり、長和五年（一〇一六）の焼失の後再建され、道長の没後も二回の焼失と再建を繰り返し、少なくとも一一世紀中ごろまでは存続した。同坊九町には道長の妻源倫子の「鷹司殿」が標記されており、土御門殿の標記がない事実には留意すべきであろう。

土御門殿は、天喜二年（一〇五四）の焼亡の後に里内裏にあてられることはなかったものの、頼通を経て師実に伝領され、再建されて院政期を迎える[25]からである。

⑥二条二坊九・一〇・一五・一六町

この四町にわたって「高陽院殿」の所在を記している。高陽院は桓武天皇皇子の賀陽親王の旧第であり、左京図中にもそのことを注記している。

高陽院は藤原頼通の邸宅として知られ、寛仁三年（一〇一九）に工事が始まり、治安元年（一〇二一）に落成した四町に及ぶ豪壮な邸宅として著名であった。長暦三年（一〇三九）に焼失した後も再建され、その後も焼失・再建を繰り返し、天永三年（一一一二）の焼失の後、鎌倉初期まで再建されなかった。

⑦二条三坊十六町

「石井」と記した上で、「能有公家　四分一今松殿」と注記している。一〇世紀初めごろに源能有邸であったこと、町の四分の一が承安三年（一一七三）に新造された藤原基房の「松殿」であったことを示している。この表現は、多くの邸第名に施されている朱筆の囲いがない。

⑧四条一坊九～十六町

「後院　朱雀院」と記されたこの地のうち、九・十町は、円融天皇の四条後院の所在地であり、朱雀院は右京四条一坊一～八町であり、両者が混同されたものと考えられている。なお円融天皇の四条後院は一〇世紀末からであり、十二町では一一世紀の後半に民家や貴族の邸第があったことが知られており、相当不正確な認識にもとづく表現とみられる。

⑨六条四坊三・四町

「六条内裏」が標記されたこの地は、白河天皇の御所であり、承保三年（一〇七六）に新造、寛治三年（一〇八七）に大修造された。その後、皇女郁芳門院の追善のため、永長二年（一〇九七）に供養され、六条御堂と呼ばれ、万寿禅寺となった。

⑩八条一坊五・六・十一～十四町

十二・十三町の二町分の朱囲いの中に「西八条」とされ、さらに六町分の墨囲い中に「西八条　入道平相国家　仁安元年加二条或本」と注記されている。つまり、平氏の西八条第であり、仁安元年（一一六六）に拡張されたことを注記しているのである。この一帯は平氏一門の邸第群の所在地として知られたが、治承二年（一一七八）の次郎焼亡、清盛死後の放火、平氏の都落ちに際しての焼却によって消亡した。[26]

⑪八条二坊十二町

「金色堂中納言師長或」と標記され、藤原師長の邸宅と邸内の金色堂と呼ばれた仏堂の所在を記している。師長は、久寿元年（一一五四）に権中

納言となり、二年後の保元の乱に連座して土佐に配流された。八年後に彼は許されて京に戻るが、屋敷はこの間に中納言藤原顕長の八条堀河第に転じていたと考えられているので、存続期間は極めて短い。

以上の一一例は、まず次の三類型に分けられよう。

(a)短期間の存続‥①・②・⑦・⑧・⑨・⑩・⑪
(b)比較的長期間の存続‥③・④・⑥
(c)標記に混乱あるいは疑問のあるもの‥⑤・⑧

さらに、平安時代の前期（九世紀～一〇世紀半ごろ）、中期（一〇世紀後半ごろ～一二世紀中ごろ）、後期（一二世紀末ごろ～一二世紀）に分類してみると次のようになる。

前期‥③・⑥・⑦
中期‥①・③・⑥
後期‥②・③・④・⑥・⑦・⑨・⑩・⑪

ただし、⑦の例のように時期の全く異なる邸第が注記されている例もある。この例からも知られるように、全体としても邸第の標記に平安後期の例が多いことは図1－4からも確認されよう。ただし、上記の例には含めていないが、図1－4のように多くの諸司町の標記があり、これらのほとんどが平安前期に由来することも留意する必要がある。

5 平安京左・右京図の系譜について

（1）九条家本『延喜式』左・右京図の成立過程

本図の成立過程については、既往の研究のうち、前掲の田中論文が比較的詳しい。その骨子は次の四点にまとめられる。

(a)「朱郭」内の「院宮邸宅名」が本来的なもの。
(b)「或」「或本」「墨郭」は追筆。
(c)保延七年（一一四一）～天養元年（一一四四）ないし僅か後の一一四〇年代に成立。
(d)その後、平安時代最末期頃に成立した別の左京図と校合、若干の加筆。

しかし、以上の検討によって判明したことがらからすれば、さらに推論を進めることができよう。本章での検討結果をふり返りつつ、検証ないし再検討の試みを行ってみたい。以下のような点が確認された。

①まず、墨で方格線が描かれた。街路幅は、町の方格に比べて相対的に広く、また多少不揃いであり、模式的に表現されている。
②方格線について、淡墨によって川の表現が加えられた。
③次いで朱筆による条・坊・町名ないし番号、固有名詞坊名、大内裏の範囲、門名が記入された。
④街路名・「河」などが墨書で記入された。
⑤主要な邸第名等が墨書で記入された。

⑥一部の邸第等が朱枠で囲まれ、一部の邸第等の名称と注記が墨書で記入され、またそれらの一部に墨で枠等が加えられた。

⑦一部の邸第等の名称の別称が朱筆で記入された。

以上のうち、少なくとも①〜⑤は九条家本左・右京図の原本からの写しとみられる。⑥が田中説の(d)と、⑦が同(b)ないし(d)と対応する可能性が存在する。

その根拠の一つとして、①の方格の表現が、街路名の記入を前提として成り立っているとみられることである。つまり④までは直接の原図にもあったとみられることになる。そうでなければ相対的に著しく広い街路幅は不自然である。

②の上に③・④、①・⑤の上に⑥が重ねられていることも以上の推定の傍証となる。

さて、図1−4とそれに関連する事例の概要から知られるように、図中に標記された邸第等には、平安時代前期のものも、中期のものも後期のものも存在する。図1−4に△印を付したものが墨線で囲まれ、異筆の追筆であることの明確なものであり、一部を除いて十二世紀の後半ごろのものである。この加筆状況の説明が十分には十四世紀の書写となれば、この加筆状況の説明が十分にはできない。

一一四〇年代にこの写本ができたとする考えとは矛盾しない。

以上の状況からすれば、九条家本『延喜式』巻四十二の左・右京図は、すでに成立していた直接の原図を、十二世紀中ごろに書写し、その後、朱枠・加筆(前述の⑥・⑦)が加えられたものと推定するのが妥

当と判断されることになる。

この判断によれば、前掲の桃の指摘にある鎌倉期の史料に記された「延喜式左京図」に関わる説明とも矛盾しないことになる。

ただし、依然として黒板の判断には直接入ることができない。九条本の直接の原図として存在したとみられる左・右京図に論及する必要がある。

(2) 九条家本『延喜式』左・右京図の直接原図の成立過程

九条家本左・右京図の直接の原本の表現内容は次の如くであった可能性が高い(前掲の①〜⑤)。

(i) 方格線
(ii) 川
(iii) 条・坊・町と固有名詞坊の名称
(iv) 内裏の範囲
(v) 街路名
(vi) 邸第等の名称

以上のうち、(iii)の数詞による条・坊・町名、固有名詞坊名は嵯峨天皇の唐風好みによってやや遅れて成立したことが判明している。[27] いずれにしてもこれらは『延喜式』編纂以前であり、(iv)の内裏についても同様である。

(v)の街路名については、すでに述べたように『延喜式』成立以後の一〇世紀末ないし一一世紀初めに下る時期のものである可能性が高い。

(vi)邸第等の名称についても、それらの存続時期が多様であることは先

に述べた如くであるが、邸第等の時期についてはさらに分析が必要であろう。街路名と幅員の記載についてはすでに述べたが、邸第・諸司の名称には、平安時代前期・中期・後期の多様なものを含み、九条家本の書写が成立したと考えられる一一世紀中ごろの段階には、すでに存在しないものも数多く含まれている。その一方で、九条家本左京図に標記された邸第名等のみを示した図1-4には含まれていないものの、例えば一一世紀前半を限っても、これ以外の著名な邸第が存在したことも判明している。

このような状況が出現した背景に、九条家本左京図の直接の原図自体が、何回かの書写を経て成立したものであったと想定すれば、理解が可能となることがある。具体的には、本来の原図が書写されて使用され、必要に応じて邸第名が補充され、それが繰り返された過程を想定することが可能である。

図1-4からも想定されるように、諸司・邸第には、一〇世紀の前半から中ごろに存在していたもの、一一世紀初めないし前半、一二世紀初めごろに所在の確認できるものが多い。もちろんこれらは、後の何時の時点においても故実への関心として標記され得る存在でもある。

しかし、仮に、一〇世紀中ごろにおいて、条坊プランを表現した左・右京図に諸司・邸第を加えた原図Aがあり、一一世紀前半にそれを書写して加筆した原図Bが成立し、それを元にさらに書写して加筆した原図Cがあったとすれば、その原図Cが九条家本の直接原図となった可能性が高く、先に指摘したような特徴を備える可能性もまた高いことになろう。

この原図Aの段階はまた、平安京の街路名が出揃った時期に相当す

る可能性があり、別称が記され、また南北街路の途中で名称が変わる例があるなど、街路名が固定する最終段階の一歩手前の状況を示しているとみられることも、一つの参考となる。

つまり、九条家本左・右京図の原図は、三段階程度の書写・加筆を経て成立したものである可能性を想定し得ることになろう。

ただ、この可能性を想定するにしても、一〇世紀中ごろが原図の様式の上限であり、『延喜式』の編纂時にまでは遡らない。

（3）『延喜式』左・右京図存在の可能性

九条家本左・右京図から想定される原図の可能性を遡ったとしても、一〇世紀中ごろまでであることになり、前掲の黒板の推定に従うことになる。

しかし、『延喜式』に本来左・右京図は存在しなかったのだろうかという疑問は残ったままである。一〇世紀中ごろ以前に遡り得ないのは前述の(i)～(vi)の内容のすべてとした場合であり、想定した原図Aの段階でそれ以前の図と大幅に様式が変わっていたとすればこの限りではない。その可能性について若干の検討を加えておきたい。

平安時代の平安京の地図自体は残っていないが、平安京の例からすれば、左・右の京職が地図を作製していたとみられる。宝亀一一年（七八〇）の「西大寺資財流記帳」によれば「寺院一巻白絁二副〈長五尺〉京職所造」と書き上げられた寺院図が存在した。京職（この場合は右京職）が作製した二枚幅、長さ五尺の絹本の寺院図である。中世の西大寺敷地類数点もまた京職造の平城京右京図を基図としているとみられる。平安京においても類似の状況が推定される。

つまり、平安時代には平安京左・右京職が作製した平安京左・右京

図が存在したとみられることになる。

平城京右京図を基図としたとみられる西大寺敷地図類の場合、基本的表現は街路に画された条・坊・坪（平安京の町に相当）の方形の区画と、各坪の坊内における番号、大路の名称である。大路の名称は必ずしも定まったものではなく、図によって表現が若干異なっている。例えば「四坊大路、四坊西大路、京極路」などのように、図によって表現が若干異なっている。

平安京の場合もこの例に準じていたことになり、九条家本『延喜式』の左・右京図の表現は、墨線の方格と朱筆の町番号・坊名・大路名がこれに相当することになる。

つまり、九条家本『延喜式』巻四十二に入っている左・右京図においては、これらの標記要素が、文字としては朱筆で記入されているという形で、他の要素と截然と区分されていることになる。朱筆は、邸第等の朱枠としても使用されているが、これと条坊町名の朱筆とは区別し得ることも前述の如くである。

このように考えると、原図Aのさらに原図を元原図と仮称するとすれば、その元原図は街路とそれに画された町の区画、坊名、大路名、町番号、内裏の範囲、門名などを表現したものであった可能性が高い。

これらの表現内容は左・右京職造の左・右京図と共通する点も注意を要する点であり、存在可能性を推定する一つの傍証ともなる。問題は、この元原図が左・右京職造の左・右京図自体であったのか、編纂時点の『延喜式』に挿入されたものであったのか、という点である。推論はここで停止せざるを得ないが、次の点は確認してよいであろう。

現行の九条家本『延喜式』左・右京図がそのまま『延喜式』そのも

のの付図であったことはないものの、それの元原図と想定されるものが付されていた可能性は依然として否定できない。この元原図は、少なくとも原図A、原図B、原図Cと書写、原図Cが九条家本『延喜式』左・右京図の直接の原図であったと推定されることになる。

ただし、この元原図が京職造の左・右京図そのものであった可能性と、書写・増補の段階がもう少し多かった可能性のみでは排除できない。

〔付記〕九条家本『延喜式』左・右京図の閲覧ならびに写真の入手については、所蔵先の東京国立博物館はじめ、国立歴史民俗博物館 吉岡眞之教授、東京大学史料編纂所 田島公教授のご高配を得た。記して感謝する。

注

1 桃裕行「〈延喜式附図に就て〉歴史地理七五―二、一九四〇」は、黒板勝美が『延喜式』付図を院政期のものとして『新訂増補 国史大系』に付図があった可能性を提示しなかったことを紹介しつつ、本来『延喜式』に付図があった可能性を提示している。

2 金田章裕『微地形と中世村落』吉川弘文館、一九九三。

3 金田章裕「中世平安京図」、同『古代荘園図と景観』東京大学出版会、一九九八、所収。金田章裕「地形と土地利用の復元」『平安遷都一二〇〇年記念 甦る平安京』京都市、一九九四。

4 金田章裕『条里と村落の歴史地理学研究』大明堂、一九八五、一五―一七頁。

5 上杉和彦「獄舎と平安京」五味文彦編『都市の中世』吉川弘文館、一九九二。

6 黒板勝美『国史の研究』(各説上)、一九三二。同「延喜式・凡例」、『新訂増補国史大系、交替式・弘仁式・延喜式』国史大系刊行会、一九三七。

7 桃、前掲注1。

8 北野天満宮史料刊行会編『北野天満宮史料 古記録』北野天満宮、一九七〇。

9 福山敏男「平安京とその宮城の指図」、角田文衞編『平安京提要』角川書店、一九九四、による。ただし、同論文は「平安京及び宮城の指図に就いて」(宝雲、二七、一九四一)、「平安京宮城の指図について」(建築史、三―五、一九四一)、およびこの二つと合わせて収録した『日本建築史研究続編』(墨水書房、一九八一)によって改めて編集したものとされる。

10 田中稔「京図について―九条家本延喜式巻第四十二所収を中心として―」《田山方南先生華甲記念論文集》、一九六三所収。

11 鹿内浩胤「九条家本『延喜式』覚書」、書陵部紀要、五二、二〇〇一。

12 「田山方南先生華甲記念論文集」、一九六三所収。下流部については、金田章裕「13・14世紀における京都の村落景観とその変遷」、同『条里と村落の歴史地理学的研究』大明堂、一九八五、所収。

13 吉田東伍『大日本地名辞書』上方、冨山房、一九〇〇。

14 『類聚三代格』天長五年宮符。金田章裕「京の川」伊東史朗編『仏像を旅する京都』至文堂、一九九一。

15 『角川日本地名大辞典』京都府上、角川書店、一九八二。

16 『大日本地名辞書』前掲注13。

17 黒板勝美校訂『国史大系』による(前掲注6)。九条家本の記載が注記されている。

18 橘広相『侍中群要』第七、『続々群書類従』第七。

19 金田章裕「日本の都城プランと土地表示法」、金田、前掲注4、所収。

20 長保四年「山城国珍皇寺領坪付案」、『平安遺文』四二二号。

21 同「平安京の街路及び地点指示法について」、史迹と美術二五―四・五、一九五五。

22 藤井このみ「平安京の変質と小路名」日本史研究九三三、一九六七。

23 山田邦和「右京全町の概要」、角田文衞監修、古代学協会・古代学研究所編『平安京提要』、角川書店、一九九四。

24 山田邦和「左京全町の概要」、角田・古代学協会編『平安京提要』、前掲注23。同書の整理によるが、同書自体が九条家本『延喜式』左京図を引用している場合があるので、その引用を除いた記述による。以下、特に注記しない場合は同書による。

25 朧谷寿「藤原道長の土御門殿」、同『平安貴族と邸第』吉川弘文館、二〇〇〇。

26 朧谷寿「平安京左京八条三坊周辺の様相」、前掲注25所収。

27 金田、前掲注19。

28 前掲。

29 『寧楽遺文』下。

30 金田章裕「西大寺関係古地図と条里・条坊プランの表現」、佐藤信編『西大寺古絵図の世界』東京大学出版会、二〇〇五。

31 右京図に若干の邸第を除き、方格と街路名などの基本的な表現しかない状況を福山説のように未完としてではなく、元となった原図の表現に由来していると見ることもできる。

第2章 平安京西郊桂川の河道変化と耕地開発

——葛野郡班田図から松尾社境内図まで——

青山宏夫

1 はじめに

平安京の西郊を流れる桂川は、東の鴨川とならんでそれぞれ西河・東河と称されることもあり、洛中洛外を代表する大河とみなされていた。一六世紀にまで遡りうる初期洛中洛外図屛風のいずれにおいても、上京隻の左上隅近くで、筏流しの桂川が金雲のあいだに見え隠れしているのも、平安京西郊の景観のなかで桂川が欠かすことのできない構成要素であったからにほかなるまい。

これらの屛風のなかに描かれた桂川をみると、限定された河道をもち、安定的な流れを保っているかにみえる。しかし、現実は必ずしもそうではなかった。たとえば、九世紀には桂川は右京西南隅付近では現在とは異なる河道をとっていた。すなわち、桂川は、右京西南隅の西方では現河道よりも数百メートル西側を流れていたのである（図2-1）。また、その上流に連続する位置には現河道よりも数百メートル東側を、南方では逆に数百メートル西側を、南方ではさらに東南方付近にかけて、旧川勝寺村（現右京区西京極）の西北方から撮影の空中写真をみると、桂川の現河道から下布施里へと蛇行しながら向かい、天神川の流路にいたる旧河道をみとめることができるからである。

ある上桂荘では、一四世紀初めには現状より約五〇〇メートル前後南方を流れていたことも明らかにされている。それによると、その時期の桂川は、上野と東梅津のあいだではなく、上野の南方を流れていたという。

さらに、鎌倉期には京域内にさえも桂川が流入していた可能性もある。一三世紀初めとされる「山城国紀伊郡里々坪付帳」をみると、九条大路を介して西寺の南に接する下布施里の坪のうち、四つの坪に「桂川」、別の五つの坪に「川」と記載されている。この里のなかを桂川の本流ないしは支流が流れていたことになる。とすれば、その河道は、現在この里のなかを流れているかつての天神川（現在は西高瀬川）のそれに近いものであったと考えられる（図2-1）。一九四六年米軍

41

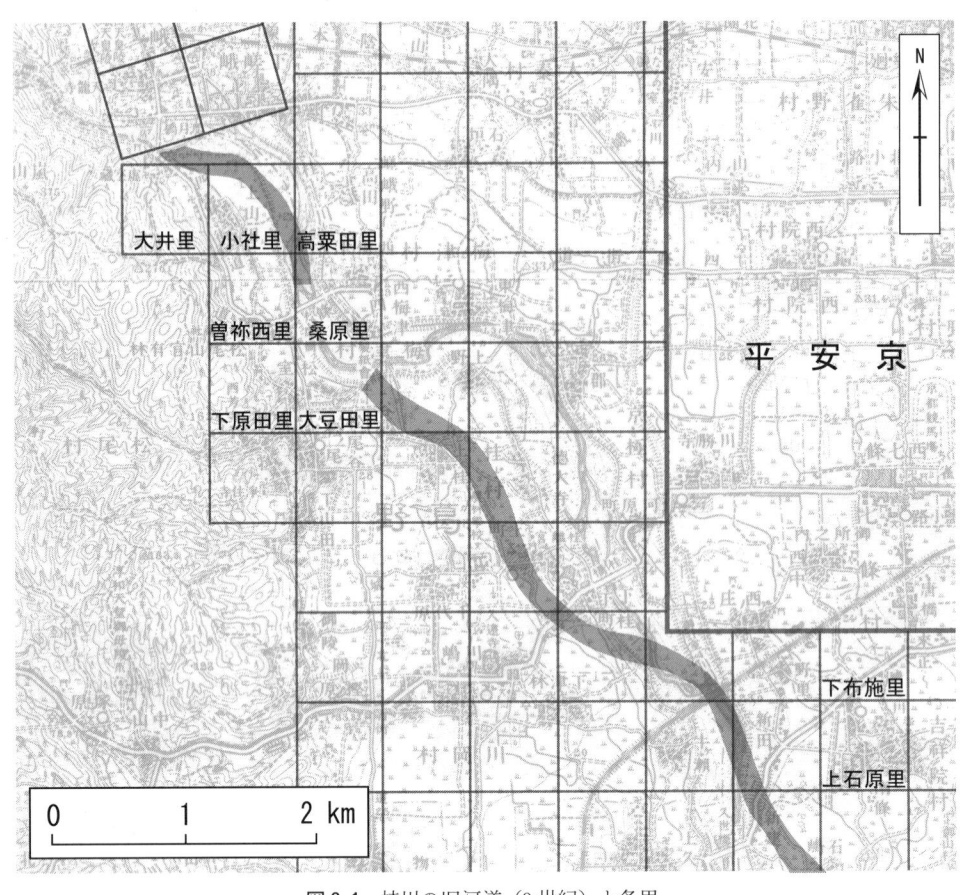

図 2-1 桂川の旧河道（9世紀）と条里
大豆田里より下流部分は金田（2002）による
ベースマップは明治42年測図の5万分の1地形図「京都西北部」および「京都西南部」

ところで、『故一品記』には、寛元元年（一二四三）七月二〇日、「近年桂川流頗相浸之間」、吉祥院を他所に移そうとしたとの記事がある。吉祥院は下布施里の南隣の上石原里北部にあるが、一三世紀中頃には境内に浸水の危険が及ぶほどに桂川が近くを流れていたことをこの資料は伝えている。『明月記』安貞元年（一二二七）四月七日の記事にみえる「吉祥院前河」も、天神川ではなく桂川と理解すべきものなのかもしれない。

このように、古代中世の桂川はしばしば河道を大きく変えた。また、その間には幾度もの氾濫があったはずである。そのたびごとに自然環境は変化するが、同時に人間の側からも新たな自然環境への働きかけが始まる。こうして自然と人間とによって織りなされた新たな景観が形成されていく。本章の目的は、こうした自然環境を人間はどのように利用していたのか、あるいはその変化にどのように適応していったのかについて検討することにある。具体的には、これまで必ずしも十分には論究されることのなかった松尾社周辺の桂川──渡月橋付近から松室東方付近まで──の、古代中世の河道変化について検討するとともに、その右岸域における耕地開発について考察する。

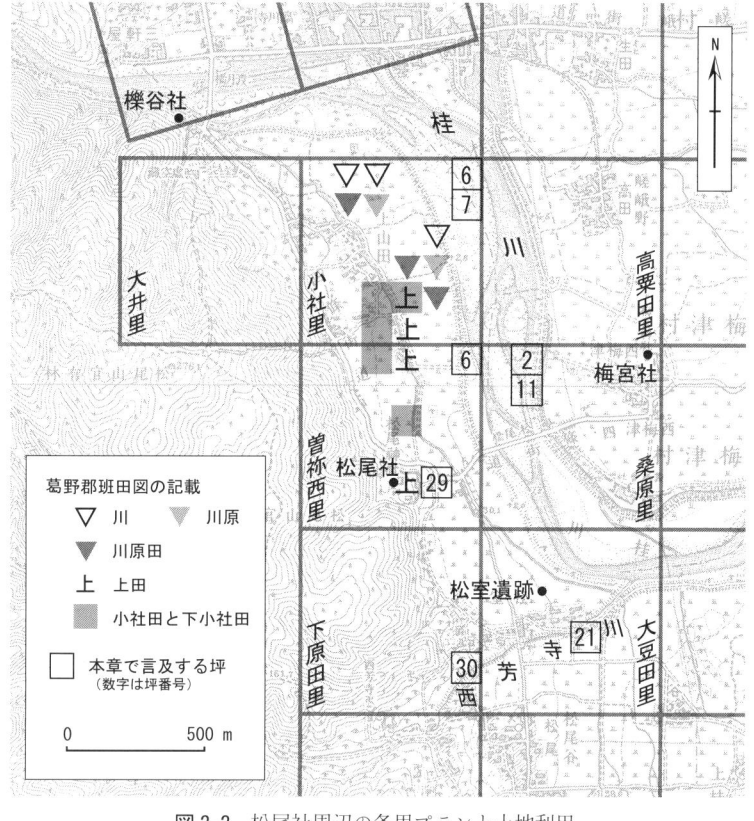

図 2-2 松尾社周辺の条里プランと土地利用
ベースマップは明治 42 年測図の正式 2 万分の 1 地形図「嵯峨」および「大原野」

2　葛野郡の条里プランと桂川の河道変化

(1) 葛野郡班田図の条里プランと景観

本章で対象とする範囲の桂川を描いた古代の図に、「山城国葛野郡班田図」がある。一三断簡——一断簡には表裏に記載があるので合計一四面——が残されており、宮本救の詳細な検討によって、若干の後筆はあるものの、基本的には天長五年（八二八）の班田図を原図としたものであることが明らかにされている。また、この図には合計一六度傾いた条里プランが描かれているが、そのうち桂川左岸の六つの里——小倉里・社里・櫟原西里・大山田里・小山田里・櫟原里——は西に約一六度傾いた条里プランに、右岸の三つの里——大井里・小社里・曽祢西里——は正南北方向の葛野郡統一条里プランに一致するものに比定されており、すでに定説化している。

この成果にしたがって、桂川周辺の条里プランを示すと図 2-2 のようになる。いま、この現地比定について本章で対象としている桂川右岸を再検討すると、以下のような諸点からみて、それが妥当なものであることが確認できる。

① 葛野郡班田図の曽祢西里29坪には「松尾神□」とあって松尾社の神田と考えられるが、図 2-2 でその位置をみると松尾社の正面にあたっていること。

② 貞元三年（九七八）の「山城国山田郷長解」にみえる大豆田里21坪内にある家地の四至に「限東谷川尻井門道」「限北谷川」とあるが、図 2-2 の同坪にあたる地点に谷川（現西芳寺川）が流

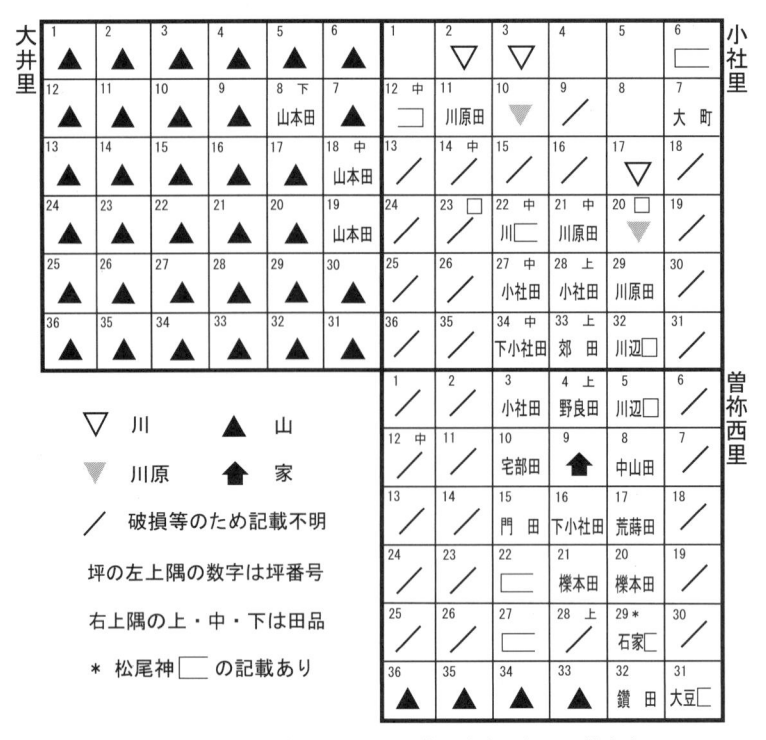

図 2-3　葛野郡班田図における桂川右岸の主な記載内容

③②と同様に、長和二年（一〇一三）の「源厳子地林相博券文」にみえる下原田里30坪内の地の四至に「限南谷川」とあること。

なお、②の土地については、寛弘二年（一〇〇五）の「山城国山田郷長解」や寛仁三年（一〇一九）の「秦徳山畠売券」にも同様の表現が四至にみえて、この坪付近では一一世紀初頭まで谷川の流路に大きな変化がなかったことがわかる。

さて、このように条里プランを現地比定すると、興味深い事実が判明する。葛野郡班田図（図2-3）をみると、小社里27・28坪に「小社田」、34坪に「下小社田」、そこから南に一坪隔てた坪の東隣にあたる曽祢西里16坪に「下小社田」と記載されていることに気づく。一方、時代は下るが南北朝期と推定されている「松尾社境内図」（図2-4〈口絵6〉）には、松尾社の右下すなわち東北方に「小社」とあって鳥居と社殿が描かれている。その描かれる位置は、まさしく葛野郡班田図の小社田や下小社田が記載された位置に符合する。

この小社とは「コモリ」と称され、葛野鋳銭所の近くであるとの理由で、貞観一二年（八七〇）に宗像・櫟谷・清水・堰とともに新鋳銭を奉られた古社である。したがって、九世紀初頭にも存在したにちがいない。とすれば、その位置は、葛野郡班田図における小社田・下小社田付近をおいてほかに考えられまい。現在、これらの小社田・下小社田が連続する小社里27・28・34坪、曽祢西里3坪の比定地は、その一部を含んで東方一帯が嵐山森ノ前町（旧上山田村字森ノ前）となっている。森ノ前という字名が、「小社の前」に基づいていることは疑いない。

いだろう。また、「小社里」という里名も、この古社があることによると考えられる。したがって、従来「コモリガリ」とされることもあった「小社里」の読みも、「コヤシロガリ」とすべきである。

ところで、大井里と小社里の現地比定については、西に約一六度傾いた桂川左岸のプランを延長して考える説がある。しかし、金田も指摘するように、その比定を延長して考えると、小社里28坪が桂川の堤外地となってしまう。前述のように、この坪は小社田であって、小社そのものないしはその神田が所在する可能性のある坪である。したがって、小社里を桂川左岸の条里プランの延長として比定することはできない。

一方、小社里34坪の下小社田と曽祢西里3坪の小社田との連続性を考慮するならば、両里は連続する条里プランとして考えなければならない。ところが、前述のように、すでに曽祢西里は松尾社神田のある29坪の位置などの理由から葛野郡の統一的な条里プランであることが確認され定説化している。したがって、小社里もそれに連続するプランということにならざるをえない。

さて、以上のような条里プランの復元をふまえて、桂川左岸については土地利用や開発過程などが詳細に検討されている。それによれば、葛野郡班田図のうち桂川左岸の六つの里にあたる嵯峨野では、九世紀初頭に微地形条件を考慮して開発が進行し、その結果として西傾条里プランが成立したという。その場合の用水源は、北部の山地から流れる小河川であって、技術的に困難を伴う桂川からの引水ではないという。

これに対して、桂川右岸については、葛野郡班田図を現地比定するなかで、図に記載された土地利用と微地形条件とが合致するという指

摘が、具体的な検討を経ないままになされている。しかしながら、葛野郡班田図の桂川右岸部分の記載内容と現地とを比較すると、見過ごすことのできない大きな相違があることに気づく。その相違とは、図に記載された「川」すなわち桂川と考えられる川の位置が、現桂川と大きくずれることである。次項では、この川について検討することにしよう。

(2) 桂川の河道復元

さて、葛野郡班田図のうち桂川右岸に比定される三つの里についてみると、小社里2・3・17坪に「川」、小社里10・20坪に「川原」と記載されている。また、小社里11・21・29坪にみえる「川原田」が、小社里10・20坪に考えられる「川」、旧河道や川原に開かれた田地と考えなければならなくなる。これらの坪は小社里の西北隅から東南隅の方向へ帯状に連なっているが、その連なりは地形的にみてきわめて現実的な配列となっている。すなわち、河道と考えられる「川」と「川原」の連なりに沿って、「川原田」の連なりがあることである。葛野郡班田図の現地比定がさほど大きずれるとは考えにくい。とすれば、ここに九世紀初頭の河川を想定しなければならなくなる。

しかも、その河川の規模は、「川」という記載が坪単位でなされ、「川原」も同様に坪単位でなされ、さらに両者が連続して位置していることからすれば、幅一〇〇メートル以上に及ぶものであったと推定できる。この付近では、それほどの規模の河川は桂川以外には考えられない。つまり、九世紀初頭には、桂川は小社里付近で現在よりも数百メートル西南方ないし西方を流れてい

図 2-5　桂川の旧河道
1948 年米軍撮影空中写真

たことになる。いま、一九四八年米軍撮影の空中写真（図2-5）をみると、阪急嵐山駅付近から蛇行して西から東さらに東南方へと向かう旧河道と、その蛇行の内側に沿ってポイントバー（蛇行州）をみとめることができる。それらの位置はここで指摘した河道にほぼ一致する。

では、その河道のさらに東ないし東北方はどうであろうか。葛野郡班田図の小社里7坪をみると、破損のために田畠などの記載だが、その坪名が「大町」となっていることに気づく。また、その北隣の6坪には坪番号に続いて文字の残画がみえるが、その形態は少なくとも「川」ではない。とすれば、6・7坪の周囲にある4・5・8坪が無記載であることとは対照的であって、6・7坪に記載すべき実体──具体的には田畠の存在──があったと考えなければならない。したがって、ここで指摘した桂川の河道は、この6・7坪にまでは及んでいなかったことになる。つまり、これらの坪は九世紀初頭には桂川の対岸にあったのである。

ところが、図2-2にみるように、現在ではこれらの坪は右岸の堤外地にあたる。したがって、九世紀初頭以降の河道変化を想定しなければならない。その時期を特定することは困難だが、たとえば貞和三年（一三四七）の「山城国臨川寺領大井郷界畔絵図」や応永三三年（一四二六）の「山城国嵯峨諸寺応永鈞命絵図」をみると、桂川の河道は現状に近い。つまり、この付近の桂川の河道は、九世紀初頭以降遅くとも一四世紀中頃までには現在に近いものとなっていたと考えられる。

ここは、山中を東流してきた桂川が平地に出て南へ向きを変える地点であり、攻撃斜面（河川曲流部の外方側）への側方浸食によって常に河道が東方ないし東北方へ移動する傾向にあった。この傾向は、大井郷界畔絵図と応永鈞命絵図との約八〇年間で比較してもみとめられる。

すなわち、前者では臨川寺門前を通る東西道路と水流とは離れているが、後者では水流が護岸されているように押し寄せている。また、左岸から引水されている水路の取水口も異なっているようにみえる。このように、ここで指摘した河道変化は、東方ないし東北方への移行傾向をもつなかで、何度かの洪水を経て進行したものと考えられる。

次に、それより下流部を検討してみよう。前述の長和二年（一〇一三）の「源厳子地林相博券文」は、相博の対象となった林地について次のように記す。すなわち、

奉親宿禰領林二段曾禰西里六坪之内
　　四至 限東州山西小坂　限南為孝等林井高墓
　　　　 限西残州林井祖神小坂　限北岸井流

これによると、曽祢西里6坪内にあった二反の林地の北側に「流」すなわち河川が流れていたことがわかる。それとならぶ「岸」についても、河川に関係するものと考えることができよう。一方、東を画する「州山」も河川によって形成された洲ないし川原の高まりと考えられるので、この林地の東方にも河川があったことになる。とすれば、これらがこの林地の北側と東を画する境界となっていること、同坪を取り巻く地形条件が西北に高く東南に低いことを考慮するならば、ここにみられる河川はこの林地の北側から東側へおおむね東南流するものだったと推定することができる。

このように考えて、その林地自体も、またそれに連続するものとして南と西の境界としてみえる「林」も、この河川の河畔林であった可能性が高い。23 とすれば、前述の州山が形成されていることとあわせて、この河川がかなりの規模のものであったことも推定できる。したがって、曽祢西里6坪内のその林地の北側から東側へと、桂川が東南流することを想定しなければならない。

さらに、ここで注目しなければならないことは、その林地が同坪のどこに位置していたかは不明だが、いずれにしてもここで推定した河道が、葛野郡班田図の「川」「川原」の帯状の連なりに緩やかなカーブを描いて連続するものであることである。また、葛野郡班田図におけるこの坪の記載は破損しているため不明だが、西隣の5坪には「川辺□（田）」、南西の8坪には「中山田九段」と記載されており、この河道推定と矛盾していない。

では、この推定河道の東岸はどうであろうか。時代は下がるが、正和五年（一三一六）の「上桂庄実検取帳」24をみると、桑原里の冒頭に「梅宮」とあって、それに続いて2坪に三反六〇歩の田と一反大の畠が、11坪に半の田があることが記載されている。葛野郡の条里プランによれば、梅宮は曽祢西里の東隣の里──里名不明とされているのでひとまずX里と仮称する──の東北隅にある。康安元年（一三六一）の「上桂庄坪合内検帳」25には、桑原里2坪に「梅宮西」と傍注があるので、ここでいう桑原里とは2坪が梅宮の西に位置することになる里のことであって、すなわちX里のことにほかならない。

また、この内検帳には、桑原里2坪の畠一反六〇歩が節原に押領されていることもみえる。節原とは、一五世紀末頃に推定されている「山城国桂川井手取口指図」26にみえる「ふし原井手」の簗原のことであって、松尾橋東詰付近から上流部の桂川左岸の堤防が簗原堤と称されていることからもわかるように、現右京区嵯峨から梅津付近の桂川に近い位置にあった。27 桑原里をX里に比定すると、そこは桑原里2坪

にきわめて近く、その畠を節原（䉉原）が押領することはたいへん蓋然性の高いことといえる。したがって、これまで不明とされてきた曽祢西里の東隣の里の里名すなわちX里の里名は、桑原里であったことになる。

いささか迂遠になったが、桑原里をこのように比定したうえで2・11坪の位置をみると、それらが現桂川の河道にあたることがわかる。しかしながら、正和五年（一三一六）には両坪あわせて少なくとも五反小以上の田畠があり、2坪には至徳四年（一三八七）にも三反の田が確認できるのであるから、ここには一四世紀を通じて耕地があったことになる。また、天永元年（一一一〇）には、それらの坪の東隣にあたる3・10坪に、あわせて四反の田が確認できる。とすれば、一二世紀初頭から一四世紀末までは桂川の河道はこれより西方にあって、それ以降に東へ移動したと考えなければならない。その場合、九世紀初頭から一一世紀初頭には、桂川が曽祢西里6坪内にある林地の北側から東側へと東南流していたのであるから、その河道は曽祢西里6坪と桑原里2・11坪のあいだ、すなわち最大限に考えても三町以下のあいだに限定できることになる。

以上、本章で対象とする範囲の桂川について、その旧河道を検討してきた。その結果、小社里北部付近については、①九世紀初頭より西南方——現在の阪急嵐山駅付近——を流れており、現河道の一部には当時の対岸であったところもあること、②それが一四世紀中頃までには現在に近い河道に移動したことが明らかになった。また、小社里東部から曽祢西里東北部付近については、③九世紀初頭から一二世紀初頭には曽祢西里6坪以東を東南流していたが、④一二世紀初頭から一四世紀には桑原里2・11坪付近より西を流れていたが、それ

以降に東へ移動したことが明らかになった。③・④については、九世紀初頭から一四世紀に曽祢西里6坪と桑原里2・11坪のあいだを東へ移動しつつ東南流していたと、ひとまず理解しておこう。

ここで注目しなければならないことは、ここで推定した河道がそれより下流の河道と整合的に連続するということである。すでに、桑原里の南隣の大豆田里付近より下流部については、九世紀の河道が復元されているが、それによると当時の桂川は大豆田里東北部からきわめて緩やかな曲線を描いて東南流していたという。それに対して、本章では、九世紀初頭については、小社里西北隅から緩やかな曲線を描いて同里東南隅付近にいたり、さらに曽祢西里6坪と桑原里2・11坪とのあいだを東南流して通過するという河道を推定した。この二つの河道は、桑原里南部から大豆田里北部付近で滑らかに接続するものであり、連続する河道と考えることができる（図2−1）。

その河道の平面形態は、現河道と比較して湾曲度が小さい。一般に河川は、わずかでも湾曲があると、流水の慣性によって湾曲部の外側へと移動しようとする力が作用し、しだいに湾曲度を増していく。九世紀初頭から一四世紀中頃までに起こった小社里北部における河道の東方ないし東北方への移動も、九世紀末から一五世紀初頭までに起こった大豆田里より下流部における河道の東北方への移動も、それぞれにこうした一連の河道変遷のなかで理解することができる。

3　桂川右岸の耕地開発と松尾社

（1）葛野郡班田図における田の分布と用水路

葛野郡班田図には田品が記載されているが、これを土地生産性の目安とみれば、この図の描く範囲の土地条件を推定することができる。

そこで、本章で対象としている桂川右岸の大井里・小社里・曽祢西里についてみていくと、上田が小社里28・33坪と曽祢西里4・28坪の四つの坪にあることがわかる。

これらの田を明治四二年測図の地形図に比定すると、興味深い事実に気づく（図2-2）。すなわち、曽祢西里28坪をのぞく三つの坪は南北に一列に並ぶ坪であるが、これらが地形図に記載された水路に完全に重なることである。しかも、その水路に沿う前後の坪をみると、小社里28坪より上流すなわち北に位置する21坪は川原田のために中田となっているが、曽祢西里4坪の下流すなわち南に位置する9坪が宅地、さらにその南の16坪が下小社田（田品は未記載）となっている。つまり、この水路に沿って土地条件の良好な土地が位置していたことになる。

小社里28・33坪の比定地では、現代の盛土層の下に平安時代前期から後期の遺物を含む耕作土層が検出されていることにも注意しておく必要があるだろう。

また、その明治地形図には、前述の水路のほかにもう一本の水路が記載されている。その地形図でみると、その水路は前述の水路から分岐したのち、しばらく山沿いを流れてから消えてしまっているが、現地ではそのまま山沿いを流れて、曽祢西里28坪の松尾社境内を通過していることになる。つまり、もう一つの上田も水路沿いに位置することになる。

しかも、その東隣の29坪には田品不明ながらも松尾社の神田がある。また、葛野郡班田図ではこの水路沿いにあたる部分の破損が激しいために、坪名・田品などが不明のものがほとんどであるが、記載の判明する坪のなかには「門田」などの興味深い坪名もみられる。

こうした良田と水路の一致は決して偶然ではない。むしろ、葛野郡班田図における田と水路の分布は、これらの二本の水路を前提として成立しているのではあるまいか。つまり、九世紀初頭には、桂川右岸のこの付近ではすでに大規模な用水路の開削を伴う耕地開発が進行していたと考えられるのである。しかも、すでに九世紀初頭には安定的な上田となっていることからすれば、その開削はさらに遡る可能性さえある。

ところで、ここで指摘した二本の水路は、明治地形図では一つの取水口から引かれている。現在もほぼ同様の状態であって、取水後に東一の川と西一の川とに分岐している。しかし、寛文九年（一六六九）の絵図の写しである「松尾社前桂川流域図」には、櫟谷社前のやや下流右岸に二つの樋門が描かれており、かつては別の取水口をもっていたことがわかる。

このことは南北朝期の松尾社境内図をみても同様で、桂川から「一井」と「二井」の二本の水路が引かれている。前者は、櫟谷社・宗像社の前で取水され、「山傍道」に沿って松尾社にいたり、月読社の前を通過したのち、谷河すなわち西芳寺川をこえてさらに南流している。後者は、一井よりも下流から取水されて、「大道祖」や「小社」の前を通過し、「一鳥居」と「中鳥居」のあいだを流れて、西芳寺川の手前で桂川に落ちている。つまり、二井は西芳寺川をこえていない。

このうち一井は、明治地形図に記載された山沿いの水路にほぼ一致する。この水路に沿う道路については、その下から三―六層の路面が

検出されており、古墳時代以来の古道である可能性が指摘されている。これが松尾社境内図の「山傍道」であることはまちがいないが、水路の開削とその低地側に沿う道路の建設とは一体のものであった可能性が考えられるので、一井の開削年代も古墳時代にまで遡る可能性が高い。

また、二井についても、明治地形図に記載されたもう一本の水路にほぼ一致すると考えられる。すでに指摘したように、その坪名は「小社田」であって地形図記載の水路上に位置している。小社里28坪は上田であり、明治地形図の水路上に位置している。

したがって、松尾社境内図では小社が二井に沿って位置していた可能性は高いのだが、地形図の水路が小社田にあったとすれば、下流部は別としてほぼ同様のコースを流れていた可能性もあると考えられる。とすれば、後述するように、二井と小社とは一体のものと考えることができるので、この水路も遅くとも九世紀までには開削されていたことになる。

以上のことから、明治地形図に記載された二本の水路は、取水口こそ合口されてはいるが、南北朝期にみえる一井と二井であって、前者については古墳時代に、後者については九世紀おそらくはそれ以前に開削された可能性をもっていると考えられるのである。

さて、これほど大規模の九世紀初頭以前あるいは古墳時代にまで遡りうる用水関連施設としては、秦氏本系帳にみえる「葛野大堰」が知られている。秦氏によって築かれたこの大堰は、『雑令』集解古記にも「葛野川堰」とみえることから存在は確実視されており、もちろん九世紀初頭にも存在していた。その築造の時期と場所の詳細については不明な点が多く、現段階では周囲の古墳の分布から五世紀後半に築造されたこと、明応五年（一四九五）の「山城国桂川用水差図」にある「一井」がそれに関わる用水であることが推定されているにすぎない。

本章で論じた二本の水路のうち、一井は櫟谷社の前で取水されている。その位置は、桂川が山間部からでた最初の合理的な取水ポイントであって、それよ
り下流に広がる平野を灌漑するにはもっとも合理的な地点である。そこに、秦氏の氏神を祀る松尾社の摂社すなわち櫟谷社があることにも注意してよい。しかも、その流れるコースは山麓線に沿っており、これもまた灌漑水路として有利な条件を備えている。さらに、なかでも注目すべきは、その用水路が松尾社境内を通過していることである。秦氏の奉斎する松尾社は、その位置によってこの用水路を掌握することができる。まさに、秦氏の開削した水路であるからこそその立地と考えるほかない。

一方、二井については、取水口は一井のそれに近接していたと考えられるが、流れるコースは一井のそれとは地形的にかなり異なっている。すなわち、山沿いを通る一井よりも高度が低く沖積低地の中央を縦断している。したがって、あまり長距離の水路は困難であり、また一井からでは及びにくい沖積低地を灌漑するように流れている。つまり、灌漑域に関して一井との機能分担をしているようにみえるのである。

二井については、それに沿って小社が位置していることを考えることとも興味深い。この神社の詳細は不明であるが、「コモリ」という名に注目すると、それが水分神に関係するものであることに気づく。たとえば、もっとも著名なものでは子守明神と呼ばれる吉野水分神社があるが、そのほかでも各地に散見される。葛野郡の近くでは、上賀茂社の末社に小森社（北区紫竹上緑町および下緑町）があり水分神を祀るというが、その近くには用水路も流れていた。

この二井に沿って建つ小社も水分神を祀っているとすれば、一井における松尾社の場合と同様に、二井を管理下におきうる位置にあることからみて、それと切り離して考えることはできない。貞観一二年(八七〇)に小社が葛野鋳銭所の新鋳造を奉られるためには、たんにそれに近いからだけではなく、それ以前からすでに神社として確立していたからでもあろう。二井と小社を一体のものと考えるならば、二井の開削は九世紀後半よりもさらに遡らせることができるだろう。

ところで、松尾社の東南方にある現松尾中学校の敷地では、幅五ー六メートルから十数メートルにも及ぶ古墳時代後期から平安末・鎌倉初期まで使用された大規模な人工水路が発掘されている(松室遺跡)[50]。その位置が西芳寺川と合流する手前の桂川右岸近くであり、その走向が西北から東南へ向かうものであることからみると、松尾社境内図における二井が桂川に落ちる部分と似ている。しかし、西芳寺川をこえる以前の段階での一井の流末である可能性も残る。

いま、松室遺跡発掘以前の一九七四年に撮影された空中写真をみると、のちに発掘されることになるその水路を含んで、西北から東南への走向をもつ明瞭なソイルマーク(水路の痕跡)をみとめることができる(図2–6 〔口絵7〕)。これをさらに西北にたどっていくと、山沿いの一井の流路に滑らかに接続するが、明治地形図の二井の流路にも二井に合流しているため、この水路が一井と二井のいずれに接続していたかの判断は保留しておきたい。しかしながら、この水路がこれらのいずれかに接続することは確実であって、櫟谷社付近で取水され松室東方で桂川に落ちる、古墳時代後期の大規模な水路が開削されていたことはまちがいあるまい。

以上のようにみてくると、明治地形図の二本の水路すなわち一井と

二井のうち、少なくとも前者についてはその原型となるべき水路がすでに葛野大堰の時代に存在し、後者についても九世紀までには存在した可能性が高い。したがって、葛野郡班田図における田や田品の分布も、これらの水路からうける灌漑用水を前提にして成立していたと考えなければならないのである。

(2) 河道変化と河原田の開発

前項までの検討から、本章で対象としている桂川右岸においては、九世紀初頭以前おそらくは古墳時代後期から、用水路の開削と耕地の開発があったことが明らかになった。また、九世紀初頭以降に桂川の河道が大きく変化していることも指摘した。しかし、その河道変化によって、既存耕地が長期間にわたって河道となるような大きな影響をうけることは少なかった。むしろ、そこではかつての河道が耕地開発のポテンシャルをもつ新たな土地として立ち現れることさえあった。こうした土地を目前にして、当時の人々はいかなる対応をしたのだろうか。

さて、建久九年(一一九八)の「松尾前神主相頼田地譲状」[51]は、譲与の対象になった田地について次のように記す。すなわち、

　建久九年三月廿三日
　　　　　右件田地相頼法師開発私領田地也
　　　　　　　　四至　限南二井溝　限東桂河
　　　　　　　　　　　限北大窪河原　限西古河
　　　　　櫟谷弥宜秦宿祢相久
　　譲与　河原田開発壹所事
〔……〕

松尾前神主相頼法師　花押

これによると、その譲与地は松尾社の前神主である相頼によって開発された河原田であって、東側の桂川と西側の古川に挟まれた地にあるという。河原田というからには開発以前は川原であったはずであり、しかも東側は当時の桂川に面しているのであるから、開発以前は川原にちがいない。また、西側にある古川も、桂川の東方移動の傾向を考慮するならば、桂川の旧河道であった可能性が高い。とすれば、この河原田とは、桂川の河道変化によって生じた土地を開発したもの、ということになる。

その河道変化の時期は、開発が譲与年よりやや遡る一二世紀後半のことと考えられるので、それに先立つ時期ということになる。その時期を確定することは容易ではないが、すでに葛野郡班田図の九世紀初頭の段階において、桂川沿いの川原に田地がかなり開発されていることを考えると、その段階で耕地開発が可能であるにもかかわらず一二世紀後半までずっと耕地開発されずにきた川原があったと考えることはむしろ不自然である。つまり、九世紀初頭には、そこは未だ開発しうる土地ではなかったのではあるまいか。それが、その後における河道の東方移動によって、一二世紀中頃までに耕地開発の可能な土地として立ち現れたと考えられる。ただし、それは必ずしもそこがそれまで河道であったことを意味するわけではない。

では、この河原田はどのように開発されたのであろうか。元徳元年（一三三九）の「松尾前神主秦相憲譲状」[53]をみると、河原田には本田と新田があって、前者の北に隣接して後者があることがわかる。つまり、一四世紀前半までに本田から新田へ、すなわち南から北へと開拓前線

が前進したのである。一方、相頼譲状によると、河原田の南には二井溝すなわちこれまで検討してきた二井が大きく依存していると考えられる。こうした点からみると、河原田の開発は二井に大きく依存していると考えられる。

ここで、前述した松室遺跡の水路跡を想起すると、その水路跡の廃絶時期と河原田の開発時期とが一致していることに気づく。この水路跡が一井か二井につながることは確実であるが、その後も両者とも存続していることからすると、それにかわる用水路が平安末・鎌倉初期頃に開削されたとみなければならない。もし、これが二井であるとするならば、河原田の開発はこうした用水路の改変と一体のものとして考えなければならない。また、もしこれが一井であるとするならば、それが西芳寺川をこえることも視野に入れて考えなければならず、松尾社周辺における灌漑水路網にとって大きな改変になるだろう。

さて、その河原田とはどこにあったのだろうか。譲状によれば、河原田の東西には桂川と古川があった。また、北側の大窪河原については、開発以前の河原田が川原であったことはまちがいない。とすれば、川原が南北に連続していることになるのであるから、河原田の東西にある桂川と古川もそれぞれ南北に流れていたものと考えてよい。このような位置関係にあるのは、第1節での検討をふまえれば、葛野郡班田図に「川」の記載のある小社里17坪より下流部ということになる。

一方、河原田の南には二井が流れている。この二井は、前述のように一二世紀にはまだ西芳寺川をこえていなかった。また、二井に沿ってすでに開発された耕地が、おそらく曽祢西里16坪の下小社田付近まではあったと推定できる。とすれば、河原田の位置は、曽祢西里16坪より下流すなわち南で、かつ西芳寺川より北にあったことになる。こ

れは、松尾社境内図に描かれた「御前河原」に近い位置にあたる。この付近は、のち用水路の開削をめぐって松尾社と西岡十一ヶ郷とのあいだで相論が起こった際に焦点となるが、そこが「当社領河原田本田内」と称されており、相頼以来の河原田であったと考えられる。

さて、松尾社の神主であった相頼が開発した河原田は、前掲の譲状にあるように子の相久に譲与されたが、その後もたとえば鎌倉期にぎっても、①嘉禎三年（一二三七）六月三〇日の「秦相久譲状」、②乾元二年（一三〇三）四月三〇日の「けんにょ譲状」、③嘉暦三年（一三二八）一〇月七日の「前神主相憲譲状」などにみえて、代々嫡流家（相久の家系）に相伝されていることがわかる。とりわけ、「相頼法師開発私領田地」であるために、「代々別相伝」となっていることは注目されよう。その後、河原田のうち新田については元徳元年（一三二九）に嫡流家から大南家へ一時譲与されるが、一四世紀末までには再び嫡流家に帰し、以後本田が東家に新田が南家に相伝されていく。

ところで、一二世紀後半の段階では、惣官分（社務職付随の所領）と別相伝の二種の社領があると意識されていたが、別相伝の社領にあっても、それが「上裁」によって特別に承認されたと意識されており、社領をできるだけ私的に領有しないような抑制が強く作用したという。「相頼法師開発私領田地」の河原田も、松尾社領の重要な一部を構成していたのである。

この河原田が開発された一二世紀後半は、松尾社領の形成にとってきわめて重要な時期であった。すなわち、立券の時期が確定できる松尾社領荘園は六荘あるが、すべて一二世紀中頃から後半に集中する。相頼の父頼親による天承二年（一一三二）の丹波国雀部荘ならびに久安五年（一一四九）の越中国松永荘の二荘と、相頼による永万年間（一一六五─一一六六）の信濃国今溝荘、嘉応二年（一一七〇）の遠江国池田荘、治承元年（一一七七）の摂津国山本荘、寿永三年（一一八四）の丹波国桑田荘の四荘とである。しかも、相頼は六荘を立券するとされており、これら四荘のほかにさらに二荘を立券していた。つまり、存在が確認できる松尾社領一〇荘のうちのほとんどがこの時期とりわけ相頼の時代は、まさに松尾社の荘園経済体制確立期であったのである。

また、一二世紀後半には、松尾社が近隣の土地を集積する事実もみられるという。とすれば、松尾社はこの時期に膝下にあるそれらの土地を所有することで、経済的基盤を強化しようとしていたことになる。このようにみてくると、一二世紀後半に相頼が河原田の開発に乗り出したのも、こうした動向と切り離して考えるわけにはいかない。つまり、決して広大とはいいがたいものの膝下にある河原田の開発は、遠隔地における荘園の獲得とならんで、社領形成における重要な契機の一つであったのである。

これまで検討してきたように、一二世紀中頃までに自然条件が変化していた。この変化を積極的に利用する社会的な条件が、この時期に醸成されていたと考えるべきであろう。こうして、自然の条件と社会の条件とが具備されるにいたったとき、まさに河原田は開発されたのである。

4　おわりに

古代以来、桂川は治水に力が注がれてきた。たとえば、延暦一九年

（八〇〇）には諸国から一万人を動員して「葛野河堤」の修復が行われている[67]。その後も「防葛野河使」が設置されるなど、桂川は鴨川とならんで平安京の治水の要の一つであった。桂川が氾濫すると、その洪水は平安京を直撃する危険もあったからであろう。事実、冒頭で述べたように、一三世紀には京域内を桂川が流れていたと考えられるのである。

しかしながら、そうした努力にもかかわらず、桂川は氾濫を繰り返し、しばしば河道を変えた。こうしたなかにあって、本章で対象とした桂川右岸域――渡月橋付近から松室東方付近まで――とりわけその上流部においては、滑走斜面にあったために氾濫の危険を比較的免れていた。本章では、こうした地形条件を活かして、すでに古墳時代後期には用水路の開削を伴う耕地開発が、秦氏によって進められていたことを明らかにした。これは、左岸の嵯峨野が右岸に比べて高度が高く高燥であったために、開発が九世紀初頭にまで遅れたことと対照的である。

しかも、この付近では、上流と下流とで程度の差こそあれ、桂川は東方ないし東北方への移動傾向にあったため、河道変化によって新たに地続きとなる土地も現れた。こうした自然環境の変化をとらえて、秦氏以来の松尾社は、既存の用水路を巧みに利用して耕地開発に乗り出し、自己の領域形成の基盤の一つとしていったのである。

一方、河道が変化するまでにはいたらなくとも、景観を一変するような氾濫は頻繁に起こった。たとえば、文和四年（一三五五）の「上桂庄年貢算用状」[69]をみると、康永四年（一三四五）・貞和三年（一三四七）・貞和五年（一三四九）・観応元年（一三五〇）・文和三年（一三五四）・文和四年（一三五五）に、河成ないし水損になった田地があるこ

とがわかる。つまり、二年に一回以上の頻度で被害をうけたことになる。また、その康永四年（一三四五）の「上桂庄坪付注文」[70]によれば、総田畠数二一町八反余のうち二町四反半一〇歩の田畠に「新河成」と記載されている。つまり、一割以上の田畠が新たに河成になっているのである。

しかし、一時的な河成であれば、耕地の復興も可能である。康安二年（一三六二）三月二四日の「昌愈田地譲状」[71]には、譲与の対象となった郡里3坪中河原の田地一反について、「たたし中河原ちかころ河成になりて、得分おさめずといゑとも、もとのことくおこされ候」[72]とある。この郡里3坪は前年に河成になったと考えられるので、早くも翌年の三月には再開発されていたことになる。おそらく、こうした復興は決して例外ではあるまい。そもそも河成になりうる土地は、地形的にみると比較的水田に適した土地であり、こうしたことが繰り返されることがむしろ常態であったのであろう。

このように、一時的な河成にしろ長期的な河道変化にしろ、自然環境はその姿を大きく変え、人間の生活に多大の影響を及ぼしてきた。しかし、そうした激しい変化のなかにも、機会をとらえてそれを利用し克服しようとする人々のたたかいが、京に近いこの松尾社周辺でも繰り広げられていた。その結果、かつての景観が復興され、あるいは新たな景観が生まれる。こうして、自然と人間とによって景観が織りなされていく。

〔付記〕本章の脱稿後、大山喬平「日本中世史回顧」（『大谷大学史学論究』第一一号、二〇〇五年三月）を知った。秦氏・松尾社と葛野大堰について興味深い指摘がある。あわせて参照されたい。

注

1 一六世紀以前の作とされる洛中洛外図屏風は、①国立歴史民俗博物館甲本、②国立歴史民俗博物館乙本、③東京国立博物館模本、④上杉家本、の四本が知られている。
2 金田章裕『微地形と中世村落』吉川弘文館、一九九二、四四―四七頁。
3 前掲注2、四八―六二頁。
4 「四五 山城国紀伊郡里々坪付帳」(東京大学史料編纂所編『日本荘園絵図聚影 二 近畿一』東京大学出版会、一九九二)。以下、同書を『聚影 二』とする。
5 『大日本史料』五―一六。
6 「一七 山城国葛野郡班田図」(『聚影 二』)。
7 ①宮本救「山城国葛野郡班田図について」『聚影』続日本紀研究六―三、一九五九、一―三七頁。②宮本救『山城国葛野郡班田図』補考」成蹊大学一般研究報告一八―一、一九八一、一―二七頁。③宮本救『山城国葛野郡班田図』再説」(竹内理三編『荘園絵図研究』東京堂出版、一九八二)五五―九七頁。④宮本救『山城国葛野郡班田図』補説」日本歴史六一一、一九九九、九九―一〇二頁。なお、荘園絵図研究グループによる解釈文及び料紙・条里方格などの資料科学的調査の結果が次の文献に報告されている。⑤荘園絵図研究グループ(山口英男執筆)「荘園絵図調査報告 五・六」東京大学史料編纂所研究紀要三・四、一九九三・一九九四、一五一―一六五頁・一六七―一七五頁。
8 ①金田章裕『条里と村落の歴史地理学研究』大明堂、一九八五、二二一―二二五頁。ただし、桂川左岸の六つの里の比定については、図に記載の「川」(桂川)が現地の山にあたるなど若干の齟齬をきたしている。これについては、近年、定説よりも一町未満だけ南に移動させる案が渡邊によって提起されているが、これによってもなお少なからずずれがみとめられる。②渡邊秀一「山城国葛野郡班田図に描かれた古代景観―加筆内容をめぐって―」文学部論集(仏教大学)八六、二〇〇二、一三一―三七頁。
9 『平安遺文』三一三号。
10 『平安遺文』四七〇号。
11 『平安遺文』四三八号。
12 『平安遺文』四八二号。
13 この図の資料論的検討は別の機会に譲りたい。なお、この図の大判の図版が『聚影 二』に収録されている。
14 『日本三代実録』貞観一二年一一月一七日条。
15 岸俊男「班田図と条里制」(『魚澄先生古希記念国史学論叢』魚澄先生古希記念会、一九五九)一五八―一六一頁、前掲注7①。ただし、宮本は前掲注7③において前掲注8①の金田説をとっている。
16 前掲注8①、二二三―二二四頁。
17 前掲注8①、二〇九―二三〇頁。
18 欠損部分などを考慮すれば、この連なりはいっそう明瞭になるものと考えられる。
19 9・18坪は破損のため田の存在を推定させる。
20 大町という坪名は不明だが、2・3・17坪については前述のように「川」と記載される。
21 「二〇 山城国臨川寺領大井郷界畔絵図」(『聚影 二』)。
22 「二二 山城国嵯峨諸寺応永鈞命絵図」(『聚影 二』)。
23 ここで相博の対象となった林地は、長寛二年(一一六四)においても林地(栗林)であったことが「藤原某所領堂舎并田畠坪付目録」(『平安遺文』三二九四号)から確認できる。
24 上島有編『山城国上桂庄史料』上巻四二号、東京堂出版、一九九八。以下、同書を『上桂』とする。
25 「二七 山城国桂川井手取口指図」(『聚影 二』)。
26 「二〇 山城国桂川井手取口指図」上巻二五一号。
27 現在、この付近には字名に由来する嵯峨罧原町と梅津罧原町がある。
28 「上桂庄内名主職并本年貢加地子等注進状」(『上桂』中巻三一九号)。
29 「東寺解」(『平安遺文』一七二八号)。
30 前掲注2。金田章裕「図二―一〇 平安京西南部の条里プランと九世紀の桂川河道」(『古代景観史の探求―宮都・国府・地割―』吉川弘文館、二〇〇

二)。

31 前掲注2。

32 京都市埋蔵文化財研究所編『平成四年度 京都市埋蔵文化財調査概要』京都市埋蔵文化財研究所、一九九五、八九─九〇頁。

33 このほか曽祢西里20・21坪の「櫟本田」も、後述するように、櫟谷社ないし「イチイ」すなわち一井との関連が考えられるかもしれない。

34 松尾大社史料集編修委員会編『松尾大社史料集 文書篇 四』一一二六号、松尾大社社務所、一九七九。以下、同書を『松尾』とする。

35 松尾大社境内図では、一井と二井の取水口はかなり離れているようにみえる。しかし、この図では、南北方向が縮小され東西方向が拡大される傾向にある点を考慮するならば、両者はそれほど遠くには離れていないと考えられる。

36 『万治二年（一六五九）桂川用水溝筋絵図』（京都府立総合資料館、二〇〇〇）の資料室編『革嶋家文書展』六四号、京都府立総合資料館歴史資料室編。また、一五世紀末とされる桂川井手取口指図には、桂川右岸に法輪寺橋（ほぼ現渡月橋の位置）から順に「谷山田井手」「千代原井手」「十一ヶ郷井手」「上野井手」などの井手が記載されている。谷山田井手がその名からわかるように谷山田を灌漑域とする一井であり、十一ヶ郷井手が西芳寺川合流点付近から取水する水路であることはまちがいない。とすれば、千代原井手とは、これらのあいだの桂川右岸で取水する水路として史料上にみえる二井と考えられる。それが西芳寺川南岸の千代原を冠する名で称されていることからすれば、この段階で二井は西芳寺川をこえて千代原に達していたことになる。文亀元年（一五〇一）の「松尾大工三郎次郎田地売券」（堀田文書）をみても、西芳寺川南岸の「スッ川」（現松尾鈴川町付近）の田地について「限西二井ノ溝」とあって、一六世紀初頭には二井が西芳寺川南岸に達していたことがわかる。つまり、二井は松尾社境内図から桂川井手取口指図までのあいだに西芳寺川をこえたことになる。これまであまり注目されることはなかったが、この一四世紀前半から一五世紀末における二井の延長は、中世の桂川用水あるいはそれをめぐる相論と関係づけて考える必要がある。

37 前掲注32の「嵐山（その二）区」No.5地点。

38 後述するように、二井の史料上の初見は建久九年（一一九八）である。

39 『政治要略』巻五四。

40 前掲注39。

41 たとえば、『日本紀略』延暦一九年（八〇〇）九月二一日条には「大堰」とある。諸国から一万人を動員して「葛野川堤」を修復させる直前であり、これが葛野大堰を指していることは明らかである。

42 『聚影』二、二五号。

43 井上満郎「葛野大堰と賀茂改修」古代文化二三─一、一九七一、六─一〇頁。

44 櫟谷社が松尾社の摂社であることのほかに、現在「イチダニ」と呼ばれる当社が『延喜式』神名帳では「イチイタニ」とあることを考慮してもよいかもしれない。

45 一井における松尾社の位置を考えると、おそらく二井はこの沖積低地のなかの微高地上を縦断して流れていた可能性もある。

46 図2─5の判読によれば、おそらく二井はこの沖積低地のなかの微高地上を縦断して流れていたと思われる。この微高地は、葛野郡班田図以前の桂川に由来するものであると考えられる。

47 たとえば、鎌倉中後期に記載されている「讃岐国善通寺一円保差図」には「小森」という神社が推定されているが、これは「籠明神」あるいは「小森さん」と通称され、曼荼羅寺集落の産土神ともされる水分神社（祭神は天之水分神と国之水分神）に比定できる。

48 『全国神社明細帳』による。

49 宝徳三年（一四五一）の「地からみ帳 大宮郷」（賀茂別雷神社文書）。この用水路が「小森溝」と呼ばれていたことを、さらにその分岐点が「小森」と称されていたことを、次の文献が論証している。須磨千頴『賀茂別雷神社境内諸郷の復元的研究』法政大学出版局、二〇〇一。

50 京都市埋蔵文化財研究所編『昭和五八年度 京都市埋蔵文化財調査概要』京都市埋蔵文化財研究所、一九八五、一一一─一二六頁。京都市埋蔵文化財

51 東文書六。
52 久安五年（一一四九）に相頼の父頼親が越中国松永荘を立券しているとされているので（後述の『鎌倉遺文』五六二九号）、相頼による河原田の開発はそれ以降のことと考えられる。
53 東文書二。
54 山本は、古文書などにみられる河原田という地目を乾田ととらえ、その立地条件を検討するとともに、それが用水の整備と関連する事例をあげている。山本隆志「荘園制下の耕地・農法」年報日本史叢二〇〇〇（筑波大学歴史・人類学系）、二〇〇〇、一二一一三九頁。
55 河原田とはあまりに一般的な地名であって、現在の地名からの安易な推測は厳に慎まなければならないが、この付近は旧松室村字河原（現西京区松室河原町）にあたる。
56 「松尾社契状案」（『上桂』中巻五一〇号）。
57 『松尾 文書篇 一』九九号。
58 『鎌倉遺文』二一四六六号。
59 『松尾 文書篇 六』一二五三号。
60 前掲注59。
61 前掲注53。
62 山中隆生「中世松尾社領に関する一考察—社家の系譜と伝領のあり方をぐって—」年報中世史研究六、一九八一、六一―八六頁。
63 前掲注62。
64 前掲注62。
65 「松尾社前神主秦相久陳状」（『鎌倉遺文』五六二九号）。
66 田島裕久「平安時代の松尾社に関する売券群の検討」史学五八―二、一九八九、一―二五頁。
67 『日本紀略』延暦一九年一〇月四日条。
68 前掲注8①、二〇九―二三九頁。

69 『上桂』上巻二三四号。
70 『上桂』上巻一五四号。
71 『上桂』上巻二五三号。
72 「上桂庄坪合内検帳」（『上桂』上巻二五一号）。

第3章 刊行京都図の版元について

三好唯義

1 はじめに

わが国における地図作成の歴史をたどると、江戸時代が極めて重要な意味を有していることはよく知られている。その理由としては、徳川幕府による全国におよぶ地図作りがおこなわれたこと、地図作成(特に世界図)において中国やヨーロッパなど諸外国の影響を強く受けるようになったこと、そして地図が出版(刊行)されるようになったことが挙げられる。特に地図の出版は、洋の東西を問わず重要なことと認識されているが、わが国においても地図史を画する要因となっている。

江戸時代には多種多様な地図が大量に刊行され流布し、手書き図しかないそれ以前の時代とはまったく異なる地図文化が花開く。地図を目にする人、利用する人の数が圧倒的に増え、地図自体の社会的役割もはるかに増したのである。

江戸時代における刊行地図は、歴史地理学のみならず多方面にわたる重要な研究課題であると思われるが、実態としてはほとんど手がつけられないままでおかれている。たとえば作成・出版の主体者である版元に関しては、図書館や博物館の所蔵品目録等にその名前さえ掲載されないなど、無視されている状態といえよう。

また刊行地図の調査研究を困難にさせている原因は、それ自体の総体・実態を把握しづらい点をあげなければならない。つまり、どれほどの種類と数が出版されたのかを、研究者個人が確認するまでに極めて困難な作業と手間を要するのである。ただ、それでは研究の進展は見込めないため、現存する資料の調査分析を一つ一つ積み重ねることによって、その実態に迫ってゆかなければならない。

筆者自身はこのような問題意識から、かつて神戸市立博物館所蔵の刊行国絵図に限ってであるが、その版元を取り上げその分析結果を発表した。[1]

次の段階として、その他の分野である日本図や世界図、道中図、町

図等、古地図資料全般の版元を取り上げ、その動向を探らなければならない。その為の考察に際しても、神戸市立博物館所蔵の古地図コレクションを主たる資料とし、さらに京都大学附属図書館大塚京都図コレクションの情報や、また『日本古地図大成』(講談社、一九七二年)など、図中の文字が判読できる大型図版を掲載している書物も参考にした。それらに基づき、地図上に見られる版元ならびに書肆と思われる人名とその所在地を抜き出し、目録化したものを筆者はかつて提示した。

本章では、この先行論文を基に、版元全体の傾向を述べ、その後に刊行京都図に関わった版元、京都に所在した版元について報告したい。

なお、ここでは「版元」という書き方をしているが、これは刊行物に関わった者という程度の漠とした意味で使用している。江戸時代の出版業者は、他に「本屋」「書林」「書肆」「書物屋」などと呼ばれ、その業務としては出版業(原稿や下絵を版木に彫り、それを刷り出し、刊行物として仕上げる)と、販売業を手掛ける。通常はこの両方を兼ねることが多いが、販売のみの店もある。しかし、古地図資料に記される版元情報はその名前と住所までであり、具体的な関わり方は判然としないため、ここで使う版元という言葉も曖昧にならざるを得ない。今後は他史料も含めた調査で、地図に記載される人物の役割と実態をより明らかにしなければならない。

2　刊行地図の版元についての調査概要

神戸市立博物館所蔵地図を基に、およそ一五〇〇点の版元記載図を調査した結果、七〇〇件近く(六八七件)の名前もしくは屋号を抽出することができた。ただ、これらすべてが地図を直接出した版元か、または制作や販売等の提携店として名前を記載しているだけなのかは、前述したとおり今後さらなる分析を必要とする。ここでは刊行地図にかかわった人名という程度にとどめておきたい。それらを基に、気づいた点を述べてみたい。

(1)　初期の刊行地図

まず、地図印刷初期の版元に触れておきたい。出版にかかわる歴史的事象が史料に記録されているわけではないが、刊行地図の歴史では通常言われているように、一七世紀末の元禄期を境に、地図の出版が量的に増大する。ここでは慶長期から貞享期(一六八四―八八年)を刊行地図の初期段階とし、その中から刊年や版元などの情報が記載される図の主なものを表にして挙げておく(表3-1)。

最も古い刊行年を記す図は「大日本国地震之図」(寛永元年 一六二四)という行基式日本図だが、ここには版元の名はない。類似の同名図には京都の版元「さうしや(草子屋)九兵衛」の名は記されるが刊行年はない。ただし寛永―正保頃の出版とみられるため、京都の草子屋は刊行地図に見られる最も古い版元名だと言っていいだろう。

「万国総図」は外国人物図と対になった世界図で、刊行世界図としては最初のものである。刊行年(正保二年 一六四五)と出版地(長崎津開版)が記されるものの版元名はない。地図出版の歴史においてきわめて早い段階に世界図が出てくることは意外な感がするが、図の所蔵者が地名等を書き込むことによって完成するという白地図的なもので、そのような使い方も含め興味深い存在である。

表 3-1　主な古版地図（刊年・版元記載）

西暦	和暦	資料名	作者・版元名	出典・所蔵
1624	寛永元年	大日本国地震之図		「大成」
1630 ?		大日本国地震之図	さうしや（草子屋）九兵衛	神戸市立博物館
1645	正保2年	万国総図	長崎津開板	下関市立長府博物館
1651	慶安4年	日本国之図		「大成」
1652	慶安5年	平安城東西南北町并之図	山本五兵衛	「大成」
1652	慶安5年	万国総図・世界人形図		
1654	承応3年	新板平安城東南西北町并洛外之図	板本北山　修学寺村無庵	京都大学大塚コレクション
1655	明暦元年	新板摂津大坂東西南北町嶋之図	寺町本能寺前	カナダ B.C. 大ビーンズコレクション
1656	明暦2年	新板平安城東南西北町并洛外之図	板本道清	
1657	明暦3年	新板平安城東南西北町并洛外之図	寺町丸屋	
1657	明暦3年	新板大坂之図	河野道清	「大成」
1657	明暦3年	新添江戸之図	江戸日本橋二丁目　太郎右衛門	「江戸図」
1659	万治2年	江戸小絵図	江戸日本橋南二丁目　大経師加兵衛	「江戸図」
1661	寛文元年	新板武州江戸之図	京寺町　河野道清　開板	「江戸図」
1662	寛文2年	新板平安城東南西北町并洛外之図	伏見屋	
1662	寛文2年	新改日本大絵図（扶桑国之図）		「大成」
1664	寛文4年	新板武州江戸之図	京東六条　河野道清　開板	「江戸図」
1664	寛文4年	新板平安城東南西北町并洛外之	三條寺町かど升屋	
1666	寛文6年	新板武州江戸之図	京東六条新屋敷萬町河野角丞　開板	「江戸図」
1666	寛文6年	下野国日光山図	寺町二條上ル寺田重兵衛	
1666	寛文6年	和州南都之図	奈良尾崎三右衛門	
1667	寛文7年	新板平安城并洛外之図	伏見屋開板	
1668	寛文8年	新板平安城東南西北町并洛外之図	三條寺町かど升屋	
1669	寛文9年	新板平安城并洛外之図	伏見屋	
1670	寛文10年	新板江戸大絵図（寛文江戸五枚図）	遠近道印、経師屋加兵衛	「大成」
1671	寛文11年	下野国日光山之図		「大成」
1672	寛文12年	新板平安城并洛外之図	伏見屋開板	「大成」
1672	寛文12年	東西海陸之図	洛下二条寺町　西田勝兵衛	「大成」
1674	延宝2年	新板江戸大絵図	中村市右衛門	「江戸図」
1675	延宝3年	新板江戸大絵図絵入	林氏吉永	「江戸図」
1676	延宝4年	新板江戸大絵図絵入	表紙屋市郎兵衛板行	「江戸図」
1677	延宝5年	新板江戸大絵図絵入	御絵図所林氏吉永	「江戸図」
1678	延宝6年	新板平安城并洛外之図	林吉永	
1678	延宝6年	新撰大日本図鑑		「大成」
1680	延宝8年	新板平安城并洛外之図	ゑづつや	
1681	延宝9年	高野山之図	林氏吉永	「大成」
1681	天和元年	新板平安城并洛外之図	いつつや吉兵衛板	
1682	天和2年	増補絵入江戸之絵図	通油町本屋三右衛門開板	「江戸図」
1685	貞享2年	新板平安城并洛外之図	いつつや吉兵衛板	
1686	貞享3年	御江戸大絵図	江戸新両替町　林氏吉永	「大成」
1686	貞享3年	新撰増補京大絵図	御絵図所林氏吉永	
1687	貞享4年	本朝図鑑綱目	石川流宣、相模屋太兵衛	「大成」
1687	貞享4年	新板江戸大絵図全	長谷川町山形屋七兵衛	「江戸図」
1687	貞享4年	新撰増補大坂大絵図	林氏吉永	「大成」
1688	貞享5年	新板平安城并洛外之図	林氏吉永	
1688	貞享5年	万国総界図	石川流宣、江戸通油町　相模屋太兵衛	
1689	元禄2年	江戸図鑑綱目　乾坤	石川流宣、江戸相模屋太兵衛	「江戸図」
1690	元禄3年	東海道分間絵図	遠近道印・菱川師宣、板木屋七郎兵衛	「大成」
1691	元禄4年	日本海山潮陸図	石川流宣、相模屋太兵衛	「大成」
1695 ?		長崎図	松会開板	「大成」

「大成」＝『日本古地図大成』講談社、1972年　「江戸図」＝『江戸図の歴史』築地書館、1988年

刊行年と版元名ともに揃っている地図で最古のものを探れば、京都大学に所蔵される「平安城東西南北町并之図」(山本五兵衛、慶安五年一六五二)という京都図である。この山本五兵衛の所在地は京都寺町通三條二丁上ルである(表3-3)。

表3-1のように、地図刊行の初期段階ではその制作地として長崎の名が記されたり、江戸では経師屋加兵衛や林氏(京都店の出店)、そして相模屋太兵衛などの版元名が若干みられるものの、京都の店が主であると言い切ってよいだろう。これは江戸時代の出版自体が京都を中心に発達した事情からも当然のことといえる。

(2) 多数の地図を出した版元

江戸時代を通じて、刊行地図上に頻繁に出てくる名前としては、江戸の岡田屋嘉七、須原屋茂兵衛、山城屋佐兵衛、大坂の河内屋喜兵衛などがある。

一七世紀に地図を刊行していた版元は、林氏を除いて、元禄期以降にはその名が見られず、ここにあげた四軒はいずれもそれ以降に営業を開始している。中でも特に多くその名を見るのが須原屋である。江戸日本橋通一丁目に店を構える須原屋茂兵衛は、江戸時代における最大の書肆であり、地図では江戸図の刊行量が膨大である。また地図に限らず他分野の刊行物も大量で、武家階級向けの書物、たとえば武鑑などは一手に扱っている。今回の調査でも二〇〇点を越える地図を抽出し、圧倒的に江戸図が多かった。

これら四軒はあらゆる分野の地図(世界図、日本図、国図、町図、道中図、寺社図等)を刊行しており、大書肆が手掛ける出版物の一つとして地図分野があったことが考えられる。

(3) 版元の地域分布

名前とともに記されている住所(所在地情報)から、地域的な分布を考えてみよう。当然のことながら三都に集中しており、江戸(一七五九軒)、京(二二九軒)、大坂(一三四軒)が主で、六八七軒のうち六四パーセントの数を占める。おそらく、この比率は今後サンプルが増えてもそれほど変わらないだろうし、逆に増える、つまり七割くらいが三都の店で占められるのではないだろうか。

また、江戸では日本橋周辺(二割以上の四〇軒)、大坂では心斎橋周辺(四割近くの五一軒)という、ある特定地区に集中していることも付け加えておきたい。京の分布地域については後述する。

他には、肥前(一五軒)と紀伊(二二軒)の両国に数多くの版元が見られるが、これは長崎図と高野山図をその地元で刊行しているためて地図に限って特徴的なことを記すと、江戸の三軒はいずれも江戸図を多く手掛けているが、京・大坂図は一点も出していない。また大坂の河内屋は江戸・京はもちろん大坂図も出しておらず、摂津や河内といった国別の刊行国図の出版が特色としてあげられる。後述するように、町図の出版というのはすこぶる地元指向の強いものであるが、その点では大坂の河内屋の出版状況は当てはまらない。

他に、その名が多く出てくる版元としては、江戸の須原屋伊八、大坂の赤松九兵衛と浅野弥兵衛、京の竹原好兵衛、名古屋の永楽屋東四郎などがある。

地図にしばしば名前が出てくる、つまり多くかかわった版元は、仏書や漢籍などの概して難しく堅い書物を扱う書肆のようで、浮世絵や娯楽的な書物を出す地本問屋や草紙屋などとは異なるようである。

ある。ちなみに、町図の刊行は江戸図が最も多く、次いで京、大坂、長崎の順である。店の名称だけで所在地不明は四六軒あった。

次に地図の分野ごとに得意とする店があるかどうかを考えてみたい。世界図・日本図といった広域かつ豊富な情報を有する地図を出している店は、ほぼ三都の店に限られる。また、江戸図は江戸の版元に集中し、例外的には地図刊行の初期にあたる寛文元年（一六六一）図に、京都の河野道清の名を見いだす。京都図は京の版元と伏見書林が出し、例外的には名古屋の永楽屋東四郎、大阪の河内屋太助、江戸の須原屋伊八の名がある。大坂図は大坂の版元が出し、京都の版元が数件見られる。長崎図は当然のことながら地元長崎の版元が出し、道中図は三都と各地方の店の名が見られる、つまり関わる店が広範囲に及んでいるのだろう。国別の刊行国図は以前の論文でも触れたが、三都の版元が中心であり、あわせてその地元の店が関わるという、道中図と同じ状況がみられる。

（4）地図専門と思われる版元

地図の出版を専門としている、もしくはそれがうかがえるような屋号を持つ版元をわずかだが抽出できた。奈良のえづや庄八、京の絵屋庄兵衛には屋号に絵図や絵の文字があり、下野国日光の植山弥平次正利には「御免御絵図所」、京の竹原好兵衛は「京画図問屋」「京町図並図司翠松園」、林氏吉永は「御絵図所」、平野屋茂兵衛は「御絵図司翠松園」、等々との添え書きがある。

それらの版元はどのような地図を出しているのだろうか。えづや庄八は東大寺大仏前に店をかまえ、奈良図の刊行が主で日本図や西国巡

礼図も出している。地元奈良の地図だけでないことは注目すべきことだろう。京の絵屋は万国総図という世界図一点が確認できるのみであり、その屋号が地図専門店を意味するかどうかは不明である。竹原は京都図を主で近畿地方図や山城国図、長崎図、道中図、木曾道中案内図などさまざまな分野の図を、林氏は京都図、大坂図（江戸店は江戸図）、甲州身延山図や高野山図を刊行している。平野屋は日本図、山城国図、京都図、道中図、伊勢・金毘羅・西国巡礼図、航路図などである。この三者は共に京の版元である（表3–3）。

ただ、その店が出した刊行物全体の中で地図がどれほどの地位を占めているのかは、いまだ未調査の段階である。他分野の書物をそれほど出版していないという場合に、地図専門といえるのだろう。

そして地図専門の出版という点からは、最も特徴的な版元として相模屋太兵衛の名を挙げなくてはならない。表3–1にみられるように、地図出版の早い時期（貞享–元禄期）に江戸で活動している点、そして後々まで数多くの版を重ねる浮世絵師石川流宣の描いた日本図、江戸図、世界図のそれぞれ初版図を刊行している点、なおかつその出版活動が極めて限定的なことが挙げられる。

原画者である石川流宣の側から見ると、彼の作品は初版以降も版元を変えつつ幾度も出されており、一世を風靡した人気地図といえる。だが、その初版図を刊行した相模屋太兵衛側から見るならば、相模屋太兵衛は彼一代で流宣の初版図だけを刊行し他の作品を手がけていない。地図の刊行という点では、これほど専門的かつ限定的な人物は他に例を見ない。極めて特異な版元といえよう。

また、須原屋一統の須原屋市兵衛は『解体新書』や林子平『三国通覧図説』、森島中良『紅毛雑話』、平賀源内『物類品隲』など蘭学系統

塚109	寛政5年	菊屋長兵衛
塚110	寛政5年	正本屋吉兵衛
塚111	寛政11年	正本屋吉兵衛
塚112		野田藤八
塚113		野田藤八開版
塚114		竹原好兵衛
塚115		正本屋吉兵衛
塚116	文化2年	菊屋七郎兵衛
塚117	文化7年	菊屋長兵衛蔵板
塚118	文化7年	丸屋善兵衛
塚119	文化7年	京都書林永田調兵衛、神先宗八、井上治兵衛、山中善兵衛、小川彦九郎、小川多右衛門
塚120	文化8年	竹原好兵衛、菊屋長兵衛、野田藤八
塚121	文化8年	正本屋吉兵衛
塚122	文化9年	版元正本屋吉兵衛、書林大坂河内屋太助、小刀屋六兵衛
塚123	文化9年	書林石田治兵衛、河内屋太助、小刀屋六兵衛
塚124	文化9年	竹原好兵衛
塚125	文化10年	田中吉兵衛
塚126	文化10年	竹原好兵衛
塚127	文化15年	京書林伏見屋半三郎
塚128	文政7年	菊屋長兵衛
塚129	文政11年	菊屋長兵衛板
塚130	文政12年	叶屋喜太郎板元
塚132	天保2年	竹原好兵衛
塚133	天保3年	竹原好兵衛
塚134	天保4年	竹原好兵衛
塚135		竹原好兵衛板
塚136	天保11年	竹原好兵衛梓
塚137		竹原好兵衛
塚138	天保12年	竹原好兵衛
塚139	天保14年	書林菱屋治兵衛、菊屋七郎兵衛、平野屋茂兵衛
塚140	天保14年	近江屋佐太郎板元
塚141	嘉永5年	皇都書林竹原好兵衛版元
塚142	嘉永5年	竹原好兵衛
塚143	嘉永5年	平野屋茂兵衛
塚144	嘉永7年	竹原好兵衛
塚145		発売元は東都須原屋伊八、名古屋永楽屋東四郎、京都書林河内屋助
塚146	安政2年	竹原好兵衛
塚147	万延2年	竹原好兵衛
塚148	文久2年	竹原好兵衛
塚149	文久2年	三橋楼書房（竹原のこと）
塚150	文久2年	竹原好兵衛
塚151	文久2年	竹原好兵衛
塚152	文久2年	竹原好兵衛板元
塚153	文久2年	竹原好兵衛
塚154	文久3年	竹原好兵衛
塚155	文久3年	竹原好兵衛
塚156	文久3年	竹原好兵衛
塚157	文久3年	竹原好兵衛
塚158	文久3年	竹原好兵衛
塚159	文久3年	竹原好兵衛版元
塚160	元治改正	竹原好兵衛版元
塚161		竹原好兵衛
塚162	文久3年	平野屋茂兵衛
塚163	文久3年	京書林四書堂合梓神先宗八、永田調兵衛、井上治兵衛、小川多左衛門
塚164		東雲堂
塚165	文久3年	伏見書林八大屋弥吉
塚166	文久3年	八大屋弥吉
塚167	文久3年	八大屋弥吉
塚169		藤井卯兵衛
塚170		浪華截又堂
塚171	元治元年	六書堂合梓皇都書林永田調兵衛、神先宗八、井上治兵衛、山中善兵衛、小川彦九郎、小川多右衛門
塚172	元治元年	六書堂合梓皇都書林永田調兵衛、神先宗八、井上治兵衛、福井源次郎、小川彦九郎、小川多右衛門
塚173	元治元年	竹原好兵衛
塚174	元治元年	竹原好兵衛
塚175	元治元年	皇都平安舎
塚178		西四辻殿蔵版
塚180	慶応2年	皇都平安舎
塚183	慶応4年	竹原好兵衛版
塚184	慶応4年	竹原屋好兵衛、蓍屋嘉助

大塚隆『京都図総目録』から作成、塚○○はその目録番号を示す。

表 3-2　刊行

塚 6	慶安 5 年	山本五兵衛
塚 8	承応 3 年	北山修学寺村無庵
塚 9	明暦 2 年	道清
塚 10	明暦 3 年	寺町丸屋
塚 13	寛文 2 年	伏見屋
塚 14	寛文 4 年	三條寺町かど升屋
塚 15	寛文 6 年	寺田重兵衛
塚 16	寛文 7 年	伏見屋開版
塚 17	寛文 8 年	三條寺町かど升屋
塚 18	寛文 9 年	伏見屋
塚 19	寛文 12 年	伏見屋開板
塚 20	延宝 6 年	林吉永
塚 21	延宝 8 年	いづつや
塚 22	天和元年	いつつや吉兵衛板
塚 23	貞享元年	鶰屋
塚 24	貞享 2 年	いつつや吉兵衛板
塚 25		鶴屋利右衛門板、本屋理右衛門板
塚 26	貞享 3 年	御絵図所林氏吉永
塚 28		本屋理右衛門
塚 29	貞享 5 年	林氏吉永
塚 30	元禄 2 年	林氏吉永
塚 31	元禄 4 年	林氏吉永
塚 32	元禄 4 年	林吉永
塚 33	元禄 9 年	林吉永
塚 34	元禄 9 年	いせや新兵衛、きくや七良兵衛
塚 36	元禄 11 年	いせや新兵衛、きくや七良兵衛
塚 37	元禄 12 年	林氏吉永
塚 38	元禄 13 年	林吉永
塚 39	元禄 17 年	大和屋庄兵衛
塚 41	宝永 4 年	京書林上村四郎兵衛、大阪鳥飼市兵衛、江戸清水四郎兵衛板
塚 42	宝永 5 年	きくや七良兵衛
塚 43	宝永 6 年	きくや七良兵衛
塚 44	宝永 6 年	林吉永
塚 46	宝永 6 年	四條通寺町東へ入丁亀屋清兵衛改板
塚 47		林吉永
塚 48	正徳 3 年	林吉永
塚 50		林吉永
塚 51	正徳 5 年	林吉永
塚 52	正徳 5 年	林吉永
塚 53		林吉永
塚 55		林吉永
塚 56	享保 8 年	京寺町通二條上ル町御絵図所林氏
塚 57	享保 10 年	長澤庄兵衛板
塚 58		林吉永
塚 59		林吉永
塚 60		林吉永
塚 61		林吉永
塚 63		林吉永
塚 65		林吉永
塚 66		林吉永
塚 67		林吉永
塚 69		林吉永
塚 70		鶴屋理右衛門
塚 71	元文 2 年	野田藤八開板
塚 72	元文 2 年	野田弥兵衛改版
塚 73	元文 2 年	野田弥兵衛改版
塚 74	寛保元年	林氏吉永
塚 75		林吉永
塚 76		林吉永
塚 77		林吉永
塚 78		よしのや
塚 80		林吉永
塚 81		林吉永
塚 82	宝暦 4 年	菊屋長兵衛再板
塚 83	宝暦 4 年	菊屋長兵衛再板
塚 84	宝暦 4 年	山本長兵衛
塚 85		林吉永
塚 87		林吉永
塚 87		林吉永
塚 88		林吉永
塚 89	宝暦 9 年	板本野田弥兵衛開板
塚 90		板本野田藤八開板
塚 91	宝暦 9 年	菊屋長兵衛再版
塚 92		林吉永
塚 93		林吉永
塚 94	宝暦 13 年	野田弥兵衛開板
塚 95	安永 3 年	正本屋吉兵衛板
塚 96	安永 7 年	菊屋長兵衛板
塚 97	安永 8 年	小川多左衛門、野田藤八、吉野屋為八
塚 98	安永 8 年	小川多左衛門、蓍屋勘兵衛、吉野屋為八
塚 99	安永 8 年	小川多左衛門
塚 100	天明 3 年	正本屋吉兵衛
塚 101	天明 3 年	竹原好兵衛（竹原初登場）
塚 104	天明 6 年	正本屋吉兵衛
塚 105	天明 6 年	竹原好兵衛
塚 106	天明 7 年	正本屋吉兵衛
塚 107	天明 7 年	竹原好兵衛
塚 108	寛政元年	菊屋長兵衛

る版元（所在地別、アイウエオ順）

No.	名　前	住　所	所在地
53	正本屋嘉兵衛	三条寺町西へ入	京都
54	正本屋吉兵衛	三条通河原町西江入町、三条通寺町西入町北がわ	京都
55	鈴木治右衛門	烏丸通仏光寺下ル町	京都
56	須原屋平左衛門	三条通富小路東へ入	京都
57	銭屋庄兵衛	堀川通綾小路下ル町	京都
58	銭屋惣四郎	京師、京寺町通本能寺前、寺町姉小路上ル町	京都
59	大文字屋仙蔵	京都六角通	京都
60	大文字屋与三兵衛	寺町三条上ル町	京都
61	竹原（屋）好兵衛、文叢堂、京画図問屋文叢堂、京町画図並京名所案内記株元	六角通柳馬場東江入町、三条麩屋町西北角、三條寺町西江入町	京都
62	竹原屋由兵衛	京六角堺町東江入ル	京都
63	田中吉兵衛、正栄堂	京三条通寺町西エ入町	京都
64	田中屋専助	二條通間之町東入町	京都
65	俵屋清兵衛	麩屋町姉小路上ル町、東高瀬大仏正面通上ル町	京都
66	丹後屋岩次郎	京師	京都
67	丁字屋九郎右衛門	東六条下数珠屋町、六条数珠屋町	京都
68	丁字屋源次郎、正寶堂	京都六角堂前福井正宝堂、三條通寺町東江入	京都
69	丁字屋称次郎	京都六角堂前	京都
70	丁字屋庄兵衛	醒ヶ井魚棚上ル町	京都
71	丁字屋平兵衛	魚ノ棚間之町	京都
72	辻本定次郎	三條通柳馬場東入	京都
73	土田次輔	京両替町姉小路上ル	京都
74	寺田重兵衛	寺町二条上ル町	京都
75	中川藤四郎	堀川六角下ル町	京都
76	永田調兵衛	皇都、西六条花屋町、花屋町油小路東へ入ル町	京都
77	鉛屋安兵衛	京寺町通御池上ル丁	京都
78	西田勝兵衛	二条寺町	京都
79	西村市郎右衛門	京堀川錦上ル町	京都
80	野田藤八	二條通富小路西江入町	京都
81	野田弥兵衛	寺町通二條下ル町	京都
82	林氏吉永、御絵図所	京寺町通二条上ル町	京都
83	林喜兵衛	二条通車屋町東へ入、三条通東洞院東へ入	京都
84	林九郎兵衛	京都	京都
85	林（吉野屋）権兵衛	間之町御池上ル町、相之町通御池上ル町	京都
86	林治左衛門（初代の名は吉永）	御絵図所、寺町通二条上ル町	京都
87	林芳兵衛	京二条堺町西入	京都
88	菱屋嘉助	京仏光寺通堀川西入ル丁	京都
89	菱屋治兵衛	寺町通松原上ル町、寺町通高辻下ル	京都
90	菱屋孫兵衛	御幸町通御池下ル町、御幸町通姉小路上ル町	京都
91	平野屋善兵衛	京室町通中立売上	京都
92	平野屋茂兵衛、御絵図司翠松園	六角通柳馬場東江入町、西入町、六角堂ヨリ東へ三町目	京都
93	風月庄左衛門	二条衣棚東入町	京都
94	福井源次郎	京三条寺町東入	京都
95	伏見屋	寺町	京都
96	伏見屋半三郎	寺町通錦小路上ル	京都
97	文黒堂	皇都寺町通り	京都
98	文台屋太兵衛	三条通室町西へ入ル町	京都
99	本屋吉兵衛	京松原通ふや町西入	京都
100	本屋理右衛門	姉小路通御幸町西へ入	京都
101	升屋	三條寺町かど	京都
102	舛屋勘兵衛	京書林	京都
103	丸屋	寺町	京都
104	丸屋善三郎	京都書林	京都

表 3-3 古地図から見た京都に関わ

No.	名 前	住 所	所在地
1	清水四郎兵衛	江戸	江戸
2	須原屋（北沢）伊八	東叡山池之端仲町、東京浅草茅町二丁目	江戸
3	河内屋太助、文金堂	大坂心斎橋通唐物町南入ル、唐物町心斎橋	大坂
4	吉文字屋（鳥飼）市兵衛	大坂、心斎橋南四丁目、大坂木挽町中之町	大坂
5	小刀屋六兵衛	御堂筋通瓦町南へ入	大坂
6	截又堂	浪華	大坂
7	永楽屋東四郎	名古屋本町通七丁目	尾張
8	赤井辰兵衛	寺町通仏光寺上ル丁	京都
9	秋田屋平左衛門	京寺町蛸薬師下ル丁	京都
10	浅井庄右衛門、近江屋	京都堀川通仏光寺ドル	京都
11	石田治兵衛	一條通大宮西江入町、京一条通知恵光院西へ入	京都
12	泉屋新助	御幸町御池上ル	京都
13	出雲寺文次郎	京都書林、京都三条通升屋町	京都
14	いつつや吉兵衛		京都
15	井上治兵衛、御用書林	京堀川二条ドル	京都
16	今井七郎兵衛	京寺町松原上ル町	京都
17	上村四郎兵衛	京書林	京都
18	梅村三郎兵衛	京都寺町松原下ル	京都
19	梅村弥右衛門	京師五条橋詰	京都
20	越後屋治兵衛	京都二条堀川、堀川二條下町	京都
21	絵屋庄兵衛	下本能寺前	京都
22	近江屋佐太郎	寺町通仏光寺上ル町、寺町四条下ル町、京寺町綾小路下ル町	京都
23	岡田水月堂	皇都	京都
24	岡田茂兵衛	平安	京都
25	小川源兵衛	京寺町通六角下	京都
26	小川多右衛門、茨城多右衛門	京都書林、京	京都
27	小川太（多）左衛門、茨城多佐衛門、柳枝軒	京師六角通御幸町西入町、誓願寺通御幸町西江入町	京都
28	小川彦九郎、英発堂	京都書林、六角通寺町西	京都
29	勝村治（次）右衛門	京都寺町通松原ドル、寺町五条上ル二丁目	京都
30	金屋平右衛門	京	京都
31	河南四郎右衛門	堀川通仏光寺下ル丁	京都
32	神先宗八	京都書林	京都
33	亀屋清兵衛	四條通寺町東へ入丁	京都
34	河内屋兵助	京都書林	京都
35	観水堂	皇都	京都
36	菊屋喜兵衛	皇都、寺町通松原下ル丁	京都
37	菊屋七郎兵衛、きくや七良兵衛	寺町通松原上ル町	京都
38	菊屋長兵衛	寺町四条下ル二丁目、寺町通仏光寺上ル町	京都
39	北村四郎兵衛	五條通高倉東江入町	京都
40	北村太助	三条柳馬場東入町	京都
41	木村寿陽堂	京都	京都
42	玄々堂、松本龍山	皇都	京都
43	河野角元丞	京東六条町	京都
44	河野道清	京六条、京寺町、京東六条	京都
45	五風亭成兵衛	京都三條通東洞院東	京都
46	草紙屋九兵衛	京都西洞院通長者町	京都
47	堺屋伊兵衛、本山御用書林	京都千本通一條下ル町	京都
48	堺屋儀兵衛	寺町仏光寺下ル	京都
49	堺屋直七	三条柳馬場	京都
50	堺屋仁兵衛	三条通柳馬場角、東入町	京都
51	四方茂兵衛	京都六角通柳馬場東へ入	京都
52	嶋林専輔	京二条高倉西入	京都

表 3-3（続き） 古地図から見た京都に関わる版元（所在地別、アイウエオ順）

No.	名　前	住　所	所在地
105	丸屋善兵衛	三條通御幸町東江入町、三条通寺町西入	京都
106	無庵	北山修学寺村	京都
107	村上勘兵衛、平楽寺勘兵衛	京都東洞院三条上ル丁、京都東洞院通五條上ル	京都
108	蓍屋嘉助	京都書林	京都
109	蓍屋勘兵衛	四条通御幸町西ヘ入町	京都
110	蓍屋宗八	寺町三條下ル町、寺町六角上ル町	京都
111	矢野長兵衛	姉小路通大宮西江入町	京都
112	八幡屋市郎兵衛	姉小路通両替町西ヘ入ル町	京都
113	藪田	京	京都
114	山城屋佐兵衛	皇都、京都三條通麩屋町角、寺町通四条下ル町、寺町五条上ル町	京都
115	大和屋三郎兵衛	烏丸通薬師前	京都
116	山中善兵衛	京都書林	京都
117	山本五兵衛	京都寺町通三條二丁上ル、寺町通三條上ル本能寺前	京都
118	吉田屋佐兵衛	京都書林	京都
119	吉野屋勘兵衛	四条寺町西入町	京都
120	吉野屋甚助	寺町四条上ル町	京都
121	吉野家為八	寺町五条上ル町	京都
122	吉野屋仁兵衛	三條通御幸町西江入	京都
123	榮久堂		京都？
124	叶屋喜太郎		京都？
125	橘枝堂		京都？
126	橘仙堂		京都？
127	東雲堂		京都？
128	清水谷殿		京都？
129	瑞錦堂		京都？
130	鶴屋	（鶴屋利右衛門と同一か）	京都？
131	鶴屋利右衛門		京都？
132	虎屋久佐衛門		京都？
133	長澤庄兵衛		京都？
134	西四辻殿		京都？
135	藤井卯兵衛		京都？
136	平安舎		京都？
137	三橋楼書房	竹原の号	京都？
138	よし乃や、よしのや		京都？
139	亀屋半兵衛	伏見書林、大坂町	山城
140	河内屋源兵衛	城州伏見札ノ辻	山城
141	城州屋正二郎	伏見書林	山城
142	中西善右衛門	伏府	山城
143	八大屋弥吉、薩州御屋敷御出入御書物所	伏見書林	山城
144	いせや新兵衛		（不明）
145	寿徳堂		（不明）
146	大和屋庄兵衛		（不明）

の書物を刊行しているが、世界図の「地球一覧図」や中国図である「大清広輿図」等も手掛け、世界地図や地理書の分野において意欲的な刊行事業が認められる。

幕末に京都図を刊行した伏見書林八大屋弥吉は、「薩州御屋敷御出入御書物所」と称しており、特定藩の御用達店があったことがわかる（表3-3）。

3 刊行京都図と版元

（1）刊行京都図の位置づけ

地図の出版史の中で、都市（町）図、なかでも刊行京都図の位置づけについては、矢守一彦がかつて記しているので、それに基づき以下にまとめることにする。

慶長・元和期になると、民間の木活字印刷による出版も数を増すが、寛永以降は整版印刷に移行する。都市図に関していえば、慶長・寛永版の『拾芥抄』の中に日本図とともに、模式的な線画ではあるが、「宮城指図」「左・右京図」などが載るようになる。

古地図は日本総図・地方図・世界図・道中図等々に種類分けできるが、このうち最も早く起こり最も豊富であったのが都市図の分野で、京都はまた印刷技術においても最先進地であったから、わが国における刊行地図の最初が京都図（寛永頃の「都記」「口絵2」）であったのは当然だったといえよう。

江戸図の刊行もほぼ京都図の場合と同じく寛永期にさかのぼり、大坂図も現存のものでは明暦元年（一六五四）の刊年を有するものがある。この三都の図が都市図の主役であったが、中でも江戸図がやがて質量共に抜群の地位を占め、江戸時代を通じて一〇〇〇種類を超える図が確認され目録化されている。

その他、刊行時期の早いものとしては奈良・鎌倉図の寛文年間、長崎図の延宝年間などが三都に次いでいる。こうして生みだされたおびただしい刊行都市図は、右の三都図のほか、長崎・下田・函館などの港町図、奈良・鎌倉・高野山などの、いわば観光案内図・寺社参詣図、駿府・金沢などの城下町図などに大別できる。

ところで、幕藩体制下における地域の中心である各地の城下町が、意外にその刊行図が少ない。そのことは、諸藩が軍事上の機密、配慮などからそれを禁止ないし忌避したためと考えることもできる。しかし、もしそうであるならば、幕府は江戸や直轄枢軸の都市である京・大坂・堺・長崎等々において第一に禁止すべきであろう。現存する数からすると三都に次ぐのは長崎や幕末の横浜が多くの地図を出しているのであるから、地方城下町の刊行図が少ないことは、それが商業ベースにのらない、つまり需要が少なかったと解すべきである。

前述の諸図は、江戸勤番の武士やそこに出入りする商人たち、それらの人々の土産品や参詣記念、そしてその場所のめずらしさやニュース性といった、膨大な民間需要の存在にささえられたものと考えられる。よって、江戸時代の刊行地図は、地図としての正確さや精度よりは、情報量の多さ、親しみやすさ・見やすさを重んじ作成されていたことはあきらかである。

(2) 刊行京都図の時代区分

刊行京都図の時代区分は、秋岡武次郎・栗田元次・矢守一彦など先学によってなされており、次のような六期に区分されるものである。

第一期は一七世紀初期の時期。寛永一八年（一六四一）以前と推定される「都記」（京都大学附属図書館蔵、図3-1（口絵2）以下、一群の黎明期の刊行図。

第二期は承応三年（一六五四）「新板平安城東西南北町并洛外之図」（無庵刊）、もしくは前年の「新改洛陽并洛外之図」以下、約三〇年間に出た図。地図としての特徴は、洛外の表現が増大し、寺社旧跡に正しい地理的位置が与えられる。内裏周辺の公家町が強調され、この時期には内裏図が単独で刊行を見る。

第三期は貞享三年（一六八六）「新撰増補京大絵図」（口絵4）以下の八〇年間。一七世紀後期から一八世紀半ばの時期。林吉永の刊行図が大量に出まわる時代。大型図で、かつ地誌的情報が充実する。名所案内記、地誌書の出版も盛んとなる。

第四期は林の版業が衰えてからの約六〇年間。一八世紀の半ばから一九世紀前半の時期。中小版元による小型・中型の携帯用の図（「指掌図」「袖中図」）が流行する。合羽刷などの採用で、色刷り図が流行するようになる。

第五期は天保二年（一八三一）「改正京町絵図細見大成」（口絵5）以下の三七年間で、竹原好兵衛の全盛期。時代としては、一九世紀前半から幕末まで。地誌的情報を網羅的には記載せず、ガイドブックとマップの分化がみられる。銅版小型京都図の刊行が激増する。

第六期は明治初期の京都図。明治政府の御用書肆として村上勘兵衛、石田治兵衛が名をつらね、観光地図から行政地図へ移行する。

このように見ると、その他は時代という大きな時代区分で区切られた第六期はともかく、その他は時代を画する主要図でもって区分されている。ただその意味では、明治時代の開始は漠とした感がぬぐえない。そのことは、版元である林の盛衰というものを基準としているためだが、次に刊行京都図に名前を載せる版元を見てみよう。

(3) 京都図の版元から見た時代区分

表3-2は、大塚隆の『京都図総目録』に載る江戸時代に刊行された京都図一八七点から、版元名が記された図を抜き出したものである。この山本京都図は刊行地図全般には制作者側の情報が示されていないが、他の文献で「京都寺町通三條二丁上ル」「寺町通三條上ル本能寺前」（表3-3）と紹介されている。

一期と二期（これは第2節（1）で既述したように、刊行地図の初期段階の時期である）を通じて版元名を見出すが、これらは三期以降の京都図においてはかかわりを持たず、その名を見なくなる。次期に名を残す例外者としては、延宝六年図の林吉永を挙げることができるが、この図は所在不明で、大塚目録でも小汀文庫入札目録からの情報として記載される。ただ、林の活動開始期はこの頃に間違いなく、延宝五年に内裏図を、同九年に高野山図（表3-1）など、地図専門の「御絵図」の刊行が激増する。

所）（京雀、京羽二重）として活動している。さらに江戸の出店（江戸通り新両替町京橋南江二町目）でも、延宝期から天和期にかけて江戸図（表3-1）を出している。

第三期は、その林吉永の貞享三年と、その後の大いなる出版活動によって区分されているわけだが、大塚目録（表3-2）に記された出版数を見ると、そのことがよく理解できる。

第四期は、その林の版業が衰え京都図刊行の主役でなくなってからの時期であるから、林の名が途絶える（表3-2塚93）宝暦期からといういうことになろうか。また一方、第四期は刊行京都図としては小型化と色摺り化が見られ、より利用者に好まれるガイドマップの誕生は宝暦期頃に遡り、初の色摺り図である安永三年（一七七四）「懐宝京絵図」（表3-2塚95）の前後から満面開花すると述べる。この流行に乗る形で、第五期の京都図刊行の主役である竹原好兵衛が登場する。竹原の名前が初めて出るのが、天明三年（一七八三）「天明改正細見京絵図」（表3-2塚101）という色彩鮮やかな図であった。

第五期は、その竹原が出した刊行京都図中最大寸法（縮尺五〇〇分の一）の天保二年（一八三一）図（表3-2塚132）以後、明治初年に至るまでで、いわば竹原の時代である。

（４）京都に関わる版元

表3-3は、前稿の成果である古地図資料から抽出することのできた六八七件の名前から、京都に関係する版元を抜き出したものである。つまり、刊行京都図の上に名前を記す版元と、京都図以外の図で版元の所在地が京またはそこだろうと思われる名前を取り上げた。その数

は一四六名あり、それらを所在地別にし、あわせて名前をアイウエオ順に並べてみたものである。

その所在地が江戸であるものが二名、大坂四名、尾張（名古屋）一名、京であるものが一一五名、山城（伏見）が五名、不明は三名で、合計一四六名であった。

これらの内、六〇の名を数えることができるため、京都図の刊行に関わった版元の数と考えることができよう。この六六名の内訳は、所在地が京の者四〇人、伏見が一人、京と思われるものが一六人、江戸二人、大坂四人、名古屋一人、不明二人である。京都図に関わった版元六六名のうち四〇名すなわち六割強が、また京と思われる一六名を加えると九割近くが地元に所在するということになる。た だ実態としては、表3-2からもあきらかなように、一七―一八世紀の林氏吉永と一八―一九世紀の竹原好兵衛の二軒が、圧倒的に京都図の刊行を支配していた。

それ以外の、一四六名中の八〇名は所在地が京都ではあるには関わっていない、他の地図を出している版元ということになる。

京以外の所在地を記している版元を見てみよう。単独で京都図を出している版元として、伏見書林（京の版元に含めるべきであろうが）の八大屋弥吉と浪華截又堂がいた（表3-2塚165、塚170）。町図は極めて地元指向の強い出版物であり、この二軒（特に浪華截又堂）は稀な例といえる。また前述したとおり、八大屋弥吉は「薩州御屋敷御出入御書物所」とあるように、薩摩藩に特に出入りしていたようだ。その他の江戸や名古屋の版元は、発売元の一人として連名中に出てくるのみである（表3-2塚41・122・123・145）。

大塚目録を見ても（表3-2）、六〇の名を数えることができるため、京都図の刊行に関わった版元の数と考えることができよう。

多種多様、かつ多数の地図を出版しているという視点から、京の版元を見てみよう。菊屋七郎兵衛は京都図も刊行しているが、諸国の国図の刊行が盛んである。山城国図（安永七年刊）はもちろんだが、東海道東山道諸国の国絵図に関わっている。つまり、相模、下総（嘉永七年）、常陸（文久二年）、上野などの図にも名を連ねる。これらの国図は、江戸の菊屋幸三郎が関東一円の国図にも出しているもので、前稿で筆者は販売面での提携先として名を連ねているのだろうと指摘しておいた。

正本屋吉兵衛は山城国図や西国巡礼案内図も出すが、京都図の刊行が多く、京都図の区分でいう第三期に活動している（表3－2）。この第三期には天明三年図（表3－2塚101）で竹原好兵衛が初めて名を出し、以後、幕末にいたるまで京都図刊行の主役であり続ける。

山城屋佐兵衛、吉野屋仁兵衛は京都図の刊行はないが、道中案内図や諸国の国図を出している。しかも特徴的なことは二人の連名で国図を出しており、伊勢（文政一三年）、美濃（天保五年）、信濃（天保六年）、丹後（天保一一年）などの図がある。また、それらは池田東籬亭の編纂であることが多い。

そして、林氏吉永、竹原好兵衛、平野屋茂兵衛の三者を挙げなければならない。特に第2節（4）でもふれたように、この三者は絵図専門店であることを標榜しており（竹原好兵衛は「京画図問屋」「京町図並京名所案内記株元」、林氏吉永は「御絵図所」、平野屋茂平衛は「御絵図司」）、多数の版元・書肆を抱えた江戸や大坂にも、このような店は見られない。絵図専門を標榜する店の存在は、京都出版界の一大特色といえよう。

竹原は京都図の刊行が主だが、畿内地方図や山城国図、長崎図、道中図、日本図、木曾道中案内図など様々な分野の図を出している。林氏も大量の京都図と内裏図、そして大坂図（江戸店は江戸図）や長崎図、甲州身延山図、高野山図などを刊行している。平野屋は日本図、山城国図、京都図、道中案内図、伊勢・金毘羅・西国巡礼図、航路図などである。三者ともに絵図専門店を標榜するとおり、その名に恥じない多種多様な地図を扱っているといえるだろう。

（5）版元の地域分布

所在地を京とする版元・書肆の地域分布を見てみよう。表3－3から、所在地が京であることが判る店は一一五軒あるが（No.8赤井辰兵衛～No.122吉野屋仁兵衛）、京・京師・皇都・京都書林などと書かれた一八軒は所在地が漠として判別し難いため、九七軒のサンプルが対象となろう。それらを、三〇〇〇分の一大正都市計画図を利用して分布図にしてみた（図3－2（口絵10）。ただし、図中に記された所在地は「△△通○○上ル、下ル」程度であるため、地点として明確にはできないが、おおよその分布は見てとれるだろう。

京の本屋の分布とその要因について、宗政五十緒は次のように記している。

寺町通の下御霊町から五条まで、二条通の富小路下る、五条通の東洞院東前、などに多くの本屋が店を開いていた。

二条通りは二条城の正門に至る路で、上京のメインストリートである。この通りに大きな本屋は店を構えていたのである。〔……〕

寺町は法華宗・浄土宗の寺院がその東側に並んでいた。僧侶の図書を購う者が多かったから、ここに本屋が点在していたのである。

また、西村九郎右衛門の店が五条通りにあるのは、一向宗（真宗）の東西両本願寺が六条にあったからである。なお、五条は下京のメインストリートである。

書肆の多くは寺町通・二条通に店舗の集中が認められる。延宝六年版の『都雀』には、本屋　寺町下御霊の丁より五条迄に多し　二条富小路より下る六七丁の間　五条東洞院の東側　古本の売買　西堀川三条より南　一条堀川より西。（……）当時の書物の需要者と宗政が記述する状況が一目で判明する。ただ一番北は二条通までであり、そこには「御絵図所」林氏吉永（寺町通二条上ル町）がいた。また一番南にあたる場所には勝村治右衛門（寺町通松原下ル、寺町五条上ル）、山城屋佐兵衛（寺町五条上ル町）、菊屋七郎兵衛（寺町通松原上ル町）等がいた。

その寺町通に直交する東西の通りである二条通と三条通、六角通に、そして四条通や松原通・五条通との交差点付近に多く所在していることが判る。東海道と結びつく三条通と地図をあつかう本屋というのは、まさに絶好の組み合わせでその場所に集中するからだと思われるが、

以上のように、京の本屋の分布に関してはほぼ言い尽くされた感があるが、ここで地図に関わった版元の所在地を分布図にして見てみよう（図3-2〔口絵10〕）。それらは寺町通に沿って南北に連なっており、まさに宗政が記述する状況が一目で判明する。ただ一番北は二条通までであり、最初の六角通柳馬場から三条麩屋町、そして刊行京都図の第五期の開始を告げる天保二年刊の大型図では三条寺町と記されている。つまり、三条大橋へ向かって東漸しているのである。この店の転移は何を意味し、物語るものであろうか。

筆者自身は三条寺町と記された天保二年図を実見しておらず、天保四年図（京都大学附属図書館蔵大塚京都図コレクション）からの確認であるが、竹原はこの三条寺町に店を構えてから「京（都）図問屋」（表3-2塚134・135）「京絵図版元」（表3-2塚136）、「京町画図並京名所案内記株元」（表3-2塚138）といった文言を名前に付随させており、地図専門店としての繁盛ぶりをうかがうことができる。東海道と結びつく三条通に地図を扱う店が多いことは先述したが、彼らにとって三条寺町付近は成功者の到達点といった場所ではなかろうか。そして自明のことではあるが、三条大橋付近の賑わいぶりというものを、地図出版という観点からもうかがい知ることができる。

これは想像の域を出ない。堀川通に沿っても南北に点在しており、東西は寺町通―堀川通、南北は二条通―五条通の地域に、地図に関わった版元はほぼ収まっている。

またこの分布図を作成する段階で気づいたことだが、京都図を大量に刊行した竹原好兵衛の転居先の住所移動をしている。地図上で記されているかぎり、竹原は三度の住所移動をしている。つまり、最初の六角通柳馬場から三条麩屋町、そして刊行京都図の第五期の開始を告げる天保二年刊の大型図では三条寺町と記されている。つまり、三条大橋へ向かって東漸しているのである。この店の転移は何を意味し、物語るものであろうか。

4　おわりに

本章は、主に神戸市立博物館と京都大学に所蔵される江戸時代の刊行地図およそ一五〇〇点を調査対象にして、そこから抽出できた刊年

や版元名が基礎となっている。調査の結果から、七〇〇近くの出版・販売に関わる人名と屋号を取り出すことができ、その中で京都の場所や地図に関連する者は一四六名を数えることができた。ただ、本章では、地図上に名を記す版元の概要と京都に関わる版元の概要を述べるにとどまっており、その次の考察には至っていない。今後とも調査を続け、版元の名前を増やしてゆき、京だけでなく大坂や江戸における版元所在地分布図を作成することなど、基礎作業が残されている。また、各版元の関係性や店の歴史と盛衰、扱っている書物など、各々の店自体の調査も合わせて行わなければならない。地図に限定しても、どのような地図づけをはじめその情報源はどこからかなど、各店における地図の位置づけをはじめその情報源はどこからかなど、残された課題は山積している。

江戸時代の書肆の研究は、書誌学や国文学の分野で大いなる成果があがっているが、今回それらを活かすことができず、初歩的な認識不足も多いと思われるが、今回のデータを基にして他日を期したい。既述したように、京都には絵図専門を標榜する店が存在しており、その ことは他にはない特色だと思われるので、特に林・竹原・平野屋の三者に対する考察は歴史地理学の上でさらに進めなければならない。

当然のことながら、これらの考察には古地図だけを対象にしていても解決に至らず、関連資料も含めた調査が必要で、個々の版元の重点的な調査もおこなわれるべきである。しかし近年、奈良大学が総合的に調査している奈良のえづ屋庄八の店がごく稀な例としてあるものの、明治時代になって出版の形態とそれを担う人々が江戸時代と全く変わってしまったため、今日まで資料が伝存している版元はほとんど存在しない。そういった点からは、今回の刊行地図に基づく調査データも有力な資料となりうると考えている。

注

1 三好唯義「近世刊行国絵図の書誌的検討―南波コレクションを中心に―」葛川絵図研究会編『絵図のコスモロジー』地人書房、一九八八、二〇六―二二五頁。

2 三好唯義「近世刊行地図の版元名索引試案―神戸市立博物館所蔵古地図をもとに―」関西大学博物館紀要一〇、二〇〇四、一七三―一九〇頁。

3 今田洋三『江戸の本屋さん 近世文化史の側面』NHKブックス、一九七七。

4 海野一隆「正保刊『万国総図』の成立と流布」有坂隆道編『日本洋学史の研究Ⅹ』創元社、一九九一。後に『東西地図文化交渉史研究』清文堂、二〇〇三に所収。

5 前掲注1。

6 三好唯義「いわゆる流宣日本図について」地図二七―三、日本国際地図学会、一九八九、一―九頁。

7 矢守一彦『都市図の歴史 日本編』講談社、一九七四、第一部第四章。

8 飯田龍一・俵元昭『江戸図総覧』別冊江戸図総覧、築地書館、一九八八。

9 大塚隆『京都図総目録』日本書誌学大系18、青裳堂書店、一九八一。

10 井上和雄『慶長以来 書賈集覧』（一九一六発行）言論社、一九七八、前掲注9、五頁。

11 矢守一彦・大塚隆編『京都』日本の古地図④、講談社、一九七六、二三頁。

12 前掲注2。

13 前掲注1。

14 宗政五十緒『近世京都出版文化の研究』同朋社、一九八二、九頁、一七・一八頁、二八頁。

15 前掲注9、五一頁。

16 奈良大学総合研究所『奈良大仏前絵図屋筒井家刻成絵図集成』二〇〇二。同研究所『大和・奈良地域の観光に関する学術研究―伝統と課題―』奈良大学総合研究所特別研究成果報告書、二〇〇二。この中で三木理史・鎌田道隆両氏が絵図屋について論じている。

第4章　林吉永版京大絵図の特徴とその変化

山近博義

1　はじめに

　日本近世の都市図には、手書き図とともに、三都をはじめ長崎や奈良などの都市を対象とした刊行図も含まれており、その点数はかなりの数にのぼる。[1] 刊行図は民間の版元より出版されたもので、近代的な地形図などと比較すると、ゆがみも比較的大きくなる傾向にある。また、記載される情報には、一定の取捨選択もみられる。しかしながら、その大きな特徴の一つは、出版というかたちで、不特定の人々を対象に同じ図が多数出された点に認めることができる。
　このように多様な人びとの目に触れる機会が多かったという特徴を考えると、刊行図を単にゆがみの大きい図として片付けてしまうことはできないであろう。とりわけ、同時代の人々による当該の都市に対する認識といった点などが問題になる場合、刊行図の存在は、様々な地誌類の存在とともに、重要になってくると考えられる。したがって、近代的な地形図との対比でわかるゆがみも、ゆがみとして片付けるのではなく、それが生じた意味や背景を考える必要があろう。本章は、このような点を念頭に置きつつ、刊行都市図の諸特徴に関する基礎的な考察を行うことを目的としている。すなわち、一部の情報のつまみ食いではなく、刊行都市図を可能な限り総体としてとらえて、その諸特徴の整理を行うことを目的としたい。さらに、その諸特徴を同時代の当該の都市やそれを取りまく様々な状況との関連で考察する必要もあろう。
　ところで、本章が対象とするのは刊行京都図の一部である。刊行京都図は一七世紀中期以降、様々なものが出版されているが、全国的にみて最も初期の段階から出版された点、出版された図の多様性などの点において、日本近世の刊行都市図を代表する存在であるといえよう。[2]
　このように多種多様な刊行京都図の整理を行った成果によれば、全体を五期程度に分けるのが一般的である。[3] この整理に従えば、本章が具体的に取り上げるのは、第3期、すなわち一七世紀後期から一八世紀

中期にかけての時期である。この時期を代表する版元は林吉永であり、刊行京都図の歴史の中でも、特に長期にわたり多様な図を出版し続けた点で重要な位置を占めている。そして、その代表作である大型の京都図、すなわち京大絵図は、伝統的な左・右京図の影響から脱して新たな展開を示した図として位置づけられている。

本章では、このように刊行京都図の中でも重要な図の一つとして位置づけられている林吉永版京大絵図の基本的特徴の把握を目的としたい。従来、この図の特徴としては、町屋が墨色から白ぬきになった点、寺社や山川の景観図が色彩豊かで美観を重んじている点、多数の地誌情報がもりこまれて京都案内図としての充実が図られている点、一方で近代的な地形図と比べてゆがみが大きい点などが指摘されている。

ただし、林吉永版京大絵図は、後述のように、かなり長期にわたって出版が継続され、その間に、描写上の変化がかなり認められる図である。したがって、京大絵図を一括りにしてその特徴をとらえるのみではなく、その内部に生じた描写上の様々な変化にも着目し、刊行京都図における位置づけを再考してみる必要があろう。

また、豊富な地誌情報については既に指摘されているが、これらの情報源については、従来あまり言及されてこなかった。これらの情報源には、同時代に出された地誌類などが考えられる。したがって、これらの情報源の解明は、従来、別個に成果をあげてきた都市図と地誌類を関連づけ、同時代の地理的情報の内容と普及過程の解明にもつながるため、重要な論点であると考えられる。

以下の節では、これらの点に留意しつつ、まずは、対象とする林吉永版京都大絵図の基本的情報の整理を行う。そのうえで、京大絵図の情報源、豊富な地誌情報の情報源、京大絵図の分類と図の描写上の特徴およびその変化、同時代の京都とそれを取り巻く状況との関連などについて、話を進めることにしたい。

2　林吉永版京都図の概要

林吉永は、自らの出した京都図の刊記によれば、「御絵図所　林氏吉永」と称している。そして、その所在地は、「寺町二条上ル町」であったが、近世京都において、この寺町通近辺には様々な版元が立地していた。たとえば、同じ一七世紀中期に「新板平安城東西南北町并洛外之図」を刊行した升屋の所在地は三条寺町であったし、刊行京都図の第5期を代表する竹原好兵衛の所在地は、最終的に三条通寺町西入ルであった。

本節では、まず、最も網羅的と考えられる大塚隆による刊行京都図の目録『京都図総目録』（以下、大塚目録とする）をもとに、対象となる京都図の基本的な情報を概観することにしたい。

林吉永は、京都図のみならず、江戸図や大坂図など他の都市図、高野山や比叡山などの社寺図、また、内裏とその周辺部のみを描写した内裏之図、さらには、万国図、日本図も出版していたことが知られている。

大塚目録によれば、林吉永版の刊行京都図は延宝六年（一六七八）から宝暦年間（一七六〇年代前半）の間に、約四〇点確認できる。このうち、半数近くの一七点が大型図の京大絵図である（表4-1）。また、この京大絵図以外にも、より小型の図を出版していた。これらの図には、町屋部分を墨色で表現するものが認められるなど、刊行京都図の第2期までの特徴を持つ図も含まれている。そのような中で、正徳三年（一七一三）「新板増補　京絵図」と題する中型図は複数確認でき、

表4-1 林吉永版京大絵図一覧

no.	タイトル	刊年	刊行年(西暦)	サイズ(cm)	彩色	タイプ	備考
1	新撰増補京大絵図	貞享三丙寅年三月吉日	1686	166×124	手彩色	タイプ1	
2	新撰増補京大絵図	元禄二歳正月吉辰	1689	164×122	手彩色	タイプ1	
3	新撰増補京大絵図	元禄四歳九月吉辰	1691	164×123	手彩色	タイプ1	
4	新撰増補京大絵図	元禄九歳二月吉辰	1696	167×125	手彩色	タイプ1	
5	新撰増補京大絵図	元禄十二歳正月吉日	1699	163×123	手彩色	タイプ1	
6	新撰増補京大絵図	宝永六歳己丑正月吉辰	1709	162×122	手彩色	タイプ1	二條新地を埋木補刻
7	新撰増補京大絵図	刊年なし	1712-14?	165×124	手彩色	タイプ1	二條新地を埋木補刻 所司代松平紀伊守 正徳2~4年に刊行か？
8	新撰増補京大絵図	刊年なし	1714-17?	162×125	手彩色・無彩色	タイプ2	所司代水野和泉守 正徳4~享保2年に刊行か？
9	新撰増補京大絵図	刊年なし	1717-24?	161×124	手彩色・無彩色	タイプ2	所司代松平伊賀守 享保2~9年に刊行か？
10	新撰増補京大絵図	刊年なし	1725?	160×123	手彩色	タイプ2	享保10年頃に刊行か？
11	新撰増補京大絵図	刊年なし	1728~?	163×125	手彩色・無彩色	タイプ2	所司代牧野河内守 享保13年以降に刊行か？
12	新撰増補京大絵図	刊年なし	1734-42?	165×126	手彩色・無彩色	タイプ2	所司代土岐丹後守 享保19~寛保2年に刊行か？
13	増補再板京大絵図 乾坤 二舗	寛保元年辛酉十一月	1741	126×93	手彩色・無彩色	タイプ3	所司代牧野備後守は寛保2~寛延2年(1749)に在職で、刊年とずれがある。
14	新撰増補京大絵図	刊年なし	1742-49?	?		?	寛保2~寛延2年に刊行か？
15	増補再板京大絵図 乾坤 二舗	寛保元年	1749-52?	125×93	手彩色	タイプ3	所司代松平豊後守 寛延2~宝暦2年に刊行か？
16	増補再板京大絵図 乾坤 二舗	寛保元年	1758-60?	130×90	手彩色	タイプ3	所司代井上河内守 宝暦8~10年に刊行か？
17	増補再板京大絵図 乾坤 二舗	寛保元年	1760-64?	127×96	無彩色	タイプ3	所司代阿部伊豫守 宝暦10~明和元年に刊行か？

大塚隆『京都図総目録』により作成

に出された後、約半世紀にわたって、部分修正を加えつつ出版が継続されていた。

このように、林吉永版の刊行京都図は、数点の基本となる図と各々の部分修正版とからなっている。この点は、本章が対象とする京大絵図の場合も同様である。京大絵図の基本的な図については、従来、貞享三年(一六八六)刊の「新撰増補京大絵図」と寛保元年(一七四一)刊の「増補再版京大絵図 乾坤」の二図がしばしば紹介されてきた[10]。この両図が京大絵図を代表する基本的な図であることに異論はないが、両者の間には、全体的な図様や記載事項などからみて、別のタイプの過渡的な図が出されていた。したがって、林吉永版京大絵図は、以下の三タイプに分類することができる。

タイプ1：表4-1の1~7図(図4-1(口絵4)、図4-2)
タイプ2：表4-1の8~12図(図4-3)

タイプ3：表4-1の13・15-17図（図4-4）

各タイプとも数点ずつ確認でき、最初の基本的な図が出された後、各タイプとも部分修正を加えつつ、二〇数年間出版が継続されていたことがわかる。この部分修正には、京都所司代の変更などが含まれる。ちなみに、タイプ2では図中に刊年が記載されていないが、この場合、記載される京都所司代の在任期間によって、刊行年の推定がなされている。その他の修正箇所としては、鴨川両岸から鴨東、内野などでの新地形成にともなう部分修正もしばしば認められる。

なお、各々のタイプの刊記をみると、タイプ1では、刊年と林氏吉永という版元の名称が示されるのみであった。タイプ2では、先述のように刊年の記載はなく、「今度新地所替不残令改板者也」との記述になり、一七世紀後期からの新地開発などによる市街地の変化に対応したものであることがわかる。さらに、タイプ3では、「（前略）八分一町ノ刻ヲ以新地等迄悉相改、並諸方道法方角之図相加へ、令再板者也」とあり、タイプ2までにはなかった四五〇〇分の一という縮尺の記載も加えられている。

3 京大絵図の図の描写にみられる諸特徴

それでは、本節では、全体的図様、図の描写内容など、図の描写上の特徴に関する検討を行うことにする。

（1）各図の全体的図様

まずは全体的図様から検討することにしたい。タイプ1および2の判型は一枚物で、広げた場合、約一六五×一二五センチメートルとほぼ同じサイズとなっている。それに対して、タイプ3は他の刊行京都図とは大きく異なる二分割図であり、二枚をあわせるとタイプ1および2より南北方向に約二〇センチメートル長くなっている。

いずれのタイプも、図中の大半は地図で占められており、山、河川、道、寺社、大名屋敷、公家屋敷などの様々な地物が描写されている。描写方法は、市街地部分と周辺部分で異なっており、両者のコントラストは明確である。まず、市街地部分は基本的に平面図で描かれており、絵画的な描写がみられるのは、一部の大規模寺社の堂宇などにとどまっている。これに対して、周辺部分の地物は俯瞰的構図による絵画的な描写が基本となっている。たとえば、山、寺社などの諸施設、集落などの描写がそうである。

また、図中の文字記載は非常に多くなっている。その内容は、地名や通り名、寺社、大名京屋敷、公家屋敷などの施設の名称などである。その他に、主要寺社の来歴などの基本的情報、通り名一覧、京都内外の各地への道程一覧といった様々な地誌情報も多数記載されている。これら以外には、図全体の東西南北の方位、刊記などが記されている。そして、主要寺社の来歴などの情報は、市街地周辺部の余白部分に埋め込まれている。

以上は、三タイプともに共通してみられる描写および記載内容である。しかしながら、全体的な図様としては、タイプ1が、他の二つのタイプと若干異なっている。すなわち、タイプ1は他の二つのタイプと比較して、市街地周辺部に描写される地物が少なく、図幅の四辺にみられる余白も多くなっている。逆に、タイプ2および3は市街地周辺部に描写される地物が増加し、図幅を最大限に利用して様々な地物

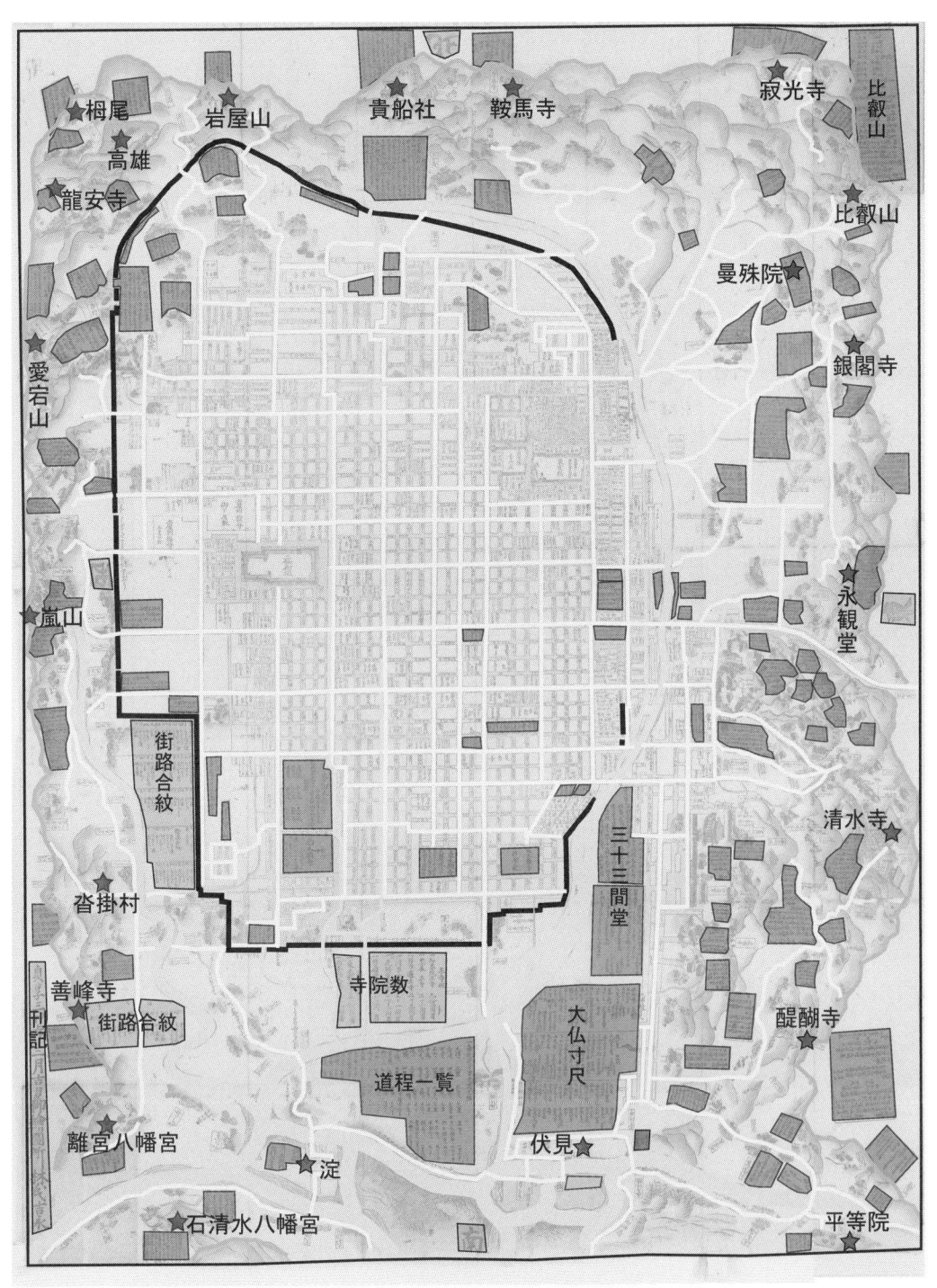

	図中の凡例など
	寺社等の注記と地誌情報
★	京大絵図に共通して記載される周辺部の地名など

図4-2　京大絵図タイプ1　貞享3年（1686）刊（166 × 124 cm）

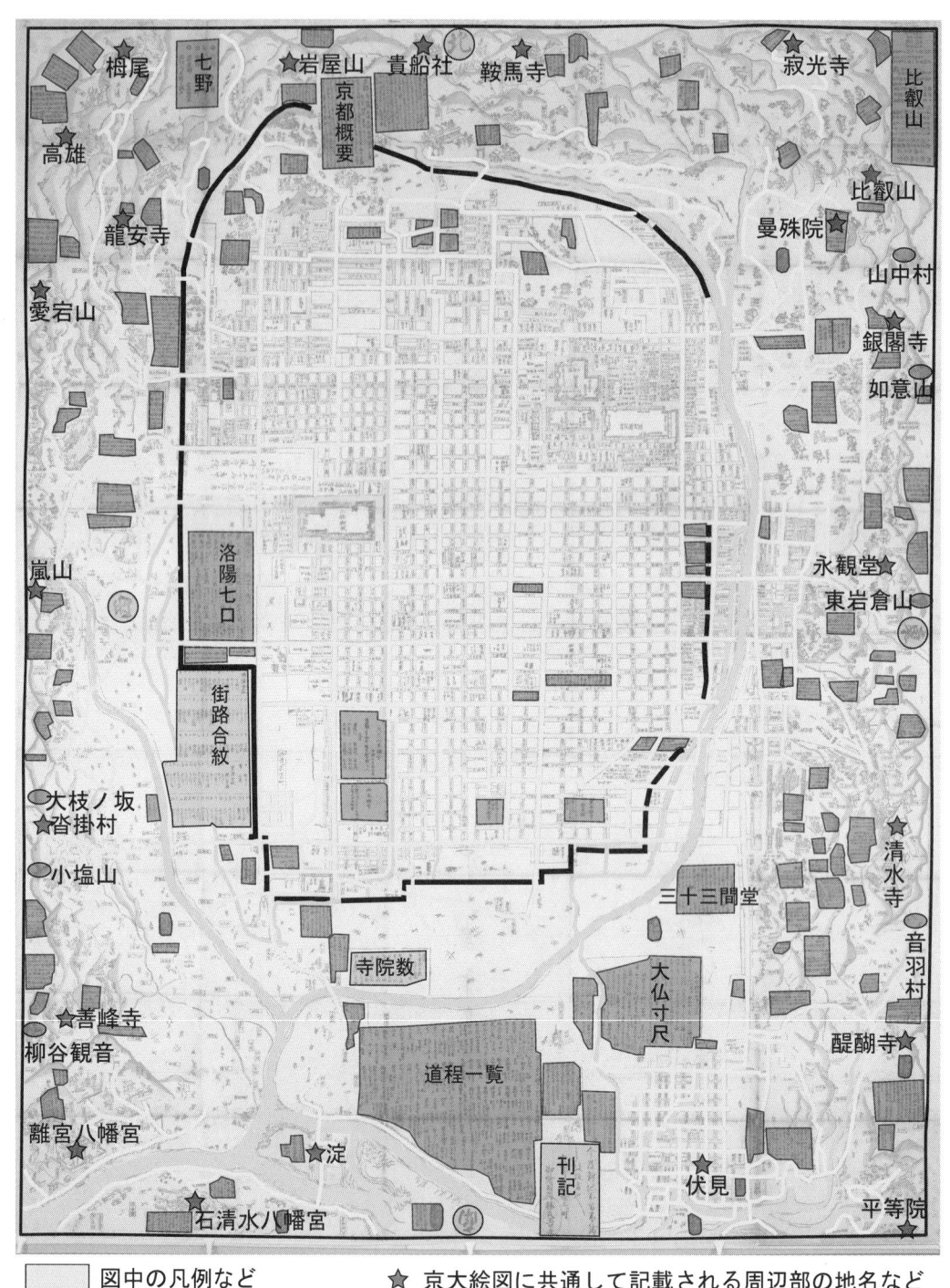

| 図中の凡例など | ☆ 京大絵図に共通して記載される周辺部の地名など |
| 寺社等の注記と地誌情報 | ◯ タイプ2・3に記載される周辺部の地名など |

図4-3　京大絵図タイプ2　享保19〜寛保2年（1734〜42）刊（165 × 126 cm）

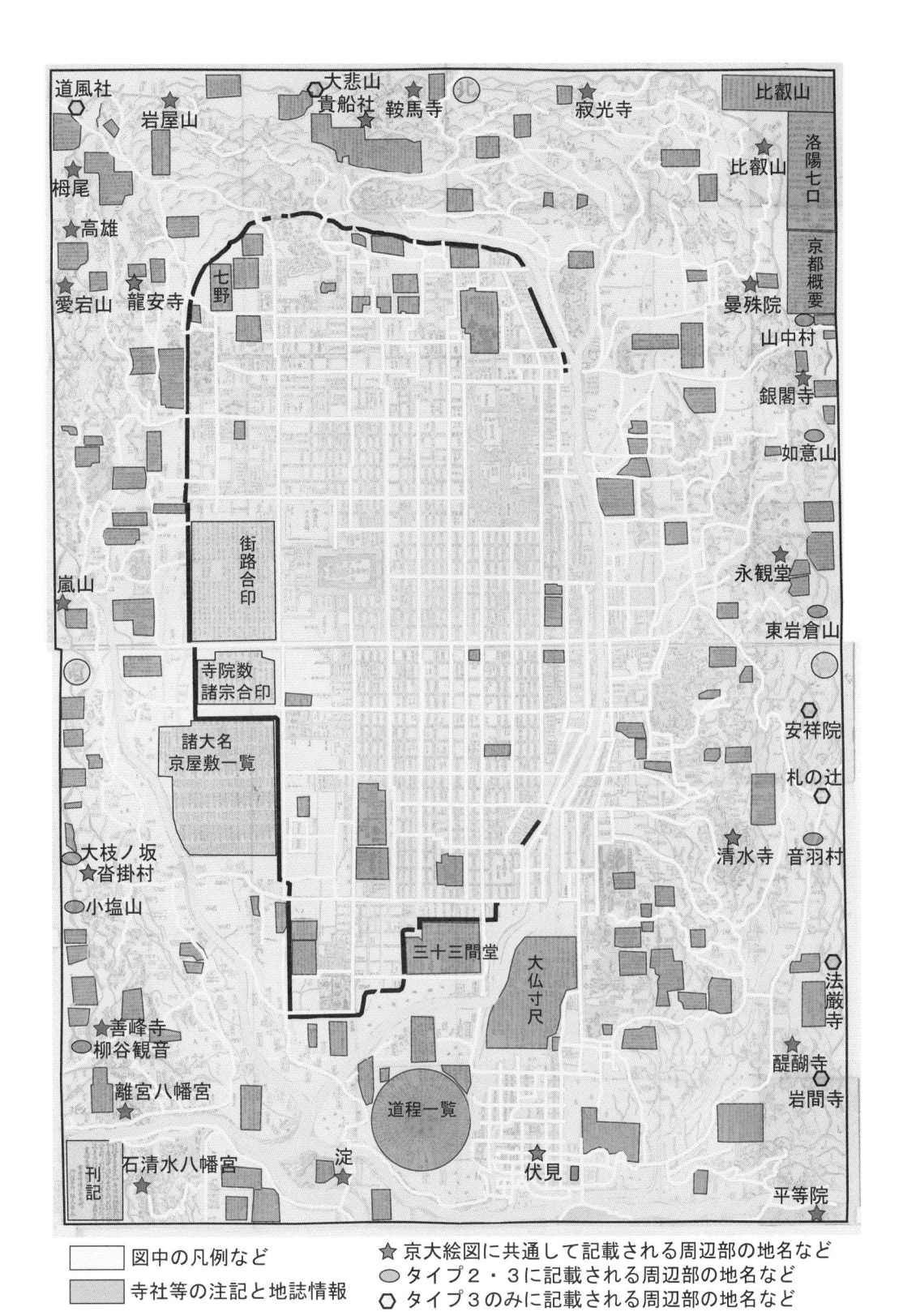

図4-4 京大絵図タイプ3 寛保元年（1741）刊（93×126 cm×2）

凡例：
- 図中の凡例など
- 寺社等の注記と地誌情報
- ★ 京大絵図に共通して記載される周辺部の地名など
- ● タイプ2・3に記載される周辺部の地名など
- ⬡ タイプ3のみに記載される周辺部の地名など

や情報が描かれているのである。

（2）各タイプの描写範囲と描写される市街地の形態

次に、近代的な地形図と比較した場合の各タイプについて検討してみたい。そのため、堀川二条と寺町二条の二地点を一致させて、各タイプの図と仮製二万分の一地形図との重ね合わせを行ってみた（図4–5）。すると、三タイプに共通してみられる特徴として、近代以降の地形図と比較して、市街地周辺部のゆがみが非常に大きい点を再認識することができる。つまり、いずれも、限られた図幅に、可能な限り、市街地周辺部の地物を詰め込もうとする傾向にあったことがわかる。

この市街地周辺部に関して、一枚あるいは一セットの図幅にどの範囲までを収録しようとしていたのかという点で、次のような特徴が認められる。すなわち、その範囲の大略は三タイプに共通しており、比叡山、鞍馬、愛宕山、大山崎、八幡、宇治などの内側となっている。ただし、より詳細に検討すると、タイプ2の段階で、西方と東方に若干描写範囲が拡大されていることがわかる。この変化は、ほぼ同じサイズのタイプ1と2に、先述のような相違を生じさせたと考えられる。すなわち、前者では図の四辺に空白部が見られるのに対して、後者ではその部分にも隙間無く地物が描写されているという相違である。タイプ3では、さらに描写される範囲が拡大されており、北西部では道風社あたりまでが、また、東方では山科近辺まで描写されている。

一方、京都の市街地部分に関しては、描写される形態に大きな変化が認められる。すなわち、タイプ1および2ではゆがみが大きく、東西方向と南北方向との比率が正しく描写されていない。具体的には、

東西方向に比して、南北方向が圧縮されたかたちとなっており、特にタイプ2でその傾向がより著しくなっている。これに対して、タイプ3は、既に湯口によって指摘されているように、東西方向と南北方向の比率もさほど目立たなくなっている。これは、八分一町、すなわち四五〇〇分の一という一定の縮尺で作成した旨の刊記と矛盾しない点である。もっとも、市街地化していない北辺部のゆがみが大きい点は、タイプ1および2と共通している。

また、これにともなって、市街地周辺部の地物についても、一部、その地理的位置のずれが縮小されている。特に、市街地から比較的近距離の清水寺から銀閣寺にかけての地物は、近代以降の地形図とのずれが、タイプ1および2より縮小されている。つまり、市街地と鴨東に関しては、より現実の京都に近いかたちで描写されるようになったのである。

以上の点から、各タイプの全体的図様の変化は次のようにまとめられるであろう。すなわち、タイプ1から2への移行では、主に市街地周辺部の描写に変化がみられ、タイプ2から3への移行では、主に描写される市街地の形態に変化がみられるというものである。

（3）各タイプにおける市街地周辺部の描写

それでは、市街地周辺部の描写にはどのような変化が認められるのであろうか。次に、この点に関して検討することにしたい。

まず、全体的な傾向としては、先述のように、タイプ1から2および3への移行において、描写される郊外の範囲は拡大し、描写される地物も明らかに増加している。具体的には、タイプ1での周辺部の描

① タイプ1＋仮製2万分の1　　　② タイプ2＋仮製2万分の1

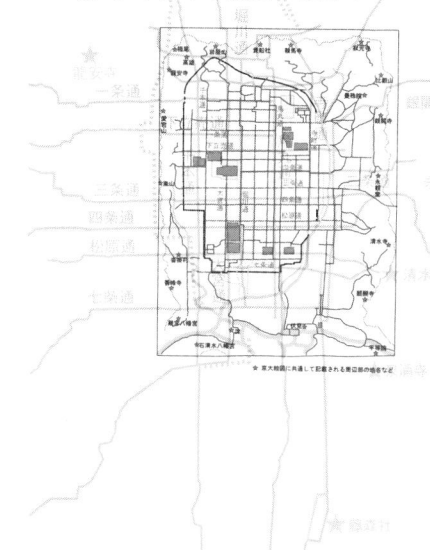

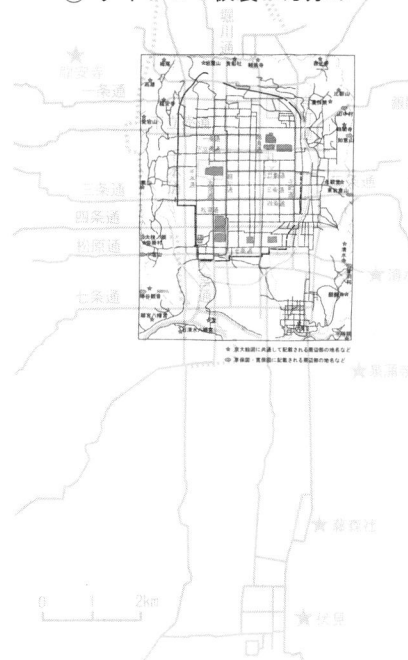

③ タイプ3＋仮製2万分の1

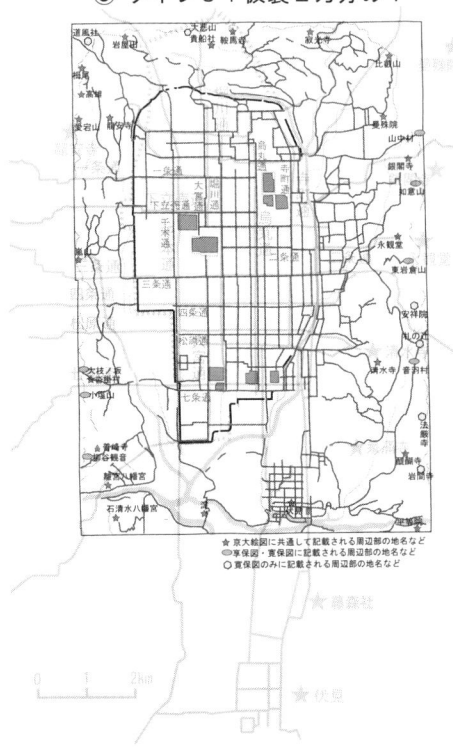

図4-5　各タイプの京大絵図のかたち
仮製2万分の1地形図との対比で

写は寺社が中心で、市街地部分とこれらとをつなぐ道も主要なものがゆがめて描写されるにとどまるに、周辺部分でも西方および南方で著しくなっている。そのため、これらの部分では、周辺部分が市街地部分から遊離しているかの感すら与えられる。

それに対して、タイプ2では、西方および南方との中間に位置する地区の地名記載が増え、描写される道も増加している。また、集落や家並みがある種の記号的な表現で描写される箇所も増えている。タイプ3では、この傾向がより進められ、地誌情報の充実が図られるとともに、市街地との連続性がより明確に示されるようになる。刊行京都図に関する従来の整理では、第2期において、市街地周辺部の地物にも地理的位置が与えられるようになったと評価されるが、その具体的な描写においては、林吉永のタイプ2からタイプ3においてより充実が図られていったといえよう。

ところで、この市街地周辺部の描写の充実という点では、郊外の町の描写にも大きな変化が認められる。たとえば、顕著な例として、伏見の描写の変化をあげることができる。この点に関しては、既に湯口や大塚による指摘がある。すなわち、タイプ1にみられる伏見の描写は、町の所在を概略的に示すのみで、具体的な町並みや街路は一切描かれていない。したがって、京都郊外の町として、付け足しで描写されるにとどまっているのである。このような伏見の描写は、第2期の代表的図である「新板平安城東西南北町并洛外之図」（無庵、承応三年〔一六五四〕刊）においてもみられる（図4-6①）。

これに対して、タイプ2では、平面図によって、伏見の街路や町名、伏見奉行所など施設が逐一詳細に描写されるようになる。つまり、タイプ2において、伏見も、京都の市街地と同様に、現実の市街地が

平面図によって描写されるようになったのである。そして、タイプ3における伏見の描写は、このタイプ2の描写が踏襲されている。

同様の変化は、山崎の描写にも認められる。山崎に関して、タイプ1では、地名と戒光寺、神宮寺、観音寺、財寺の四ヶ寺が堂宇の絵とともに描写されるのみで、町並みの描写は見られない。それに対して、タイプ2および3では、街道沿いの町並みの描写が加わり、寺社境内の描写も俯瞰的構図によるものに変化している。この山崎の町並みの描写は、伏見のような平面図ではなく俯瞰的構図による絵画的描写ではあるが、在町の存在を知らせるには十分なものであるといえよう。

このような視点で見ていくと、他に、宇治および嵯峨に関しても、タイプ2以降、山崎と同様の変化が見られる。宇治に関してはタイプ3で「宇治町」の記載もみられる。また、嵯峨に関しては、タイプ2および3で「下嵯峨町家」の記載もみられる。また、石清水八幡宮とその門前についても、タイプ3に至って、俯瞰的構図による詳細な描写に変化している。このように、タイプ2および3では、郊外の町の描写がより詳細になる傾向にある。

ちなみに、このような郊外の町の詳細な描写は、第5期の代表的図である「改正京町絵図細見大成」（竹原好兵衛、天保二年〔一八三一〕刊、図4-7〔口絵5〕）にも受け継がれている（図4-6②）。つまり、林吉永版京大絵図は、第2期の描写を継承しつつ、それを改良して新たな描写スタイルを確立し、その一部が後世にも継承されていったといえよう。

① 第2期（承応3年図）＋仮製2万分の1　　② 第5期（天保2年図）＋仮製2万分の1

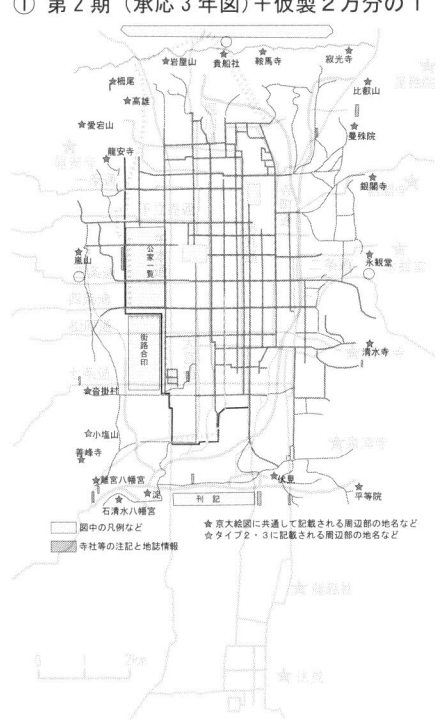

図 4-6　大型刊行京都図第 2 期と第 5 期のかたち
仮製 2 万分の 1 地形図との対比で

4　京大絵図の地誌情報などにみられる諸特徴

次に、従来、京大絵図の特徴の一つとされてきた豊富な地誌情報に目を向けることにしたい。これらの地誌情報には、通り名や町・村名などの地名関連の他に、様々な凡例、諸施設、特に寺社の概説などが含まれている。特に、寺社関連情報の豊富さは、他の都市図にはみられない、京大絵図以降の大型刊行京都図の大きな特徴となっている。本節では、これらの文字による記載事項の内容、およびそれらの情報源に関する検討を行うことにしたい。

（1）様々な凡例や地誌情報

まず、全てのタイプに共通して掲載される項目としては、東西南北の方位[16]、京都内外の各地への道程一覧、街路の合紋一覧、宗派別寺院数一覧、主な寺社の来歴や石高等の概要などをあげることができる。

このうち、京都内外の各地への道程一覧には、各タイプで大きな変化が認められる。まず、既往の諸研究でも指摘されているように、各地への道程の起点が変更されている[17]。すなわち、タイプ 1 では「一条札辻（一条室町）」であったものが、タイプ 2 および 3 では「三条大橋」となっているのである。そして、これにあわせて、タイプ 1 では一条室町の交差点に「一条札辻」との文字記載があったが、タイプ 2 および 3 では、その記載が無くなっている。

また、一覧に掲載される場所にも変化が認められる（表 4-2）。まず、掲載総数に関して、タイプ 1 では市街地から比較的遠方の寺社や場所を中心に、約四〇ヶ所が掲載されている。これに対して、タイプ 2 で

大絵図　道程一覧

No.	場所	タイプ1 順番	タイプ2 順番	方位	備考	タイプ3		順番
60	釈迦堂	―	45		きたのより東	亥	内側	4
61	千本えんま堂	―	46		しゃか堂のきたの方	子	内側	1
62	蓮台寺	―	47		えんまだうの北			
63	大徳寺	―	48	北		亥	外側	4
64	紫野今宮	―	49		大徳寺の北となり	亥	外側	3
65	鷹峯	―	50	北西の方		亥	外側	1
66	金閣寺	―	51	北西		亥	内側	1
67	松ヶ崎	―	52	北		丑	外側	1
68	等持院	―	53		北野の西	亥	内側	3
69	龍安寺	―	54		とうぢいんのつづき	亥	内側	2
70	妙心寺	―	55		同方	戌	内側	1
71	太秦	―	57		三条橋より一里半西の方	酉	内側	3
72	松尾	―	59		法輪寺のつづき	酉	内側	3
73	梅の宮	―	60		松尾左手つづき	酉	外側	4
74	槇尾	―	63		高雄の北つづき	戌	外側	4
75	栂尾	―	64		槇尾の北つづき	戌	外側	5
76	島原	―	68		三十四丁西南　けいせい町也	申	内側	3
77	尼寺	―	69		四十二丁　しまばらの南	申	外側	2
78	善峰	―	73	西南	三鈷寺　西岩倉　皆つづき	申	外側	3
79	四条河原	―	75	南	上るりかぶきなどの芝いあり　四丁南	辰	内側	3
80	目病の地蔵	―	76		同所（四条河原）　れいけんあらたなる本尊なり	―		
81	双林寺	―	79		ぎをんの東南也　東本願寺の御はか	―		
82	高台寺	―	80		霊山　八坂の塔　ぎをんより四丁ほど南也	―		
83	上御霊	―	―			子	内側	3
84	岩倉	―	―			子	外側	3
85	本満寺	―	―			丑	内側	1
86	浄華院	―	―			丑	内側	2
87	八瀬	―	―			丑	外側	2
88	赤山	―	―			丑	外側	5
89	修学寺	―	―			丑	外側	6
90	一乗寺	―	―			寅	内側	1
91	銀閣寺	―	―			寅	外側	3
92	粟田口明神	―	―			卯	内側	3
93	東岩倉	―	―			卯	内側	4
94	坂本	―	―			卯	外側	1
95	円山大谷	―	―			辰	内側	2
96	建仁寺	―	―			辰	内側	4
97	安井	―	―			辰	外側	2
98	八坂塔	―	―			辰	外側	3
99	霊山	―	―			辰	外側	4
100	六波羅	―	―			辰	外側	5
101	とりべ大谷	―	―			辰	外側	6
102	五条大橋	―	―			巳	内側	1
103	三十三間堂	―	―			巳	内側	3
104	智積院	―	―			巳	内側	4
105	今熊	―	―			巳	外側	2
106	竹田	―	―			午	内側	3
107	因幡薬師	―	―			未	内側	2
107	東六条	―	―			未	内側	3
109	橋本	―	―			未	外側	4
110	枚方	―	―			未	外側	5
111	西六条	―	―			申	内側	1
112	向明神	―	―			申	外側	4
113	神泉苑	―	―			酉	内側	2
114	下嵯峨	―	―			酉	内側	4
115	うち尾	―	―			酉	外側	2
116	天龍寺	―	―			酉	外側	5
117	虚空蔵	―	―			酉	外側	6
118	平野	―	―			戌	内側	4

表 4-2　林吉永版京

No.	場所	タイプ1 順番	タイプ2 順番	方位	備考	タイプ3	
1	大津	1	—			卯	外側4
2	唐崎	2	12	東北		卯	外側2
3	膳所	3	13	南東		卯	外側5
4	石山	4	14			卯	外側6
5	牛尾	5	15				
6	伏見	6	17			午	外側1
7	淀	7	—			未	外側1
8	八幡	8	71	西南の方	よどより三里余	未	外側3
9	宇治	9	9	南東	興正寺　平等院　はむろ　同所也	巳	外側6
10	黄檗	10	8	南東	黄檗山	巳	外側5
11	醍醐	11	10		下の醍醐と上の醍醐に分けて記述	巳	外側4
12	山崎	12	74		りくう八幡宮まで三条より四里半　八はたより川を渡て西北　宝寺　木食の寺皆同所	未	外側2
13	勝尾	13	18				
14	大坂	14	19			未	外側6
15	奈良	15	20			午	外側2
16	丹波亀山	16	21			西	外側1
17	愛宕	17	61	西の方	三里半西の方　山の間五十丁	戌	外側2
18	嵯峨	18	58		「さがのしゃか堂」二尊院　天龍寺　法輪寺　しゃかだうより南つづき	戌	外側1
19	高雄	19	62		あたごの北つづき	戌	外側3
20	御室	20	56		妙心寺の三丁西	戌	内側2
21	粟生	21	72	西南	粟生の光明寺	申	外側5
22	比叡山	22	42	北		丑	外側4
23	大原	23	43		融通寺　勝林寺　来迎寺　霊山寺　皆同所	丑	外側3
24	鞍馬	24	40	北		子	外側2
25	岩屋	25	41	北の方		亥	外側2
26	北野	26	44	西北	北野社	戌	内側3
27	上賀茂	27	29	北		子	外側1
28	下鴨	28	28	北の方		丑	外側7
29	百万遍	29	38	北東の方		寅	外側2
30	吉田	30	32	北東の方		寅	内側2
31	黒谷	31	34		吉田の南	寅	内側3
32	知恩院	32	78		円山　長楽寺　皆ぎをんのつづき	辰	内側1
33	祇園	33	77	東南		辰	外側1
34	清水	34	1		大谷　ろくはら　鳥べの　をたぎ　此のつづき	辰	外側7
35	東寺	35	70		四十三丁　尼寺の南	申	外側1
36	東本願寺	36	65	西南の方		—	
37	西本願寺	37	66		同（東本願寺）北つづき		
38	壬生寺	38	67	西南の方		申	内側4
39	本国寺	39	16	西の方		申	内側2
40	稲荷	40	5		稲荷の社	午	内側1
41	東福寺	41	4			巳	外側3
42	大仏	42	2	南	三十三間どう　ちしゃくいん　同所也	巳	内側2
43	泉涌寺	—	3			巳	外側1
44	藤の森	—	6			午	内側2
45	御香の宮	—	7		同（藤森）つづき		
46	三井寺	—	11	東	大津の内	卯	外側3
47	誓願寺	—	22		三条寺町	—	
48	円福寺	—	23		せいぐはんじ下となり		
49	六角堂	—	24		同（せいぐはんじ）五、六丁西の方	西	内側1
50	仏光寺	—	25	西南方		未	内側1
51	一条革堂	—	26		三条寺町より六町北	丑	内側4
52	下御霊	—	27		かうだうの北となり	丑	内側3
53	相国寺	—	30		だいり北の御門上る処	子	内側2
54	聖護院	—	31	北東		寅	内側4
55	真如堂	—	33		吉田の東の方	寅	外側1
56	鹿ヶ谷	—	35		光雲寺　若王寺　皆真如堂の東	寅	外側4
57	永観堂	—	36		若王寺の南	卯	内側1
58	満願寺	—	37		黒谷の南	—	
59	南禅寺	—	39	東		卯	内側2

は、これに市街地内および比較的近距離の寺社などが追加され、掲載総数はほぼ倍増している。なお、追加された場所の多くは御土居の内側と鴨東の寺社であるが、これ以外には四条河原や島原といった場所も追加されている。タイプ3では、これにさらに追加され、掲載総数はタイプ1の三倍近くになる。

さらに、数のみならず道程の記載方法にも変化がみられる。すなわち、タイプ1および2では、各場所を列挙し起点からの道程を示す形式であった。もっとも、両者の列挙の仕方にもいくつかの相違点が認められる。すなわち、タイプ1では、右から左へ三段にわたって寺社などが列挙されている。これに対して、タイプ2の列挙の仕方はより複雑で、最上段のみ右から左に並べられ、残りは右上から左下へ縦に列挙されている。

そして、両者は記載内容にも変化が認められる。すなわち、タイプ1では各地への道程のみが記載されていたが、タイプ2では、各場所の記載される場所からの方角を示す場合もある三条大橋、あるいは直前に掲載される場所からの方角を示す場合もみられるのである。また、各場所の簡潔な解説が付される場合もみられる。たとえば、島原では「けいせい町也」、四条河原では「上るりかぶきなどの芝いあり」、目病の地蔵では「れいけんあらたなる本尊なり」といった具合である。つまり、各場所の位置関係や解説などの地誌情報が増加し、地図と地誌との融合が図られているのである。しかし、その記載方法は未整備なままであった。

タイプ2のこのような傾向を継承しつつ、より整理された記載方法がとられている。すなわち、方位盤を用い、起点からの距離と方角の双方を示すという記載方法である。また、方位盤の円を内側と外側に分け、起点からの相対的な距離によって、相対的に近

距離の場所を内側に記載するといった工夫もなされている。もっとも、タイプ2にみられたような各場所の位置関係や解説などの情報は省略されている。

このように、記載方法の整備という点に関しては、三タイプの中で、タイプ3が最も整ったものとなっている。同じような傾向は、宗派別寺院数一覧でもみられる。すなわち、タイプ1および2では寺院数の一覧のみであったが、タイプ3では、宗派別の合印を定め図中にも表示するかたちへと変更されている。また、街路の合紋一覧も、タイプ3では表形式のより整理されたものになっている。

以上のような三タイプに共通の情報以外に、タイプ2以降において新たに付加された情報もみられる。たとえば、タイプ2では、七野一覧、洛陽七口および洛陽間之近道の一覧、平安京以来の京都の概要に関する記述が加わり、タイプ3では、さらに、諸大名の知行および京屋敷一覧が加わる。[18]また、その他の地誌情報として、タイプ2の一部には、各郡の名称と村数が示すものもみられる。タイプ3では、さらに、これに加えて、各郡の四至も示され、[19]各郡の概要に関する記載がより充実するようになる。

このように、タイプ1から3へと移行するにつれ、より多くの地誌情報が、より整理されたかたちで記載されるようになる。

（2）寺社関連の文字記載とその情報源

三タイプとも、様々な地誌情報の中では、図の余白部分に埋め込まれた寺社に関する文字記載が最も多くなっている。これらの記載内容は基本的には、寺社領、開基などの来歴、本尊あるいは祭神などに関するものである。一例として、平野社の場合は、以下のように記され

ている。

タイプ1：社領九十石余

桓武天皇延暦年中ニ、ハシメテザウヱイ也。貞観年中ニ祭礼行ル。此やしろハ八姓祖神也。

タイプ2：社領九十石余

桓武天皇延暦年中ニザウヱイ。祭神四座。第一八清和天皇貞観元年十一月九日、始テ祭ヲ行フ。第二八仲哀天皇。第三八仁徳天皇。第四八天照太神也。

タイプ3：社領九十石余

桓武天皇延暦年中ニザウヱイ。祭神四座。第一八日本武尊。第二八仲哀天皇。第三八仁徳天皇。第四八天照太神也。

記載内容は、三タイプで共通の場合もあるが、タイプにより異なる場合もみられる。後者の場合、平野社のように、タイプ1だけ異なり、タイプ2と3は、文字表記が若干異なる程度でほぼ共通の記載内容である場合が多い。したがって、以下では、タイプ1およびタイプ3の寺社関連の情報を検討することにしたい。

ところで、先述のように、このような寺社関連の文字記載は、大型刊行京都図特有の特徴となっている。ただし、同じ大型刊行京都図でも第2期までにみられず、林吉永版京大絵図と第5期の竹原好兵衛版の刊行京都図とにみられる特徴である。このような状況は、京大絵図が出版された前後の地誌類などの出版状況を重ね合わせると、ある程度納得がいくものとなるであろう。

表4−3は、京都を対象とした主な地誌類と刊行京都図の出版状況

を示したものである。この表によると、京大絵図の出版が始まった時期は、ちょうど、実用的かつ多様な地誌類が出版され始めた時期と重なっていることがわかる。もちろん、図中の文字記載は都市図作成者自らの調査結果とも考えられるが、既存の地誌類などが参照された可能性も大いに考えられる。そのため、京大絵図の寺社関連などの文字記載と、これらの実用的な地誌類の記載内容とのかかわりが予測される可能性は高い。そこで、京大絵図タイプ1の直前に出版された『京羽二重』などが参照された可能性は高い。そこで、以下では、この両者の関係について検討することにしたい。

（3）寺社関連の文字記載と『京羽二重』との関係

『京羽二重』は、京大絵図タイプ1の出される前年、すなわち貞享二年（一六八五）九月に出版されている。全六巻からなり、その内容は名所案内記（名所や旧跡、寺社などの簡潔な紹介）＋町鑑（街路、武家、公家、諸師諸芸、諸職の紹介）となっており、同時代の京都事典ともいうべきものである。[20] そこで、京大絵図の寺社関連の記載内容と『京羽二重』のそれとの対応関係をみるために作成したのが、図4−6である。その際、先述のように、タイプ2および3で共通点が多いことから、図中では、タイプ1と3とを対比している。

まず、タイプ1で文字記載のある寺社は約一四〇ヶ所で、すべてが『京羽二重』にも記載のある寺社である。ちなみに、『京羽二重』掲載の寺社は約三四〇ヶ所で、京大絵図タイプ1で文字記載のある寺社は、このうちの約四〇パーセントとなっている。これらの内訳を『京羽二重』との対応関係で示すと、以下のようになる。すなわち、①『京羽二重』の記載内容をほぼそのまま転載する場合、②『京羽二重』の

表 4-3　京都を対象とした主な地誌類と刊行京都図

年代	地誌					刊行京都図
1620年						都記〈刊行京都図第1期〉
1630年						
1640年						
1650年		名所記1 洛陽名所集　京童	名所記2 京雀			新板平安城東西南北町并洛外之図〈刊行京都図第2期〉
1660年						
1670年		京童跡追 出来斎京土産	京雀跡追			
日次紀事		京師巡覧集				
1680年	近畿歴覧記					
	地誌 雍州府志			節用集的地誌 京羽二重 京羽二重織留 洛陽洛外手引案内	諸職商人案内 京独案内手引集	名所集 名所都鳥 堀河之水
1690年						新撰増補京大絵図（タイプ1）
1700年				京すずめ案内者		
1710年	山州名跡志 山城名勝志	小型案内記 京内まいり 都名所車				新撰増補京大絵図（タイプ2）
1720年		京城勝覧 山城名所寺社物語				
1730年		都名所車（再）				
1740年				京羽二重大全		増補再板京大絵図（タイプ3）
1750年		山城名跡巡行志		京羽二重織留大全		〈刊行京都図第3期〉
1760年		京内まいり（新版増補）	町鑑 京町鑑			
1770年				京羽二重大全		
1780年	名所図会 都名所図会	都名所道案内 京城勝覧（再）				〈刊行京都図第4期〉
1790年	都名所図会拾遺			京羽二重大全	都花月名所	
1800年	都林泉名勝図会					
1810年				京羽二重大全		
1820年						
1830年		都名所車（改刻） 京案内道しるべ 京都巡覧記				改正京町絵図細見大成
1840年		袖中都名所記 京名所独案内			京都買物独案内	〈刊行京都図第5期〉
1850年					京都買物独案内	
1860年	花洛名勝図会			花洛羽津根		
		華洛名所記		花洛羽津根		
1870年						改正京町御絵図細見大成

菅井（1999）、山近（1999）、上杉（2004）をもとに作成
菅井聡子「江戸時代京都の名所案内記と遊歩空間―類型化と編纂史の分析を通して―」、地域と環境2、1999年、29-39頁。
山近博義「近世名所案内記類の特性に関する覚書―「京都もの」を中心に―」、地理学報34、1999年、95-106頁。
上杉和央「17世紀の名所案内記にみえる大坂の名所観」、地理学評論77-9、2004年、589-608頁。

タイプ3	7	84	38	14	112	96
タイプ1	33	102	4		57	141

(横軸：寺社数　0〜400)

凡例：
- ■『京羽二重』掲載寺社で、『京羽二重』をほぼ転載した文字記載
- ▨『京羽二重』掲載寺社で、『京羽二重』を要約した文字記載
- ▧『京羽二重』掲載寺社で、『京羽二重』以外を参照した文字記載
- ⊠『京羽二重』に掲載されない寺社で、文字記載あり
- □『京羽二重』掲載寺社で、図中では名称のみ
- □『京羽二重』掲載寺社で、図中に記載されない寺社

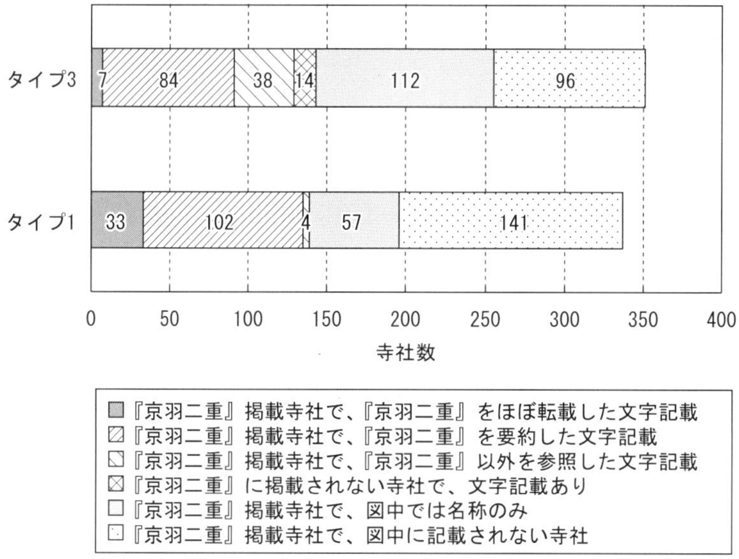

図4-7　京大絵図と『京羽二重』の文字記載との関係

記載内容をもとに、それを要約して掲載する場合、③他の情報源をもとにしたと考えられる場合の三つである。①と②は、何らかのかたちで『京羽二重』を参照したと考えられるが、図中に文字記載のある寺社の中での割合は、タイプ1で九七パーセントとなっている。また、①の場合のみでも二四パーセントとなっている。したがって、タイプ1の寺社関連の記載に関しては、『京羽二重』が主要な情報源であった

といえよう。

一方、タイプ3では、文字記載がみられる寺社が一四三ヶ所で、タイプ1より若干多い。そして、これらの中には『京羽二重』に掲載されない寺社も一四ヶ所含まれている。さらに、何らかのかたちで『京羽二重』を参照したと考えられるものの割合が、六四パーセントで、先述の①の場合は、五五パーセントにとどまっている。したがって、タイプ3の①の場合は、相対的により多くの寺社関連の記述が、『京羽二重』以外を情報源としていたことがわかる。このように、タイプ1とタイプ3のいずれもが、文字記載の情報源として『京羽二重』を基本としつつも、両者には相違点も認められるのである。

では、『京羽二重』が情報源であると考えられる場合の具体的な事例をあげることにしたい。まずは、先述の①の場合であるが、『京羽二重』のなかでも、比較的簡潔に紹介される寺社が多い。事例として、日蓮宗の「本国寺」をあげることができる。

- 京大絵図：寺領百五十五石余。後醍醐天皇御宇建立。開山日朗上人。役者（以下略）
- 京羽二重（巻4）：堀川通松原　寺領百五十五石余。後醍醐天皇御宇建立。開山日朗聖人。役者（以下略）

漢字表記が異なる場合もあるが、両者はほぼ同様の記述となっている。次に上記の②の場合の事例として、「大仏（方広寺）」をあげることができる。

- 京大絵図：後陽成院天正十六年豊臣太閤秀吉公建立。さいこう御子秀頼公なり。

・京羽二重（巻4）：洛陽大仏殿。後陽成院天正十六年豊臣太閤秀吉公建立。再興御子秀頼公。妙法院宮二品法親王堯恕四十六歳。御知行千六百三十三石余（以下略）

この場合、京大絵図では、『京羽二重』の記述のうち、冒頭の部分が採録されている。そして、三タイプの京大絵図の間では、若干文字表記の違いはあるが、記載内容は共通している。

ところで、大仏殿に関しては、京大絵図のこの文字記載とは別に、大仏、大仏殿、仁王門、南門、鐘つき堂、耳塚の規模に関する詳細な記述がみられる。そのため、寺社関連の記述の中でも、特に記述量が多くなっている。同様のことは、隣接の三十三間堂にもみられる。すなわち、来歴などの解説以外に、堂の規模に関する詳細な記述があるため、記述の分量が他の寺社よりもかなり多くなっているのである。方広寺と三十三間堂に対するこのような扱い方、すなわち、他の寺社とは異なり、堂宇の規模などを詳細に記すという扱い方は、『京羽二重』にもみられる。『京羽二重』では、巻四で各寺院の来歴や規模を詳細に記すのみならず、巻二において、大仏と三十三間堂の規模を詳細に記している。そして、タイプ1の記述内容は、来歴、堂の規模ともに、この『京羽二重』の記述内容がもととなっている。また、タイプ2および3では、「釈迦如来の寸尺」、「同堂の寸尺」などの小見出しをつけるなど、より整理された形で記述されるが、大仏や三十三間堂の規模に関しては、タイプ1と同じ内容になっている。このような点からも、京大絵図の情報源が『京羽二重』であったと考えることができよう。その他、寺社関連以外にも、『京羽二重』の情報が参考にされた可能性がある。たとえば、先述の起点から各地への道程一覧があげられる。

京大絵図にみられる一覧は、『京羽二重』掲載の同様の一覧＋市中および周辺部の寺社というかたちになっている。また、武家および公家関係の情報では、所領の石高などが記載されるが、これらも『京羽二重』巻五の記載が情報源となり得るであろう。

（4）タイプ3にみられる寺社関連記載の情報源

先述のように、京大絵図タイプ3の寺社関連の文字記載は、タイプ1よりも『京羽二重』以外を情報源とするものが多い傾向にある。そこで、次に、『京羽二重』以外を情報源とすることにしたい。その候補としては、『京羽二重』の改訂版が考えられるが、残念ながら、タイプ3の記述は、これとは異なっている。そこで、他の地誌類を探る必要が出てくるが、そのうちの一つは『雍州府志』であると考えられる。

『雍州府志』（大本一〇巻一〇冊）は、浅野家に医者として仕えた後、京都に移住したという黒川道祐（？～一六九一）の撰になる。草稿は天和二年（一六八二）に完成していたが、京大絵図タイプ1が刊行された直後の貞享三年（一六八六）九月に、京都の茂兵衛・加兵衛（二条通小川西入町）から刊行された。漢文体で山城の地理、沿革、寺社、土産、名所旧跡など記述しており、山城国の「最初の総合的組織的地誌」と位置づけられている。

図4-8は、京大絵図タイプ3と『雍州府志』の寺社関連情報との対応関係をまとめたものである。なお、ここで対象としているのは、京大絵図タイプ3に文字記載がみられる一四三ヶ所の寺社である。これによると、『京羽二重』と双方を参照したものも含めると、タイプ3の寺社関連の記載で『雍州府志』を参照したと考えられるのは、文字記載のある寺社の五二パーセントとなっている。また、『京羽二重』

以外を参照している寺社の約七三パーセントが、部分的ではあれ『雍州府志』を参照したと考えられる。

では、具体的な事例として、まず、『京羽二重』と『雍州府志』の双方を参照していると考えられる場合から示すことにしたい。この場合、双方の記載内容が類似している場合以外に、双方の記述に共通性は認められないが、各々の情報を要約した場合も認められる。このうち、後者の事例として、清水寺をあげることにしたい。

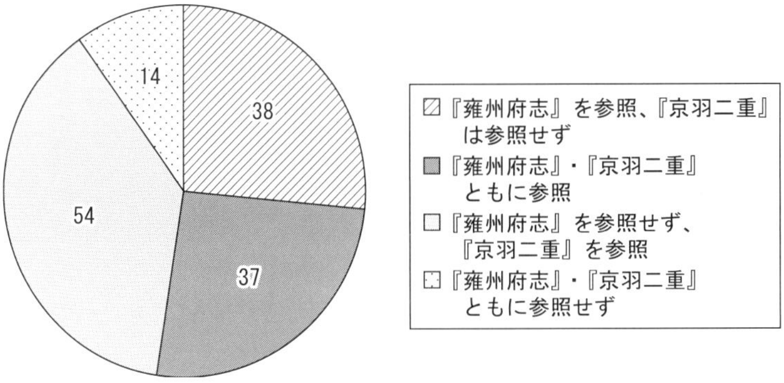

『京羽二重』：洛陽東山　寺領百三十四石余
光仁天皇ノ御宇宝亀十一年ノ草創。延鎮上人霊夢ニ依テ造営ト。或ハ日ク田村将軍大同二年宿願ニ依テ私宅ヲ壊渡シテ建立トモ云々。本尊楊柳観音。奥院千手観音。是行叡居士草庵ノ跡也。（以下略）

『雍州府志』：宝亀十一年、坂上田村丸草創伽藍、安置八尺千手観音。大同年中諸堂成。延鎮為開基。寺僧今真言宗也。然南都法相宗一乗院門主為寺務。（以下略）

図4-8 京大絵図タイプ3の文字記載と『雍州府志』・『京羽二重』との関係

タイプ1：寺領百三十四石余。光仁天皇御宇宝亀十一年、延鎮霊夢により造りう。田村大同二年、宿願あつて建立。奥院は千手観音。行ゑいこじのさうあんのあとなり也。坊院十三。

タイプ3：桓武天皇延暦二十三年坂上田村丸草創。大同年中に諸堂成る。本尊八尺の千手観音。延鎮の開基。本興福寺の末寺。今南都一せういん寺務。奥院は千手観音。行ゑいこじのあんあとなり。寺領百三十四石余。

タイプ1の清水寺の解説は、坂上田村麻呂に関する記述の意味がとりにくいものの『京羽二重』の記述とほぼ共通している。それに対して、タイプ3の解説は、その内容から、『京羽二重』を参照した部分と、それ以外を参照した部分とに分けられる。このうち後者は前半の波線部分にあたるが、この部分と『雍州府志』の記述とは、内容が共通していることがわかる。その他、蓮華王院（三十三間堂）も同じような傾向がみられる。

次に、『京羽二重』よりも、むしろ『雍州府志』などの他の文献を参照したと考えられるものの事例として、高山寺があげられる。

タイプ1：寺領八十五石余。醍醐天皇ノ御宇、開基法性坊尊意。中興明恵上人也。

タイプ3：栂尾　八十五石。モト天台宗ニシテ、ヒエイ山法性坊僧正尊意ノカイキナリ。再興妙ヱ上人。今真言花ゴン二宗ケンガク。

『京羽二重』：栂尾　寺領八十五石余。本尊釈迦如来。

醍醐天皇ノ御宇、開基法性坊尊意。中興明恵上人。『雍州府志』：号栂尾山。旧ト天台宗而、比叡山法性坊ノ僧正尊意之開基也。明恵上人再興之。金堂ニ有釈迦像。(以下略)

さきほどの清水寺同様に、タイプ1とタイプ3とでは、若干異なる内容となっている。そして、タイプ1は、ほぼ『京羽二重』の内容に依拠したものとなっているが、『雍州府志』には記載されない内容も含まれる。そこで、タイプ3は、『京羽二重』と対比させてみると、大半の記載内容が『雍州府志』と対応していることがわかる。

以上のように、寺社関係の記載事項に関しては、その情報源になった地誌類が存在し、タイプ1と2および3とでは、若干異なっていたと考えられる。特にタイプ1では、『京羽二重』に大きく依拠していたと考えられる。それに対して、タイプ2および3では、『雍州府志』をはじめとした他の地誌にも依拠していたと考えられる。

5　林吉永版京大絵図と同時代の京都—むすびにかえて—

前節までで述べてきたように、林吉永版京大絵図は、けっして一括りにできるものではない。そこには、三タイプの基本的な図が認められ、各タイプの間にはいくつかの変化が確認できるのである。すなわち、タイプ1から2への移行においては、市街地周辺部がより広範に、かつより詳細に描写されるようになった点、京都内外の各地への道程一覧における起点が「一条札辻」から「三条大橋」に変更された点、様々な地誌情報がより充実するようになった点に変化が認められる。また、この地誌情報の内、量的に最も多い寺社関係の記載内容は、タイプ1では、『京羽二重』に依拠するところが大きかったが、タイプ2では、『雍州府志』など他の地誌にも依拠するようになった点にも、変化が認められる。

しかし、タイプ2までは、判型が一枚図として、南北方向にゆとりができることとなった。あわせて、大名京屋敷の所在地および知行高一覧表を図の余白に掲載するなどして、市街地部分における文字注記の整理も行われている。これらの点が相まって、三タイプの中では、描写される中心市街地の形のゆがみが最も小となり、より現実の形態に近いものとなっている。この点を刊行京都図の流れの中で位置づけてみると、タイプ3の京大絵図は、タイプ1および2の特異な市街地形態の京都図から、より一般的な市街地形

化、すなわち、市街地周辺部の描写の詳細化や地誌情報の充実などが継承されている。そのうえで、タイプ3の最大の特徴は、南北二枚の分割図に変更された点に認められる。この二分割化によって、図全体としては、南北方向にゆとりができることとなった。あわせて、大名京屋敷の所在地および知行高一覧表を図の余白に掲載するなどして、市街地部分における文字注記の整理も行われている。これらの点が相まって、三タイプの中では、描写される中心市街地の形のゆがみが最も小となり、より現実の形態に近いものとなっている。この点を刊行京都図の流れの中で位置づけてみると、タイプ3の京大絵図は、タイプ1および2の特異な市街地形態の京都図から、より一般的な市街地形

次に、タイプ2から3への移行においても、タイプ1から2への変化の中心市街地の描写に関しては、南北方向に押しつぶされた形の描写となっており、タイプ2では、よりその傾向が強くなっている。このような市街地の描写は、他の大型刊行京都図と比較しても、きわめて特異な市街地での東西方向と南北方向の比率は、より現実に近いものとなっているのである。したがって、タイプ1、2の市街地の描写形態は、いわば、林吉永版京大絵図の最大の特徴であるといえよう。このような特異な市街地描写形態は、大名京屋敷の知行高など、市街地部分の文字注記の多さが関係していると考えられる。

態の京都図にもどされた図であるとも評価できる。

また、タイプ3の特徴として、記載方法の整備という点をあげることができよう。タイプ2では、地誌情報をより充実させていくが、その記載方法はかなり未整備なままであった。これに対して、タイプ3では、全体として情報量を増加させつつも、一部は整理し、それらをより整備された形で記載するための様々な工夫が図られている。

これらの点で、タイプ3は林吉永版京大絵図の総決算と評価できるであろう。そして、林吉永版京大絵図は、三段階を経ることで、京都図の第2期の特徴を受け継ぎつつも、それを改変して自らのスタイルを確立していったといえよう。そして、このスタイルの一部は第5期の竹原好兵衛の大型京都図にも受け継がれていったと考えられる。両者の詳細な比較検討は、今後の課題としなければならないが、タイプ3と竹原好兵衛の大型京都図には、掲載される地誌情報や伏見などの郊外の描写にかなりの共通点を見いだすことができる。この点からも、林吉永版京大絵図は、大型の刊行京都図において、かなり重要な位置を占めていると評価できるといえよう。

ところで、林吉永が活躍した一七世紀後期から一八世紀中期にかけての時期は、京都の都市空間に多くの変化が生じた時期でもあった。この中には、京都所司代や町奉行の交代といったレベルの変化も含まれるが、都市プラン自体にも変化が生じた。たとえば、一七世紀後期以降の鴨川両岸や鴨東地区における新地開発、宝永五年（一七〇八）の大火による御所周辺および二条川東などの変化、一八世紀以降の市街地北西部の内野における新地開発などをあげることができる。林吉永版京大絵図は、このような都市空間の変化に呼応しながら、出版が継続されたと考えられる。各タイプにみられる部分修正版は、

この点の具体的な現れとみなすことができる。

以上のような状況の変化も林吉永版京大絵図に影響を与えたと考えられる。特に、京都を取り巻く状況の変化は、このような状況の変化に対応したものであったと考えられる。具体的には、京都内外の各地への方角タイプ1から2および3への変化は、より明確な地理的位置が与えられるようになった点、その他様々な地誌情報の充実が図られた点などは、注目すべき変更点であろう。

これらの変更点は、いずれも外からの入洛者の視点をより重視したものであると考えられる。たとえば、一条室町の「一条札辻」は、高札場としても、特に江戸時代以前の上京においては重要な意味をもった場所であろう。しかし、江戸時代中期においては、高札場も移されるなど、様々な点で三条大橋の方が重要な場所になっていたといえよう。特に、京都を訪れる人々にとっては、「一条札辻」より、この場所の持つ意味がより大きかったと考えられる。それは、三条大橋が東海道の起点でもあり、周辺に宿泊施設も多かったからである。

ちなみに、タイプ3の二枚の図の境界は三条通であった。三条通は、南北方向のほぼ中央に位置する街路であったが、東海道につながる街路としての意味も大きかったであろう。また、京都と周辺各地との人、物の双方のつながりを考える際、湊の機能を持つ伏見がその中継地点として重要になってくる。この点が、京都の市街地と同様に平面図を用い、伏見の個々の街路まで詳細に描写することにつながったと考えられる。

このような外からの入洛者の視点重視という変化は、京都を取り巻く状況の変化に対応したものと考えられる。具体的には、京都が、元禄期を頂点とした文化的な伝統が強調されるようになったことと関連があると考えられる。ある意味で観光都市としての性格が強まるという点であるが、林吉永の活躍した時期は、まさにこの変化の時代と重なっていた。このような状況の変化が、林吉永版の三タイプの京大絵図にみられる変化、特にタイプ2以降の変化にも反映されているとも考えられるが、この点に関する詳細な検討は、今後の課題としたい。

注

1 『別冊歴史読本事典シリーズ32 江戸時代「古地図」総覧』新人物往来社、一九九七によれば、刊行図の出された三都以外の都市として、奈良、長崎、堺、新潟、伏見、静岡、甲府、箱館、下田、横浜などがあげられる。このうち、点数が多いのは長崎と奈良である。

2 葛川絵図研究会『絵図のコスモロジー 上巻』地人書房、一九八八、一一一四七頁。

3 矢守一彦『都市図の歴史 日本編』講談社、一九七四、一二八―一四九頁。では、第一期：寛永一八年（一六四一）以前「平安城町並図」（都記）など、第二期：承応三年（一六五四）「新板平安城東西南北町并洛外之図」（無庵刊）以降の約三〇年間、第三期：貞享三年（一六八六）「新撰増補京大絵図」（林吉永刊）以降の約八〇年間、第四期：林吉永の板業が衰えてからの約六〇年間で、中・小型図が中心の時期、第五期：天保二年（一八三一）「改正京町絵図細見大成」（竹原好兵衛刊）以降の三七年間としている。

4 大塚隆『日本書誌学大系18 京都図総目録』青裳堂書房、一九八一によれば、刊行点数で林吉永とほぼ同数の版元は、刊行京都図の第5期を代表する竹原好兵衛をあげることができるくらいである。なお、刊行京都図の版元に

5 金田章裕『古代荘園図と景観』東京大学出版会、一九九八、三〇三―三三三頁。

ついては、三好唯義「刊行京都図の版元について」、『平安京―京都の都市図・都市構造に関する比較統合研究とデジタルデータベースの構築（平成一四―一六年科学研究費補助金 基盤研究（A）（1）研究成果報告書』、二〇〇五、一二七―一四四頁で詳述されている。

6 前掲3。

7 その他、『京雀跡追 天』清水五郎左衛門、市村六郎左衛門、延宝六年（一六七八）刊では、二条寺町西へ入丁の草紙屋、寺町通および二条通の本屋が紹介されている。

8 前掲3、大塚隆「京絵図に見る江戸から明治へ」（前掲1）二四〇―二四八頁、山下和正『地図で読む江戸時代』柏書房、一九九八など。

9 前掲注4。

10 前掲注3、前掲注8など。

11 大塚目録でも、おおむねこのような刊年の推定がなされており、本章でもこれに従っている。

12 各タイプの図と地形図とを重ね合わせる際の二地点に関して、本章では、近世の上京と下京の境界であり、中心市街地の南北方向の中央に近い二条通沿いの二地点とした。

13 湯口誠一「林氏吉永 寛保元年刊記『増補再板京大絵図』の考察―特に武家京邸の検分を軸として―」古地図研究三〇三、一九九七、六―二七頁。

14 前掲注3。

15 湯口誠一「藤田元春『平安京変遷史』にいわゆる『寛文版 宝永復刻 京大絵図』について」月刊古地図研究、六―七、一九七五、二―一〇頁。大塚隆「近世伏見の地図史概観（二）」月刊古地図研究八―三、一九七七、二―六頁。

16 前掲注15の湯口論文でも指摘されているように、図中の四辺に示される東西南北の方位には、各タイプで若干の相違がみられる。すなわち、タイプ1は文字の向きが内向きであるのに対し、タイプ2および3では、円の中に外

17 前掲注5、前掲注15。

18 タイプ2および3に共通の情報も、掲載される図は異なっている。また、諸大名の知行に関しては、タイプ1および2では、図中の各屋敷の区画内に記載されているが、タイプ3では、記載せず、一覧表の形で示すようになった。

19 タイプ2でも享保一九—寛保二年（一七三四—四二）に刊行されたと考えられる図の一部に、各郡の村数を掲載するものがみられる。

20 『京羽二重』孤　松子（小嶋徳右衛門〔白山通三条上ル町〕）、貞享二年（一六八五）刊の巻四　諸宗仏閣。以下では、その記載内容は野間光辰編『新修京都叢書　第2巻』臨川書店、一九六九、によっている。

21 タイプ1と2および3とで、若干表記が異なる。タイプ1では「秀吉公建立」となっているが、タイプ2および3では「秀吉公こんりう」となっている。また、タイプ3では「天正六年」と記されているが、これは誤記と考えられる。

22 前掲19。野間光辰編『新修京都叢書　第2巻』臨川書店、一九六九、一四九頁による。

23 前掲19の巻二　大仏殿寸尺および三十三間堂寸尺の図。野間光辰編『新修京都叢書　第2巻』臨川書店、一九六九、八九—九一頁による。三十三間堂については、堂の図が示され、その中に寸法が記載されている。

24 黒川道祐撰『雍州府志　十巻十冊』書林　茂兵衛　加兵衛（二条通小川西入町）、貞享三年（一六八六）刊の第四寺院門上。野間光辰編『新修京都叢書　第10巻』臨川書店、一九六八、二三三—二三四頁による。

25 タイプ1は、ほぼ『京羽二重』の内容に依拠したものとなっているが、タイプ3は、『京羽二重』には記載されない内容も含まれる。たとえば、冒頭の「後白川院ノ本願ニシテ、千手観音ノ尊像一千躰ヲ安置セラル。治承二年十月二十七日供養有。」の部分は、『雍州府志』を書き下したものとなっている。その他、通し矢に関する部分、妙法院の支配を受けていた点、堂が六〇間以上ある点などについても、『雍州府志』が参照されたと考えられる。

26 『日本歴史地名大系27　京都市の地名』平凡社、一九七九、五八八頁。

27 京都市編『京都の歴史　6　伝統の定着』學藝書林、一九七三。

第5章　森幸安の地誌と京都歴史地図

上杉和央

1　はじめに

　森幸安（一七〇一年―没年不詳）は、三〇〇点以上の自筆図を残した、江戸時代を代表する地図作製者の一人である。その作製枚数は、日本の地図史上傑出しており、地図史さらには地理思想史を考える上で重要な人物と位置づけることができる。[1]

　幸安作製の地図が広く注目を集めるようになったのは、明治時代に刊行された『故実叢書』内に京都に関する歴史地図、「中古京師内外地図」と「中昔京師地図」が収載されてからである。これら二枚の地図は考証の不備が指摘されている一方で、歴史地図としての有益さも十分に評価されてきており、幸安の代表作として広く認知されている。[2] 幸安作製の地図の内容に関しては、これらの地図を中心にいくつかの議論があり、十分とは言えないまでも、研究の蓄積がなされてきた。[3] しかし、地図の作製過程や地図に表現された地理的知識の源泉については、ほとんど検討されることがなかった。この理由のひとつに、幸安自身に対する研究の遅れを指摘することができる。かつて矢守一彦が「ナゾのカルトグラファー」と評したように、[4] 幸安は不明な点が非常に多い人物であり、そのため、地図自体についての分析も深く掘り下げることができなかったのである。[5]

　しかし、近年、辻垣晃一と森洋久による幸安自身の地理思想にまで分け入る論考が発表された。[6] 幸安作製の地図の網羅的な調査に基づいたこの研究成果は、幸安についての理解の水準を一気に高めることになった。ここにようやく、幸安および幸安作製の地図に関する議論の土壌が整えられたのである。[7]

　このような研究の進展を受け、筆者も幸安について若干の検討を行った。[8] そこで筆者が注目したのは幸安の作成した地誌（地域について記述した書物）であった。辻垣らを始めとして、これまでの研究が地図に偏った分析であったからである。その結果、カルトグラファー（地図作製者）という評価は必ずしも幸安の全体像をとらえておらず、

幸安の地理的知識の獲得にとって地誌作成が非常に重要な役割を担っていたことを指摘することができた。しかしそこから、逆に幸安が作製した地図を分析する俎上に載せることができず、地誌と地図の関係についての議論は課題として残されることになった。

そこで、本章では幸安の作製した地図、とりわけ「中古京師内外地図」をはじめとする京都歴史地図について分析し、そこに表現された幸安の地理的知識とそれ以前の地誌作成との関係を明らかにすることを目的としたい。まず、次節で幸安の描いた京都・地誌について概観し、その後、幸安がどのように京都歴史地図を作製していったのかについて、地誌作成と対比させつつ、具体的に検討していく。

2　京都関係の地図・地誌

(1) 幸安作製の京都・山城関係地図

幸安の作製した地図には、天文図をはじめ、世界図、国図、都市図、境内図、内裏図に至るまで、さまざまな地域・スケールの地図がある(表5-1、表5-2)。中でも、特に多く作製されていたのは京都・山城に関する地図であり、下書図と思われるものも含めて四七点が確認されている(表5-3)。幸安の地図作製期間は、寛延二年(一七四九)頃から宝暦一一年(一七六一)までであるが、表5-3を見ても分かるように、京都・山城に関する地図作製は、ごく初期から始まっていることが分かる。

京都・山城関係の地図の特徴のひとつとして、他に類を見ない構図や構成を取った地図が多いという点を挙げることができる。清書図と思われる地図の表現範囲を見てみると、山城国全体を描くものが五枚、京都を描くもの(洛中中心の図)が六枚、洛中内部の新地部を描くものが三枚、洛外および郡部を描くものが七枚、伏見図が二枚、内裏図が三枚、寺社図が一五枚となっているが、これらの多くは、非常にユニークな構図であったり、他の地図にはない地理的情報が含まれていたりする。ただ先にも述べたように、これらの作製過程や地理的知識の源泉についての検討はなされていない。

もうひとつの特徴として、同時代の状況、すなわち「現在の場所」を示した地図のみならず、「過去の場所」に関する歴史地図も多数作製されている点が挙げられる。たとえば「山城国旧地図」(表5-3のID番号1)や「平安城東西両京地図」(4)などであり、表5-3に掲げた京都・山城関係の地図四七枚のうち、実に一二枚(3・4・5・8・9・11・22・23・24・25・26・28)が歴史地図である。しかも、そのほとんどは既存の地図を写したものではなく、幸安自身の見解に基づいて作製された「推定・考証図」[10]と称しうる図となっている。[11]また辻垣らが指摘するように、歴史地図の作製にあたって、幸安には過去から現在への連続性を意識した「歴史アトラス」[13]の作製が念頭にあった。その中には山城国全体のものや、内裏に焦点を絞った図も見られる。しかし、もっとも体系的に描かれたのは、いわゆる「京都」

表5-1　森幸安作製図の表現範囲

地図の表現範囲	枚数
天文	1
世界	4
アジア	3
アジア地域	7
日本	9
日本内地方	6
国以下*	337

※「国以下」については表5-2も参照のこと
辻垣・森(2003)をもとに作成

表 5-2　森幸安作製図（日本国内）の国別枚数

地域	国	枚数	地域	国	枚数	地域	国	枚数
畿内	山城	47	東山道	信濃	4	山陽道	備中	2
	大和	12		上野	2		備後	1
	河内	6		下野	2		安芸	3
	和泉	5		陸奥	8		周防	2
	摂津	30		出羽	3		長門	2
	伊勢	14	北陸道	若狭	1	南海道	紀伊	8
東海道	志摩	3		越前	4		淡路	3
	伊賀	3		加賀	3		阿波	8
	尾張	7		能登	1		讃岐	8
	三河	4		越中	2		伊予	7
	遠江	1		越後	4		土佐	3
	駿河	4		佐渡	3	西海道	筑前	6
	甲斐	2	山陰道	丹波	2		筑後	1
	伊豆	5		丹後	3		豊前	2
	相模	8		但馬	1		豊後	3
	武蔵	13		因幡	5		肥前	4
	安房	1		伯耆	1		肥後	1
	上総	1		出雲	3		日向	2
	下総	2		石見	2		大隅	1
	常陸	5		隠岐	1		薩摩	1
東山道	近江	18	山陽道	播磨	5	二嶋	壱岐	3
	美濃	5		美作	2		対馬	3
	飛騨	2		備前	3			

辻垣・森（2003）をもとに作成

の範囲を対象とした京都歴史地図である。とりわけ、「平安城東西両京地図」、「中古京師内外地図」、「近世京師内外地図」(11)については、ほぼ同時期に描かれ、縮尺も「一町五歩」と統一されている。この三図に、現在を表現した「京師内外地図　第一～第三」(6・7・10)を合わせると、平安京設置時から（幸安の生きた）「現在」に至るまでの京都が切れ目なく表現されることになる（表5–4）。実際、「城池天府京師地図」(12)には、縮尺を統一させてこれらの地図を描いたことを強調する文章が見えることから、幸安がこれら四種六枚の地図群を一つの歴史アトラスとして考えていたことが分かる。

ただし、表5–4を見ると分かるように、「中昔京師地図」(26)など宝暦年間に作製された地図もある。これらは寛延年間に作製された歴史アトラスとは縮尺が異なっている。この点について、たとえば「中昔京師地図」内の文章には、「平安城東西両京地図」や「中古京師内外地図」への言及が見られることから、全く無関係に作製された訳ではなく、「中古京師内外地図」が対象とした時期をさらに小さく区分することで、より詳細な京都歴史地図の作製が目指されたことが分かる。「官正近昔京師地図」(25)や「官上京師地図」(23)も、それぞれ寛延年間に作製した歴史アトラスを補足ないし詳細にすることが意図されている。すなわち、京都歴史地図は、まず寛延三年に歴史アトラスを念頭に置いた一群が作製され、その後、それらを補足する形でいくつかの図が描かれたことになる。

表 5-3　幸安の作製した京都・山城関係の地図（作製年代順）

ID	内題	作製時日	皇州緒餘撰への言及	所蔵※
1	皇州緒餘撰部　山城国旧地図	1749.9	○	公
2	皇州緒餘撰部　山城国地図	1749.11	○	公
3	皇輿地　畿内五州地図	1749.11	○	公
4	皇州緒餘撰部　平安城東西両京地図	1750.4. 中旬	○	公
5	皇州緒餘撰部　中古京師内外地図	1750.4. 下旬	○	公
6	皇州緒餘撰部　京師内外地図　洛中　洛東　愛宕郡	1750.5	△（10 より判明）	公
7	皇州緒餘撰部　第二　葛野郡　洛西	1750.6.1	△（10 より判明）	公
8	皇州緒餘撰部　皇城大内裏地図	1750.6. 中旬	△（9 より判明）	公
9	皇州緒餘撰部　皇城大内裏地図　禁闕八省豊楽ノ三地	1750.6. 中旬	○ 1 巻	公
10	皇州緒餘撰部　京師内外地図　第三　紀伊郡　城南	1750. 夏	○	公
11	皇州緒餘撰部　近世京師内外地図　洛陽　洛東　山科	1750.10.6	△（10 より判明）	公
12	皇州緒餘撰部　城池天府京師図	1750.11	○後撰	公
13	皇州緒餘撰部　城南伏見地図（伏見廻附）	1751.1.26	△（10 より判明）	公
14	皇州緒餘撰神廟仏刹部　下賀茂地図	1751.2.10	○ 30 巻	公
15	皇州緒餘撰部　神廟仏刹部　上賀茂地図	1751.2.15	○ 30 巻	公
16	皇州緒餘撰部　城西嵯峨松尾地図	1751.2.25	○ 27・28・29 巻	公
17	皇州緒餘撰部　皇城内裏地図	1751.3.1	○後撰第 1〜5	公
18	皇州緒餘撰部　遷轉新地地図	1751.3.3		公
19	皇州緒餘撰部　遷轉新地地図	1751.3.4		公
20	皇州緒餘撰部　遷轉新地地図	1751.3.5		公
21	日本志　畿内部　官上山城国輿地図　和河摂伊江丹若之七州附	1752.5.15		公
22	皇州緒餘撰部　近世伏見地図	1752.5.20	○伏見部	公
23	皇州緒餘撰部　官上京師地図	1752.6.1	○	公
24	皇州緒餘撰部　呉竹伏見旧地図	1752.8.11	○	公
25	皇州緒餘撰部　官正近昔京師地図	1753.1.8	○	公
26	皇州緒餘撰部　中昔京師地図	1753.1.24		公
27	山州洛外東山内大仏地　妙法院御所御殿指図	1753.2.28	○	北
28	山城国輿地図	1755.3. 下旬		高
29	日本輿地　神廟仏刹部　山城国　愛宕郡　鞍馬山之図	1755.9.21		公
30	日本輿地　神廟仏刹部　山城国愛宕郡　下賀茂河合両宮社堂地図	1755.9.21		公
31	日本輿地　神廟仏刹部　山城国葛野郡　愛宕山ノ画	1755.9.22		公
32	日本輿地　郡県郷里部　山城国相楽郡笠置図	1755.9.22		北
33	皇州緒餘撰　京師部　西本願寺域内地図	1755.10.5		公
34	皇州緒餘撰部　神廟仏刹部　東本願寺管内地図	1755.10.10		北
35	皇州緒餘撰部　神廟仏刹部　綴喜郡八幡ノ庄八幡山之画図	1755.10.10		北
36	皇州緒餘撰　神廟仏刹部　綴喜郡雄徳山　石清水八幡宮指図	1755.10.11		公
37	皇州緒餘撰　乙訓郡　京極宮御山荘　長岡天満宮社図	1755.10.24		北
38	皇州緒餘撰　京師部　東本願寺之地図	1755.11.2		公
39	日本志　畿内部　山城国地図	1756.11.7		公
40	日本志　畿内神廟仏刹部　山城国愛宕郡　上賀茂指図	1756.11.11		高
41	神仏部　京師　北野天満宮地図	1757. 半夏生		北
42	日本輿地　神廟仏刹部　山城国愛宕郡　貴布禰社地図	—		公
43	—（題箋：藥案第二　皇城大内裏地図）	—		北
44	皇州緒餘撰部　洛中洛東地図	—		歴
45	皇州緒餘撰部　洛西地図　下書	—		歴
46	皇州緒餘撰部　城南地図　下書	—		歴
47	当今皇城地図	—	○	北

※「公」：国立公文書館、「北」：北野天満宮、「高」：高津古文化会館、「歴」：京都市歴史資料館
辻垣・森（2003）をもとに作成

表 5-4　幸安の京都歴史地図

ID	タイトル	作製	表現時期	縮尺
4	平安城東西両京地図	寛延3（1750）年4月中旬	平安京	1町5歩
5	中古京師内外地図	寛延3（1750）年4月下旬	古代（4に漏れたもの）〜戦国	1町5歩
11	近世京師内外地図	寛延3（1750）年10月6日	天正〜延宝年間	1町5歩
6・7・10	京師内外地図（1〜3）	寛延3（1750）年6月	現在	1町5歩
26	中昔京師地図	宝暦3（1753）年1月24日	応仁〜天正	1町6歩
25	官正近昔京師地図	宝暦3（1753）年1月8日	正保〜万治年間	1町5歩5厘
23	官上京師地図	宝暦2（1752）年6月1日	宝永〜享保初年	1町8歩

IDは表5-3に対応する

（2）地誌と地図

ここでは、幸安が作成/作製した京都に関する地誌と地図について、基本的事項を確認しておきたい。

現在、国立国会図書館には『皇州緒餘撰』（寛保三年〔一七四三〕作成）と題された幸安作成の地誌が所蔵されている。ただし、現存しているのは下書きであり、清書本は百冊を越えるような大部の書であったことが幸安自身の文章から確認できる[14]。また、『摂津撰』や『大和撰』なる地誌も執筆されていたようである[15]。現時点では、幸安がこれら以外の地域の地誌を作成していたかどうかは不明である。しかし、「摂陽神廟図」（寛延二年〔一七四九〕作製　神戸市立博物館蔵）内にある次の文章からも分かるように、幸安の地誌作成の構想自体は、非常に大きなものであった。

宝永正徳の間より今に至るまで凡そ三十餘年、日東輿地の書を作る。これを日本志と号す。すでに今数千巻これを編むといえども、顧みるに後世に遺さんがためなり。しかるに桜鑕の意なく、いまだ日東の半ば著さず。その纂輯なすところの畿内五州部、各々地図を作る[16]。

これによると、寛延二年（一七四九）以前に幸安は「日東輿地の書」である「日本志」を作成していた[17]。それはまだ「日東の半ば」も完成していなかったが、構想としては日本全体が視野に入れられていたのである。また「日本志」は、下記の「畿内五州地図」（3）に見える文章のごとく分類されていた。

部を八道に分け、その一つを畿内部と曰う。部の内、また州に分けて記す。譬えば山城一州を著するものはその巻題を皇州緒餘撰と号す。

ここに見える『皇州緒餘撰』が上記地誌の清書本に当たることは疑いない。また、「摂陽神廟図」の引用から畿内五州の地誌は作成が終わっていたことがうかがえるが、その一つが『摂津撰』であり、『大和撰』であろう。これらの書は個別に企図されていたのではなく、あくまでも「日本志」の一部として位置づけられていた。表5-3で示したように、京都に関する地図の作製は寛延二年以降であり、地誌作成よりも明らかに遅い[18]。また、たとえば「下賀茂地図」

皇州緒餘撰第三十愛宕郡下賀茂の條下とこの下賀茂の地図とを併合して見るべし

といった表現のように、京都に関する地図の中には『皇州緒餘撰』についての言及が多く見られるのに対し（表5−3）、『皇州緒餘撰』や同じく幸安作成の京都地誌『山州撰』（元文五年〔一七四〇〕—寛保元年〔一七四一〕作成　大阪府立中之島図書館蔵）の記事には、「地図とを併合して見るべし」といった文言がまったく現れてこない。この点からも、「日本志」構想が地誌の作製構想に先立っていたことが分かる。巻号まで明示しながら地誌の記述内容との関係性に触れる「下賀茂地図」の記述は、地誌がすでに完成ないしそれに準じる形態にまでなっていないと困難であろう。

このように、幸安は各国の地誌の総合体である「日本志」をまず構想し、その畿内部の作成が一段落ついた時期になって、本格的な地図作製を行うようになったのである。このことは、幸安の地図作製に関するいくつかの問題を解く手がかりを与えてくれる。すなわち、幸安はどのようにしてあれだけの地図を作製したのか、その地理的情報をどうやって入手したのか、といった問題である。

次節では、幸安が地図作製にあたり、従前に仕上げた地誌をどの程度参照したのかを検討することで、これらの問題を考えていきたい。

3　幸安の京都歴史地図の情報源

（1）「皇城大内裏地図」の建物配置と文字注記

幸安が作成／作製した京都に関する地誌と地図を比較する際、表5−3に挙げた『皇州緒餘撰』に言及した地図のうち、まずは巻号まで具体的に記述されている五点（9・14―17）を取り上げるのが適切で

あろう。ただし、現存する『皇州緒餘撰』が本撰二巻四冊、後撰一巻一冊の計三巻五冊しかなく、実際に直接比較することができるのは、「皇城大内裏地図　禁闕八省豊楽ノ三地」[19]（9　以下、「皇城図上」と略す）と「皇城大内裏地図」（8　以下、「皇城図下」と略す）[20]のみである。

「皇城図上」は「禁裏」、「八省院」、「豊楽院」の三つの部分図からなる（図5−1）。建物配置で目につくのは①「豊楽院」図で豊楽殿が中央に配置される点、②「禁裏」図のなかで弘徽殿と飛香舎、登華殿と襲芳舎がそれぞれ廊下で結ばれている点である。これらに着目しつつ、「皇城図上」とその他の内裏図—『拾芥抄』[21]（梵舜写本・江戸期刊本）[22]に記された宮城指図、ならびに『山城名勝志』内の付図、陽明文庫本「平安宮内裏図」・「八省院図」・「豊楽院図」[23]、前田家蔵『二中歴』[24]所収「京中歴」、伊藤家蔵「内裏図」・「八省院図」[25]—とを比較すると、①については『山城名勝志』付図のみが「皇城図上」と同じ配置で描かれていることが確認できた。『拾芥抄』には「豊楽院」図は掲載されておらず、また現存状況から見て、比較した他の図が当時広く流布していたとは考えにくいので、結局、幸安の周囲には『山城名勝志』付図系の「豊楽院」図しかなかったと考えられる。一方、②については比較に用いたいずれの図にも見えず、幸安独自の復原案である可能性が高い。[26]廊下の配置や接続は、②以外の場所についても独自性の高い復原となっている。全体として、建物配置については、『山州名勝志』付図を参照としつつも、幸安の歴史地理的想像力が色濃く反映された配置が表現されていると言える。

次に文字注記を確認していく。『皇州緒餘撰』の「大内裏部」（第一冊）には、大内裏に関する地誌的記述がある。「皇城図上」の文字注記と、この「大内裏部」の記載内容を比較すると、前者が後者の記述に

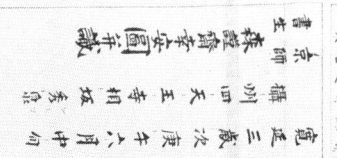

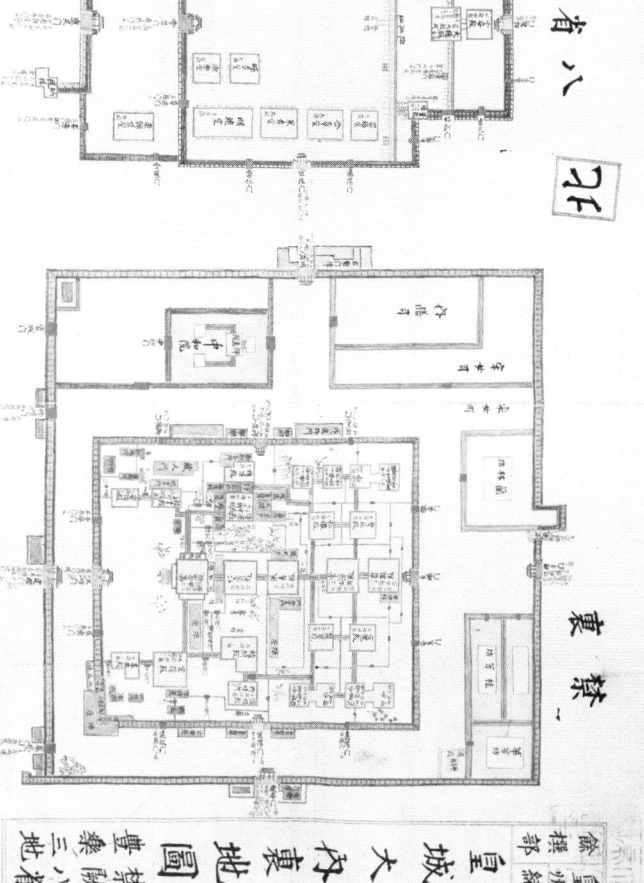

図 5-1 「皇州緒餘撰部　皇城大内裏地図　禁闕八省豊楽ノ三地」（「皇城図以上」）
（国立公文書館蔵　177-1-9）

大きく取り入れていることが明らかとなった。ただし、「禁裏」図の建春門・朔平門・宣秋門・宣陽門・陰明門にはこのような表現が見えるが『皇州緒餘撰』の該当項目には「三間」という注記がないことが分かる。

この間数に関する情報源は『拾芥抄』である可能性が高い。という のも、『皇州緒餘撰』（本文・指図）の「大内裏部」は『山城名勝志』の文章を骨格とし、『拾芥抄』によって内容を補足するというのが基本構成であり、地誌作成の段階で幸安は確実に『拾芥抄』の当該情報を目にしているからである。また実際に『皇州緒餘撰』内にも、上記の門を除けば、間数の情報が『拾芥抄』から引用されている。上記の門の間数に関する情報が『拾芥抄』から引用されなかった理由は不明であるが、いずれにしても地図内に門を描出するにあたり、すべての門について間数の情報を必要としたために、改めて『拾芥抄』を参照したと思われる。

なお、幸安が作成した京都地誌には、元文五年（一七四〇）～寛保元年（一七四一）に作成された『山州撰』もある。『皇州緒餘撰』「大内裏部」に当たる記事は、『山州撰』では「巻第二 大内裏旧証ノ部」に収められている。この箇所は

旧証を左に記すは、悉く武好『山城名勝志』の著者）これを撰むなり。また間々に通志も出す（ ）内は筆者）

と記されているように、『山城名勝志』からの引用が大部分を占め、一部に『日本輿地通志』が引かれるという構成が基本となっているが、『皇城門』項などには『拾芥抄』からの引用も確認できる。『皇城図』に該当する記事に関して言えば、『山州撰』と『皇州緒餘撰』の記述に差異はほとんどない。

次に「皇城図下」（図5-2）について検討する。「皇城図上」と同じく、同じような表現内容を持つその他の地図と比較すると、建物配置は武徳院や真言院、大歌所などの位置や形状に着目すると、『拾芥抄』内指図などとは大きく異なっている一方、『山城名勝志』付図とは多くの点で一致を見ることが確認できた。「皇城図下」の建物配置も「皇城図上」と同じく、『山城名勝志』付図もしくはその系統の地図を基本として描かれたことが分かる。

「皇城図下」の文字注記は、例えば「雅楽寮」に「舞楽音楽の事を掌る」と記されているように、宮城内に位置する各機関の職掌が簡潔に示されている。それに比して、同じ「雅楽寮」に関して『皇州緒餘撰』第一冊「大内裏部」では次のような表記がなされる。

拾芥抄宮城指図に神祇官の南にあり。按に冷泉の南、大宮の西二条の北なり。宮城の辰巳の隅なり。日本紀略に曰く、承平六年九月廿七日両子伊勢斎宮主従雅楽寮禊鴨河遷入野宮。（傍線は筆者。以下同じ）

傍線部を引いた箇所は幸安独自の文章であるが、それ以外は『山城名勝志』からの引用となっている。『拾芥抄』の位置情報に関する記事の後に自らの見解を添えることで、「雅楽寮」の場所をより詳細に説明しようという意図がうかがえる。また、幸安の書いたもう一つの地誌『山州撰』では、二ヶ所に「雅楽寮」の記載がある。

A 二条大宮の西北角。冷泉の南。一町四方。（巻第一 宮城部三皇城巻四）

B 拾芥抄宮城指図に神祇官の南にあり。日本紀略に曰く、承平六

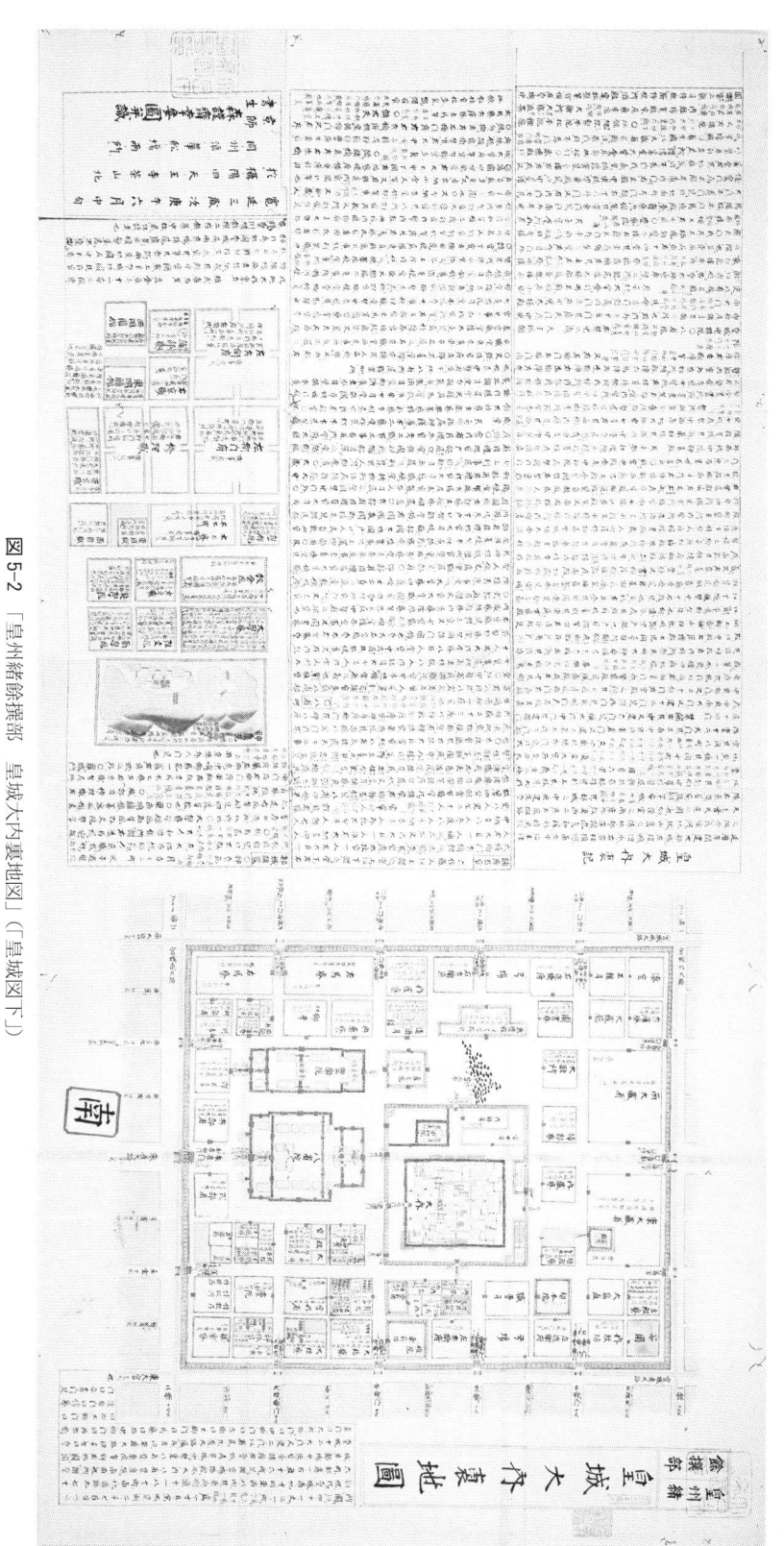

図 5-2 「皇州緒餘撰部　皇城大内裏地図」(「皇城図下」)
(国立公文書館蔵　177-1-8)

107　第5章　森幸安の地誌と京都歴史地図

年九月廿七日両子伊勢斎宮主従雅楽寮禊鴨河遷入野宮。（巻第一　大内裏旧証部下　宮城巻四）

Bの記述は『皇州緒餘撰』と同じく『山州名勝志』からの引用であるが、Aにある記述は幸安独自の文章と考えられる。しかし、いずれにしても「皇城図下」の記載に見られた職掌に関する情報はまったく書かれていない。よって、幸安は「皇城図下」の作製にあたっても自作の地誌以外の史資料を見ていたことが分かる。地図作製で参照した史資料をさまざまな書物に記載されており、地図作製で参照した史資料を厳密に確定することは難しい。ただ、「皇城図下」の「内匠省」の部分に

工匠の事を掌る。職原抄に曰く、中代よりして多くは木工修理等この職事を掌る

とあるように、『職原抄』を参照していることは明らかである。また、その他の所に書かれている文字注記もすべて『職原抄』の文章から書き起こすことが可能な情報である。このことから、「皇城図下」の文字注記にあたっては、基本的に『職原抄』もしくはその注釈書系統書が利用されたと言えるだろう。

「皇城図上」作製の際は『拾芥抄』を参照していたが、それは地誌作成時点ですでに一度確認していた史料であった。「皇城図下」についても同じことが言える。『山州撰』の「巻第一　宮城部　八省院」項には「拾芥抄及び職源等に見ゆ」といった注記がなされており、少なくとも地誌作成の時点で、幸安が『職原抄』ないしその注釈本を参照していたのは疑いない。

このように、「皇城図上」と「皇城図下」のいずれについても、幸安自身が以前に編纂した『皇州緒餘撰』『皇城図下』などの地誌、および『山州名勝志』の影響が強かった。既存の書物は複数が使用されていたが、特に『山州名勝志』の影響が強かった。

（2）『山州名勝志』と京都歴史地図

『山州名勝志』には古代以降の京都に関する歴史情報が非常に数多く掲載されている。その巻頭には、「近年」初めて建った神社仏閣などは載せないが、重要なもののみ「附録」に掲載すると明記されている。そして、「附録」内に「聚楽第」の記事があることなどをふまえると、ここで言う「近年」とは秀吉期以後と考えられる。すなわち、『山州名勝志』が主に対象とするのは古代―天正年間までの京都である。

一方、幸安の作製した『皇州緒餘撰』は「本撰」と「後撰」が一巻一冊しか現存しておらず、しかもそれらが「下書」でしかないために、対象年代を厳密に理解することは難しい。しかし、「城池天府京師地図」（12）に

嘗て予が著する皇州緒餘撰、その本部は天正以上のことを編す。その後撰は天正以降及び当今の諸区事跡、また旧より今に至る惣じて現在の者、悉くを以て載すなり。

とあるので、清書版『皇州緒餘撰』が全体としては古代から現在までを扱っており、しかも天正年間で「本撰」（本部）と「後撰」とを区分していたことが分かる。『皇州緒餘撰』の主部を構成する「本撰」が、『山城名勝志』の収載範囲と一致していることは重要であろう。現存する巻号だけに関して言えば、「皇州緒餘撰」の「本撰」部分が『山城名

勝志』からの引用で大部分占められていることは、すでに明らかにされているが[28]、このような『山城名勝志』重視の姿勢は、「本撰」全体に貫かれていた可能性が高い。少なくとも、地誌作成時代の幸安が、『山城名勝志』を歴史地理的知識を得るための非常に有力な情報源とみなしていたことは疑いないであろう。

なお、幸安が地誌作成の際に参考とした他の主要既存地誌である『日本輿地通志』や『山州名跡志』、『雍州府志』には、このような歴史区分を重視した本の構成が全く見られないことからも、『皇州緒餘撰』の「本撰」が『山城名勝志』の体裁に依拠して作成されたことが分かる。

そして、前項の結果もふまえるならば、地誌作成時代においても、幸安は引き続き『山城名勝志』を重要視していた可能性がある。この点を、京都歴史地図に描かれた記載内容と『山城名勝志』の内容を比較することで、検討することにしたい。

『山城名勝志』が古代から天正年間までを対象としている点からみて、それらとの関係性を確認していくのに相応しい京都歴史地図は、「平安城東西両京地図」(4)、「中古京師内外地図」(5)、「中昔京師地図」(26)である(表5-4)。ただ、「中昔京師地図」は寛延年間に作製された歴史アトラスを補足する形で作製されていることをふまえれば、ここでの比較検討により相応しいのは、前二図ということになろう。

まず、「平安城東西両京地図」(図5-3)であるが、検討した結果、『山城名勝志』に付された「東西両京之図」とほぼ同じ情報が記載されていることが分かった。「平安城東西両京地図」に描かれた平安宮外の建物三九六戸のうち、実に三九四戸は「東西両京之図」と一致する。

一致しない二ヶ所については隣接する建物と同じ表記が見えており、幸安の誤記の可能性がある。また「東西両京之図」のみにあり、「平安城東西両京地図」には見えない建物は四戸確認できる。これらが転記されなかった理由は、現時点では不明と言わざるを得ない。ただ、いずれにしても「平安城東西両京地図」と「東西両京之図」の相違点はごく少数であり、前者の模写を基本として成立していることは疑いない。なお、「平安城東西両京地図」に似た図として『拾芥抄』『延喜式』(九条家本)の付図なども挙げられるが、これらに記載された情報と「平安京東西両京地図」に見える情報とは多くの点で異なっていた。よって、描図の際にこれらを参考にした可能性はあるが、直接の原典であったとは考えにくい。

「平安城東西両京地図」の左右に配された文章については、幸安独自の文章もあるが、『延喜式』や『拾芥抄』、そして『山城名勝志』からの引用も数多く確認できる。これらは描図時に原典にあたったのか、それとも幸安が以前に編んだ『皇州緒餘撰』や『山州撰』をもとに再構成したのかは分からない。

次に、「中古京師内外地図」(図5-4〔口絵8〕)についてであるが、当図には次のような二つの文章が見える。

・これより先、平安城両京地図を作りて、今考えてこの図を画す。その両京地図に漏るる者、当図には次のような二つの文章が見える。

・〔凡例〕平安城両京地図に載せる者、その旧地を悉く〇〔朱丸印〕をもってす

このような記述は、先の「平安城東西両京地図」の「殿亭」項にも

図5-3 「皇州緒餘撰部 平安城東西両京地図」
(国立公文書館蔵 177-1-7)

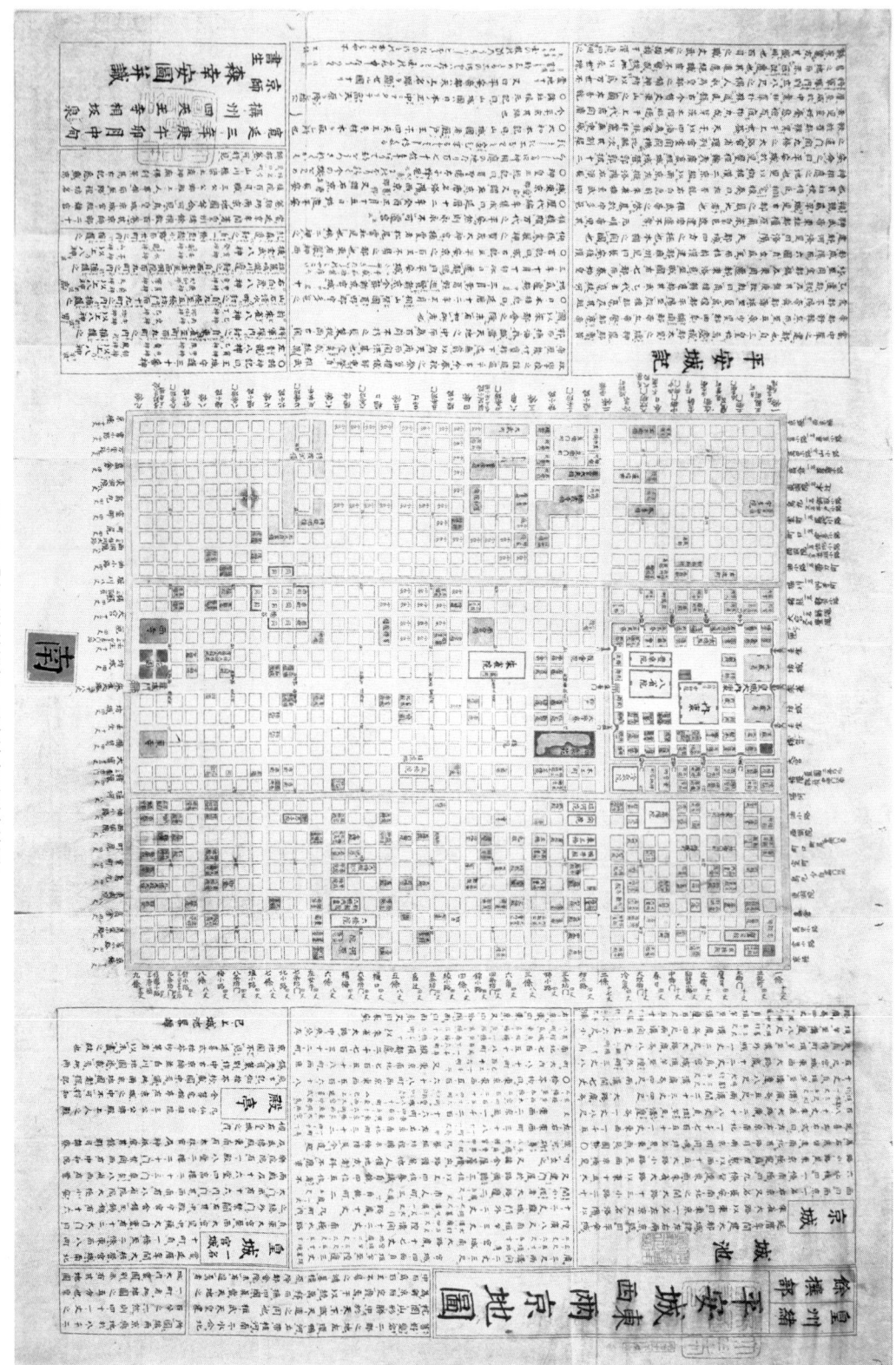

第Ⅰ部 平安京―京都の都市図 110

見えており、「中古京師内外地図」は「平安城東西両京地図」に「漏るもの」が記載されることが意図されて作製されたことが分かる。この意味で、両図の情報が相補的な関係にあると言えるであろう。「中古京師内外地図」に記載された地名を数え上げたところ、七〇一ヶ所もの地名が記されていた。これらの地名について、『山城名勝志』に記載されているかどうかを逐一確認していったところ、全体の九割以上にあたる一五五三ヶ所が『山城名勝志』に掲載される情報であることが判明した。また、地図内の地名のいくつかについては、傍に簡潔な説明が付されているが、それらの情報も『山城名勝志』に見えるものであることが明らかとなった。「平安城東西両京地図」と同じく、「中古京師内外地図」も『山城名勝志』と非常に深い関係をもって作製されていたのである。

もちろん実際は、『山城名勝志』そのものに依拠したと言うよりも、『山城名勝志』などの既存地誌を幸安自身が自らの知見を加えて再構成して作製した『皇州緒餘撰』の記述を主な情報源としながら歴史地図を作製したのだと考えられる。それは、地図に記載された地名の一割弱については『山城名勝志』に由来しないことからもうかがえる。「中古京師内外地図」は『山城名勝志』が地図化されたものではなく、『皇州緒餘撰』が地図化されたものであり、『皇州緒餘撰』の当該部分が主に『山城名勝志』の引用から構成されていたと見るべきである。以上の検討結果から明らかなように、幸安の歴史地図・歴史アトラスは、〈自らが作成したものも含めて〉既存の地誌と密接な関わりを持ちながら作製されていたのである。従来、「中古京師内外地図」は幸安の独創的な歴史地図であると評されてきた。しかし、少なくともその情報源については、江戸時代に広く普及していた京都地誌、そしてそ

らをもとにした自作の地誌に多くを負っていたことになる。

ただし、地誌の記述内容を地図化するには、現地比定の作業が必要となる。幸安はどのように復原作業を行っていったのであろうか。次節では、具体的な場所を事例として設定し、地図の記載内容と地誌の記述内容を比較検討することで、歴史地図作製における幸安の歴史地理学的営みを辿ることにしたい。対象とする地図は「中古京師内外地図」と、宝暦年間に補足的に作製された「中昔京師地図」とする。また、近年の財団法人京都市埋蔵文化財研究所による「平安京左京四条二坊十四町」発掘調査地を事例地とする。この発掘調査により、「中古京師内外地図」などに描かれた復原案とは異なる結果が報告されたからである。

4 京都歴史地図作製における幸安の姿勢

（1）本能寺域南辺の確定—「平安京左京四条二坊十四町」の復原—

二〇〇三年六月七日、財団法人京都市埋蔵文化財研究所による「平安京左京四条二坊十四町」発掘調査の現地説明会が開かれた。当日配布された現地説明会資料によると、この調査では、江戸期の本多甲斐守の京屋敷に関連する遺構が確認され、また室町中期から江戸初期にかけては生活に関連する遺構が少ないことから、応仁の乱以降、町家や武家屋敷が成立するまでの間にはそれほど人家がなかったことが明らかとなった。

しかし、ここで取り上げるのは、この調査と同時に行われた四条坊門小路の南側溝を確認するトレンチ調査である。上記の調査区北辺の

二ヶ所で東西トレンチが掘られ、平安時代の路面と南側溝が検出されたと同時に、戦国時代末の側溝が確認された。この戦国時代末の溝は、上杉本「洛中洛外図屏風」(米沢市上杉博物館蔵)などの戦国時代末の記載から、下京の惣構の濠と推定されている。

戦国時代末、この付近には本能寺があった。調査区周辺にある「元本能寺町」や「元本能寺南町」、「本能寺町」といった町名がその面影を伝えている。しかし従来は、寺域が下京の惣構の外側に位置することは分かっていたものの、その正確な寺域は特定されていなかった。今回の調査により、この付近の下京惣構の場所が四条坊門小路(現・蛸薬師通)にあったことが判明し、それとともに本能寺の寺域南辺が四条坊門以北に位置していた可能性が非常に高くなったのである。

一方、幸安は「中古京師内外地図」(5)および「中昔京師地図」(26)のなかで、本能寺の位置を六角―西洞院―錦小路―油小路に囲まれた二町域に想定しており、寺域が四条坊門小路以南にも広がる復原案を展開していた(図5-5)。これまで、一案として命脈を保ってきたこの説も、今回の発掘成果により、復原案としてはその役割を終えることとなった。

(2) 幸安による本能寺周辺の復原作業

『山城名勝志』は、建物の位置を東西道と南北道との関係によって表記する。たとえば、本能寺に近い空也堂は「四条坊門の南、堀川の東にあり」と説明されている。「中古京師内外地図」や「中昔京師地図」でも、空也堂はこの表記に従って描画されている(図5-5)。ただし、このような住所表記の場合、二方の境界線は確定できても、四方を正確にとらえることはできない。そのため、「中古京師内外地図」では一

町域の空也堂が描かれる一方で、「中昔京師地図」に見える空也堂は一町のおよそ四分の一しか寺域が想定されておらず、両者の復原案には若干の齟齬が生まれている。『山城名勝志』の建物の位置に関する表記方法は、このような自由を許容するのである。

また、「中古京師内外地図」と「中昔京師地図」を詳細に見ていくと、『山城名勝志』に東西道と南北道の二つの道路によって建物の住所表示がなされている場合、一町域を越えて復原されることはほとんどないことに気がつく。幸安は、「四条坊門の南、堀川の東にあり」といった住所表示の場合、住所に使用された道路に隣り合う道路までが表示された範囲であり、次の道を越えることはない、という理解を持っていたと考えられる。空也堂の場合、『山城名勝志』の記述から「四条坊門の一筋南にある」(堀川の一筋東にある)油小路よりも西」というメタ情報を、幸安は受け取っているのである。

この点をふまえて、『山城名勝志』の本能寺の項を見ることにしたい。本能寺は二回寺地を遷しており、幸安の頃にはすでに現在と同じ「京極の東、姉小路の北」にあった。それ以前の二ヶ所については『寺記』が引用され、次のように記されている。

元、六角以南、四條坊門以北、櫛笥以東、大宮以西に在る。

その後、六角の南、油小路の東に遷る この地、今ニ元本能寺町と号す

この表記に基づいて、「中古京師内外地図」および「中昔京師地図」には二つの寺域が描かれている。ひとつは「本能寺ノ旧地」であり、六角―四坊門―櫛笥―大宮に囲まれた一町域内に復原されている(図5-5)。空也堂と同じく、二枚の地図では一町域内に占める割合が異なっているものの、ここでは四方が説明されているのでそれを越え

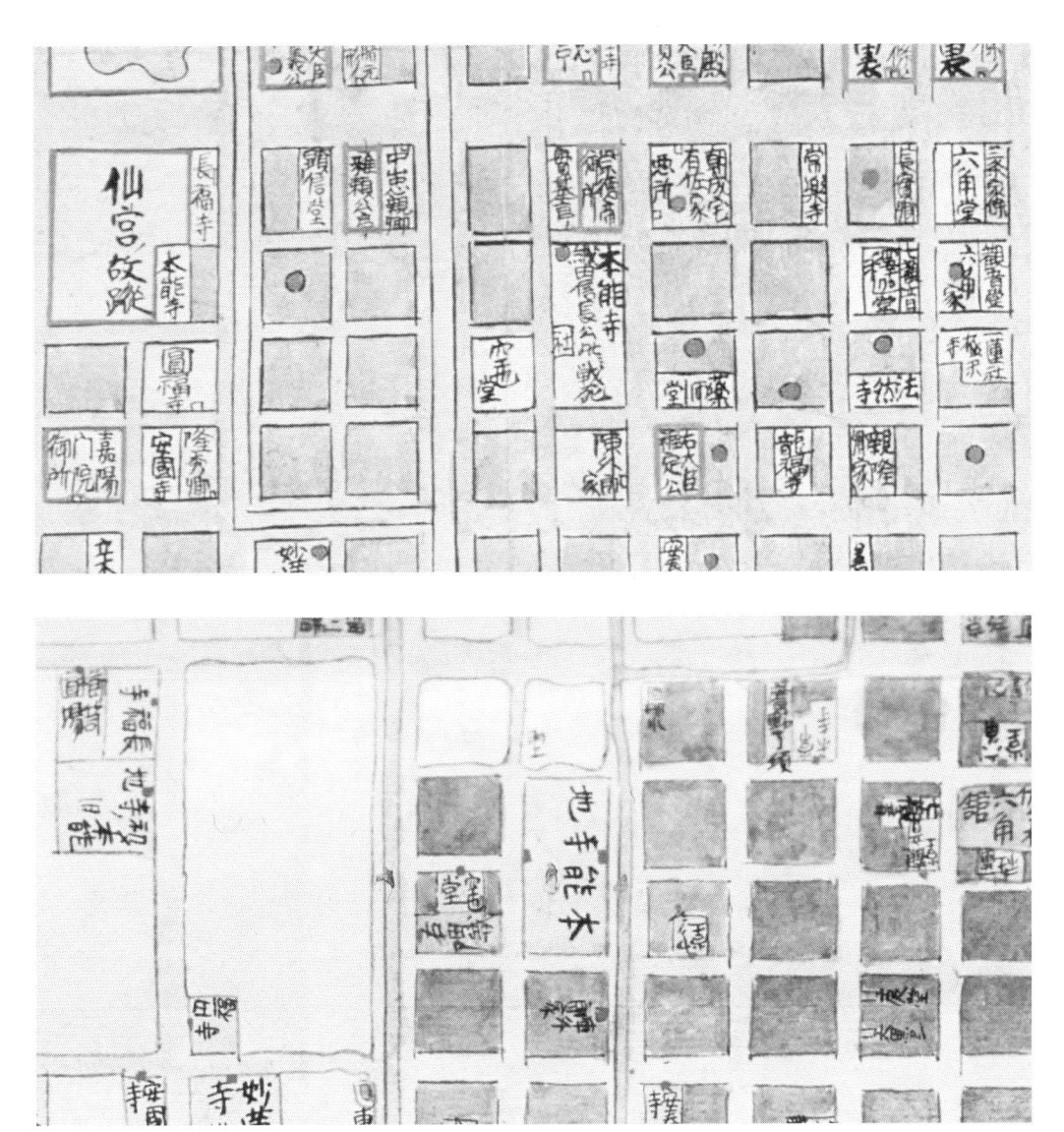

図 5-5 「中古京師内外地図」(上) と「中昔京師地図」(下) に描かれた本能寺周辺域
(国立公文書館所蔵　177-1-10・12)

て復原されるようなことはない。

もうひとつの場所が、前節で述べた発掘成果と関わる場所である。「六角の南、油小路の東」と記されているので、先に確認した復原方法に基づけば、六角―西洞院―四条坊門(蛸薬師)―油小路で囲まれた一町四方の寺域が復原されるはずである。しかし、実際は先にも見たように二町域の復原がなされている。幸いに、本能寺の復原に際しては、通例とは異なる復原方法を採り、独自の案を提示したことになる。

このような復原案が示された理由を検討するためには、「中古京師内外地図」などの作製において実質的な情報源となっていた『皇州緒餘撰』の内容を分析しなければならない。現在、『皇州緒餘撰』はわずかに下書きが断片的に残されているだけであるが、幸いにも、第四冊の「所名幷町名・小名・異名」部に次のような記事が確認できた。

○本能寺町　小川通蛸薬師通の

南北二町に在る。本能寺の古跡。院は京極三条北に迂る。この東、西洞院蛸薬師の西北の角に茶屋の新四郎といふ者在り。これ又本能寺の昔の即界内也。今に古松数株残る。この地は、織田侯此に戦死、信長記に見ゆ。又茶屋の新四郎は京師町人の長と為事は記録に見ゆ。

このような内容を持つ記事は、『山城名勝志』をはじめ、当時の既存地誌には見えないものであり、幸安が独自に書き上げた内容を備えた記事だと判断できる。そして、この文章には、幸安の本能寺に関する見解が端的に現れている。すなわち、下線部にあるように、蛸薬師通りを挟んだ南北二町に「本能寺町」があることを確認し、それを「本能寺の古跡」としているのである。ここでは、町名（地名）を重視した復原案が（文章で）提示されているが、幸安が地名に着目していたことは、この記事が掲載される「所名并町名・小名・異名」部の冒頭の文章からもうかがえる。

当條の下、古記に唯其の方處を得れとも、多くは廃し、或はその名を得るは今専ら所の名・町名・異名等に做して呼ふもの拾襍め、得るに随て記す。

これらのことをふまえるならば、「中古京師内外地図」などに見られる二町域の本能寺は、次のような過程で復原されたことになる。まず幸安は、京都に関する地誌『皇州緒餘撰』を作成した。『皇州緒餘撰』は、『山城名勝志』などからの引用に基づいて作成されたが、自らの見解を示すこともあった。その一つとして、すでに移転や廃絶した寺社などについて、その名前が「所の名・町名・異名」として残されてい

る場合、その地名を積極的に採取し、その過程で二町にまたがって広がる「本能寺町」を確認し、それを旧本能寺の寺域だと想定した。その後、京都歴史地図である「中古京師内外地図」や「中昔京師地図」を作製することになったが、それらの作製にあたって地理情報の源泉としたのは、多くの既存地誌であり、とりわけ自らの作成した『皇州緒餘撰』の記述内容であった。その結果、本能寺については『山城名勝志』の住所表記からの一般的な地図化過程には沿わない復原結果が提示されることになったのである。

ただし、この復原案も『山城名勝志』をまったく無視したものとは言えない。『山城名勝志』には、街路による住所表記の後に「この地、今元本能寺町と号す」という割書が付されていた。『皇州緒餘撰』作成段階で、幸安がこの注記を確認していたことは明らかであり、この情報が本能寺復原に際して何らかの役割を担った可能性もある。

（3）幸安の京都に関する地誌と地図の関係

二町域の本能寺の寺域が推定・考証されたのは『皇州緒餘撰』を作成する段階であり、地名を用いた考察がなされていた。『山城名勝志』などの既存地誌に記載された情報を受動的に受け取るだけではなく、主体的・能動的に検討を巡らしており、独自の地理的知識が形成されていた。

それに対し、先に見た空也堂や第一段階の本能寺の位置比定については、「中古京師内外地図」と「中昔京師地図」とでは違っていることから見ても、幸安が該当する住所内での位置や面積について厳密な考

察を行ったとは考えにくい。地誌の地図化に際して、大まかな該当地域を比定することはあっても、それ以上の詳細な復原作業は行われていなかったのである。

実は、二町にまたがる点は本能寺の地図化作業についても同じことが言える。二町にまたがる点は地誌作成時代に独自に考察を加えていたが、後年にそれを地図化する際、二町域全てを本能寺が占有するかどうかについて検討した形跡はないのである。その意味で、二町域の本能寺も、空也堂や第一段階の本能寺と同じく(自ら作成したものも含めた)既存の地誌に記された情報が「単純に」地図化されたものにすぎない。

が、同月には「平安城東西両京地図」(4)も作製されている。また寛延三年全体では九枚の京都図が作製されている(表5-3)。幸安の地図の記載内容は非常に濃密であり、描画するだけでもかなりの労力を費やすことは容易に想像がつく。それにもかかわらず短期間にこれほどの量の地図を作製していることをふまえるならば、幸安が一枚の歴史地図を作製する際、一つ一つの建物について位置比定や考察に多くの時間を費やすことは実事上不可能であったと思われる。

このような中で、数多くの京都地図作製を可能にしたのが、それ以前の地誌作成時代における経験および知識形成であった。『皇州緒餘撰』や『山州撰』を作成する際の幸安には、既存の地誌からの情報のみならず、自らの関心に基づき、地名を採録するような主体的・能動的な姿勢が確認できた。そこでは本能寺域のように、既存地誌にはない独自の復原考証結果も提示していた。その後の地図作製にあたっては、この地誌作成時に獲得した地理的知識を最大限に利用したのである。

では、地図作製を始めた時期の幸安は、地誌と地図の関係をどのようにとらえていたのであろうか。これに関して、歴史アトラスが作製される直前に作られた「畿内五州地図」(3)に見える次のような文章が有力な手がかりとなる。

顧るに、昔、周宣、観ることを詔れば、則ち志あり。地のこと詔れば、則ち志あり。[……] 今にまで、凡そ四十餘年、飽くまで神州輿地の奇勝なるを視て、あたかも巡歴面観の諸区の如きをもって、相像観賞の餘り、往々策著編をなす。命じて日本志と名す。[……] この故に日本の図を作る[……] 大率、的所を探さんと欲すれば、則ち図あり。群譚を知らんと欲すれば、則ち書あり。これに因て、戯れに図書となす。

この中で幸安は、前置きで中国の故事に見える「志」と「図」の関係を紹介し、それに続く形で自らが作成/作製した「日本志」と「日本の図」について述べている。そして、「的所」が探せる「図」と、「群譚」が分かる「書」(「志」と同義で使われている)の両方が揃って「図書」となるのだ、という説を展開している。この文章からは、当時の幸安が「志」(「書」)と「図」の両方に重要性を見出していたことが明白にうかがえる。

幸安が地誌作製時代に書き記した資料からは、このような考えは見出すことはできず、また地図作製を考慮していた痕跡も見つけることはできない。地誌作成時代の幸安が、地誌と地図を同時に構想していたとは考えにくいのである。しかしこの引用文にも見えるように、少なくとも地図を本格的に作製し始めた寛延二年の段階には、「志」(「書」)と「図」を相補的な関係としてとらえ、両者を不可分な関係と

してとらえるようになっていた。この時点の幸安は「図書」作成/作製者、もしくはトポグラファー（地図作成者）兼カルトグラファーという表現がふさわしいような態度で地誌および地図に向き合っていたのである。

具体的に京都に関する地誌と地図の関係について見ても、次に掲げる「京師内外地図　第三　紀伊郡　城南〔10〕内の文章から、「志」（「書」）と「図」の両者をともに重視する姿勢がうかがえる。

画するところの洛中洛東〔6〕洛西〔7〕城南〔10〕などの地は、持に皇州緒餘撰の地図なり。その本部および続撰、後撰などの二百餘巻とこの地図とを并見れば、則ち当今の諸区現然たり。この餘、山城国旧地図〔1〕、当山城国〔2〕、および大内裏皇城、平安城両京〔4〕、中古京師内外〔5〕、当内裏〔8・9〕、当今京師〔12〕、河東東山〔11〕、伏見〔13〕などの地図、皆これ皇州緒餘撰のものにして、その書と地図とを併見れば、則ち山城国中古今のこと、居ながら見るものか

※〔　〕内には該当する地図の番号（表5−3参照）を示した

このように、山城国全体の図や内裏図なども含め、この時期に作製された京都関連の地図は「皆これ皇州緒餘撰のもの」「持に皇州緒餘撰の地図」として作製されていたことが分かる。「図書」という思想から見れば、すでに「志」（「書」）がある以上、その「志」（「書」）に対応する「図」の作製を行うのは当然のことであろう。そして、「志」（「書」）との関係が重視されたからこそ、この時期の幸安が作製した京都関連の地図は『皇州緒餘撰』が地図化されたものという性格が非常に強いのである。

（4）幸安の「時の断面」―歴史アトラス構想―

以上のように、地誌作製を始めた当初、幸安は「志」（「書」：地誌）と「図」（地図）のそれぞれの重要性を認識し、それゆえ先行して作製していた地誌を地図化することで「志」（「書」）と「図」を揃えていこうとした。しかし「地誌」と「地図」に大きな違いがある。地誌の地図化にあたり、地誌作成時代とは異なる新たな考え方や論理も必要となる。その一つが歴史アトラス作製における「時の断面」に関する問題であろう。最後に、この点を検討しておきたい。

幸安が地誌作成の際に大きく依拠していた既存地誌には、「過去名所」[33]とでも呼びうる「過去の場所」に関する情報が多く含まれていたために、『皇州緒餘撰』や『山州撰』内でも、「過去の場所」に関する記事が多く取り扱われることになった。歴史地図、そしてそれらを連続させた歴史アトラスの作製は、『皇州緒餘撰』を地図化しようとする以上、不可欠な作業であった。

表5−4に掲げたように、幸安の歴史アトラスの根幹となる歴史地図は、寛延三年頃に作製された。そこでは、平安京の時代、古代―戦国、天正―延宝、現在という四つの（厚みのある）「時の断面」が設定されていた。天正年間を一つの境界とすることは、『山城名勝志』との関係でとらえることが可能であるが、その他については別の根拠が必要である。そこで注目されるのが、『山州名跡志』巻之十七に見える洛中の道路に関する次のような説明である。

京洛の條・通を明すに、上古・中古・近世の三義あり。所謂上古とは当京開闢の始、中古とは足利家将軍の御代なり〔……〕近世

とは百年已来新開所あるを云ふ。

ここでは、上古・中古・近世という三つの「時の断面」が記されている。幸安がこの三区分を参考にして、歴史アトラスを構想した可能性は高い。それは「中古京師内外地図」および「近世京師内外地図」というタイトルからもうかがえる。しかも、この箇所は『皇州緒餘撰』第四冊「城池 京城・洛陽」部に下記のように引用されており、幸安は確実にこの考え方を享受しているのである。

名跡志に云 今洛陽の條通を明すに、上古・中古・近世の三義あり。所謂上古とは平安開闢の始、中古とは足利将軍室町住第の頃なり〔……〕近世とは天正以来新開の通路なり。

興味深いのは、近世について「天正以来新開の通路」というように、『山州名跡志』の文章を若干変更させている点である。『山州名跡志』は正徳元年（一七一一）に刊行されている。百年前といえば慶長年間であり、天正年間（一五七三―一五九二）とは若干の差がある。幸安は、『山州名跡志』に「百年已来」とあった箇所を「天正以来」と改訂することで、中古と近世の境界時期に関する自らの見解を示したのである。この区分が『山城名勝志』に示された区分と一致することは言うまでもない。

次に、延宝年間で近世と現在が区分されている点であるが、その理由は「近世京師内外地図」に示される。

天正以降、都城内外亦復町街を増やす。凡そ、宮城を除き、京師一千三百餘町、戸四万七千口、男女五十万零七千五百四十八人餘なり。禁裏堂上諸家はこの限りにあらず。これ延宝九年辛酉九月の定むる所なり。

〔……〕この餘、図外、延宝年より以来今に至るまで、開く所の新地の町家、甚だ多し。悉く当今京師の地図に見ゆ。持に泰平の運に当る。その餘標を楽を以ての故に、日に盛り、月に増すものなり。

この文章のうち、傍線部については幸安独自の文章であるが、それ以外の部分については『雍州府志』の「建置門」項から取られたものである。これらは、『皇州緒餘撰』第四冊「洛陽城池之部 洛陽程并坊名」項にも引用されており、その末尾には、

按るに、この書は貞享元甲子年に出るなり

という一文が添えられている。ここから、幸安が『雍州府志』の示す内容が古い情報であることを確かめきめていることが分かる。幸安が主に利用した地誌類が刊行されるのは貞享年間以降であるが、それらの表現時期は必然的に刊行年よりも遡るものとなる。よって、元禄一四年（一七〇一）に生まれた幸安にとって、既存地誌の内容は自らが直接的に体験している「現在の場所」ではなく、一昔前の情報が掲載されていることになる。それゆえ、上記の下線部に見えるように、延宝以降の京都、言い換えるならば幸安にとっての「現在の場所」としての京都を別の地図で表現することにしたのである。

幸安が歴史地理の情報源として特に重視していた『山城名勝志』では、天正前後に画期が設けられていたが、それ以外には設けられていない。また、『山州名跡志』には上古・中古・近世という三区分が提示されているが、そこには「現在」という区分は見えない。他の既存地誌にも幸安が採用した四つの「時の断面」が明示されたものはない。幸安は、既存地誌の歴史区分に大きく依りつつも、自らの視点で「時の

断面」を設定し、同じ縮尺に統一された四種六枚の地図を歴史アトラスとして構想・作製したのである。ここに、「志」(「書」)の地図化という発想から生まれた、幸安独自の歴史地理的思考を見出すことが可能であろう。

5 地誌作成から地図作製へ—むすびにかえて—

幸安は、当初「日本志」という地誌作成の構想を持っていた。その時点では地図の作製は構想されていなかった。しかし、寛延二年頃からは「志」(「書」)と「図」それぞれの重要性を意識し、両方が備わる「図書」という状態を重視するようになった。今回取り上げた京都歴史地図は、そのような段階の作品である。いずれの作品も幸安自身が作成した地誌『皇州緒餘撰』や『皇州緒餘撰』作成時の重要な情報源の一つであった『山城名勝志』の記載内容に密接に関係するものであったことから明らかになったように、この時期の幸安は、先行して作成した「志」(「書」)の内容を地図化していくことで「図」を作製し、「図書」を作り出そうとしていた。幸安の地図の特徴の一つである歴史アトラスという体裁も、このような作業の中で展開されたものである。今回の検討結果については、およそこのようにまとめることができる。

しかし、その後の幸安には、このような理解には収まらない視角を備えた活動が見られるようになる。その転換点は、寛延四年(一七五一)正月頃であったと思われる。この前後には、京都に関する地図作製も引き続き行われていたが、それに並行する形で「日本志 輿地部 天文之図」(正月五日 国立公文書館蔵)や「日本志 輿地部 地球天合線度図」(正月中旬 国立公文書館蔵)など畿内以外の地図が大量に作製

され始める。そしてその地図には、次の「日本志 輿地部 地球天合線度図」内に見える文章のような表現が多く見られるようになるのである。

ここでは、「日本輿地図目」として天文図以下が列挙される。これまでは、畿内、とりわけ京都の地誌(『皇州緒餘撰』)に準拠する形で地図が作製されていた。しかし、「日本輿地図目」という言葉からは、地誌との関係が考慮されなくなったわけではないが、これまでの作製とは大きく異なる方法で、すなわち地図どうしの重層的な関連が強く意識されだして地図が作製され始めるのである。

このような地図どうしの関係性を重視する視点は、京都歴史地図にも表れてくる。宝暦三年(一七五三)に作製された「官正近昔京師地図」(25)には次のように書かれている。

平安城両京(4)、中古京師(5)、近世京師(11)、京師内外三図(6・7・10)、官上京師(23)、当今京師(12)、京師新区

日本輿地図目、第一に著する所、天文図という。[……] 次を大地円球天合図という。[……] 次を渾地図識という。[……] 次を日本分界図という。[……] 次を地球線度図という。[……] 次を日本輿地図という。この外、畿内の地図二十餘帖著す。追って七道諸国の地図数百幅を著すものなり。これら皆、編輯する所の日本志の書策と併合して見るべきものは、則ち日本のこと、現然たるものか

〔18・19・20〕など、この近昔と以上十地図とを俱に併せて見るべし。古今の事跡現然たり

※〔　〕内には該当する地図の番号（表5－3参照）を示した

「官正近昔京師地図」は、寛延年間の歴史アトラスを補う形で作製されたものと位置づけられるもので、その点では上記の文章で『皇州緒餘撰』との関係が強調されてしかるべき地図である。しかし、この文章は『皇州緒餘撰』の存在を感じさせない。むしろ地図どうしを関連させて見ること、言い換えるならば歴史アトラスであることが高らかに詠われている。辻垣らは幸安が時間的・空間的連鎖を強く意識していたことを指摘しているが、この文章には、まさにそのような視点が明示されている。

ただし、それでもなお「志」（「書」）が軽視されたわけではないという点は、十分に理解しておかなければならない。地図の余白部分に書き込まれるあの詳細な文字情報をみれば、幸安が地誌的情報への関心を失ったわけではないことがすぐに分かる。むしろ、この時期の幸安は「志」（「書」）と「図」を一枚の紙の上に同時に表現しようとしていたのであり、まさに「図書」という表現を追求した結果とも言える。この点はさらなる検討が必要であるが、幸安は寛延四年後もトポグラファー兼カルトグラファーなのであって、決して「図」に専心したわけではなかったという点は強調しておきたい。

また、寛延四年以降に作製された幸安の地図には、「日本志」天文図などの内題さえ内題に明記されているものが数多く見受けられる。この点は非常に興味深い。これまで、地誌書としての「日本志」は京都に関する『皇州緒餘撰』および『山州撰』しか現存していないこともあり、この構想が完結しようとしていたかどうかは不明であった。しかし、内題に「志」（「書」）を「図」という点から考えると、幸安が「日本志」構想を若干変更させつつも、その作成／作製を継続していた、ということが浮かび上がる。すなわち、「日本志」は当初の地誌書という表現形式から、地誌と地図による相補的形式となり、そして最終的に地誌的情報が盛り込まれた地図という表現形式へと変化しつつ、書き継がれていったのである。表5－2にあるように、幸安は日本全国の地図を作製しており、その点から見れば、「図書」という表現形式による「日本志」は最後まで完成していたと言うことができる。

日本全国を網羅した「図書」——「日本志」——が、幕府の援助もなく一人の知識人によって作製されていたという事実は、改めて考えなければならない問題である。当時、幕府でさえ、体系だった日本全国の「志」（「書」）は所持していなかった。日本を「図書」によって総合的に表現する試みとなると、これまでの地図／地誌史上、類似の構想が完成したかどうかも不明である。それほど幸安の「日本志」は画期的であり、また特異な作品である。このような構想を幕府の援助なしに行えた背景には、どのような知的ネットワークがあったのか。そして一八世紀の社会や文化、そして地理思想史のなかでどのように位置づけることができるのか。これらの点を検討することで、幸安を再評価していかなければならないだろう。課題としておきたい。

〔付記〕図の掲載にあたっては、国立公文書館の許可をいただいた。また、本章で取り上げた発掘調査の情報については、（財）京都市埋蔵文化財

研究所の辻純一氏に便宜をはかっていただいた。雨宮六途子氏、谷貞夫氏、辻垣晃一氏、宮原健吾氏、村上直之氏、森洋久氏、吉川義彦氏からも有益な助言をいただいた。末尾ながら、記して感謝いたします。
脱稿後、辻垣晃一氏の「森幸安の地図を追って――函館中央図書館と国立国会図書館における調査報告」日本研究三二、二〇〇六、三一七―三三一を得た。この中では幸安の新出資料が紹介されており、本章とも関係がある内容だが、反映することができなかった。あわせてお読みいただければ幸いである。

注

1 辻垣晃一・森 洋久編著『森幸安の描いた地図』国際日本文化研究センター、二〇〇三。

2 ①『京都市史 地図編』京都市役所、一九四七、七九頁。②吉村 亨「中古京師内外地図の風景――近世の博雅が見た中世京都―」(足利健亮編『京都歴史アトラス』中央公論社、一九九四)五四―五七頁。

3 幸安の地図の内容が紹介・議論されたものとして次の論考および地図集を挙げておく。①秋岡武次郎『日本地図史』河出書房、一九五五。②『日本古地図集成』鹿島研究所出版会、一九七一。③矢内 昭「大坂の上町の町割と町並」大阪府の歴史八、一九七七、二一―二三頁。④同「豊臣末期の大坂を知るための若干の古地図」森幸安図の評価と活用」日本地図資料協会編『古地図研究』国際地学協会、一九七八、三一―三三頁。⑤川合英夫「黒潮遭遇と認知の歴史」京都大学学術出版会、一九九七、一四一―一四八頁。⑥三好唯義・和島恭仁雄「地図学者森謹斎幸安と伊丹」地域研究いたみ三四、二〇〇五、一四六―一六〇頁。⑦拙稿「近世における浪速古図の作製と受容」史林八五―二、二〇〇二、三三一―三七三頁。

4 このような検討がなされている唯一の図が「和泉国地図」である。『新修泉佐野市史 十三 絵図地図編〈解説〉』泉佐野市、一九九九、七六―七九頁。

5 矢守一彦『古地図と風景』筑摩書房、一九八四、三三六頁。

6 最近に至るまで、幸安自身を分析対象として取り上げたのは柴田勅夫による概説的論考のみであった。柴田勅夫「森幸安とその著作図」(日本地図資料協会編『古地図研究』国際地学協会、一九七八)八九―一三三頁。

7 拙稿「地誌作成者としての森幸安」歴史地理学四七―四、二〇〇五、二一―三三。

8 前掲注1。

9 前掲注1。

10 金田章裕「絵図・地図と歴史学」『岩波講座 日本通史』別巻三、岩波書店、一九九五、三一六―三三三頁。

11 幸安は日本図および大坂(摂津・河内)に関しても「推定・考証図」も作製している。また小牧陣図もある。大坂に関する「推定・考証図」については検討を加えたことがある。前掲注3、⑦。

12 前掲注1。

13 「アトラス」は地図帳と訳されることが多いが、製本されたものだけを指すのではなく、「箱入りのセパレートタイプ」や「取り外し自由なルーズリーフタイプ」も含まれる。幸安の地図はセパレートタイプにあたる。参照、浮田典良編『最新地理学用語辞典 改訂版』大明堂、二〇〇三、四頁。

14 たとえば「山州国旧地図(1)」には「皇州緒餘撰本部百八巻、続撰四十二巻」とあり、「平安城東西両京地図(4)」には「延享年間、皇州緒餘撰数百巻を著す」とあり、清書本自体が延享年間に作成されたことがうかがえる。

15 前掲注8。

16 以下、引用文はすべて書き下したものを掲載する。

17 ただし、幸安の生年は元禄一四年(一七〇一)であるので、宝永年間(一七〇四―一七一一)や正徳年間(一七一一―一七一六)から実際に作成していたかは疑わしい。また「数千巻」もの書が実際に作成されていたかについても問題が残る。

18 また、幸安が作製したその他の地図についても、そのほとんどが同年以降の作製である。

19 さらに言うと、いずれも下書きが残っているのみである。

20 題箋では「皇城大内裏地図」が上、「皇城大内裏地図　禁闕八省豊楽ノ三地」が下となっているが、地図中の文章を見ると「皇城大内裏地図　禁闕八省豊楽ノ三地」が上、「皇城大内裏地図」が下となっている。題箋の文字も幸安の筆跡であり、幸安自身が題箋を付けたと思われるが、このような齟齬から考えると、題箋の貼付は図の完成から一定の時間が経ってからであった可能性が高い。

21 古辞書叢刊刊行会編『原装影印判　拾芥抄』（雄松堂、一九七六）を利用した。

22 京都大学文学部図書館蔵本（寛永一九年〔一六四二〕、西村氏吉兵衛刊）を利用した。

23 『平安京提要』（角川書店、一九九四）所収の写真版を利用した。

24 前掲注2、①所収。

25 前掲注2、①所収。

26 もちろん、今回比較対照としなかった別の原図が存在する可能性も考えられるが、その場合、江戸時代に広範に流布していない特殊な図ということになる。

27 その他に、一部で『日本輿地通志』・『山州名跡志』・『禁秘抄』・『花鳥餘情』・『徒然草』・『年中行事歌合』などを引用している。また「旧記」や「旧図」を利用したとあるが、これらの原本を特定することは困難である。

28 前掲注8。

29 現在、調査報告書は未刊行であるが、現地説明会資料が（財）京都市埋蔵文化財研究所のホームページ（http://www.kyoto-arc.or.jp/）で公開されている。

30 今のところ、他の三辺についての考古学的な裏付けはない。

31 前掲注8。

32 「時の断面」は小牧実繁の用いた概念である。小牧実繁『先史地理学研究』内外出版印刷、一九三七。同じような概念としてH・C・ダービーが提唱した「クロスセクション」があるが、日本では「時の断面」として長期間が静態的に一括して扱われる傾向があった一方、英語圏では特定の年次に限定した「クロスセクション」が使用される傾向があった。両者の相違点や特徴については、金田章裕がまとめている。A. Kinda, Some traditions and methodologies of Japanese historical geography, Journal of Historical Geography, 23, 1 (1997) 62–75.

33 拙稿「一七世紀の名所案内記に見える大坂の名所観」地理学評論七七―九、二〇〇四、五八九―六〇八頁。

34 幸安は宝暦年間に四つの「時の断面」をさらに分割した歴史地図を作製している。そこでは「中昔京師地図」（26）・「官正近昔京師地図」（25）の題名に見えるように「中昔」や「近昔」というこれまでとは異なった時間区分が導入されている。これは、中古・近世をより細分化する時間区分となっている。

35 それ以前に作製された畿内以外の図は、判明している限り、わずかに「美作国地図」（寛延二年〔一七四九〕京都大学総合博物館蔵）と「近江国地図」（寛延二年　国立公文書館蔵）の二枚のみである。

36 前掲注1。

第Ⅱ部　平安京─京都の都市構造

第6章　院政期平安京の都市空間構造

山村亜希

1　はじめに

（1）問題の所在と目的

院政期における京都の空間構造に関しては、既に多くの研究がなされ、以下のような見解が提示されてきた。①平安京外の交通の要衝である白河や鳥羽、法住寺殿、六波羅の地に、院御所・寺院・院近臣の宿所・武家邸・一般民家・御倉町などから成る都市域が形成される。②そこには、平安京の大路・小路の延長街路を基軸とした方格地割が施行され、一定の都市計画の存在を推定できる。③ただし、その方格地割は平安京の条坊とは異なる形態・機能を持ち、段階を追って施行された不整形な箇所も見られる。このように、院政期京都においては、京外に複数の「新都市」群が院政権によって計画的に建設され、それらと京中が有機的に結びついた空間構造には、これらの散在する「新都市」群が院を中核として形成されたことに注目し、京都を京中・京外の院御所と里内裏が多核複合的に結びついた「王都」であるとする。同様に山田邦和も、院政期京都を「一つの大きな複合体」であると考えている。

鎌倉期には、六波羅に六波羅探題を中心とした武士の集住域が形成され、院政期の多核複合的な都市構造は継承された。室町期に入ると、京都周辺部の嵯峨や北野・西京、祇園門前、東寺門前なども都市として発展した。山田邦和は、洛中という卓越した巨大都市に「衛星都市群」が有機的に結合する室町期京都の状況を、「巨大都市複合体」と呼んでいる。

このように、院政期以降の京都全体の空間は、京中と有機的に結合した京外の諸地域から成る多核複合的な都市構造であったと理解されており、その構造は中世を通じて維持され、強化されていったとみることができよう。そして、このような全体構造の中で、とりわけ、周辺地域における「新都市」の誕生と発展というダイナミックな変化と「新都市」の担った役割が注目を集めてきた。

それでは、京都の全体構造の中心核となった京中、すなわち平安京域の空間構造は、院政期以降どのように変化したのだろうか。秋山国三[6]は、院政期以降、四行八門から成る条坊制の町が生まれ、さらに鎌倉期以降に両側町（四丁町）が成立するに至るまでの変遷過程を論じた。また高橋康夫は、一二世紀以降、四面町や一町規模の邸宅の跡地に、空間の高密度利用を目指して辻子が開設されることを指摘している。[7]高橋は、南北朝・室町期には、都市化の進展とともに、都市再開発の機能を担った辻子が盛んに開設されたとする。院政期以降、七条町や八条院町という京都南部の空間は、商業地域としてめざましい発展を遂げた。これらの地域については、発掘調査が進展し、それぞれの地域の空間形態について密接な関連をもって考察がなされている。[8]七条町は、平氏の西八条第や八条院御所との密接な関連をもって、一二世紀後半から一三世紀にかけて発展した。その一部では、工房を兼ねた町屋群が通りに面して家並みを形成し、その裏側には墓地が存在するという景観が想定されている。八条院町は、七条町と一体となって展開したとされるが、その最盛期は八条院御所が荒廃した後の鎌倉期であり、職人町が形成されていたことが指摘されている。

このように、院政期の平安京域では、古代条坊制が解体し、辻子や四面町などから構成される新しい中世的街区へと、京都の都市空間が根本的に変化しつつあったと同時に、南部地域一帯が急速に都市化したことが明らかとなっている。しかし、これらは、平安京の個別の町や地域における現象であり、平安京全体という全体のスケールでの空間構造の変化ではない。平安京全体というスケールの研究としては、木内正広による鎌倉期における武士邸の立地分析が挙げられるが、その関心は武士の居住形態にみる幕府と国家との関係にあり、都市空間構造は

論じられていない。秋山国三の研究では、院政期から鎌倉期にかけての火災記事を整理し、その範囲を地図化することで、同時期の平安京左京域における町屋の範囲を推定しているが、貴族の邸宅など町屋以外の施設の分布も含めた分析は行っておらず、空間構造の検討としては不十分な感が否めない。このように、京外の「新都市」の動態的分析とは対照的に、京都全体の中心核となった京中、すなわち平安京の空間構造の分析は、静態的なものにとどまっている。[10]平安京域全体の空間構造は、院政期以降、どのように変化したのかという疑問に対する明確な答えは、現在のところ示されていないように思われる。

個別の町や地域の変遷は、都市史を語る上で極めて重要であるが、その変遷が平安京域全体の都市空間構造の変化とどのように関連するのかを検討することも必要だろう。とりわけ、近年の古代・中世国府が全体として複合的・分散的な空間構造を呈していたと想定されていることをふまえると、これら地方国府の空間構造に大きな影響を与えたと予想される、同時期の首都・京都の空間構造がいかなるものであったのかが問われてくる。[11]本章は、このような問題に答える基礎的作業として、対象時期を院政期に絞り、平安京の空間構造を考察することを目的とする。具体的には、都市を構成する諸施設の分布の検討を通じて、先述の目的に接近する試みとしたい。

（2）研究方法

本章では、都市を構成する諸施設として、同時代の文献史料に記載のある邸宅、屋地・敷地、小屋に注目し、それらの分布を地図化して空間構造を分析する。この方法は、記載内容が史料の偏在や特性に左右されるという限界を持ち、院政期に平安京内に存在した諸施設全

の立地を正確に図化できる訳ではない。院政期平安京の空間構造の実態をより正確に把握するためには、発掘調査の成果をも加えて解釈する必要があるだろう。とはいえ、膨大な発掘調査資料の分析を行う前の予察として、史料に見える諸施設の地点表記を網羅的に抽出・図化し、平安京全体の空間構造の傾向を概括的にとらえることは、意味のある分析であると思われる。

まず、院政期における邸宅の位置に関する記述を、日記類から抽出し、表6-1、表6-2に整理した。日記類の中でも、とりわけ『中右記』[13]と『玉葉』[14]には、邸宅の位置についての記事が多く、これらに関しては網羅的に記事を収集した。さらに『平安京提要』「左京と右京」[15]における平安京各町の公家邸・施設についての集成をもとに、その他の史料からも邸宅の位置記載を収集した。ほとんどの邸宅の所有者・居住者は貴族である。

屋地・敷地については、『平安遺文』[17]の全史料を通覧し、平安京内の屋地・敷地の位置を特定・推定できる記事を収集した（表6-3）。屋地・敷地の所有者・居住者がどの階層、職業なのか判然としないものも多いが、その面積や土地の流動性から、日記に記載される貴族の邸宅よりは中級クラスの都市市民の居住・所有地とみなす。そこで、ここでは、中級クラスの都市市民の居住・所有地とみなす。これらの屋地・敷地のほとんどは、不動産売買に関連して登場する。

日記には、火災記事に関連して、小屋の位置・分布範囲を推定できる記述も多く見受けられる。小屋の分布は、町屋や下級クラスの人々の居住域の分布を示すだろう。本章では、主として火災記事の多い『中右記』から、小屋の位置を抽出し、表6-4に整理した。院政期の火災の類焼範囲に関しては、既に秋山国三が、『中
右記』以外の日記類も用いて火災記事を網羅的に収集し、「平安京火災図」として時期を区分し地図化している[18]。そこで、本章では表6-4を地図化する際に、秋山の成果を加えて、史料の不足を補い、小屋の分布と火災の類焼範囲を示した。

対象時期は、白河上皇による院政が始まった応徳三年（一〇八六）以降、平家の滅亡した文治元年（一一八五）までの一〇〇年間とする。この間の変化をみるために、対象時期を五〇年で便宜的に二分割した。前期は、応徳三年から保延二年（一一三六）まで。後期は、保延三年（一一三七）から文治元年までである。そして、それぞれの時期における、邸宅の分布（図6-1、図6-2）、屋地・敷地の分布（図6-3、図6-4）、小屋の分布と火災範囲（図6-5、図6-6）を地図化した。第2節では、これらの図をもとに、邸宅、屋地・敷地、小屋それぞれの分布傾向と前期から後期にかけての変化を検討する。第3節では、諸施設の分布傾向を総合し、院政期平安京の空間構造とその変化を考察することとしたい。

2　諸施設の分布傾向とその変化

（1）邸宅

図6-1は、表6-1をもとに、前期における邸宅の分布を示したものである[19]。ここからは、邸宅が左京三条大路以北、大宮大路以東に集中していることがわかる（図6-1A）。なかでも三条大路と二条大路に沿って、邸宅が連続している。その中には、一町ないし二町規模の大規模な邸宅も含まれる。四条大路以南にも複数の邸宅が立地するが、

における邸宅の位置

No.	年月日	居住者・所有者	所在	一町	出典	備考
62	元永元（1118）2.29	三宮	三条東洞院		中右記	
63	天永3（1112）2.19	播磨守長実	二条東洞院		中右記	
64	天永3（1112）6.1	藤原教通	二条東洞院		中右記	百練抄：保安4・6・10鳥羽上皇御所、保延4・2・24焼失
65	大治2（1127）12.9	高階宗章	京極押小路		中右記	
66	大治2（1127）10.17	藤原為隆（仏堂）	六角南　坊城西		中右記	
67	永長元（1096）8.16	藤原国明	美福門大路西　錦小路北		中右記	
68	寛治6（1092）4.28	藤原師信	大宮四条坊門		中右記	中右記：寛治7.10.27大宮錦小路宅焼亡
69	寛治6（1092）4.30	二位	六角猪熊		中右記	
70	長治2（1105）3.12	藤原行家	堀川東　四条北□小路南　油小路東西小屋		中右記	
71	長治元（1104）3.30	藤原仲実	堀川四条		中右記	倉
72	寛治8（1094）5.16	藤原実季	四条坊門（左京四条二坊十五町）		中右記	
73	天永2（1111）12.30	令子内親王	三条町尻（左京四条三坊一町）		中右記	
74	承徳2（1098）8.6	源有宗	室町四条坊門		中右記	中右記：長承3（1134）12・19三条烏丸新御所
75	天永3（1112）12.19	藤原光子	三条（左京四条三坊九町）		中右記	
76	元永元（1118）11.26	藤原宗通	六角東洞院	○	中右記	
77	承徳2（1098）10.29	藤原公実	三条高倉		中右記	
78	承徳2（1098）2.22	源経信	三条富小路		中右記	
79	承徳2（1098）2.22	権大僧都慶朝房	三条京極		中右記	
80	大治4（1129）9.16	藤原家保	三条京極（左京四条四坊十六町）		中右記	
81	大治5（1130）11.15	光信	四条大宮		中右記	
82	嘉承元（1106）7.25	藤原宗忠乳母	堀川五条坊門		中右記	
83	天仁元（1108）10.28	藤原国資	綾小路油小路		中右記	
84	元永2（1119）2.16	邦忠	五条坊門西洞院		中右記	
85	天仁元（1108）3.7	藤原家光	五条町尻		中右記	
86	元永元（1118）閏9.9	信濃守盛基	五条烏丸		中右記	
87	長治2（1105）2.20	頼仲入道	五条烏丸		中右記	
88	康和4（1015）3.28	藤原季仲	五条東洞院		中右記	藤原隆時邸も近辺にあり
89	嘉承2（1107）閏10.1	源国信	綾小路東洞院（左京五条三坊十五町）		中右記	
90	長承元（1132）11.25	藤原顕盛	綾小路北　東洞院西		中右記	
91	承徳2（1098）9.16	高階泰仲	綾小路東洞院（左京五条四坊二町）		中右記	
92	大治5（1130）10.27	藤原宗通	五条坊門高倉（左京五条四坊三町）		中右記	
93	康和4（1102）8.7	藤原顕隆	五条高倉（左京五条四坊四町）		中右記	康和5（1103）焼失
94	承徳2（1098）12.23	藤原忠実	高辻高倉		中右記	
95	永久2（1114）1.2	法橋成信	万里小路高辻		中右記	中右記：天仁元（1108）3.4五条富小路
96	嘉承2（1107）12.30	平繁時	五条坊門富小路		中右記	
97	天仁元（1108）7.10	法橋斎信	五条京極		中右記	
98	承徳2（1098）8.27	藤原行実（阿弥陀堂）	六条北　美福門西		中右記	
99	長治元（1104）10.7	藤原長明	美福大路五条南		中右記	近辺に小屋
100	康和5（1103）1.27	俊子内親王	樋口堀川		中右記	
101	天永3（1112）8.7	藤原孝清	堀川揚梅小路		中右記	
102	嘉承元（1106）5.19	藤原宗重	六条坊門堀川		中右記	
103	承徳2（1098）12.23	経信	堀川六条坊門		中右記	
104	承徳2（1098）7.20	藤原経忠	堀川東　六条坊門北		中右記	
105	寛治8（1094）閏3.10	前長門守孝範	五条南油小路東		中右記	
106	寛治元（1087）6.20	源顕房	六条（左京六条三坊五町）		中右記	
107	嘉祥3（1108）2.25	藤原顕季（六条中院）	六条（左京六条三坊十二町）		中右記	
108	元永2（1119）4.22	敦兼	六条東洞院		中右記	
109	寛治6（1092）3.9	源仲宗	六条高倉		中右記	雑舎
110	長治2（1105）8.27	法橋隆信	五条南富小路□角		中右記	
111	永久2（1114）8.17	土佐守能仲	七条坊門町尻		中右記	
112	元永元（1118）閏9.23	能仲	七条堀川〜東洞院		中右記	
113	寛治3（1089）12.6	藤原実季	七条水閣（七条室町）		中右記	
114	天永3（1112）5.13	藤原顕季→藤原実行	六条烏丸		中右記	
115	承徳2（1098）11.6	若狭前司行綱朝臣郎従散位行方	七条万里小路		中右記	
116	長承3（1134）6.16	藤原家保	七条東洞院		中右記	
117	大治3（1128）5.11	藤原顕頼	八条大宮		百練抄	
118	大治2（1127）11.24	藤原顕能	八条町尻		中右記	百練抄：養和元（1181）2.17八条室町
119	天永2（1111）6.23	藤原宗通	九条（左京九条二坊十二町）		中右記	
120	嘉承元（1106）6.22	藤原能長	九条（左京九条三坊六町）		中右記	
121	嘉保元（1094）9.1	大僧正良真	西京（右京四条三坊九町）		中右記	
122	嘉承元（1106）10.27	阿弥陀堂	西院（右京五条三坊八町）		中右記	

所在欄の（　）は、『平安京提要』の位置比定を示す

表 6-1　院政期前期

No.	年月日	居住者・所有者	所在	一町	出典	備考
1	元永元 (1118) 2.5	藤原季実	正親町東洞院(左京北辺三坊七町)		中右記	中右記：天仁2 (1109) 9.27 町東洞院、正親町第
2	長治元 (1104) 7・11	藤原邦綱（土御門亭）	土御門（左京北辺四坊二町）		中右記	
3	大治5 (1130) 11.8	源雅実	土御門高倉（左京北辺四坊三町）		中右記	中右記：長治元 (1104) 7.11 土御門亭
4	寛治8 (1094) 11.2	帥大納言（源経信）	一条京極		中右記	
5	大治2 (1127) 4.5	藤原盛重	雷解小路南堀川東角		中右記	
6	天喜元 (1053) 6.20	藤原茂子	滋野井（左京一条二坊十三町）		土右記	
7	元永元 (1118) 1.1	土御門烏丸内裏	土御門烏丸（左京一条三坊九町）	○	中右記	1117年～1153年存続
8	長承3 (1134) 9.21	土佐守顕保	中御門烏丸		中右記	
9	承徳元 (1097) 12.2	藤原寛子	枇杷殿（左京一条三坊十五町）		中右記	
10	康平4 (1061) 8・1	藤原師実	花山院	○	百練抄	百練抄：康平6・7・3 新造
11	寛治元 (1087) 12.26	藤原家忠	中御門東洞院～近衛富小路		中右記	
12	寛治4 (1090) 4.9	源高実	近衛万里小路		中右記	中右記：寛治8. 閏3.21 焼亡、法成寺の近辺
13	嘉承2 (1107) 12.30	藤原隆時	中御門富小路		中右記	
14	天永3 (1112) 1.3	藤原重隆	中御門北富小路東		中右記	近辺に小屋
15	寛治8 (1094) 3.2	藤原経実	京極中御門		中右記	
16	天仁2 (1109) 10・22	安部宗重	堀川西春日小路南		殿暦	
17	寛治8 (1094) 1.29	藤原顕綱	大炊御門堀川（左京二条二坊十一町）		中右記	本朝世紀：康治元 (1142) 11・28 堀川東大炊御門南藤原公信邸
18	長治2 (1105) 6.26	令子内親王（二条堀川御所）	二条北堀川東一町		中右記	中右記：寛治8 (1094) 11.11 中宮御竈神、天仁元 (1108) 1.3、永久2 (1114) 1・2 皇后宮二条堀川、仁平2 (1152) に焼失
19	承徳2 (1098) 2.2	高階為章	二条油小路（左京二条二坊十三町）		中右記	
20	寛治元 (1087) 8.28	藤原師実	大炊殿（左京二条三坊三町）			中右記 1083-1098年存続、白河上皇・後冷泉天皇皇后御所、堀川天皇里内裏
21	康和4 (1102) 10.6	故頼綱朝臣女子	西洞院冷泉		中右記	
22	嘉保2 (1095) 11.2	閑院内膳屋	大炊御門町尻東		中右記	
23	元永元 (1118) 1.19	新宰相中将	二条烏丸		中右記	
24	長治元 (1104) 11.1	藤原家保	二条烏丸		中右記	
25	承暦4 (1080) 8・29	大江匡房（小二条第）	小二条（左京二条二坊十三町）		水左記	
26	天永3 (1112) 6.1	前大納言	大炊御門東洞院		中右記	
27	長治元 (1104) 12.27	藤原忠宗→白河・鳥羽法王御所（大炊殿）	大炊御門北　東洞院西一町	○	中右記	天永3 (1112) 移転
28	天永3 (1112) 6.19	源俊実→鳥羽天皇御所（大炊殿）	大炊御門北　東洞院東	○	中右記	永久4 (1116) 焼失
29	嘉承2 (1107) 2.24	右中弁顕隆	大炊御門高倉		中右記	
30	保延2 (1136) 12.13	源有仁	冷泉北　東洞院東		台記	
31	永長元 (1096) 5.10	橘以綱	二条北東洞院東角		中右記	
32	承徳2 (1098) 2.22	源師忠	冷泉高倉		中右記	
33	天仁元 (1108) 8.21	藤原長実	大炊御門万里小路		中右記	中右記：永久2. 8. 3 院御所
34	元永2 (1119) 8.29	備前守正盛	春日小路高倉		中右記	
35	大治元 (1126) 12.27	待賢門院璋子	春日殿（左京二条四坊十町）		百練抄	
36	永久2 (1114) 8.5	源能俊	大炊御門南万里小路東		中右記	
37	長承元 (1132) 12・26	鳥羽上皇・藤原璋子（院御所）	二条北万里小路東		中右記	1132～1137年存続
38	天仁元 (1108) 4.25	五位	二条富小路		中右記	
39	寛治6 (1092) 4.1	前斎院佳子	二条富小路		中右記	
40	天仁元 (1108) 11.8	土佐守盛業	二条京極		中右記	
41	長治2 (1105) 8.13	高階時章	二条京極		中右記	
42	天永3 (1112) 10.11	源清実	大炊御門京極（左京二条四坊十四町）		中右記	
43	嘉保2 (1095) 3.19	越前守清実	京極大炊御門		中右記	
44	長治元 (1104) 2.18	藤原基隆	三条大宮（左京三条二坊四町）		中右記	
45	元永元 (1118) 11.2	周防前司宗香	堀川西　姉小路南		中右記	
46	長治元 (1104) 12.25	源俊房	堀川三条		中右記	
47	天永3 (1112) 12.14	故按察入納言実季卿後家老尼	二条堀川		中右記	
48	天永3 (1112) 12.14	右中弁為隆	三条堀川		中右記	
49	永久2 (1114) 7.26	愛宕寺別当源意	三条坊門堀川		中右記	
50	長治2 (1105) 4.18	高階為家	三条西洞院		中右記	
51	嘉保2 (1095) 11.11	源雅俊	三条西洞院		中右記	
52	元永元 (1118) 1.27	源実明母	三条北室町西		中右記	
53	長治2 (1105) 6.14	前斎院	三条町尻		中右記	
54	嘉承元 (1106) 3.2	藤原有佐	三条町尻		中右記	
55	嘉承2 (1107) 7.1	藤原忠長	三条町尻		中右記	
56	大治5 (1130) 11.13	源義親	鴨院南町		中右記	
57	寛治8 (1094) 1.16	藤原師実	鴨院（左京三条三坊七・八町）	2町	中右記	
58	天仁元 (1108) 10.21	藤原俊忠	二条南辺　室町東		中右記	
59	天永3 (1112) 8・23	藤原顕頼	二条南　烏丸西		中右記	
60	寛治元 (1087) 2.11	藤原家道	三条烏丸		中右記	
61	康和4 (1102) 9.4	高階能遠	烏丸姉小路		中右記	

における邸宅の位置

No.	年月日	居住者・所有者	所在	出典	備考
53	治承3（1179）11.26	藤原基通	六条北　堀川西	山槐記	
54	文治元（1185）8.26	藤原親雅	揚梅　油小路西	山槐記	
55	文治元（1185）10.17	源義経	六条堀川	百練抄	
56	長寛2（1164）6.27	白河法皇・鳥羽・近衛天皇（小六条院）	揚梅北　烏丸西	山槐記	
57	安元3（1177）5.6	藤原顕季・源雅定（中院）	六条室町（左京六条三坊十二町）	玉葉	
58	治承3（1179）12.28	藤原邦綱	五条東洞院	玉葉	玉葉：治承4（1180）1・10高倉天皇御所、山槐記：治承4（1180）2.21安徳天皇御所、五条南東洞院西
59	治承（1177）12.17	平信基	佐女牛南、東洞院西	玉葉	吾妻鏡：文治2(1186)7.27鎌倉幕府に没収
60	安元3（1177）5.4	平時忠	佐女牛東洞院	玉葉	山槐記：治承3（1179）11.3左女牛北東洞院東
61	治承3（1179）11.3	前兵部大輔親家	七条坊門北	山槐記	
62	永暦2（1161）4.13	藤原定隆	七条北　東洞院東角	山槐記	
63	治承3（1179）3.15	藤原信隆	七条坊城（左京八条一坊八町）	山槐記	
64	仁安2（1167）3.7	藤原顕長	八条堀川（左京八条二坊十三町）	兵範記	
65	治承4（1180）5.26	上皇	八条坊門大宮	玉葉	「日来御所依為内裏、去廿二日所渡御此亭也」
66	治承4（1180）5.14	藤原季能	八条坊門南　烏丸西	山槐記	
67	治承4（1180）4.5	藤原為保	塩小路南　東洞院西	山槐記	
68	永暦元（1160）12.4	藤原実行	八条北　万里小路西	山槐記	山槐記：治承2（1178）閏6.15平宗盛邸
69	永暦元（1160）12.4	藤原伊通	九条北　堀川東	山槐記	
70	寿永2（1183）7.21	九条兼実（九条第）	東小路、富小路（左京九条四坊十二町）	山槐記	
71	承安2（1172）11.25	藤原聖子（九条殿）	九条（左京九条四坊五・六条）	玉葉	
72	康治2（1143）7・19	源憲俊	一条高倉	本朝世紀	
73	久寿2（1155）6・1	藤原公親	一条富小路（左京北辺四坊五町）	山槐記	兵範記：同日条にも記載あり
74	康治元（1142）3.13	藤原忠通	菅原院（左京一条三坊十二町）	台記	
75	仁平2（1152）11.15	藤原家成	中御門北　東洞院西	兵範記	
76	仁平2（1152）8・25	藤原師長	近衛大路北　高倉西	本朝世紀	
77	仁平2（1152）12・22	藤原季行	勘解由小路富小路（左京一条四坊十三町）	山槐記	
78	仁平3（1153）4.6	藤原基家	大炊御門北室町東	本朝世紀	
79	仁平3（1153）4.7	藤原信隆	大炊御門烏丸（左京二条三坊十町）	兵範記	
80	久安4（1148）8・9	藤原頼長	大炊御門高倉（左京二条四坊七町）	台記別記	
81	仁平3（1153）11・5	源資賢	冷泉北万里小路東	本朝世紀	
82	久寿3（1156）4・19	藤原隆季	三条猪熊	兵範記	
83	平治元（1159）7・16	後白河天皇（高松殿）	（左京三条三坊三町）	百練抄	炎上
84	康治元（1142）2・10	藤原顕隆	三条西洞院（左京三条三坊四町）	本朝世紀	
85	天養元（1144）3.22	源雅通	六角北　油小路西	本朝世紀	
86	仁平2（1152）12・1	藤原重通	六角南　東洞院西	本朝世紀	
87	保元3（1158）7・21	藤原光忠	東洞院東　六角北	山槐記	
88	康治元（1142）2・2	藤原清隆→鳥羽法王御所（四条東洞院御所）	四条（左京四条四坊四町）	本朝世紀	仁平元（1151）焼失
89	久安元（1145）8.22	藤原璋子	三条高倉（左京四条四坊八町）	台記	
90	保元2（1157）3.24	藤原資長	四条〜五条　烏丸〜大宮（左京五条二坊十六町）	兵範記	
91	久安2（1146）3.9	官子内親王	綾小路北　東洞院東	本朝世紀	
92	久寿3（1156）2・5	藤原顕輔	六条大宮（左京六条一坊十三町）	兵範記	
93	仁安2（1167）3.24	伯耆局	大炊御門朱雀	山槐記	
94	仁平3（1153）4.15	大江匡房	樋口西　西洞院東	本朝世紀	
95	久安4（1148）10・21	高階仲範、仲行	六条万里小路	台記	
96	平治元（1159）11.26	崇親院	（左京六条四坊十六町）	百練抄	
97	仁平2（1152）12.21	藤原憲頼	六条南　櫛笥西	本朝世紀	
98	久寿2（1155）5.13	藤原為通	六条南　大宮東	山槐記	
99	仁平元（1151）6.2	藤原顕長	八条大路北堀川西	本朝世紀	
100	康治2（1143）3.16	藤原顕頼	九条（左京九条四坊四町）	百練抄	
101	仁平2（1152）3.11	藤原忠通	九条（左京九条四坊十二町）	山槐記	

所在欄の（　）は、『平安京提要』の位置比定を示す

第Ⅱ部　平安京―京都の都市構造

表 6-2　院政期後期

No.	年月日	居住者・所有者	所在	出典	備考
1	治承4（1180）4.15	藤原永範	一条大宮（左京北辺二坊一町）	山槐記	
2	仁安元（1166）11.3	藤原邦綱	土御門東洞院（左京北辺四坊二町）	玉葉	玉葉：承安5（1175）6.12正親町、承安5.8.19、安元3（1177）4.28、治承元（1177）9.20、文治2（1186）5.20正親町東洞院
3	承安3（1173）2.11	藤原定隆、藤原俊家	土御門高倉	玉葉	
4	治承4（1180）12.16	源俊子	中御門北　油小路東	山槐記	
5	永万元（1165）7・17	藤原基実	近衛殿（左京一条三坊十町）	山槐記	本朝世紀：康治元（1142）12.22条藤原忠通邸、兵範記：久寿2（1155）7・22条にも記載あり
6	応保2（1162）10・19	藤原忠通	勘解由小路殿（左京一条三坊十一町）	百練抄	兵範記：仁平2（1152）3.16条勘解由小路烏丸、久寿2（1155）1・1条にも記載あり
7	文治4（1188）8.4	藤原成親→後白河法皇→藤原経宗	中御門東洞院（左京一条三坊十三町）	玉葉	
8	応保2（1162）3・28	藤原基実	高倉殿　土御門南　東洞院東	百練抄	
9	治承3（1179）3.26	藤原重方	勘解由小路北　京極西	山槐記	
10	安元2（1176）1.28	藤原邦綱	二条堀川	玉葉	直廬、玉葉：安元3（1177）4.28二条油小路直廬と同所か
11	治承3（1179）3.26	源有房	冷泉北、室町西	玉葉	玉葉：同年4.9、山槐記：同年4・9条冷泉室町西
12	承安3（1173）12.16	藤原基房	中御門南、烏丸東角	玉葉	関白新造家、松殿跡。山槐記：仁安2（1167）2・15統子内親王御所
13	治承元（1177）4.6	藤原師長	冷泉北、東洞院東	百練抄	
14	治承元（1177）4.6	藤原忻子	冷泉高倉（左京二条四坊六町）	百練抄	もと源有仁邸
15	応保元（1161）4.22	二条天皇（大炊御門高倉殿）	大炊御門北　高倉東	山槐記	
16	文治元（1185）7.22	藤原経宗（春日殿）	大炊御門北　富小路西	山槐記	
17	治承3（1179）4.24	藤原頼輔	京極西春日南	山槐記	
18	治承3（1179）3.26	藤原重頼	中御門南　京極西	玉葉	
19	仁安2（1167）5・27	源通能	三条油小路西方	山槐記	
20	安元3（1177）4.28	源中納言	三条猪熊	玉葉	富小路～六条～朱雀～大内の範囲が類焼
21	安元3（1177）4.28	別当	三条堀川	玉葉	富小路～六条～朱雀～大内の範囲が類焼
22	安元3（1177）4.28	藤大納言	三条油小路	玉葉	富小路～六条～朱雀～大内の範囲が類焼
23	安元3（1177）4.28	二位大納言	三条西洞院	玉葉	富小路～六条～朱雀～大内の範囲が類焼
24		藤原道憲	姉小路西洞院	平治物語	
25	応保元（1161）7.8	高階為清	三条坊門南烏丸西	山槐記	
26	元暦元（1184）8.1	源資賢	二条南　高倉東	山槐記	
27	承安3（1173）2.11	九条家	二条万里小路	玉葉	
28	永暦元（1160）12.4	藤原公能	姉小路北　万里小路東	山槐記	
29	応保元（1161）12.19	菅原貞衡	錦小路南　壬生東	山槐記	
30	承安5（1175）8.16	藤原隆季	大宮西　四条北　四条面	山槐記	
31	安元3（1177）4.28	中宮大夫	四条大宮町内	玉葉	富小路～六条～朱雀～大内の範囲が類焼
32	安元3（1177）4.28	二位中将	四条大宮町内	玉葉	富小路～六条～朱雀～大内の範囲が類焼
33	安元3（1177）4.28	左大弁	六角大宮	玉葉	富小路～六条～朱雀～大内の範囲が類焼
34	安元3（1177）4.28	藤原基房	錦小路大宮	玉葉	富小路～六条～朱雀～大内の範囲が類焼
35	治承4（1180）12.6	源雅頼	三条南　猪熊東	山槐記	
36	建久8（1197）3.20	統子内親王→藤原殖子	三条烏丸（左京四条三坊九町）	玉葉	
37	応保元（1161）9・30	九条兼実	四条坊門東洞院	山槐記	
38	嘉応2（1170）12.26	隆輔朝臣	三条万里小路	玉葉	
39	嘉応2（1170）1.11	源季長（家司）	四条坊門富小路	玉葉	
40	治承3（1179）2.28	藤原兼盛	五条坊門北大宮西大宮面	山槐記	
41	治承2（1178）6.3	高階泰惟	高辻北　猪熊西	山槐記	
42	治承2（1178）6.28	高階泰経	高辻北　猪熊東	山槐記	
43	仁安2（1167）4.10	藤原俊憲	綾小路南　油小路西	山槐記	
44	安元3（1177）4.28	藤原頼定	綾小路堀川	玉葉	富小路～六条～朱雀～大内の範囲が類焼
45	安元3（1177）4.28	藤中納言	綾小路西洞院	玉葉	富小路～六条～朱雀～大内の範囲が類焼
46	仁安2（1167）2.14	藤原経房	四条南　東洞院西	山槐記	
47	仁安2（1167）2.11	藤原実長	五条北　東洞院東	山槐記	
48	仁安2（1167）5.28	藤原成通・泰通	五条坊門南　高倉東	兵範記	
49	治承4（1180）3.19		六条壬生之辺	玉葉	
50	治承5（1181）6.5	覚智僧正	楊梅壬生辺	玉葉	
51	寿永元（1182）10.19	藤原定能	六条坊門大宮	玉葉	玉葉：元暦元（1184）10.25樋口大宮
52	治承4（1180）3.19	藤原為行	五条大宮	玉葉	山槐記：治承4.3.18五条南大宮東

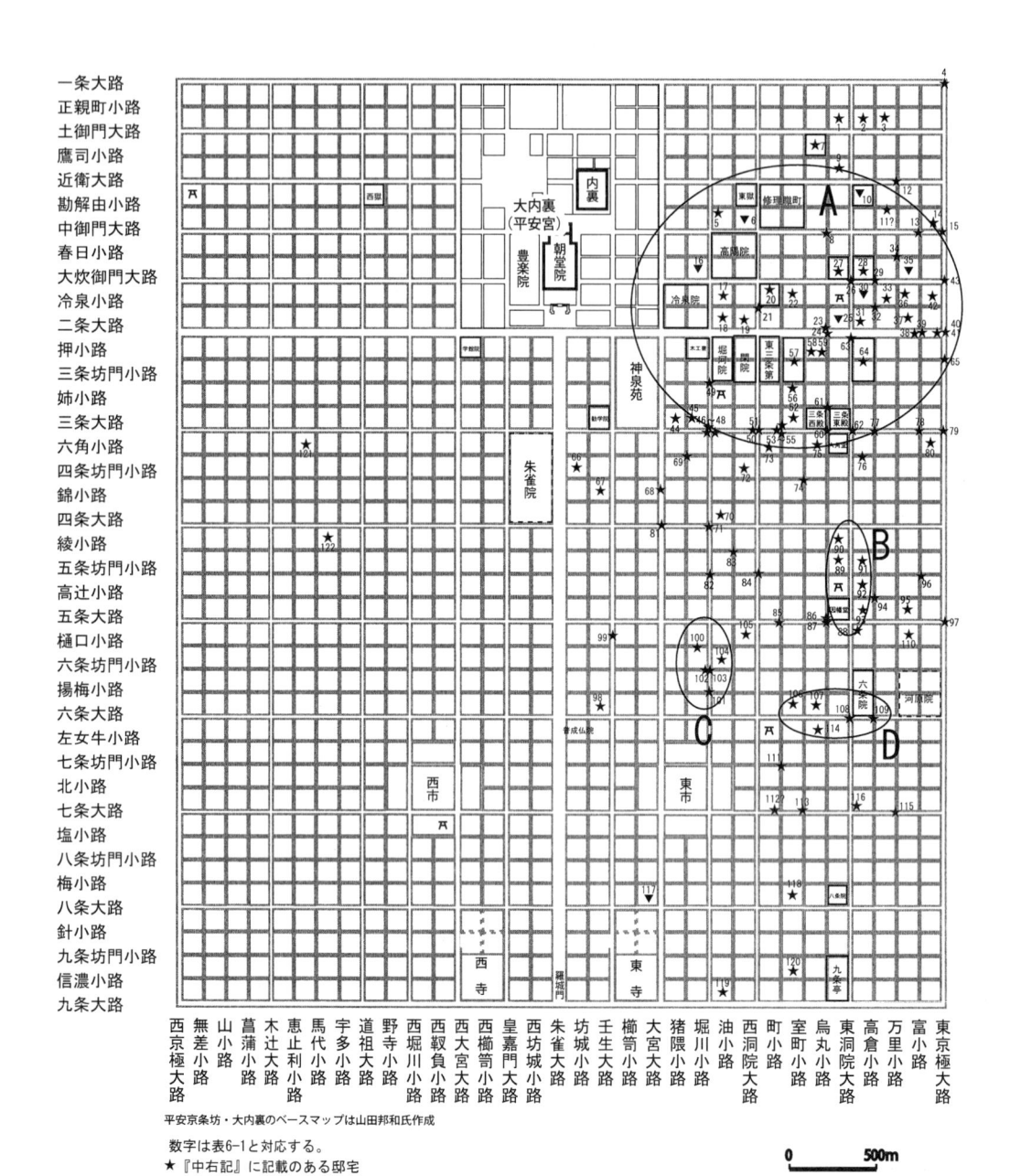

図 6-1　邸宅の分布　前期（1086-1136 年）

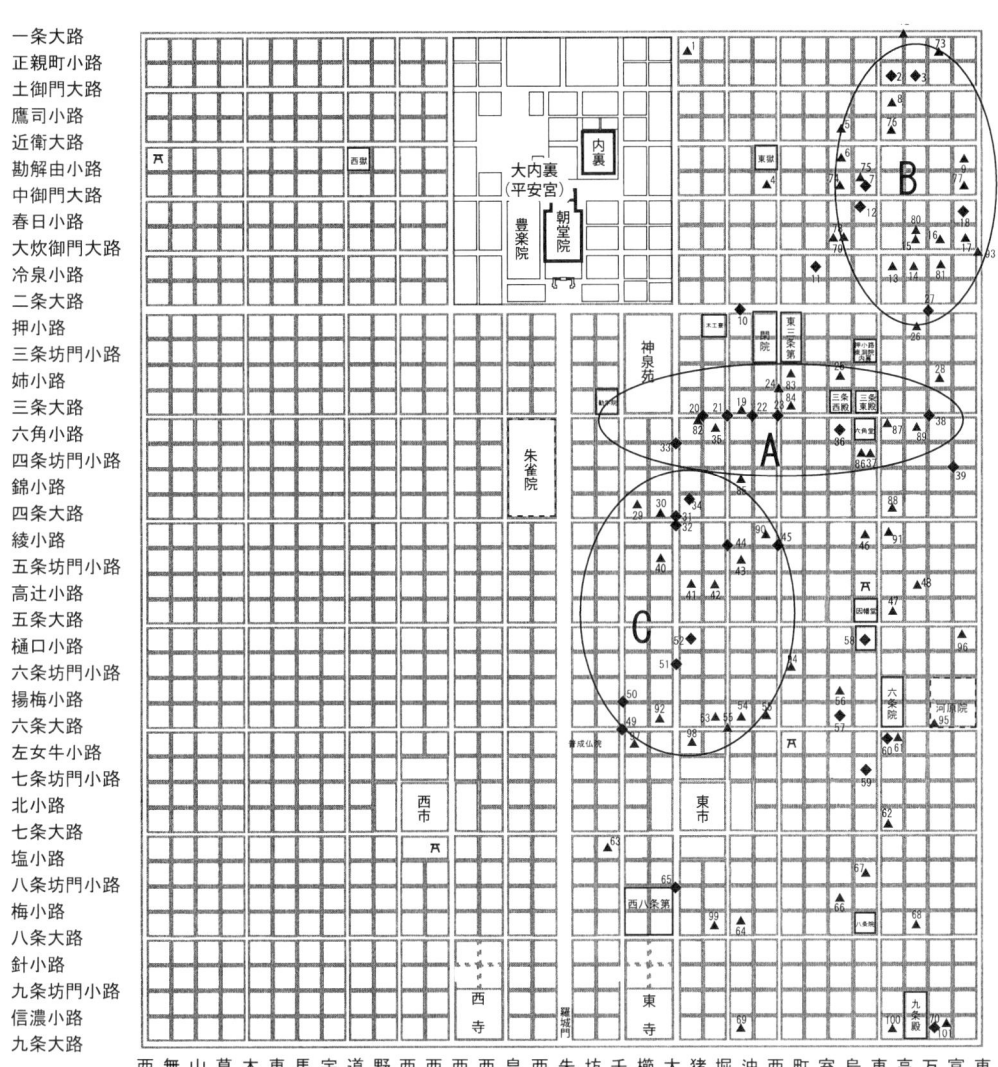

図 6-2　邸宅の分布　後期（1137-1185 年）

No.	年月日	地目	居住者・所有者	所在	面積・形状	備考	史料	出典
13	永久3 (1115) 8.16	敷地	源伊俊	大宮樋口	6戸主		平補42	尊経閣藤井貞幹影写文書
14	永久6 (1118) 2	家地	源某→藤原朝臣	左京七條三防八町西三四行北六七八門之内	4戸主30丈（東西11丈2尺5寸南北20丈）		平1886	島田文書
15	元永元 (1118) 11.5	敷地	源友方→大江国兼	樋口猪熊地	1戸主		平1832裏	東寺百合文書
16	天治2 (1125) 8.23	家地	源某→伊豆講師円賢	左京八条一防十六町西一二行北五六七八門内	1戸主（東西2丈5尺1寸 南北19丈8尺）		平2049	東寺百合文書
	仁平3 (1153) 10	家地	坂上氏→藤原盛経	塩小路大宮	1戸主（東西2丈5尺1寸 南北19丈8尺）		平2790	東寺百合文書
	保元3 (1158) 5.5	家地	坂上氏→女房紀氏	左京八条一防十六町西一二行北五六七八門内 端裏：塩小路大宮	1戸主（東西2丈5尺1寸 南北19丈8尺）		平2920	東寺百合文書
17	大治元 (1126) 4.25	家地	前関脇介・修学院僧等→備中守藤原朝臣→近江守藤原朝臣	左京七条三坊八町西二三四行北一二三四五門内	6尺3尺2寸7分(東の畝北20丈 西の畝20丈2尺寸 東西14丈3尺5寸)		平2069	島田文書
	大治元 (1126) 5.17	家地	近江守藤原朝臣→女院庁官時直	左京七条三坊八町西二三四行北一二三四五門内	6尺3尺2寸7分(東の畝北20丈 西の畝14丈3尺5寸)		平2072	島田文書
	大治元 (1126) 6.9	家地	院庁官志摩	左京七条三坊八町西二三四行北一二三四五門内	6尺3尺2寸7分(東の畝北20丈 西の畝14丈3尺5寸)		平2075 平2247	島田文書 島田文書
	長承元 (1132) 10	家地	女院庁官志摩→僧源能→大納言殿	左京七条三坊八町西二三四行北一二三四五門内	6戸主			
18	大治元 (1126) 6.9	家地	六角堂別当御房	四条室町地	5戸主		平2075	島田文書
19	大治4 (1129) 2.24	畠	大安寺権上座長舎大法師→大宅姉子→吉江太郎丸	左京八条四坊六堺記角字鰭垣内 限東小路中垣 限南刺子 限西司人地在中垣 限北中垣	3段	69と同地	平2126	東大寺文書
20	大治5 (1130) 6.12	敷地	藤原友次→文屋氏太子	左京五坊三坊壹町西一二行北五四五門内	1戸主（東西12丈1尺 南北4丈1尺3寸）		平補304	早稲田大学所蔵文書
21	大治5 (1130) 6.12	敷地	藤原友次→藤原朝臣	自六条坊門南自東洞院西、坊門面	1戸主（東西5丈南10丈）		平補304	早稲田大学所蔵文書
22	大治5 (1130) 6.12	敷地	藤原友次→藤原朝臣	自姉小路北自猪熊東角	25丈（東西6丈7尺5寸南北3丈6尺4分）		平補304	早稲田大学所蔵文書
23	長承元 (1132) 10	敷地	大納言殿→僧源能	揚梅西洞院地	5戸主		平2247	島田文書
24	長承元 (1132) 10	敷地	大納言殿→僧源能	六条町地	1戸主		平2247	島田文書
25	長承3 (1134) 4	敷地	貞清→藤原経則	左京八条二坊九町西三四行北四五門内	1戸主1丈2尺5寸		平2301	成簀堂所蔵雑文書・田中教忠氏所蔵文書
	仁平元 (1151) 8.12	家地	紀某→藤原為盛	左京従七條南従油小路西油小路面	1戸主1丈2尺5寸(口南北5丈 奥南北10丈2尺5寸)		平2738	成簀堂所蔵雑文書
26	長承4 (1135) 1.23	家地	藤原某→多治眞安	左京捌條壹坊拾参門内参戸主東肆行北壹参肆伍陸柒捌門良角	3戸主（東西5丈 南北30丈）		平2313	史料編纂所所蔵春日社旧記
27	長承4 (1135) 4.26	家地	藤原某→多治眞安	右京捌條壹坊拾参門内四戸主東肆行北壹参肆伍陸柒捌門内 梅小路面	4戸主（東西6丈6尺7寸 南北30丈）		平2317	史料編纂所所蔵春日社旧記
28	保延元 (1135) 7.27	地	中原清祐→秦武元	従六角北従室町西、六角面	8丈2尺3寸5分（東西2丈2尺6寸 南北3丈7尺）		平補308	山城田中忠三郎氏所蔵文書
29	保延元 (1135) 7.27	家地	中原清祐→秦武元	従六角北 室町西面貳云所	南北3丈7尺 東西4丈5尺		平2328	尊経閣所蔵文書
	康治2 (1143) 6.21	家地	佐伯氏女→源女北三条殿	従六角北 室町西面貳云所	南北3丈7尺 東西4尺5寸		平2515	尊経閣所蔵文書

三条大路以北に比して散在的である。しかし、その中でも東洞院大路に沿った五条大路―四条大路間の因幡堂周辺（図6-1B）には邸宅が集中する。邸宅の分布が他の場所と比べて密な地域は、六条坊門堀川周辺（図6-1C）や六条東洞院近辺（図6-1D）にも確認できる。

次に、表6-2をもとに作成した図6-2から、後期の邸宅分布を検討する。図6-1と図6-2を比較すると、いくつかの相違点を指摘することができる。一つは、前期には二条大路と三条大路に沿って邸宅の集中が見られたが、後期には二条大路沿いの邸宅が減少し、三条大路に沿ってのみ邸宅の集中がみられることである（図6-2A）。第二に、相変わらず三条大路以北に邸宅が多いものの、室町小路以東に集中し（図6-2B）、前期よりも邸宅分布範囲が東に大きく縮小していることが分かる。院政期を通じて、三条以北の北部地域への邸宅密集度が弱まったことが推定される。第三に、四条大路―六条大路間の大宮大路周辺に多くの邸宅が分布する地域が出現し（図6-2C）、全体として邸宅が平安京域南部に拡大したことも、前期と異なる傾向であろう。

表 6-3 『平安遺文』にみる

〈前期（1086～1136 年）〉

No.	年月日	地目	居住者・所有者	所在	面積・形状	備考	史料	出典
1	応徳 2（1085）1.2	敷地	尼妙智→藤原清家	左京四条二坊玖町西参肆行北柒捌門内	1戸主（東西5丈7尺5寸　南北8丈7尺）		平1245	東寺百合文書
	嘉保 2（1095）4.8	敷地	平某→清原宣清	左京四条二坊九町西四行北七門内	16丈6尺6寸（東西5尺7尺5寸　南北2丈8尺9寸）		平1344	東寺百合文書
2	嘉保 2（1095）1.10	家地	土佐前司忠季→大江公仲→男	坊城地一町　左京四条一坊二町　丑虎角　西三四行北一二三四門	8戸主		平1338	大江仲子解文
	天永 2（1111）12	家地	橘広房→大江氏	坊城地堂所　在左京四条一坊二町　丑寅角　西三四行北一二三四門			平1761	金毘羅宮所蔵文書
3	嘉保 2（1095）1.10	家地	土佐前司忠季→大江公仲→男	坊城地一町　左京四条一坊二町　辰巳角　西三四行北五六七八門	8戸主		平1338	大江仲子解文
	天永 2（1111）12	家地	橘広房→男	（坊城地）辰巳角　西三四間行北五六七八門			平1761	金毘羅宮所蔵文書
4	嘉保 2（1095）1.10	堂敷地	大江公仲	坊城地一町　左京四条一坊二町　未申角　西一二行北五六七八門	8戸主		平1338	大江仲子解文
	天永 2（1111）12	堂敷地		（坊城地）未申角　西一二行地五六七八門			平1761	金毘羅宮所蔵文書
5	嘉保 2（1095）1.10	敷地	大江公仲→女子	坊城地一町　左京四条一坊二町　戌亥角　西一二行北一二三四門	8戸主		平1338	大江仲子解文
	天永 2（1111）12	敷地	橘広房→女子	（坊城地）戌亥角　西一二行北一二三四門			平1761	金毘羅宮所蔵文書
6	嘉保 2（1095）1.10	家地	大江公仲	美福地一町　左京七条一坊八町	1町		平1338	大江仲子解文
	天永 2（1111）12	家地	橘広房	美福地壹町　左京七条一坊八町	1町		平1761	金毘羅宮所蔵文書
7	嘉保 2（1095）1.10	家地	大江公仲	西三条地一町　右京三条一坊六町	1町		平1338	大江仲子解文
	天永 2（1111）12	家地	橘広房	西三条地壹町　右京三条一坊六町	1町		平1761	金毘羅宮所蔵文書
8	嘉保 2（1095）4.4	敷地	平某	六角油小路	東西5丈7尺5寸　南北2丈8尺9寸		平1343	東寺百合文書
9	嘉保 3（1096）3	敷地	僧某→前淡路守	四条室町	2戸主（東西25丈5尺　南北39丈2尺2分）		平補289	山城鹿王院文書
10	康和 3（1101）4.15	敷地	左京職→	左京七条一坊十五町西一行北八門　左京七条一坊十五町西一行北八門	1戸主（東西10丈　南北5丈）	左京職裁定	平1440	東寺百合文書
	永久 3（1115）7.8	敷地	藤原季忠→女子・下総権守某→大江国兼	左京七条一坊十五町西一行北八門	1戸主（東西10丈　南北5丈）		平1832	東寺百合文書
	元永元（1118）11.5	敷地	大江国兼→源友方		東西5丈　南北5丈		平1832裏	東寺百合文書
11	永久 3（1115）4.26	屋地	大和兵衛大夫重綱後家平氏→平資孝	左京七条二坊一町内　西三行北十丈（七カ）八門内	1戸主余19丈4尺3寸（東西6丈5尺5寸　南北10丈6尺）	60と同地	平1823	九条家文書
	大治 3（1128）6	屋地	平資孝→平資基→信濃守	左京七条二防一町内西三行北七八門内	1戸主余19丈4尺3寸（東西6丈5尺5寸　南北10丈6尺）		平補303	九条家文書
	天承元（1131）8	屋地	平資孝→藤原氏左目牛殿	左京七条二坊一町内西三行北七八門内	1戸主余19丈4尺3寸（東西6丈5尺5寸　南北10丈6尺）	屋3宇、車宿1宇	平補54	九条家文書
12	永久 3（1115）8.16	家地	源中納言家→源頼子→	従七条坊門南従室町東　戌亥角	4戸主余24丈1尺6寸		平補42	尊経閣藤井貞幹影写文書

（2）屋地・敷地

表 6-3 をもとに、前期の屋地・敷地分布を示したものが図 6-3 である。位置を地図上で示すことのできる史料が少なかったため、分布の傾向を読みとることは難しいが、図 6-1 と比較すると、屋地・敷地の集中する三条大路以北には、屋地・敷地は極めて少ないことを指摘できる。分布が比較的多いのは、東市の北側の六条大路近辺である（図 6-3 A）が、集中度は高くない。

図 6-4 には、表 6-3 をもとにして、後期の屋地・敷地分布を示した。後期と前期とを比較すると、後期には屋地・敷地の集中する地域を見いだすことができる。それは、東市は東洞院大路―西洞院大路間で、南北は三条大路と五条大路の間（図 6-4 A）である。この中には、六角堂と因幡堂が含まれる。また、東市の周辺にも、屋地・敷地が比較的まとまって分布する（図 6-4 B）。

図 6-3 と図 6-4 を比較すると、前期は左京に広く散在していた屋地・敷地が、三条大路―五条大路間と東市周辺に集中することが推定される。

（3）小屋

表 6-4 と秋山の作成した「平安京火災図」をもとに、小屋の分布と火災の類焼範囲を、前期（図

135　第 6 章　院政期平安京の都市空間構造

期の屋地・敷地の位置

No.	年月日	地目	居住者・所有者	所在	面積・形状	備考	史料	出典
52	仁安3 (1168) 7.19	敷地	紀氏女→秦末仁	自六角西 自室町西角	東西4丈5尺、南北3丈7尺		平補349	山城田中忠三郎氏所蔵文書
53	仁安3 (1168) 7.19	敷地	紀氏女→秦末仁	自六角北 自室町面 自角北	南北3丈3尺、東西4丈6尺		平補349	山城田中忠三郎氏所蔵文書
54	嘉応2 (1170) 1.15	田	僧林智→中臣五郎丸	右京九條一坊九坪参段内西橋壹段	1段		平3530	東寺文書
55	嘉応2 (1170) 4.25	敷地	尼妙連→紀正季	自七條南自櫛毛東角	30丈 (但口1丈奥11丈)		平補113	大谷雅彦氏所蔵文書
56	承安2 (1172) 8.7	敷地	秦是国比売→秦是国	自綾小路北 自町東 綾小路面段	口2丈2尺7寸 奥10丈		平補362	山城鹿王院文書
57	承安2 (1172) 12.16	敷地	中原氏女→小野季長	自六角北 自室町西角	8丈2尺4寸 (東西2丈2尺2寸 南北3丈7尺)		平補365	山城田中忠三郎氏所蔵文書
58	承安3 (1173) 6.2	家地	源義盛→大学助嫡女源氏・後家藤原氏→清原康家	京七条二坊一町内西三行北七八門内	1戸主余19丈4尺3寸 (口west5尺5寸 奥南北10丈6尺)	11 と同地	平補119	九条家文書
59	承安4 (1174) 2.2	巷所	下道延貞→藤三弟の藤太	自八条北自朱雀西角中	戸主半		平3653	東寺百合文書
60	承安5 (1175) 2.5	敷地	藤原国宗→藤内	左京従七条南従油小路西 油小路面	1戸主 (南北5丈 奥東西10丈)		平補373	山城田中忠三郎氏所蔵文書
61	承安5 (1175) 4.16	家地	尼妙法→藤原姉子	右京八条三坊四坪 東△中 限東大路 限南記助尚中垣 限西堀地 限北堀地垣溝	1段		平3682	筒井寛聖氏所蔵東大寺文書
62	安元2 (1176) 5.26	屋地	比丘尼妙法→大子	自四条坊門南 自高倉西 坊門面	51丈 (口東西5丈1尺 奥南北10丈)		平補380	山城大徳寺文書
63	安元2 (1176) 6.7	田地	橘元清→明蓮坊	三条坊門 西京極以東 サワト云			平3764	東寺百合文書
64	安元2 (1176) 6	家地	藤原氏女→大江是貞	左京捌條壹坊陸東町一二行北五六七八門内	1戸主 (東西2丈5尺1寸 南北19丈8尺)		平3767	東寺百合文書
65	治承元 (1177) 11.5	敷地	某寺政所→大仏師法橋院カ	一条富小路	1戸主		平3811	宝鏡寺文書
66	治承2 (1178) 3.27	畠地	佐伯三子→三蔵次郎丸	左京八条四坊坪 辰已角 字鳴垣内 限東小路中垣 限南制小路 限西中垣 限北中垣	3段	19 と同地	平3823	東大寺文書
67	治承4 (1180) 2.28	敷地	仏師源順→大学頭菅原某	正親町帯刀町	43丈6尺2寸1分		平3904	宝鏡寺文書
68	治承4 (1180) 5.9	敷地	秦国清→源光清	自四条南自町東 町面	口1丈2尺7寸 奥8丈		平補130	土岐武次氏所蔵文書
69	承暦4 (1180) 9.3	敷地	宗岡武蔵→頼命法師	左京四条三坊二町西四行北二門			平1179	八坂神社文書
70	寿永元 (1182) 10.18	家地	中原某→女房藤□氏	六条坊門以南猪隈以東猪隈面	1戸主余2丈9尺6寸(南北5丈4尺6寸 東西9丈7尺)		平4059	集古文書56
71	寿永元 (1182) 11.21	水田	為実入道→橘次郎丸	右京陸条壹坊肆坪南大路辻合 限東下野道 限南朝道 限西堀地 限北際目	1段		平4062	水木直前氏所蔵文書
72	寿永元 (1182) 11.21	水田		右京陸条一坊四坪南大路	2段		平4063	石崎直矢氏所蔵文書
73	元暦元 (1184) 7.24 元暦元 (1184) 7	蘭田 蘭田	一院御座 一院御座	塩少路南朱雀東角 塩小路南朱雀東角	前蘭蘭田 2段大 2段大		平4185 平4188	東寺百合文書
74	元暦元 (1184) 7.24 元暦元 (1184) 7	蘭田 蘭田	一院御座 一院御座	八条坊門北防城西西南南 八条坊門北防城六面依	前蘭蘭田 1段 1段		平4185 平4188	東寺百合文書
75	元暦2 (1185) 3.4 元暦2 (1185) 3.4 元暦2 (1185) 3.4	敷地 敷地 敷地	平某女 平某女 右兵衛尉宮道→大江盛六	左京五坊門北頬自室町東 六条門南猪熊西坊門面 綾小路南 東洞院東 綾小路面中許	口東西6丈2尺3寸 奥南北11丈2尺 2戸主(口東西5丈7尺3寸 奥南北17丈4尺5寸)		平4236 平4236 平4235	成簣堂所蔵雑文書 成簣堂所蔵雑文書 田中教忠氏所蔵文書
76	元暦2 (1185) 8.2	家地	大江某	左京綾小路南東洞院東綾小路西目西角拾丈次	1戸主 (口東西4丈1尺 奥南北17丈4尺)		平4270	田中教忠氏所蔵文書

第II部 平安京―京都の都市構造 136

表 6-3（続き）『平安遺文』にみる院政

〈後期（1137～1186年）〉

No.	年月日	地目	居住者・所有者	所在	面積・形状	備考	史料	出典
30	保延 3 (1137) 9.22	家地	平宗貞→源吉貞	左京自太宮西自塩小路北塩小路面	1戸主3丈（東西5丈1尺南北10丈4尺）		平2372	東寺百合文書
	保延 4 (1138) 5.17	家地	源吉貞→平遠正	左京自太宮西自塩小路北塩小路面	1戸主3丈（東西5丈1尺南北10丈4尺）		平2386	東寺百合文書
31	保延 4 (1138) 11.8	田	藤原姉子	左京四條三坊十坪六段　限東小路　限南小路　限西石上大夫地　限北小路	6段		平2396	東大寺文書
32	保延 4 (1138) 11.8	田	藤原姉子	左京四條三坊十六坪参段　限東小路　限南小路　限西石上大夫地　限北畷	3段		平2396	東大寺文書
33	保延 6 (1140) 10.3	田	僧聖尊→次郎丸	左京七條四坊十六坪丑寅角	2段		平2434	東大寺文書
34	康治 2 (1143) 2.7	敷地	めうねん→みなもとうちのむ	五てうのハうもん　むろまちはうもんおもて　きたのつら（端裏書：五条坊門室町）	西東1戸主　1丈2尺3寸　北南末1丈2寸		平補316	山城田中忠三郎氏所蔵文書
35	久安 2 (1146) 3.20	水田	白錦姉子→僧能因	右京二條一坊六坪　限東際目　限南際目　限西際目　限北縄手			平2573	林康員氏所蔵文書
	仁安 2 (1167) 2.10		僧能因→実撃院	右京二条一坊六坪	1段大		平3415	林康員氏所蔵文書
36	久安 5 (1149) 10.3	家地	清水座主某→市御前母	七条油小路	1戸主		平2677	成簣堂所蔵雑文書
37	久安 6 (1150) 2.23	家地	尼妙法→藤原光政	左京七条一坊十五町西一二行北七八門内自七条坊門比匿毛東坊門面南行一戸主次	1戸主		平2687	東寺百合文書
38	久安 6 (1150) 4.8	家地	藤原氏女	六角西洞院面西頬　六角面南頬次良角	東西17丈　南北10丈		平2700	大徳寺文書
	保元元 (1156) 12.3	敷地および足棚	藤原氏女→あこ女				平2862	大徳寺文書
	治承元 (1177) 9.27	敷地および足棚	藤原氏女→さゑ門大郎				平3809	大徳寺文書
39	久安 6 (1150) 4.8	家地	藤原氏女	四條町切革坐棚　自南二条三番			平2700	大徳寺文書
	保元元 (1156) 12.3	敷地および足棚	藤原氏女→あこ女				平2862	大徳寺文書
	治承元 (1177) 9.27	敷地および足棚	藤原氏女→さゑ門大郎				平3809	大徳寺文書
40	仁平元 (1151) 4.3	家地	山城倫俊→藤原氏女→秦重成	自近衛大路北　自刀帯町小路西近衛大路面	東西20丈口　南北10丈3尺7寸奥		平2726	田中教忠所蔵文書
	仁平元 (1151) 4.26	家地	藤原氏子→秦重成	自近衛大路北　自刀帯町小路西近衛大路面	東西20丈口　南北10丈3尺7寸奥		平補322	広島大学文学部所蔵文書
	承安 2 (1172) 9.2	家地	秦重成→僧延秀	左京　自近衛北　自刀帯町西　近衛面	東西2丈口　南北10丈3尺7寸奥		平3605	尊経閣所蔵文書
41	仁平元 (1151) 8.12	敷地	紀某→藤原為盛	錦小路烏丸	戸キ半（口2丈5尺奥10丈）		平2738	成簣堂所蔵雑文書
42	仁平 3 (1153) 12.26	畠	（東九条御領）	富小路以西信濃小路以南町	34戸主46丈5尺2寸		平補79	九条家文書
43	仁平 3 (1153) 12.26	畠	（東九条御領）	富小路以西信濃小路以北	16戸主45丈7尺6寸		平補79	九条家文書
44	仁平 3 (1153) 12.26	畠	（東九条御領）	富小路以東信濃小路以南町	35戸主2丈8尺		平補79	九条家文書
45	仁平 3 (1153) 12.26	畠	（東九条御領）	富小路以東信濃小路以北	13戸主3丈7尺6寸		平補79	九条家文書
46	保元 2 (1157) 1.11	敷地	小野高久→	右（左カ）京四条室町東辻子	口南北3丈　東西10丈		平補85	鹿王院文書
47	保元 2 (1157) 9.2	田	藤井姉子→藤井仲子	左京九条一坊十坪内　限東小路　限南　限西大路　限北藤井姉子領	1段		平2906	久原文庫所蔵文書
	寿永 2 (1183) 2.19	田	藤井仲子→田邊太郎丸	左京九条壹坊拾坪内　限東川　限南口路　限西大路　限北際目	1段		平4069	東大寺文書
48	永暦元 (1160) 4.27	敷地	藤原邦綱→女房上野局	自樋口北自烏丸西　烏丸面自中央南	31丈2尺5寸（口南北2丈5尺　奥東西12丈5尺）		平補95	九条家文書
	永暦元 (1160) 10.5	敷地	藤原邦綱→藤原近光→橘某	自樋口北自烏丸西　烏丸面自中央南	31丈2尺5寸（口南北2丈5尺　奥東西12丈5尺）		平補96	九条家文書
49	永暦元 (1160) 4.27	敷地	女房上野局	自樋口北、自高倉東、樋口面			平補95	九条家文書
50	長寛元 (1163) 5.2	敷地	藤原国方→高橋正重	自四條南自町東町面	口8尺6寸5分　東西5丈5尺8寸		平3255	集古文書56屋代弘賢蔵
51	仁安 2 (1167) 12.29	敷地	治部少輔藤原某→雑色里影	左京四条二坊十三町	東西2丈5尺　口四条面　南北10丈1尺		平5045	尊経閣所蔵藤井貞幹影抄文書

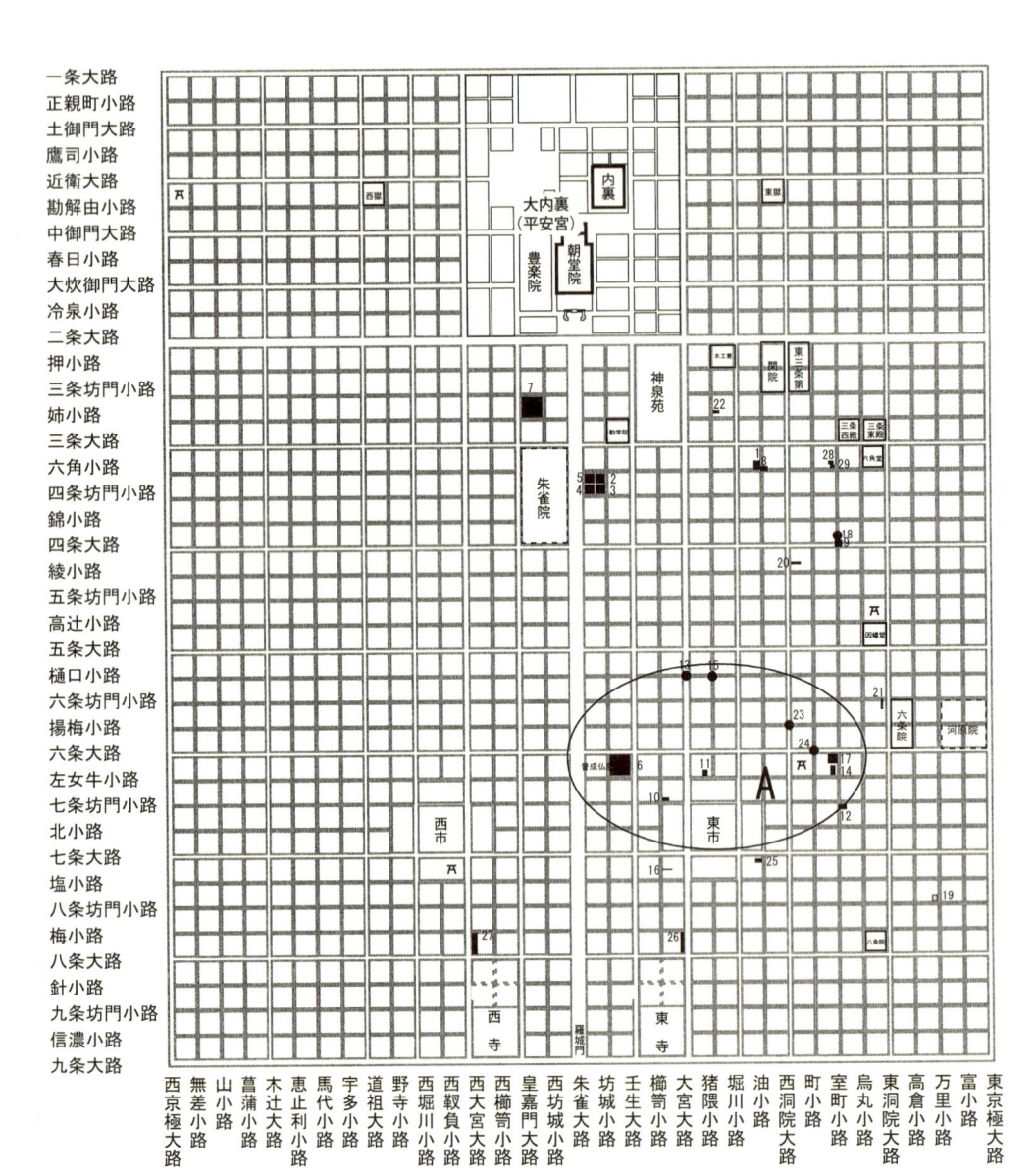

図 6-3　屋地・敷地の分布　前期（1086-1136 年）

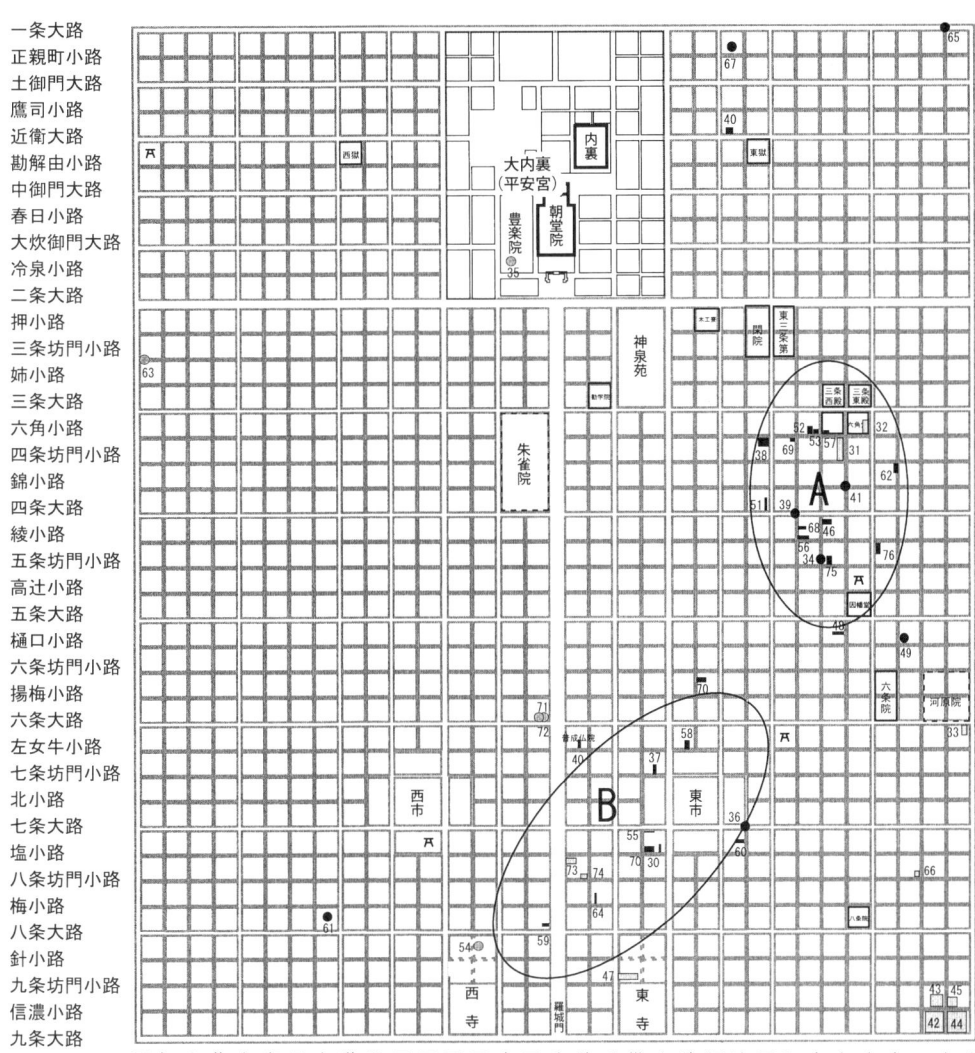

図6-4 屋地・敷地の分布 後期（1137-1186年）

6-5)と後期（図6-6）に分けて地図化した。図6-5をみると、小屋の分布域、火災の類焼範囲ともに、五条大路以北に広がっていることが分かる。とりわけ、五条大路以北の町小路沿い（図6-5A）と、堀川小路以東の二条大路―五条大路間（図6-5B）に、小屋が密集していたことが推定される。一方、五条大路以南では、七条町周辺（図6-5C）や、五条―六条間で東西は東洞院大路と東京極大路の間（図6-5D）に、小屋が集中するが、その範囲は五条大路以北の小屋の分布域に比べると狭い。

図6-6を見ると、後期には全体として小屋の分布範囲と火災の類焼範囲が、ともに左京南部に移行していることに気づく。秋山も指摘しているように、特に火災が頻発するのは、三条大路―五条大路間の町小路周辺（図6-6A）と七条町周辺（図6-6B）である。大宮大路以東の四条大路―五条大路間の町小路周辺の町屋は、町小路沿いのみから、三条大路―五条大路間に火災の類焼範囲が広がっていることにとどまらず、周辺にも広がっていた可能性が高い。他にも、五条大路以北の東京極大路沿い（図6-6C）においても火災がたびたび起こっており、前期から後期の間に、左京縁辺の鴨川河原の近辺に小屋の分布域が拡大したことがうかがえる。

3　院政期平安京の空間構造

第2節における分析の結果、邸宅、屋地・敷地、小屋のいずれの施設に関しても、前期と後期の分布傾向に大きな変化が見られることが分かった。さらに、これら諸施設の分布の相互関係を把握するため、前期の諸施設の分布図（図6-1、図6-3、図6-5）を総合して図6-7を、後期の諸施設の分布図（図6-2、図6-4、図6-6）を総合して図6-8を作成した。図6-7と図6-8を比較することで、前期と後期における諸施設の全体的な分布傾向の変化を知ることができる。ここから、本節では院政期平安京の空間構造とその変化を考察することとしたい。

（1）前期における諸施設の分布と空間構造（図6-7）

前期には、全体的に諸施設の分布は五条大路以北に集中しており、都市構造の中心は五条大路以北にあったことがうかがえる。二条大路と三条大路の二本の東西道路沿いには、貴族の邸宅が集中していた。このうち二条大路は、東に延長すると鴨川を超えて白河に接続し、その東の終点には、法勝寺が西大門をあける。二条大路は、白河の東西幹線道路と考えられており、白河が院政の中心地である当該期において、二条大路は京中においても主要幹線道路であったと言える。二条大路沿いには、大規模な邸宅が軒を連ねる景観が推定される。二条大路は、白河と京中の御所とを結ぶという点から、院政期の政治機能を担った都市の基軸であったと評価できよう。なお、二条大路以北で室町小路以東の地域には、邸宅以外の施設は少なく、この地域も、貴族の邸宅が卓越する空間であったと推定される。

貴族の邸宅が集中する、もう一つの東西道路である三条大路の南側には、屋地・敷地が分布していた。小屋や火災の類焼範囲も、三条大路沿いおよびその南側に広く展開していた。三条大路は、貴族の邸宅が卓越する二条大路とは異なり、その周辺には、貴族の邸宅と中下層の都市住人の家屋・小屋とが混在する景観がうかがえる。

小屋の分布域と火災の類焼範囲は、町小路という南北道路の周辺に、北は一条大路から南は五条大路まで広がる。ここから、町小路に沿って、市街が連続していたことが推測される。貴族の邸宅の多い三条大路以北にも、町小路沿いや町小路以西には小屋も広く分布しており、ここには貴族の邸宅と貴族に従属する人々の居住する小屋とが混在していたと思われる。秋山は、修理職町の立地する土御門大路—中御門大路間の町小路沿いに小屋が多いことから、ここにも官衙町である修理職町の生産・交換機能を受け継いだ町屋が存在したとする。この指摘をふまえれば、貴族の邸宅と小屋が混在する空間の中で、町小路が商業機能を担う都市軸となっていたと考えられる。町小路沿いには、修理職町の他、三条町周辺と四条大路—五条大路間に、諸施設の分布が重複する。町小路に沿って連続する市街の中でも、これらの地域が特に都市的発展を遂げていたことが推測される。

このように、前期においては、政治機能を担う都市軸として東西道路の二条大路が、商業機能を担う都市軸として南北道路の町小路が想定される。他にも、邸宅と小屋・町屋とが混在する市街は、三条大路沿いにも展開していた。前期には、東朱雀大路という南北道が存在したことも知られる。鈴木進一は、東朱雀大路を、京と白河の中間地点に通る南北道で、都市の中心軸であるとの当時の認識のもと、その名称が付されたとする[22]。一方、滝波貞子は、周囲に大邸宅が建ち並ぶ二条以北の東京極大路が東朱雀大路であると主張する[23]。東朱雀大路の機能と位置についての両者の見解は異なるが、ここでは、南北方向の都市軸が、さらにもう一本あった可能性を考慮に入れておきたい。

しかし前期には、これらの都市軸に沿って線状にのみ、都市空間が展開していた訳ではない。四条坊門高倉周辺や、四条油小路周辺、高

辻室町周辺にも、町屋がまとまって分布していたと推定される。これらの地域は、邸宅や屋地・敷地の分布が集中する三条大路や東洞院大路といった大路の裏手にあたる。大路に面して邸宅や中級クラス以上の家屋が立地し、その背後の小路に沿って小規模な小屋や町屋から成る商業空間が展開していた景観が推測される。

一方、五条大路以南には、全体的に諸施設の分布が少ない。五条大路と六条大路の間の堀川小路沿いや、西洞院大路から東京極大路にかけての六条大路沿いに、邸宅や屋地・敷地が比較的まとまって分布し、東市北側や五条大路東洞院南東域に小屋や屋地・敷地が複合して比較的広く分布している。このように、五条大路以南では、邸宅、小屋、屋地・敷地それぞれが、小規模に島状にまとまって分布するものの、市街を連続させる都市軸は想定しにくい。唯一、七条町を中心とした七条大路以南では、邸宅、小屋、屋地・敷地・町場を推定できるが、それらは散在的に分布していた。このように町屋沿いにのみ線状に広がるのではなかったと考える。商業空間は、町小路沿いに留まらず、大路沿いの邸宅・屋地の裏手に小規模な島状のまとまりを持って展開していた。さらに南北道路の東朱雀大路、東西道路の三条大路も都市軸として機能していた可能性もある。しかし都市形態は、都市軸沿いにのみ線状に広がっていたのではなかったと考える。五条大路以南にも、複数の島状の住宅地・町場を推定できるが、それらは散在的に分布していた。このように町屋沿いにのみ線状に広がっていたのではなかったと考える。

以上の考察をまとめておく。前期においては、政治機能を担い、貴族の邸宅が軒を連ねる東西道路の二条大路と、邸宅と町屋が混在する中で、商業機能を担う南北道路の町小路という二本の都市軸が機能していたと思われる。さらに南北道路の東朱雀大路、東西道路の三条大路も都市軸として機能していた可能性もある。しかし都市形態は、都市軸沿いにのみ線状に広がっていたのではなかったと考える。五条大路以南にも、複数の島状の住宅地・町場を推定できるが、それらは散在的に分布していた。このように町屋沿いにのみ線状に広がっていたのではなかったと考える。五条大路以北では東西・南北の都市軸を中心として都市空間が広がっているものの、その中でも市街の密集度に濃淡があり、五条大路以南では島状に都市空間が分散する空間構造であったと考える。

No.	年月日	焼亡範囲・位置	出典	備考
59	嘉承2(1107) 3.5	大炊御門富小路	中右記	
60	嘉承2(1107) 4.2	三条町尻室町三町	中右記	兵衛督師頼宅も類焼
61	嘉承2(1107) 4.5	五条南大宮東	中右記	
62	嘉承2(1107) 9.27	万里小路綾小路	中右記	小屋数宇
63	嘉承2(1107) 10.14	大炊御門東朱雀河原 二条まで	中右記	人家数百宇
64	嘉承2(1107)閏10.7	二条室町	中右記	
65	天仁元(1108) 2.7	左女牛烏丸	中右記	1宇
66	天仁元(1108) 2.7	三条坊門万里小路	中右記	
67	天仁元(1108) 2.8	高辻南北烏丸東	中右記	因幡堂を含む
68	天仁元(1108) 2.21	大炊御門京極	中右記	
69	天仁元(1108) 4.4	町尻東 西近衛北 土御門南二町	中右記	
70	天仁元(1108) 6.3	二条北町尻西町	中右記	
71	天仁元(1108) 11.1	三条坊門南 堀川西	中右記	
72	天永2(1109) 1.6	烏丸六条坊門辺 六条殿近辺	中右記	
73	天永2(1109) 4.1	京極綾小路辺	中右記	
74	天永2(1109) 10.14	大宮東～四条坊門南町 院御所二町	中右記	
75	天永3(1110) 1.3	中御門北富小路東	中右記	
76	天永3(1110) 9.28	六条南大宮東西	中右記	
77	天永3(1110) 10.3	帯刀町西～近衛南、中御門に及ぶ、二三町	中右記	
78	天永3(1110) 11.23	一条殿の東町	中右記	
79	永久2(1114) 1.1	町尻四条坊門辺	中右記	
80	永久2(1114) 12.20	二条万里小路	中右記	
81	元永元(1118) 1.15	堀川土御門辺	中右記	
82	元永元(1118) 1.28	五条西洞院 北は坊門まで 西は美福門 南は五条まで	中右記	
83	元永元(1118) 1.28	堀川西大宮東三条南北	中右記	
84	元永元(1118) 3.4	東洞院西綾小路辺	中右記	
85	元永元(1118) 3.29	美部四条北辺	中右記	
86	元永元(1118) 7.2	美部樋口辺	中右記	
87	元永元(1118)閏9.9	五条烏丸近辺 一町	中右記	
88	元永元(1118)閏9.23	七条堀川小屋焼亡、東洞院に及ぶ、10余町が焼亡、七条南北の家屋多く焼亡	中右記	
89	元永元(1118) 10.23	大炊御門北大宮東	中右記	
90	元永元(1118) 11.23	東洞院七条坊門南二町	中右記	
91	元永元(1118) 11.24	美部六条坊門	中右記	
92	元永2(1119) 2.1	一条北辺万里小路末	中右記	
93	元永2(1119) 2.25	大宮東土御門南北	中右記	
94	元永2(1119) 4.29	油小路四条北小路	中右記	
95	元永2(1119) 12.3	大宮綾小路	中右記	
96	大治2(1127) 12.12	三条坊門北烏丸東西	中右記	
97	大治2(1127) 4.25	一条南富小路東西	中右記	
98	大治4(1129) 1.15	六角南 東洞院東より四条万里小路まで	中右記	
99	大治5(1130) 3.2	一条北堀川末	中右記	
100	大治5(1130) 5.17	二条富小路	中右記	
101	長承元(1132) 9.23	四条南京極東 綾小路に及ぶ	中右記	
102	長承2(1133) 5.14	近衛南京極東辺 法成寺御堂近辺	中右記	

〈後期（1137～1186年)〉

No.	年月日	焼亡範囲・位置	出典	備考
103	仁平2(1152) 4.5	四条坊門北 猪熊東 半町	本朝世紀	
104	仁平2(1152) 5・21	六条南 町西	本朝世紀	小屋1、2
105	仁平2(1152) 5・22	五条南 富小路東	本朝世紀	小屋10余
106	仁平2(1152) 6・8	四条南 富小路東	本朝世紀	
107	仁平2(1152) 9・2	樋口南北壬生大路西	本朝世紀	
108	仁平2(1152) 9・10	四条坊門北 油小路西から六角北 西洞院東に及ぶ	本朝世紀	
109	仁平2(1152) 11.5	冷泉北堀川東小屋から 二条北堀川東に及ぶ	本朝世紀	
110	仁平2(1152) 11.8	六角北 烏丸東	本朝世紀	
111	仁安2(1167) 5・27	油小路半～三条	山槐記	橘逸勢社も焼失
112	安元3(1177) 5.1	自二条北、至油小路西角	玉葉	古小屋
113	承暦4(1080) 10.4	六角南猪熊東西辺	水左記	
114	建久2(1191) 5.14	五条南油小路西	玉葉	六条坊門～油小路～西洞院の範囲が類焼

表 6-4　院政期における小屋の位置

〈前期（1086〜1136年）〉

No.	年月日	焼亡範囲・位置	出典	備考
1	寛治元（1087）2.12	大炊御門北〜一条南、西洞院東〜室町西東	中右記	
2	寛治元（1087）2.24	四条南〜五条北、西洞院東〜室町西	中右記	
3	寛治6（1092）3.6	五条坊門〜万里小路、三条東洞院、京極、四条坊門宅	中右記	人家60余所、範囲内に関白殿御所三条殿あり
4	寛治6（1092）4.1	二条富小路	中右記	近隣二三四町小屋
5	寛治6（1092）5.30	一条北辺東洞院末	中右記	
6	寛治7（1093）12.27	一条堀川の辺り	中右記	
7	寛治8（1094）2.4	富小路三条坊門	中右記	
8	寛治8（1094）2.27	四条高倉	中右記	
9	寛治8（1094）3.7	京極西高辻南北	中右記	
10	寛治8（1094）3.19	六条殿近辺	中右記	
11	寛治8（1094）閏3.10	五条南油小路東	中右記	
12	寛治8（1094）7.18	烏丸四条坊門東西三町	中右記	
13	嘉保2（1095）3.18	中御門より北　堀川より西　二町　大宮まで	中右記	
14	嘉保2（1095）3.19	東朱雀大路中御門	中右記	
15	嘉保2（1095）4.21	東朱雀春日辺	中右記	
16	嘉保2（1095）5.8	獄西辺	中右記	
17	嘉保2（1095）12.14	東朱雀大路より西に中御門北	中右記	法成寺近辺
18	嘉保2（1095）12.14	法成寺南辺	中右記	
19	永長元（1096）1.29	六条殿近辺　河原院中	中右記	小屋2宇
20	永長元（1096）4.19	五条大宮東西	中右記	
21	永長元（1096）8.16	美福門大路西より錦小路北	中右記	
22	承徳元（1097）1.3	近衛大路北室町東西二町	中右記	
23	承徳元（1097）閏1.2	七条坊門東洞院東	中右記	
24	承徳元（1097）2.8	土御門北〜西洞院西	中右記	
25	承徳元（1097）9.27	東洞院東〜八条坊門北　一町	中右記	
26	承徳元（1097）11.29	土御門西洞院	中右記	
27	承徳元（1097）12.3	法成寺御堂東	中右記	
28	承徳元（1097）12.7	堀川西〜六角北	中右記	
29	承徳元（1097）12.7	一条末河原	中右記	
30	承徳元（1097）12.26	一条室町	中右記	
31	承徳元（1097）12.29	六条堀川	中右記	
32	承徳2（1098）1.23	五条西洞院	中右記	
33	承徳2（1098）2.24	三条富小路東西三十余町	中右記	人家
34	承徳2（1098）3.7	一条油小路	中右記	
35	承徳2（1098）3.27	三条南高倉東	中右記	
36	承徳2（1098）3.28	中御門南堀川西	中右記	
37	承徳2（1098）6.27	五条坊門室町東西二町・高辻南北	中右記	
38	承徳2（1098）7.18	大炊御門烏丸	中右記	
39	承徳2（1098）10.24	大炊御門南　富小路東西辺　一町	中右記	
40	康和4（1102）2.6	堀川西〜三条北	中右記	
41	康和4（1102）8.15	堀川左女牛	中右記	
42	康和4（1102）9.12	六条堀川辺	中右記	
43	康和5（1103）11.16	五条坊門室町より出火、五条東洞院西辺四五町	中右記	数十家、屋舎、姫君新徳あり。重配：五条坊門、五条北、東洞院、即東
44	康和5（1103）12.16	三条京極	中右記	この近辺、百練抄：寛元元（1243）6.14祇園御霊会で乱闘
45	長治元（1104）4.11	大炊御門北　室町西	中右記	
46	長治元（1104）4.23	二条烏丸西	中右記	
47	長治元（1104）10.7	美福大路五条南	中右記	
48	長治元（1104）11.15	六角万里小路	中右記	
49	長治元（1104）11.21	七条西洞院	中右記	
50	長治2（1105）3.12	堀川東　四条北□小路南、油小路東西	中右記	
51	長治2（1105）8.30	五条南堀川東	中右記	
52	長治2（1105）10.30	猪熊五条坊門	中右記	
53	嘉承元（1106）1.27	大炊御門北　室町西	中右記	
54	嘉承元（1106）2.16	大炊御門高倉	中右記	
55	嘉承元（1106）6.29	冷泉院北より　西洞院西　大炊御門南辺まで	中右記	
56	嘉承元（1106）12.9	大炊御門南大宮東	中右記	
57	嘉承元（1106）12.20	京極三条坊門	中右記	
58	嘉承2（1107）1.11	堀川左女牛辺	中右記	小屋数十宇

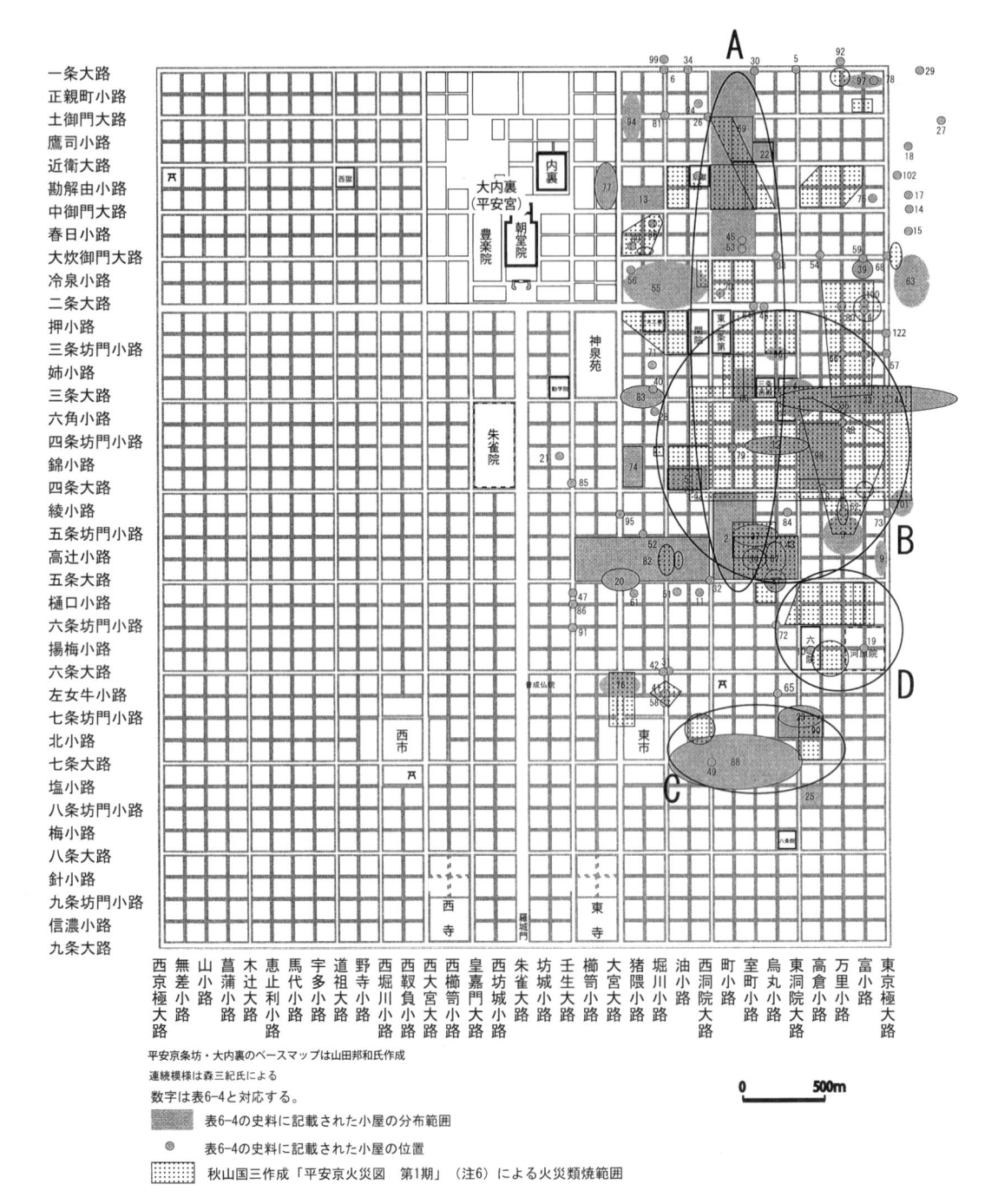

図6-5 小屋の分布と火災の類焼範囲　前期（1086-1136年）

第Ⅱ部　平安京―京都の都市構造

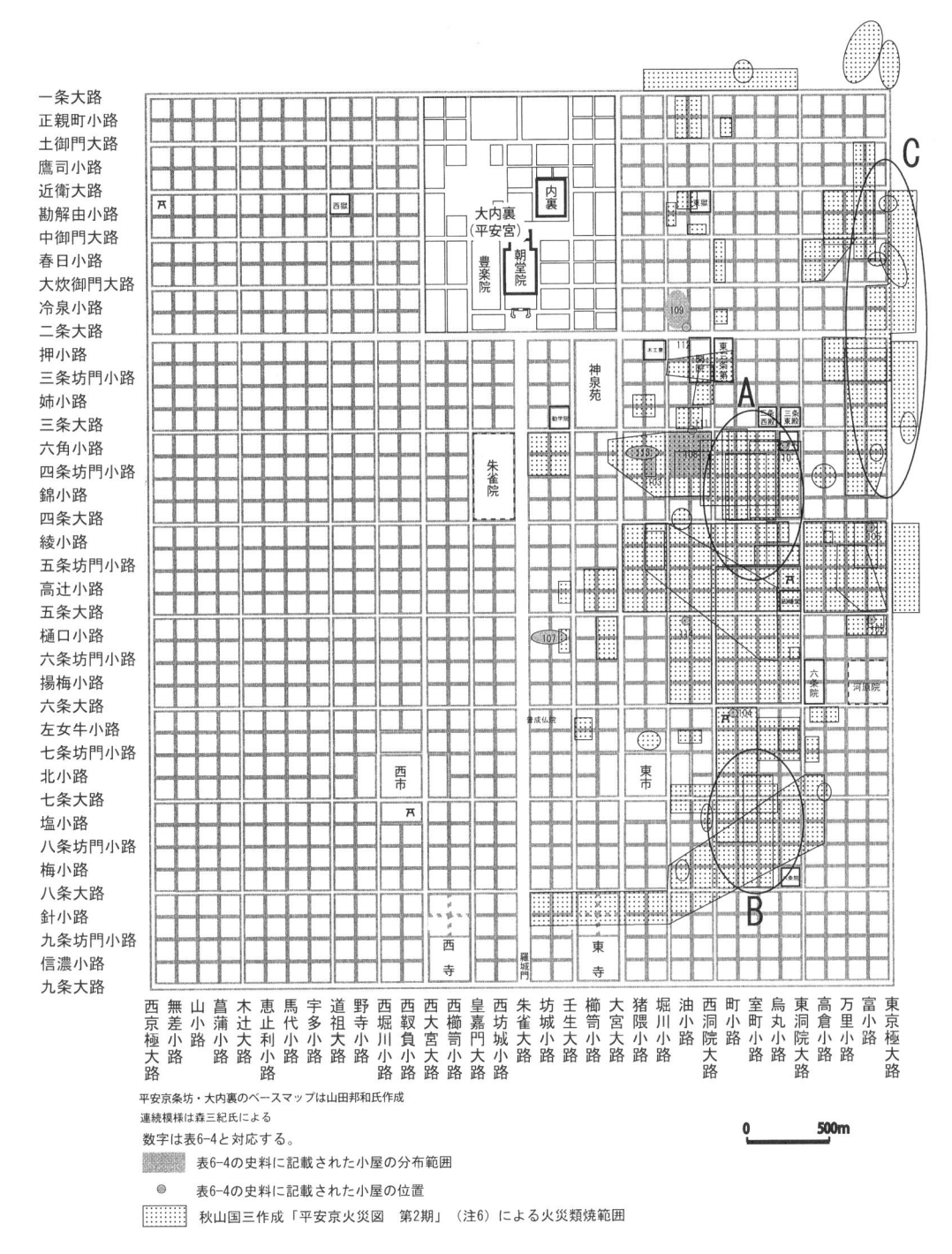

図6-6 小屋の分布と火災の類焼範囲 後期（1137-1185年）

145　第6章　院政期平安京の都市空間構造

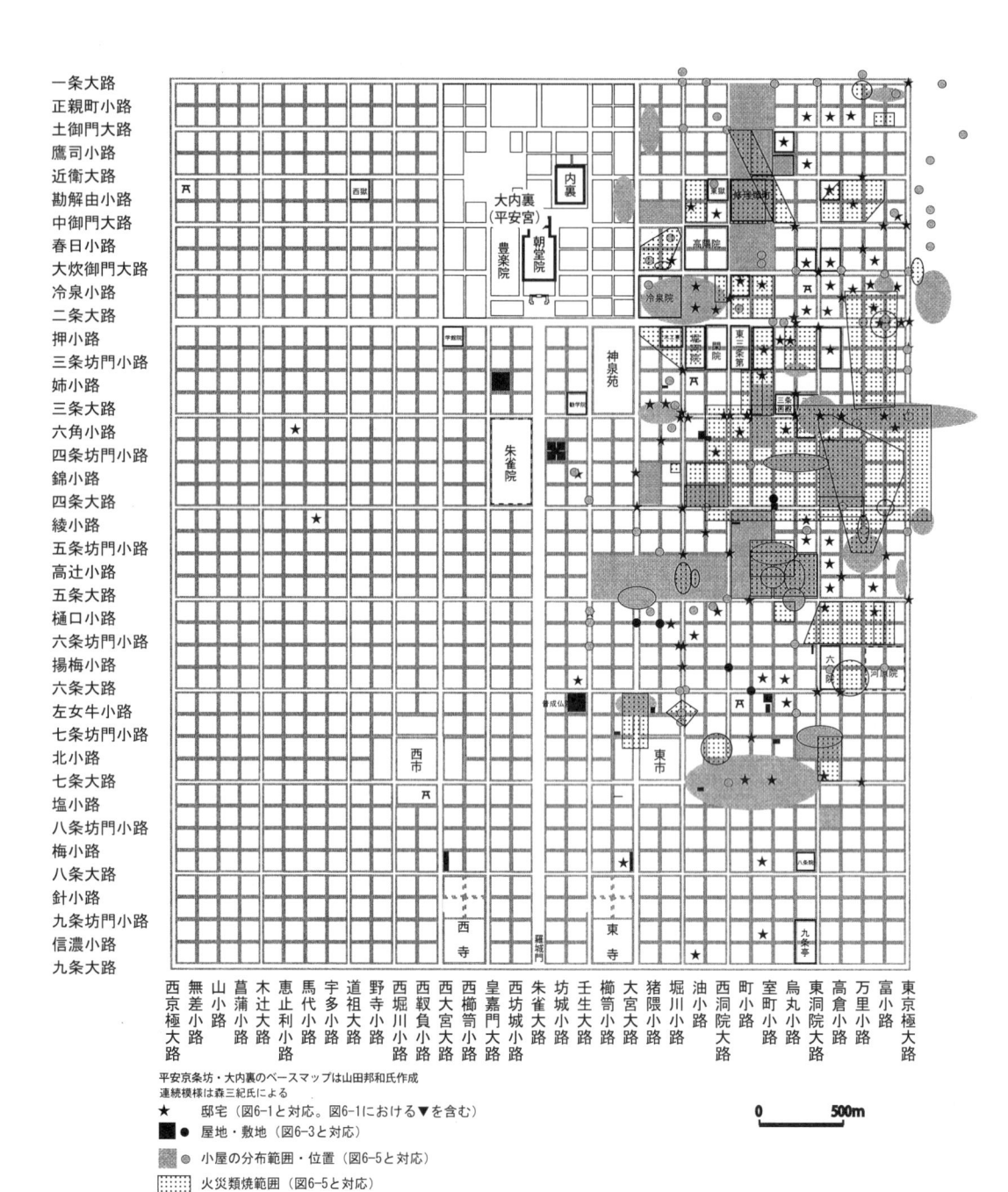

図 6-7　諸施設の分布　前期（1086-1136 年）

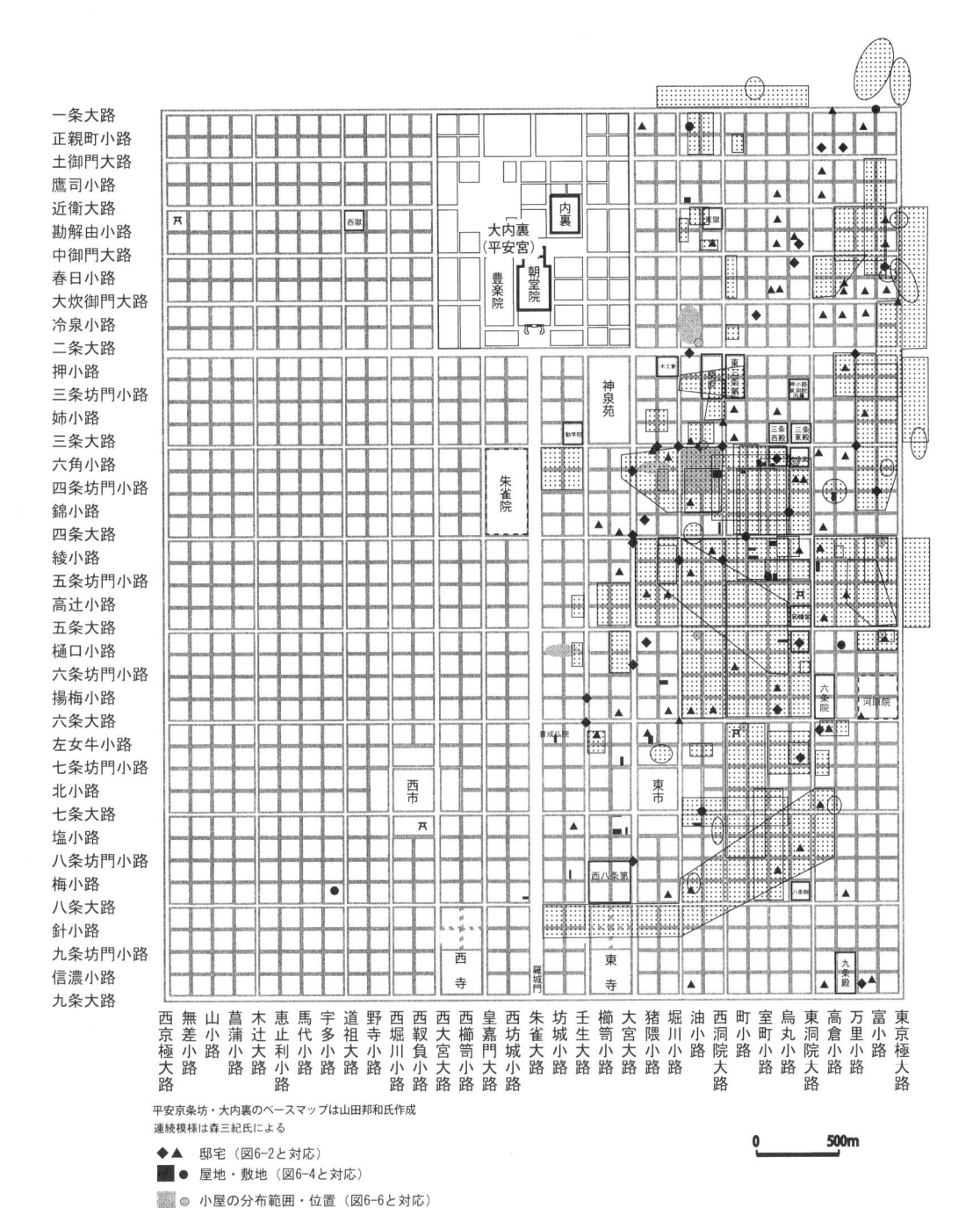

図 6-8 諸施設の分布　後期（1137-1185 年）

◆▲　邸宅（図6-2と対応）
■●　屋地・敷地（図6-4と対応）
　　　小屋の分布範囲・位置（図6-6と対応）
　　　火災類焼範囲（図6-6と対応）

平安京条坊・大内裏のベースマップは山田邦和氏作成
連続模様は森三紀氏による

第6章　院政期平安京の都市空間構造

（2）後期における諸施設の分布と空間構造（図6-8）

全体的にみると、後期には諸施設の分布の比重が三条大路沿いに、前期に見られたような貴族の邸宅の集中は確認できない。後期における法住寺殿・六波羅といった洛東南部エリアの発展に伴い、白河に続く二条大路の都市軸としての機能が低下していることが推測され、大路以北の都市機能が完全に失われた訳ではないだろう。後期になっても、三条大路以北で室町小路以東に邸宅が集中する傾向は継承される。しかし、鴨川に近い富小路―東京極大路周辺では、火災が頻発しており、邸宅に混じって、広い範囲に小屋が分布していたことが想定される。つまり、後期は、貴族の邸宅の分布域が平安京北東部へ縮小すると同時に、その東側へは小屋も進出し、邸宅と小屋の混在する地域が形成されていたと推定される。

前期に商業機能を担う都市軸であったと推定した町小路沿いには、町屋が集中していたと想定される。三条大路から四条坊門小路の間の町小路沿いに、町屋の分布域や火災類焼範囲がさらに重複する。ここから、町小路沿いの市街が発達し、商業機能は強化されたと見ることができよう。なかでも、三条大路から四条坊門高倉周辺、四条油小路周辺、高辻室町周辺といった地域に、小規模な商業空間が複数形成されていたと推定した。後期にはこれらの集中域は確認できず、町小路沿いの同地域に火災が頻発することから、前期の小規模な商業空間が町小路沿いに移転・集中し、より大きな商業空間が形成されたことが推定される。

町小路に交差する東西大路の三条大路沿いには、前期と同様に、貴族の邸宅や中級の都市民の家屋が集中する。但し、前期は大宮大路から東京極大路までの三条大路沿いに広く連続する市街が想定されたのに対し、後期は大宮大路から東洞院大路までの範囲に諸施設が集中するようになっている。後期には、三条大路を中心とする商業空間の発展に伴い、周辺の邸宅・屋地の分布も収斂したとみることができよう。町小路沿いの商業空間に交差する四条大路周辺には、邸宅や屋地が多く新設されたと推定される。

このように、後期には、商業機能を担った都市軸の町小路沿いに小屋・町屋が集中し、町小路に交差する東西道路の三条大路や四条大路周辺には貴族の邸宅や中級都市民の屋地が分布する。結果として、大路沿いの邸宅の背後の町小路周辺に商業空間が面的に広がる形で、三条町・四条町周辺の都市化が進行したと想定できる。この商業空間は、後の下京へと発展する都市空間の基礎となったことが推測される。

町小路の商業機能は、三条大路以北においては、周辺の貴族邸の減少と呼応するように、低下が推測される。この地域では、前期と比べて、町屋のみならず、その他の諸施設も大幅に減少しており、景観が大きく変化したことが想定される。

町小路沿いの火災は、七条町近辺でも頻発しており、ここに発達した市街景観が想定される。七条町近辺では、第1節で紹介したように、発掘調査によって多くの遺構・遺物が検出された。七条町の北の六条大路周辺には、邸宅や屋地・敷地が比較的数多く分布する。七条町南西にあたる平氏の西八条第近辺や、七条町南東にあたる九条町南西の九条殿近辺にも、複数の邸宅を確認できる。前期には、貴族の邸宅の分布が少なかった平安京域南部が新しく開発され、散在的ながら、そ六条大路沿いや大邸宅周辺が貴族・都市民の居住域となったこと、

の中に七条町という商業空間が展開していることを指摘できる。野口実は、平氏によって都市経済の集中が政策的に行われた結果、七条町が形成され、発展したとしており、この指摘をふまえれば、左京域南部の貴族居住域の開発と七条町の発展は密接に関連していたと言える。

以上のように、後期には、三条町・四条町周辺の町小路が、より商業空間が推定され、これら二地域を結ぶ南北道路路辺に収斂したこと、新しく五条大路以南が貴族の居住地として開発され、その中に位置する七条町の経済機能を高めたことが推測される。

4 おわりに

本章では、文献史料にみる邸宅、屋地・敷地、小屋の分布の地図化を通じて、院政期平安京域の空間構造を考察する試みを行った。ここで本章の考察結果を簡単にまとめておこう。院政期前期の平安京域の空間構造は、白河と連動した東西［道］の二条大路を政治機能の軸とし、南北道の町小路を経済機能の軸とするものであった。これら二本の都市軸を中心として市街は広がっていたが、市街の発達度や地域の有する機能は一様ではなく、平安京北東部に貴族邸宅集中域が、二条―五条間には複数の小規模な商業空間が形成されていた。後期には、二条大路という東西軸の機能は低下するが、南北に走る町小路の都市軸の機能は強化され、町小路沿いに前期より発達した市街地域をもつ三条町・四条町エリアと七条町エリアという二つの商業地域が形成される。前期の小規模な商業空間の移転・集中や、貴族による五条大路以南地域の開発

も、町小路の都市軸としての機能強化に寄与したと思われる。このような院政期平安京の空間構造の変化は、白河から六波羅・法住寺殿へという周辺部の動向と相互に関連していたことが予想される。

本章の分析は、諸施設の分布の分析から、平安京という広い範囲の都市空間構造に接近する方法をとったため、粗い仮説に留まっている。今後は、発掘調査成果など他の資料を検討に加えて、院政期平安京の空間構造の解明を進めていく必要があるだろう。

【付記】史料の収集と整理には、鶴田志歩氏（元京都大学大学院生）、矢野治世美氏（元大阪市立大学大学院生）にお手伝い頂いた。ここに謝して御礼申し上げる。

注

1 ①井上満郎「院政期における新都市の開発―白河と鳥羽をめぐって―」（安田元久先生退任記念刊行委員会編『中世日本の諸相 上』吉川弘文館、一九八九）三三三―三六五頁。②長宗繁一・鈴木久男「鳥羽殿」（角田文衞監修『平安京提要』角川書店、一九九四）五四七―五八四頁。③江谷寛「法住寺殿」（角田文衞監修『平安京提要』角川書店、一九九四）五八五―六〇一頁。④堀内明博「権門の都から洛中辺土の京へ」（網野善彦・石井進編『中世の風景を読む五 信仰と自由に生きる』新人物往来社、一九九五）二〇―七五頁。⑤上村和直「平安京と白河―院政期京都の空間構造―」条里制・古代都市研究一五、一九九九、三四―六八頁。⑥野口実・山田邦和「六波羅の軍事的評価と法住寺殿を含めた空間復元」京都女子大学宗教・文化研究所『研究紀要』一七、二〇〇四、一〇九―一三四頁。⑦上村和直「法住寺殿の成立と展開」京都市埋蔵文化財研究所研究紀要九、二〇〇四、三九―七八頁。

2 高橋康夫『日本中世の「王都」』（都市史研究会編『年報都市史研究七 首都性』山川出版会、一九九九）一五―二四頁。

3 山田邦和「平安京の概要」（角田文衞監修『平安京提要』角川書店、一九

4 高橋慎一朗「武家地」六波羅の成立」日本史研究三五二、一九九一(『中世の都市と武士』吉川弘文館、一九九六、三三一—三三三頁に再録。「六波羅と洛中」(五味文彦編『中世を考える 都市の中世』吉川弘文館、一九九二)四七—七一頁。

5 山田邦和「中世都市京都の変容」(中世都市研究会編『都市をつくる 中世都市研究五』新人物往来社、一九九八)九〇—一二三頁。

6 秋山国三「条坊制の「町」の変容過程」(同志社大学人文科学研究所編『京都社会史研究』一九七一、秋山国三・仲村研『京都「町」の研究』法政大学出版局、一九七五、八八—一六九頁に再録)

7 高橋康夫「辻子 その発生と展開」史学雑誌八六—六、一九七七(『京都中世都市史研究』思文閣出版、一九八三、七—五五頁に再録)。

8 ①野口実「京都七条町の中世的展開」朱雀一、一九八八、八一—九三頁。②玉井哲雄・堀内明博「職人と商人の町・京都七条町界隈」、③堀内明博「京都七条町の復元—考古学から見る—」(網野善彦責任編集『朝日百科 日本の歴史別冊 歴史を読みなおす六 平安京と水辺の都市、そして安土』朝日新聞社、一九九三)二〇—二三頁。④上村和直「京都「八条院町」をめぐる諸問題」京都市埋蔵文化財研究所研究紀要八、二〇〇二、六九—一一八頁。

9 木内正広「鎌倉幕府と都市京都」日本史研究一七五、一九七七、一—一四頁。

10 前掲注6。

11 金田章裕「国府の形態と構造について」国立歴史民俗博物館研究報告六三、一九九五、八三—一三三頁。山村亜希「中世前期都市の空間構造と都市像」人文地理五四—六、二〇〇二、四二—六二頁。

12 山田邦和は、試掘・立会調査による遺構・遺物検出地点を地図化しているが、その図によると、平安時代後期の右京においても遺構・遺物の検出される町が多いことが分かる。このような右京域の発掘データを加えると、結果的に左京域を中心として図化することとなった本章の検討が細かい点で修正される可能性がある(前掲注3、一七三頁)。

13 増補「史料大成」刊行会編『中右記』一—七、臨川書店、一九七四。

14 福田豊彦監修『吾妻鏡・玉葉データベース(CD-ROM版)』吉川弘文館、一九九九。

15 山田邦和『左京と右京』(角田文衛監修『平安京提要』角川書店、一九九四)一七一—三五八頁。

16 黒板勝美編『新訂増補国史大系十一 日本紀略後篇・百練抄』国史大系刊行会、一九二九。黒板勝美編『新訂増補国史大系九 本朝世紀』国史大系刊行会、一九三三。笹川種郎編矢野太郎校訂『史料大成 長秋記二』内外書籍株式会社、一九三四。東京大学史料編纂所編『大日本古記録 殿暦』岩波書店、一九六〇。東京大学史料編纂所編『大日本古記録 永昌記』臨川書店、一九六五。増補「史料大成」刊行会編『水左記・永昌記』臨川書店、一九六五。増補「史料大成」刊行会編『山槐記』一—三、臨川書店、一九六五。増補「史料大成」刊行会編『兵範記』一—四、臨川書店、一九六五。増補「史料大成」刊行会編『台記』一・二、臨川書店、一九六五。竹内理三・東京史料編纂所編『CD-ROM版 平安遺文』東京堂出版、一九九八。

18 前掲注6、一三四—一四九頁、第12・13・14図。

19 図6-1には、『中右記』に記載のある邸宅とそれ以外の史料に記載のある邸宅との記号を分け、両者の分布傾向を区別できるように示した。同様に、図6-2においても、『玉葉』に記載のある邸宅とそれ以外の史料に記載のある邸宅の記号を分けた。いずれの図においても、典拠する史料の差によって、分布傾向に大きな差が生じておらず、図6-1、図6-2は邸宅分布の傾向をある程度反映していると言えるだろう。

20 前掲注⑮、四九頁。

21 前掲注6、一三六—一三七頁。

22 鈴木進一「東朱雀大路小考」國學院大学史学研究集録六、一九七七、五五—六七頁。

23 滝波貞子「東朱雀大路と朱雀河」(『日本古代宮廷社会の研究』思文閣出版、一九九一)四九二—五〇四頁。

24 前掲注8①、八六頁。

25 山本雅和は、平安後期において、左京域北部に集まっていた王臣家の邸宅の求心力に引き寄せられて、北側と南側に、それぞれ後の上京・下京に発展する市街が形成されたことを指摘している。山本雅和「中世京都の街路と街区」(仁木宏編『都市 前近代都市論の射程』青木書店、二〇〇二)六七頁。

26 秋山国三は、安元三年(一一七七)の太郎焼亡、治承二年(一一七八)の次郎焼亡などの数度にわたる大火によって被害を受けた三条町・四条町が、一時的に衰退し、代わって七条町が繁栄したこと、しかし当該期には三条町・四条町が復興し、結果的に三条町・四条町エリアと七条町エリアの二大商業地区が形成されたことを推定している(前掲注6、一四七頁)。

第7章 中世都市嵯峨の変遷

山田邦和

1 はじめに

中世の京都を考える場合、「洛中」だけに目を奪われてはならない。筆者がかねてから強調してきた通り、中世の洛中の周辺には個性豊かな「衛星都市」が群在し、それらが洛中と有機的な関連を持ちながら「巨大都市複合体(コンプレックス)」と呼ぶべき壮大な都市圏を造り上げていたのである。これからの中世京都論は、こうした個々の京郊小都市の実態を解明し、さらにそれらを総合した京都都市圏の研究へと進んでいかねばならないと考える。

行政的に見るならば、洛中周辺の衛星都市はそれぞれ独立した領域を造り上げていた。たとえば、北野・西京には北野社が、祇園には祇園感神院が、法性寺八町には東福寺がそれぞれ支配権を行使しており、それらの都市に対しては幕府や朝廷の権力行使は大幅に制限されていたのである。こうした事実は、ひとつの権力によって統合されていたかに見える地方の都市と比べて、中世の京都都市圏の印象を散漫なものにしているのかもしれない。しかし、ひるがえって考えてみると、幕府や朝廷ですら日本の中世とは権門体制の時代であった。つまり、幕府や朝廷ですらひとつの権門(もしくは権門の連合体、調整機関)にすぎず、それぞれの権門はいずれも他を超越した唯一絶対の国家権力とはなりえなかったのである。そして、中世京都は単に幕府や朝廷の所在地だからというだけではなく、中世の国家を構成するさまざまな諸権門の集住地であるからこそ「首都」でありえたのである。そう考えるならば、中世京都の特質を表現するためには、一権門の支配に服していた部分だけをひとつの都市と考えてはならないであろう。権門体制下の首都とは、都市の全体がひとつの権力によって支配・統括されているものではありえない。むしろ、首都であるからこそ、いくつもの権門が都市の支配権をモザイク状に分割しているのは当然だと言わなくてはなるまい。その点で、中世京都の範囲を幕府・朝廷権力の及ぶ部分に限定することは妥当とはいいがたいのである。

京都の西郊の嵯峨の地は、平安京遷都から今日に至るまで、京都都市圏を支える後背地(ヒンターランド)のひとつであった。ことに中世にあっては、後嵯峨法皇や亀山法皇の離宮である亀山殿が造営され、その後には天龍寺や臨川寺を始めとする多くの臨済禅の大寺院群が建ち並んで「宗教都市」とでもいえるような盛観を呈していた。その点で、嵯峨こそは中世京都の「巨大都市複合体(コンプレックス)」を構成する最も重要な都市のひとつであるということは疑いない。そこで本章では、古代から近世にかけての地図史料や絵図史料を分析して嵯峨の都市構造の復元をおこない、さらにはその変遷をたどりたいと思う。

この地域については、康和三年(一一〇一)書写(原図は一〇世紀初頭頃作成)の「山城国葛野郡班田図」(図7−2)、建永二年(一二〇七)の「舎那院御領絵図」(遮那院絵図)(図7−3)、元徳元年(一三二九)頃の「山城国嵯峨亀山殿近辺屋敷地指図」(以下「亀山殿近辺指図」と略称、図7−4)、貞和三年(一三四七)の「山城国臨川寺領大井郷界畔絵図」(以下「大井郷界畔絵図」と略称、図7−5)、応永三三年(一四二六)の「山城国嵯峨諸寺応永鈞命絵図」(以下「応永鈞命絵図」と略称、図7−6)というように、古代から中世にいたる精密な地図史料が五点も残されているからである。平安京ですら、残されている地図の最古のものは鎌倉時代の九条家本『延喜式』付図にすぎない。おそらく日本広しといえども、これほど多数の古代・中世地図に恵まれた都市は、他にはまったく例がないといってよいであろう。京都をとりまく衛星都市群の中で真っ先に嵯峨をとりあげるのは、この地がこうした利点を持っているからなのである。

2 「舎那院御領絵図」の景観

まず、鎌倉時代初期の嵯峨の景観を示す史料として、「舎那院御領絵図」をとりあげよう。この絵図は、嵯峨に存在した舎那院という一寺院の境内を示した境界絵図である。この絵図については既に下坂守が詳細な研究を公表しているし、金田章裕や大村拓生も細部にわたった検討を加えている。下坂は、この絵図の情報は「大井郷界畔絵図」や「応永鈞命絵図」の中にも縮小されて繰り込まれていることを指摘し、これは「南北朝時代以降、しだいに寺域を拡大させていった天龍寺・臨川寺にとって『舎那院御領絵図』は根本支証ともいうべき最も重要な絵図だった」と評価している。ただ、絵図の中心となる舎那院の境内を示した段階で廃絶してしまったため、現地への比定は必ずしも充分とはいえない。金田章裕はこの絵図の景観を「現在の天竜寺の北西部の山麓の洪積台地上に当る。条里プランで表現すればE里(山田註:櫟原西里)の北西隅附近に相当し、また下坂守は「かつての舎那院の領域は、現在の常寂光寺の境内にほぼ該当する」「小倉山町」の南部から山本町にかけての一帯にあたる」と推定している。ただ、この絵図を地図史料として扱おうとする場合には、もう少し厳密な限定が望まれるだろう。確かに、「舎那院御領絵図」だけに拠る限りでは舎那院の故地を推定することは難しい。幸いなことに、「大井郷界畔絵図」や「応永鈞命絵図」にも遮那院(舎那院)の位置が図示されている。つまり、「応永鈞命絵図」では舎那院は天龍寺北西の山裾に描かれており、その南側

には舎那院にとりつく東西道路が延びている。さらに、舎那院の周囲には、西側の山裾部に「厳島」（厳島神社）、南側に「六僧坊」が配置されている。「大井郷界畔絵図」でもこうした基本的な構造は変わらない。ここでの舎那院は「臨川寺延寿堂　遮那院」と記されており、これは下坂が述べた通り、南北朝時代の舎那院が臨川寺の隠居所として機能するようになったことを現している。同院は東を竹林寺、南東を六僧坊、南を法華堂（浄金剛院法華堂）、北側を称名寺によって囲まれている。なお、「舎那院御領絵図」では図のほぼ中央部に二軒の建物を配置する方形の区画が描かれている。これが舎那院の本体のように誤解されることがあるが、「舎那院御領絵図」ではそこには「検非違使康信」の文字が記されている。大村拓生によると「検非違使康信」とは文徳源氏の源康信のことで、彼の姉妹には善勝寺流の藤原隆輔の室になった女性がいるという。したがって、この方形区画は源康信妹の土地を管掌する荘家であると推定できる。そして、舎那院の本体はその南側に描かれた檜皮葺屋根の大規模な堂宇なのである。

「大井郷界畔絵図」や「応永鈞命絵図」では、舎那院の南側にとりつくような形で東西道が描かれている。この道路を東にたどるならば、どちらの道路もやや湾曲しながら「野宮」の南側にいたり、そこで「野宮」の東を南北に限る野宮神社に接続している。「野宮」はいうまでもなく嵯峨野宮町に現存する野宮神社のことであるから、この道路もまた、現在の野宮神社の南側に残っている東西道（図7-1A―B）に比定することができることになる。さらに、両図ともに舎那院の北側には鍵の手形に屈曲する東西道が描かれているのであるが、大村拓生が説いた通り、これは「舎那院御領絵図」で舎那院の北限を区切るように描

かれている「大道」をあらわしているのである。つまり、この「大道」とは図7-1のC―D道路に該当していることになる。

このように考えるならば、舎那院の南限とし、C―D道路を北限とする範囲は、図7-1A―BのE地点付近に推測することができる。つまり、舎那院の本体の位置は図7-1A―B道路を南限とし、C―D道路を北限とする範囲に限定することができるのである。つまり、現在の地名でいうならば京都市右京区嵯峨野々宮町の一角であり、正覚寺（浄土宗）が建っているあたりだということになる。これは、下坂守が舎那院の故地として推定した常寂光寺（図7-1F）からは東南に約三〇〇メートル離れていることになる。そうすると、舎那院の北側に隣接する源康信妹領の荘家は、現在の安立寺（真宗高田派）の位置にあたることになる。なお、「舎那院御領絵図」には同院の西北に大規模な瓦葺で連棟の建物が描かれている。下坂守はこれを源康信妹領の荘家であるとするが、それにしてはいささか建物の規模が大きすぎるように思う。位置関係からすると、これは法然によって復興されて間もない二尊院を表していると考える方が自然ではなかろうか。

このようにして復元することができた舎那院の位置を、一〇世紀初頭頃の景観を伝える「山城国葛野郡班田図」と対比させてみよう。そうすると、舎那院の北限に通じる「大道」とは、「山城国葛野郡班田図」で檀林寺に接して描かれている「大道」にまさに該当しているのである。いうまでもなく檀林寺は、檀林皇后と通称された嵯峨天皇皇后橘嘉智子が承和年間（八三四―八四八）に建立した寺院である。おそらく、檀林寺の創建によって檀林寺路という東西道路が新設され、平安時代末期までの間にはその道路に沿ってさまざまな土地開発がおこなわれ、その一環として舎那院が建立されたのであろう。そし

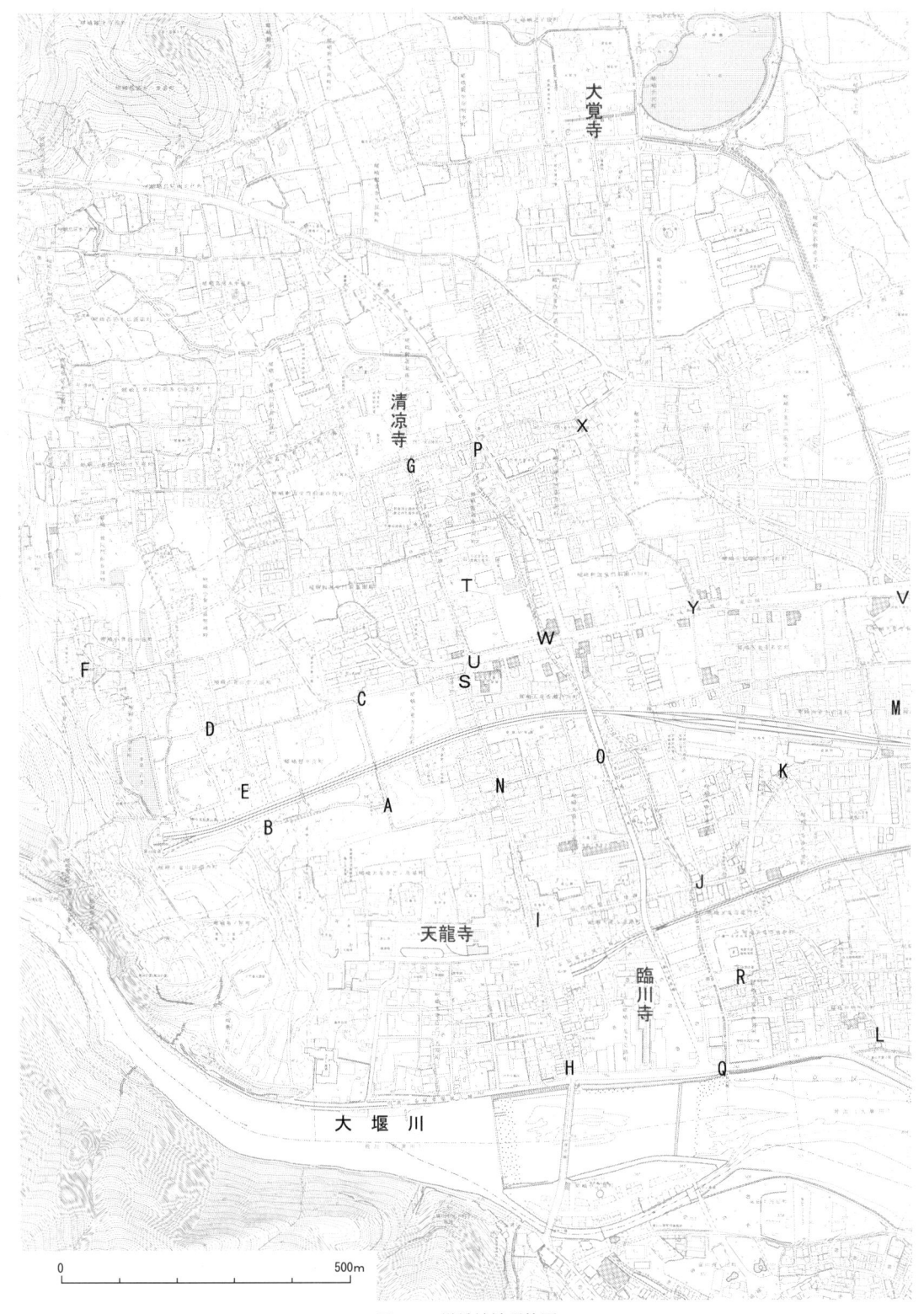

図 7-1　嵯峨地域現状図
京都市発行都市計画基本図（縮尺 2500 分の 1）を参考にし作成

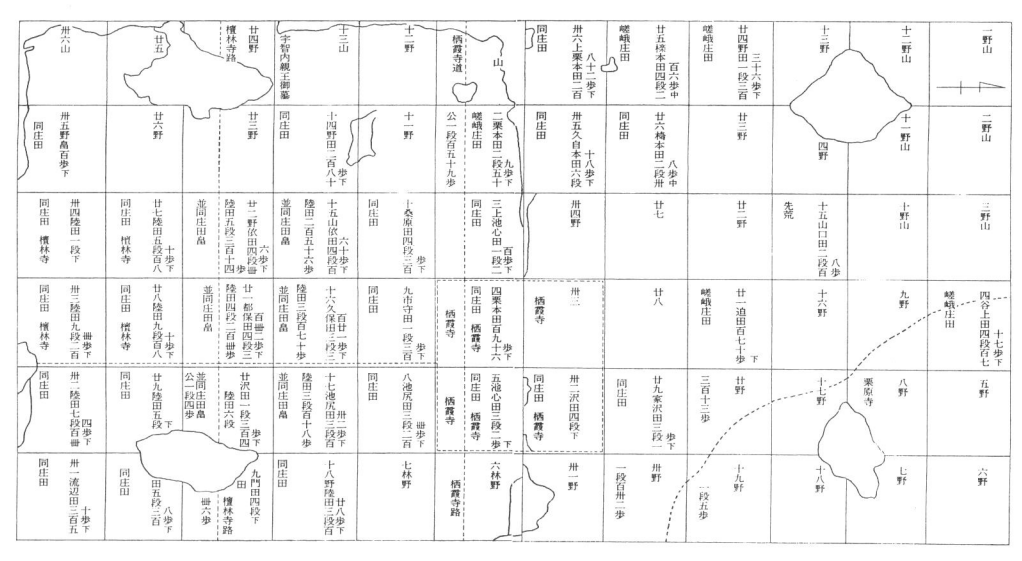

図 7-2 「山城国葛野郡班田図」描き起こし図・概念図
京都市編『京都の歴史』第一巻による

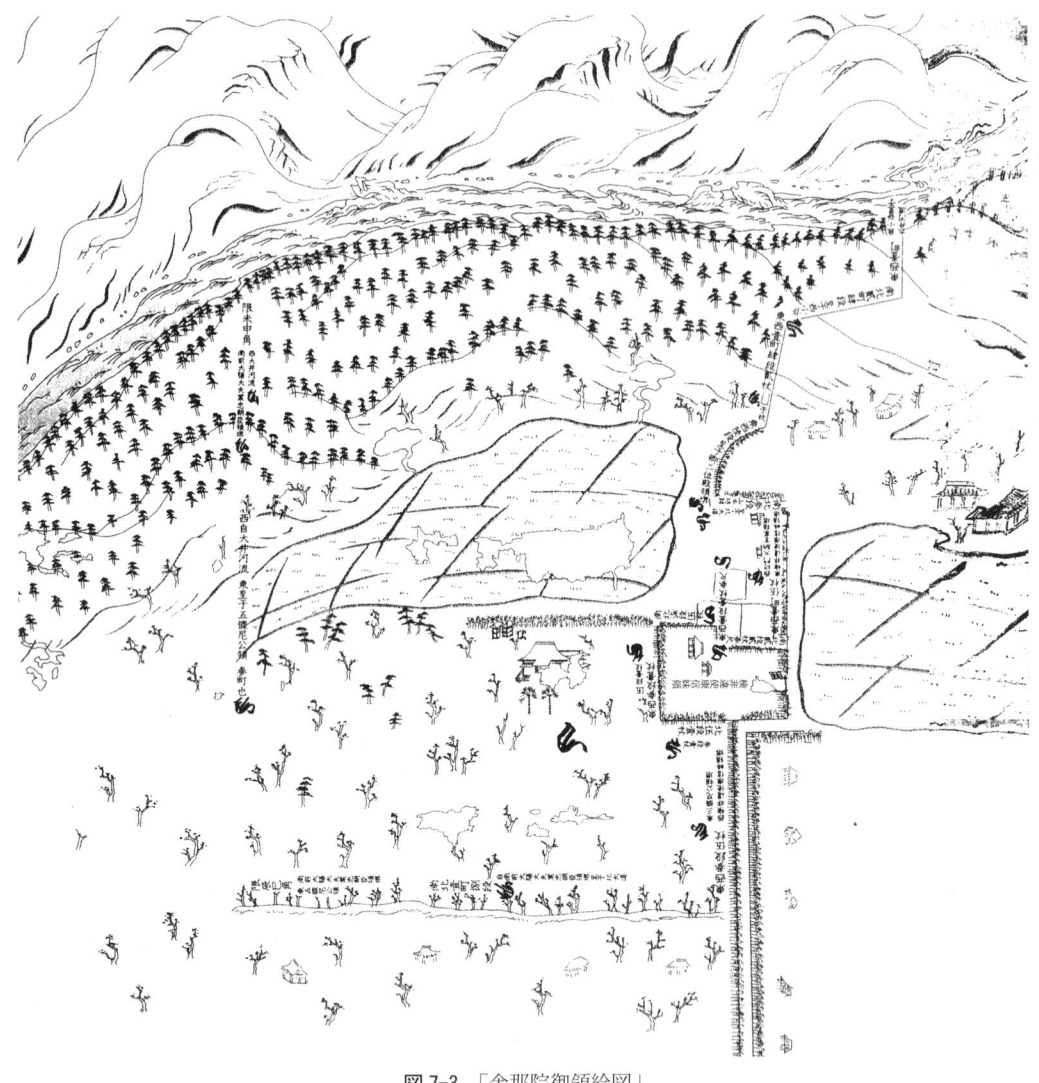

図7-3 「舎那院御領絵図」
注3文献により、一部加筆訂正

平安時代後期に檀林寺が衰退するにしたがって、檀林寺路は嵯峨の東西の幹線道路としての「大道」に変化していったと推定される。

舎那院の本体の西側、小倉山との間の平地にはささやかな耕作地が見られる。これは、現在の嵯峨野々宮町の西端部にあたるのであろう。絵図には、その西の山麓にふたつの池が描かれ、そこからこの農地に用水路が延びている様子が描かれている。嵯峨小倉山山本町の東南端に小倉池という溜池が現存するが、この池が絵図に描かれたふたつの池の後身であるのかもしれない。

ところで、「舎那院御領絵図」には各所に土地の規模を現す文字が書き入れられている。たとえば、舎那院の西を区切る南北ラインには「南北壹町捌段〈自南前大膳大夫業忠朝臣領堺至于北大道〉」、北側の大道のところには「東西参段伍杖〈東三条尼公（ママ）領堺　西検非違使康信妹領堺」、検非違使康信妹領の西側には「南北貳杖参尺」という記事が見られる。なお、「段」は面積を示す単位であることが通例であるが、この場合には一町の一〇分の一をあらわす長さの単位として使用されている。

この当時の一尺がどれくらいの長さであったかは正確にはよくわからない。京都市埋蔵文化財研究所による平安京の条坊復元では、平安京造営尺は一尺＝二九・八四六六六八センチメートルであるとされている。ただ、平安時代を通じてこの尺度にはやや変化があったようで、平安時代後期に造営が開始された白河（六勝寺）の基準尺は一尺＝三〇・一一三〇・三センチメートルであると推定されている。したがって、嵯峨の造営尺もまた三〇センチメートル強であり、通説の通り一町＝三六〇尺＝約一〇九メートルと推定しておくことが穏当であろう。

ただ、そう考えたとしても、「舎那院御領絵図」に見られるこれらの寸法表示にはいささか信を置きがたいように思う。この寸法表示を忠実に再現して現地にあてはめるならば舎那院領が異常に大きくなる上に、その境界線が小倉山の山中でまったく無意味な屈曲を示すことになってしまうからである。ここには何らかの錯誤、または舎那院領の範囲を大きく見せようとした作為があったのかもしれないが、その原因はよくわからない。そこで、舎那院領の西北部についてはこの丈尺表示を採用せず、その屈曲だけを地形にあわせて生かす形で復元をおこなわざるをえないと思う（図7-7）。一方、舎那院の本体附近についてはこの丈尺表示を採用しておきたいと思う。もちろんこの案では、舎那院の本体附近と同院領の西北部で復元の基準を変えるのはいかにも矛盾しているという批判をまぬがれるわけにいかないことは承知している。ただ、他に有効な対策を提示することもできないから、とにかくここではひとつの試案を示して後考を待つことにしたいと思う。

3 鎌倉時代―南北朝時代の都市嵯峨

(1) 院政王権都市としての嵯峨

鎌倉時代中期には後嵯峨天皇によって亀山殿が築かれ、嵯峨の地は都市として飛躍的な発展をとげることになる。その景観をあらわしたものが「亀山殿近辺指図」（図7-4）である。この絵図に描かれた鎌倉時代中・後期の都市嵯峨については別稿で詳しく検討したから、ここではこの時期の嵯峨の復元図（図7-8、図7-9）を提示するとともに、前稿の要点だけを略記するにとどめることにしよう。

建長七年（一二五五）の後嵯峨上皇の亀山殿造営は、嵯峨の景観を一変させた。亀山殿の域内とその周辺には、複数の院御所、上皇の妃たちの御所、女房たちの宿所、多数の御堂、貴族たちの別業、武家邸宅などが立ち並んでいった。嵯峨釈迦堂（清涼寺）から大堰川へと延びる南北道路は、この新しい都市の基軸道路として「朱雀大路」と呼ばれるようになった。その他、ここには「惣門前路」や「野宮大路」といった南北道路、「造路」という東西道路が建設され、さらにそれぞれをつなぐ小さい道路が敷設されていった。ここに、一大中世都市が出現したのである。私は、亀山殿を中核として発展した都市嵯峨のように、「治天の君としての院が建設を主導して造られ、平安京を補完する機能を持つ新都市」のことを「院政王権都市」と呼ぶことを提唱している。すなわち、後嵯峨・亀山院政下に発展した都市嵯峨こそは、平安時代に見られた白河・鳥羽殿・法住寺殿などの正統な後継者としての院政王権都市であったと評価するのである。さらに興味深いことに、院政王権都市嵯峨の基本構造は、武家権門の拠点であり東国

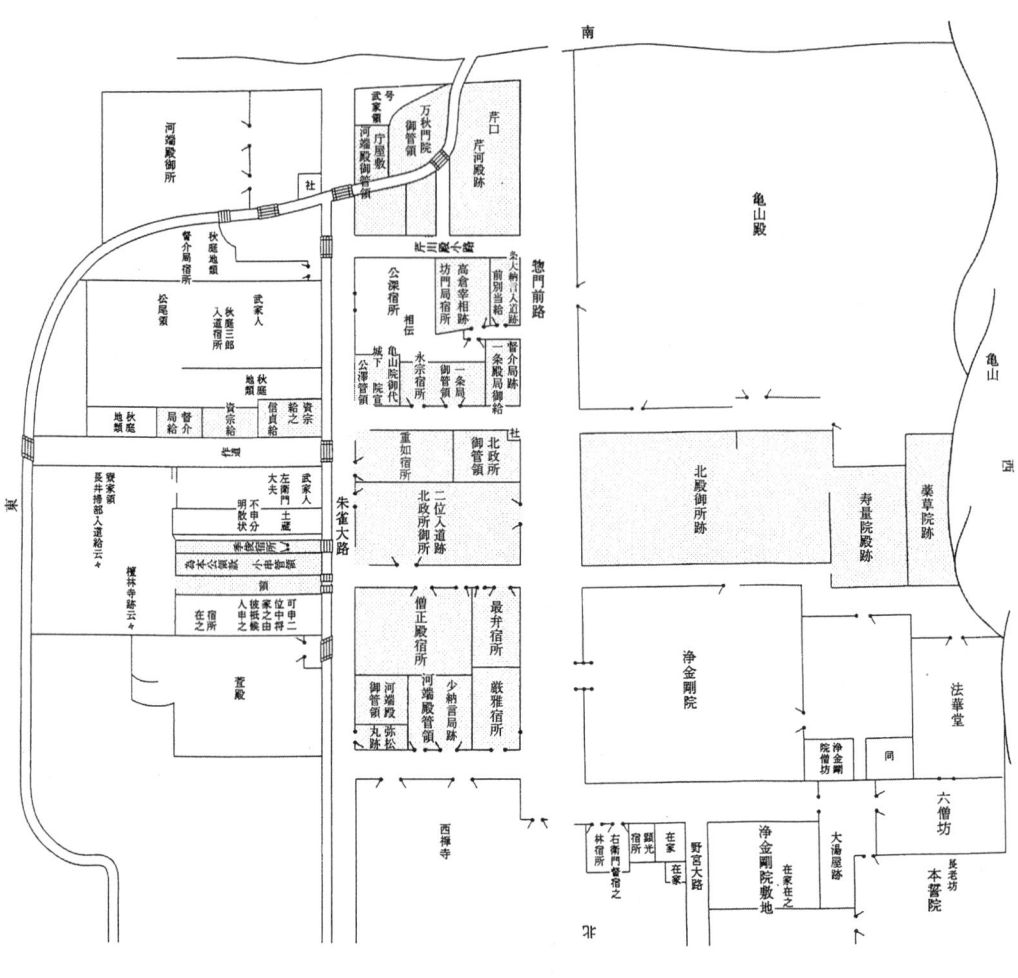

図 7-4 「亀山殿近辺指図」描き起こし図
注 5 文献による

（2）南北朝時代の都市嵯峨の復元

南北朝時代（一四世紀中葉）の嵯峨の様子を描いた絵図として、「大井郷界畔絵図」がある。これは、夢窓疎石が臨川寺と天龍寺の寺領の境界を明らかにするために作らせた絵図であった。「亀山殿近辺屋敷地指図」と異なるところは、「大井郷界畔絵図」の段階では亀山殿の敷地が天龍寺に、また亀山殿河端御所の土地が臨川寺にそれぞれ変じているところである。つまり、この絵図は亀山殿を中心とした院政王権都市としての嵯峨が、両寺を中心とした寺院境内都市へと転生した当初の姿を記録している点で重要な意義を持っているということができよう。「大井郷界畔絵図」に描かれた嵯峨の景観を復元したものが、図7-10、図7-11である。この図にしたがって、一四世紀中葉の中世都市嵯峨の特質を述べよう。

a　都市の基準方位　まず注目されるのは、天龍寺の伽藍がほぼ正東西に向けて建てられていることである。臨川寺もまた、現在の伽藍で見る限りはその主軸は正南北であったようである。二〇〇四年、

の首都でもあった鎌倉ときわめて類似している。一三世紀という時代において、東西の王権は期せずしてほぼ同形同大の都市の建設に突き進んでいたのである。私たちはここにこそ、都市史上の大きな意義を見なければならないのである。

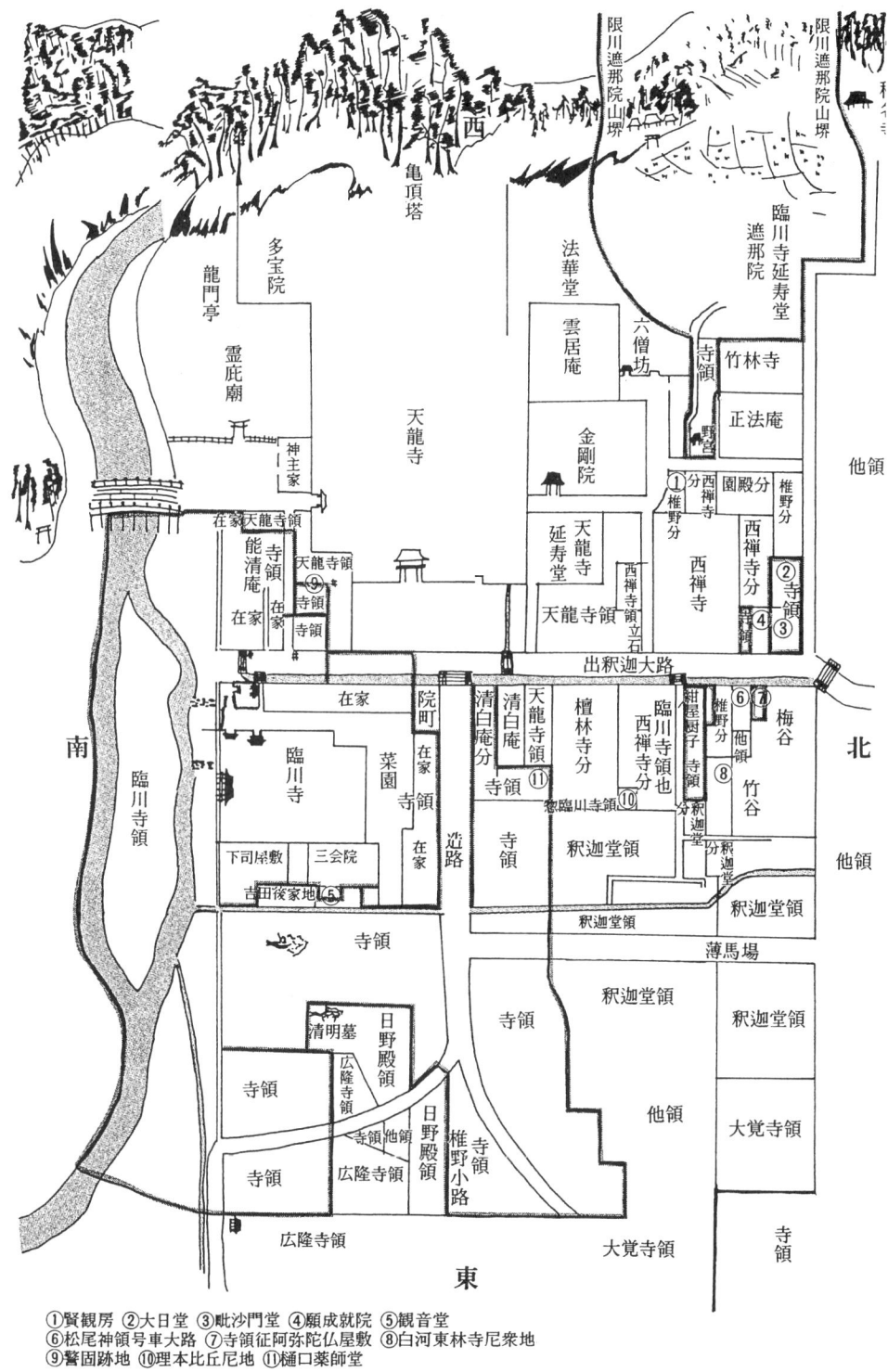

① 賢観房 ② 大日堂 ③ 毘沙門堂 ④ 願成就院 ⑤ 観音堂
⑥ 松尾神領号車大路 ⑦ 寺領征阿弥陀仏屋敷 ⑧ 白河東林寺尼衆地
⑨ 警固跡地 ⑩ 理本比丘尼地 ⑪ 樋口薬師堂

▰▰▰ 臨川寺領境界　　水路

図7-5　「大井郷界畔絵図」描き起こし図
注12文献による

図7-6 「応永鈞命絵図」描き起こし図
　　　注14 文献による

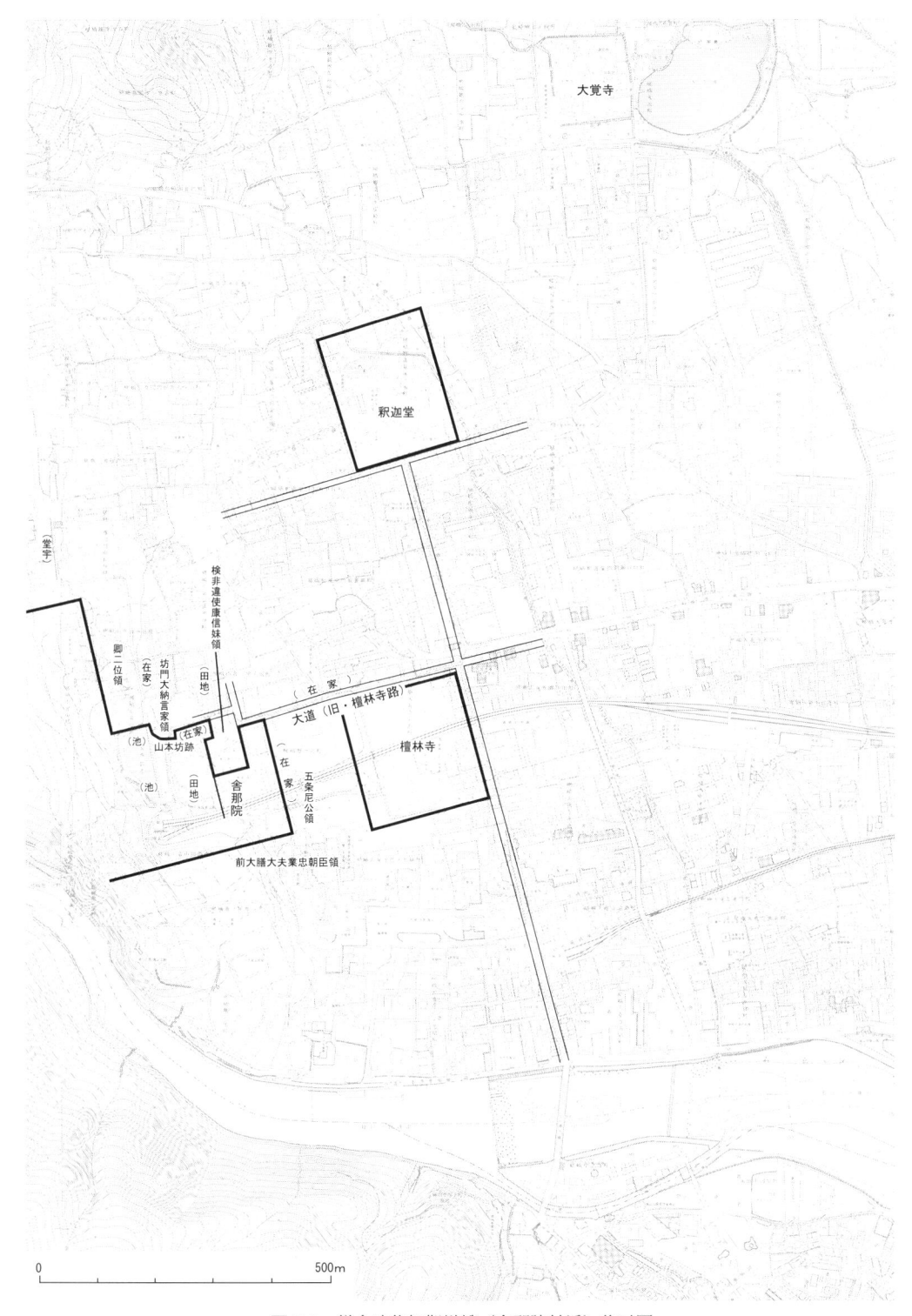

図 7-7 鎌倉時代初期嵯峨（舎那院付近）復元図
京都市発行都市計画基本図（縮尺 2500 分の 1）を参考にし作成

163　第 7 章　中世都市嵯峨の変遷

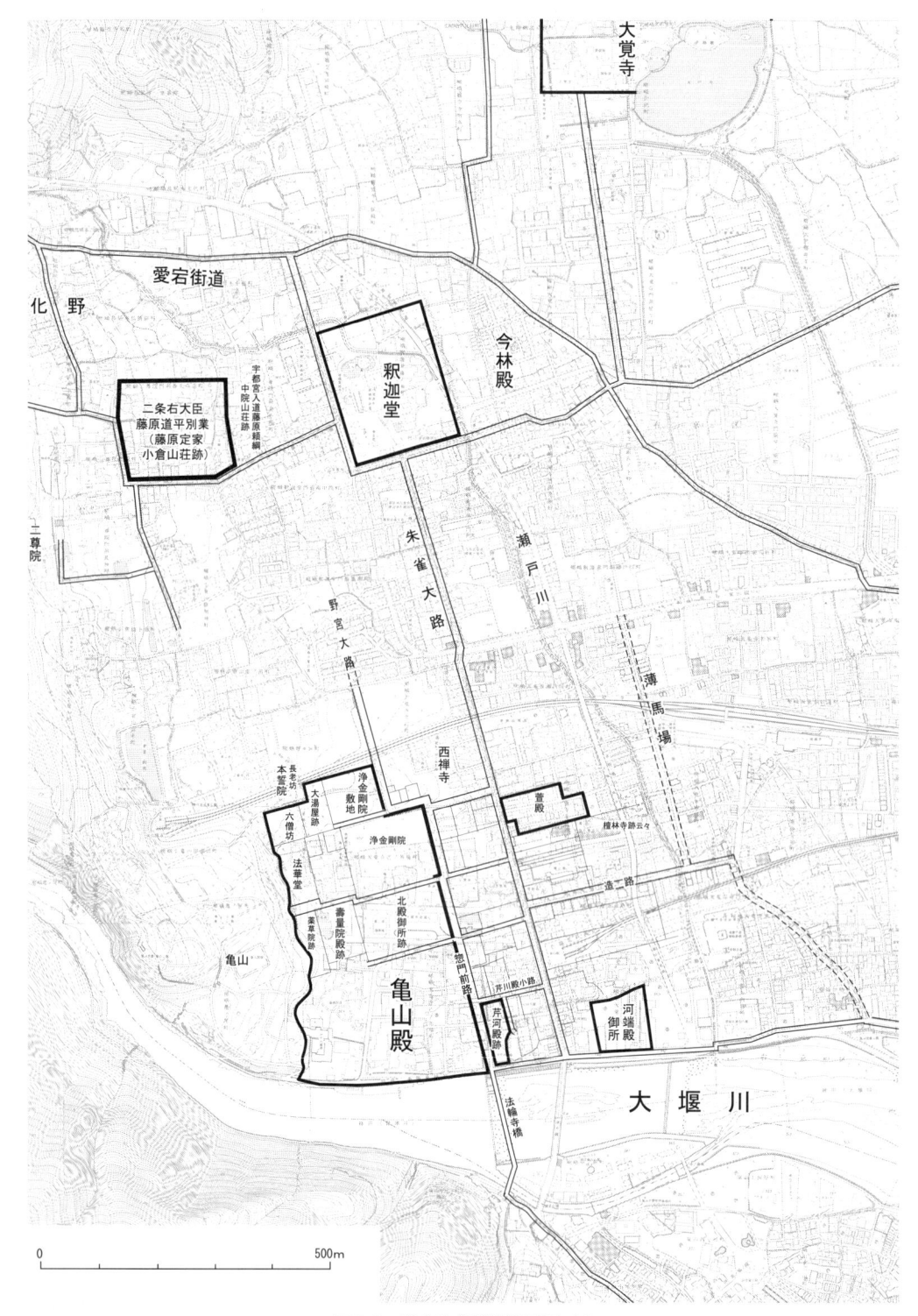

図 7-8　鎌倉時代嵯峨復元図（1）
京都市発行都市計画基本図（縮尺 2500 分の 1）を参考にし作成

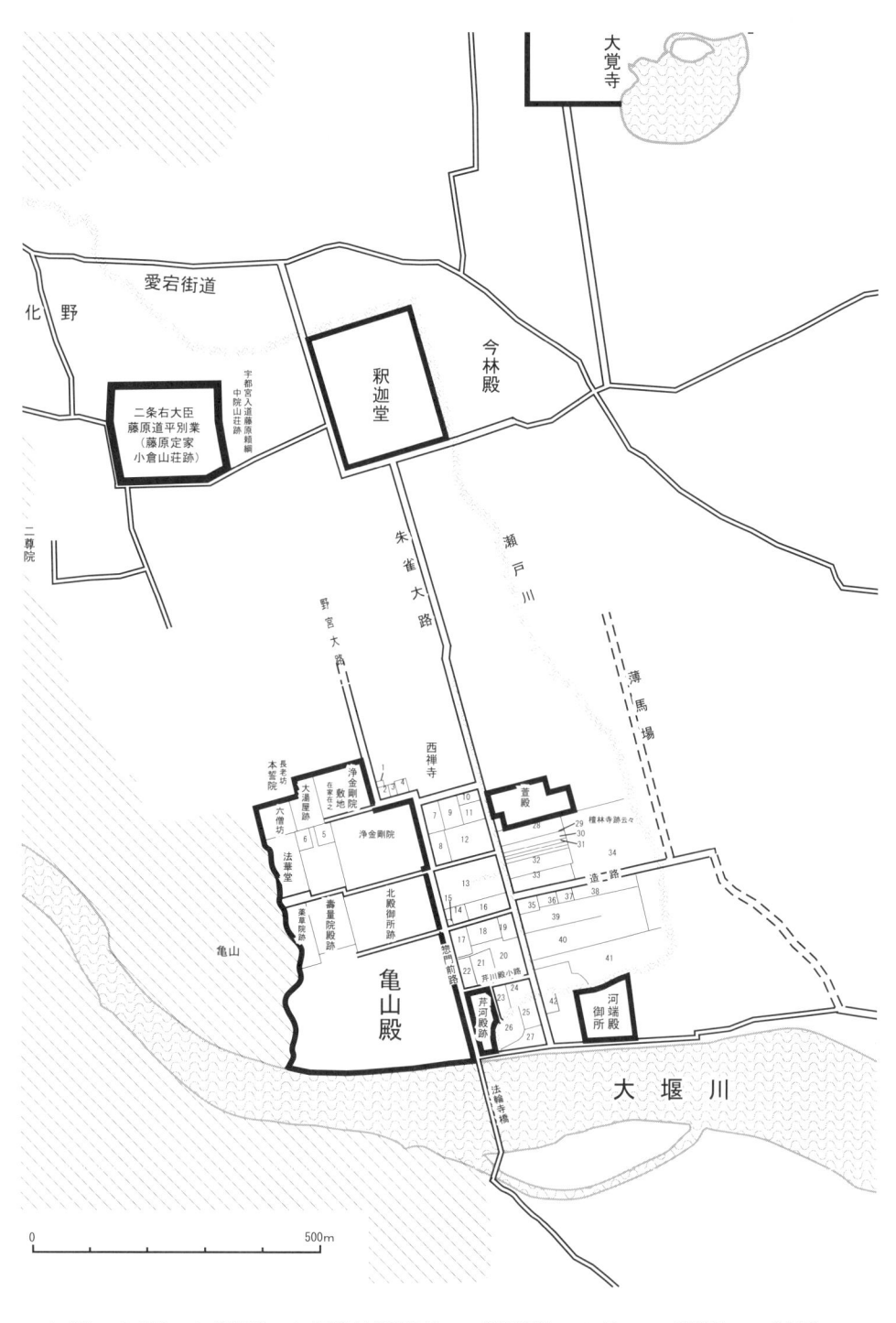

1　在家　2　在家　3　顕光宿所　4　林宿所〈右衛門督宿之〉　5　浄金剛院僧坊　6　同　7　巌雅宿所　8　最井宿所
9　河端殿御管領〈少納言局跡〉　10　弥松丸跡　11　河端殿御管領　12　僧正殿宿所　13　北政所御領〈二位入道跡〉
14　北政所御管領　15　社　16　重如宿所　17　一条殿御領〈督介宿跡〉　18　永宗宿所〈一条局御管領〉
19　公深管領〈亀山院御代被下院宣〉　20　公深宿所〈相伝〉　21　坊門局宿所〈高倉宰相跡〉　22　前別当給〈二条大納言入道跡〉
23　冷泉宰相給　24　左大弁宰相給　25　河端殿御管領〈庁屋跡〉　26　万秋門院御管領　27　号武家領
28　宿所在之〈可申二位中将家之由彼祇候人申之〉　29　口口領　30　小串宿所〈為本公領歟〉　31　季俊宿所　32　土蔵〈不申分明散状〉
33　左衛門大夫〈武家人〉　34　長井掃部入道給云々〈寮家領〉　35　信貞給〈資宗給之〉　36　資宗給　37　督介給　28　秋庭地類
39　秋庭地類　40　秋庭三郎入道宿所〈武家人〉〈松尾領〉　41　督介局宿所〈秋庭地類〉　42　社

図 7-9　鎌倉時代嵯峨復元図 (2)

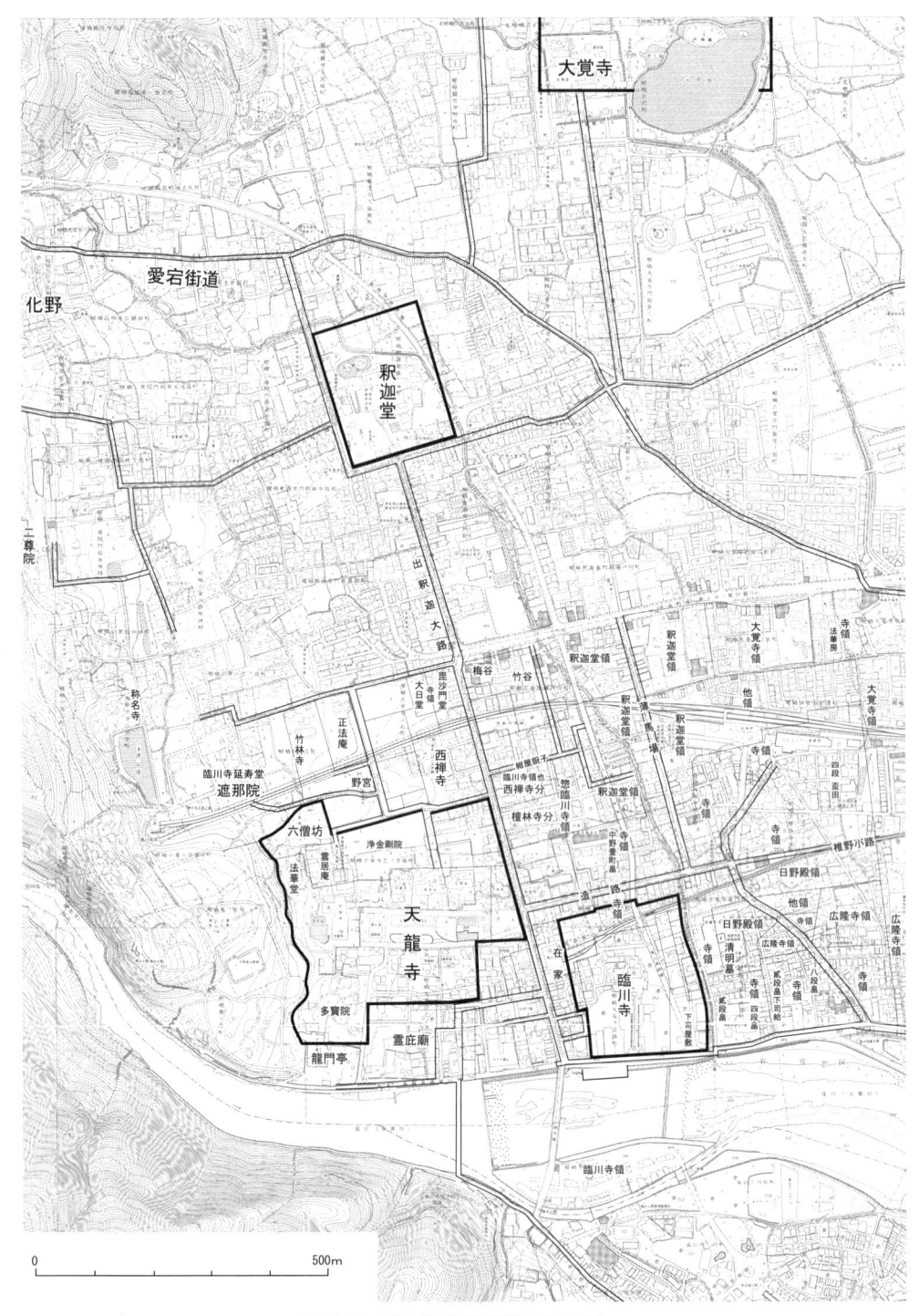

図 7-10 南北朝時代嵯峨復元図（1）
京都市発行都市計画基本図（縮尺 2500 分の 1）を参考にし作成

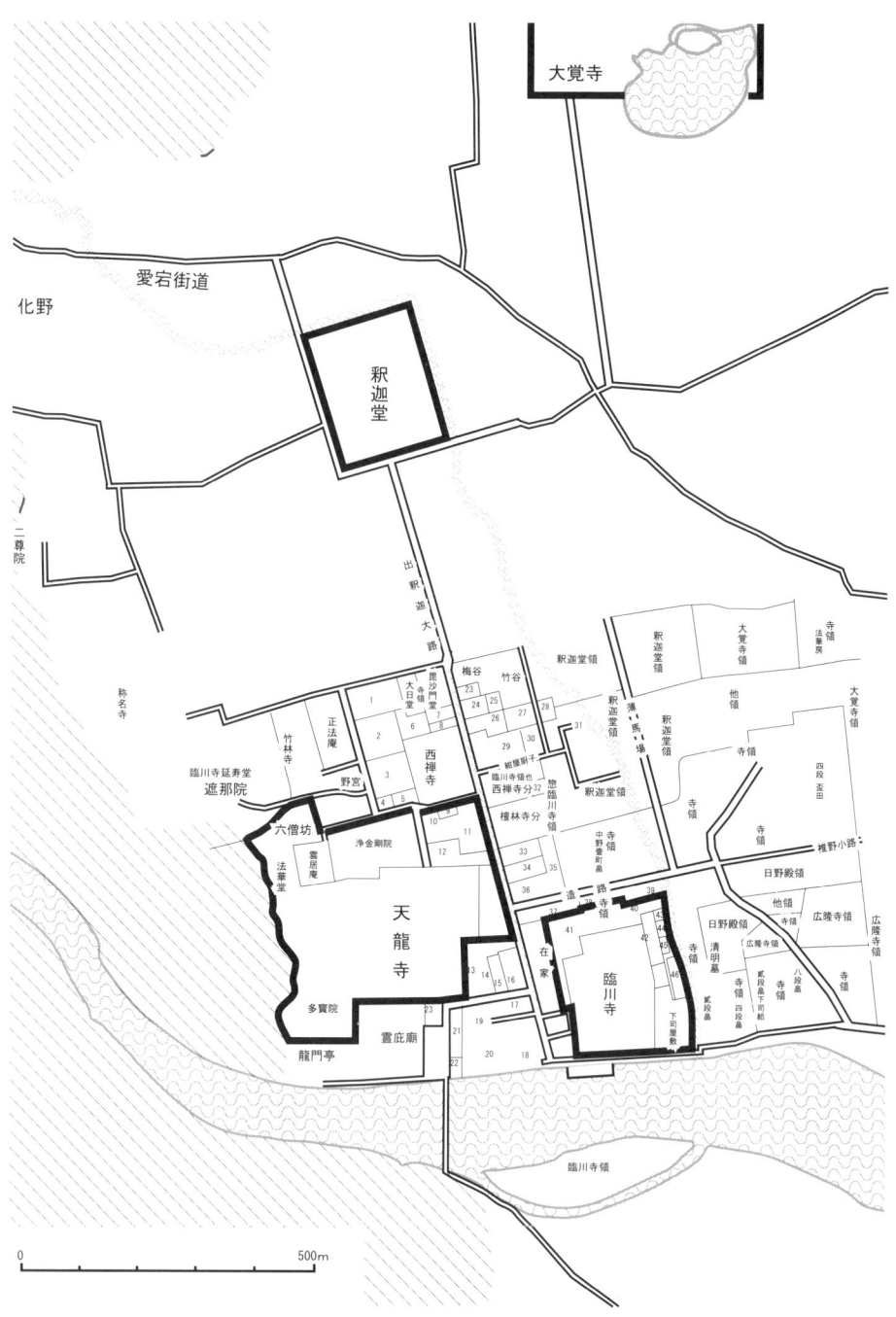

1　椎野分　　2　園殿分　　3　西禅寺分　　4　賢観坊　　5　椎野分
6　西禅寺分〈岡崎僧正坊地〉　　7　願成就院　　8　寺領〈三河坊跡〉　　9　西禅寺領
10　天龍寺領　　11　天龍寺領　　12　天龍寺延寿堂　　13　天龍寺領　　14　警固跡地　　15　寺領
16　寺領　在家　　17　在家　　18　在家　　19　寺領
20　能清庵・侍従大納言家寄進分・二位入道殿跡・芹河殿跡北畠殿寄進分　　21　天龍寺領　　22　在家
23　寺領〈征阿弥陀仏屋敷〉　　24　松尾神領〈号車大路〉　　25　他領　　26　椎野分
27　白河東林寺尼衆地　　28　釈迦堂領　　29　釈迦堂　　30　釈迦堂領　　31　湯屋
32　理本比丘尼地　　33　天龍寺領　　34　清白庵　　35　寺領　樋口薬師堂　　36　寺領　清白庵分
37　天龍寺領　院町　　38　在家　　39　在家　　40　菜園　　41　菜園　　42　三會院
43　下司分　　44　釈迦堂領　　45　観音堂　　46　吉田後家地

図 7-11　南北朝時代嵯峨復元図（2）

現・天龍寺の南側において同寺の鎮守社である霊庇廟の跡と推定される遺構が発掘調査されたが、これもまた方角はほぼ正南北であった。それまでの嵯峨の基準方位はこの附近の条里制を踏襲した約N一五度E（正南北から一五度、西に振る）であったから、天龍寺や臨川寺の配置は嵯峨の都市計画に大きな変更があったことをうかがわせる。ただし、天龍寺の山門に通じる正面道路としては、前代に敷設させた「造路」がそのまま使われることに揃わない結果となったのである。

b 出釈迦大路

清凉寺（釈迦堂）大門から延びる南北道路（図7-1G―H、現在の長辻通〈主要地方道宇多野嵐山樫原線〉）は中世都市嵯峨のメインストリートであり、鎌倉時代には「朱雀大路」と呼ばれていた。「大井郷界畔絵図」ではこれは発音は同じであるが、表記は「出釈迦大路」に変化している。原田正俊が指摘したように、これは「釈迦堂門前に通じる」という意味が強調されたことを示している。

c 造路と椎野小路

中世都市嵯峨の東西の主軸道路は天龍寺から東へと延びる「造路」であり（図7-1I―J）、それは前代の亀山殿の段階ですでに敷設されていた。ただ、「亀山殿近辺屋敷地指図」は瀬戸川以東の造路を描いておらず、この道路がどこまで延びていたかがわからない。「大井郷界畔絵図」では造路は東に延長され、さらにそこでY字形に分かれている。このY字形の街路は、現在のJR嵯峨野線（山陰本線）嵯峨嵐山駅の南側において市街地の中にも生活道路としてその痕跡をとどめている（図7-1J―K、J―L）。ただ、「大井郷界畔絵図」で注意されるのは、「造路」の東の延長線上に「椎野小路」という書き込みが見られることである。「応永鈞命絵図」では「椎野寺」が見られるとともに、現在も嵯峨嵐山駅の東方延長線上に「椎野寺」が見られる

には「嵯峨天龍寺椎野町」の地名が残存している（図7-1M）。つまり、一四世紀前半の段階では造路はさらに東方へと延長されており、その道路はその側にあった寺院の名をとって椎野小路と呼ばれていたのであろう。これがどこまで延長されることになっていたのかはわからない。これが洛中と嵯峨とを結ぶ新たな幹線道路が構想されていたのかもしれない。なお、「大井郷界畔絵図」には椎野寺の存在は描かれていないが、同図の天龍寺北方には二ヶ所に「椎野分」という記載が見られる。これはおそらく椎野寺の寺領をあらわしているのであろうから、一四世紀前半の椎野寺の実在が類推されることになる。

なお、「椎野寺」と呼ばれた寺院についてはやや問題が含まれている。池田円暁によると、室町時代にあって嵯峨の「椎野」の寺院とは、「椎野浄金剛院」や「椎野曼陀羅堂（曼荼羅堂）」として登場するという。しかし、「浄金剛院」とは後嵯峨上皇によって亀山殿の域内に創建された御堂であり、そこは後に天龍寺の境内にとりこまれたのであるから、現在の「嵯峨天龍寺椎野町」に痕跡を残す「椎野」とはまったく場所が違っているのである。池田はこれを、椎野の浄金剛院と呼ばれた寺院がふたつ存在していたと考えることによって解決しようとしている。つまり、天龍寺旧地には後嵯峨天皇・亀山両天皇陵の法華堂を中心とした浄金剛院が、また椎野には曼荼羅堂を中心とした浄金剛院がそれぞれ存在したとするのである。そして、後者は前者の支院のような形になっていたものであり、両者は対外的には同一寺院とされていたために混乱がおきた。しかし、天龍寺の創建を契機にして前者は廃されて後者に合併されるにいたった、というのである。この池田の解釈を採るならば、「応永鈞命絵図」に見られる椎野寺とは椎野の浄金剛院曼荼羅堂のことであり、また「大井郷界畔絵図」に見られる「椎野小

路」はそれに通じる道路を示すものであることになる。

d 天龍寺の寺域

天龍寺は亀山殿の跡地を継承したものであるが、その寺域自体は狭義の亀山殿の範囲とは完全には一致していない。鎌倉時代には亀山殿の門前には「惣門前路」と呼ばれる南北大路が通り、その道路と嵯峨朱雀大路との間には貴族や女房の宿所といった亀山殿の関連施設が並んでいた。それらの土地は天龍寺の創設によってすべて同寺の寺域にとりこまれ、その結果として天龍寺は出釈迦大路（嵯峨朱雀大路）に直面することになった。ただ、天龍寺北方では浄金剛院・同法華堂（後嵯峨・亀山両天皇陵）、西禅寺などがそのまま残されたから、その附近には惣門前路や「野宮大路」が鎌倉時代のまま継続することになった。

e 在家と紺屋

亀山殿が荒廃の色を深めた段階で、その周囲に配置されていた貴族や女房宿所といったものも機能を失っていったはずである。そうした土地の多くは畑地に戻り、さらに南北朝時代になるとそれらは天龍寺・臨川寺・広隆寺・大覚寺・釈迦堂といった寺院領とされたし、また貴族の日野家領（たとえば、薄馬場の大路に面した釈迦堂領）の臨川寺領には「在家」の文字が見られるし、絵図に記載はされていないけれども他寺領にも民家が並んでいたのではなかろうか。それを示すひとつの証拠は、図7─1N─Oの小路が「紺屋厨子」の名で呼ばれていることである。この道路名はむろん、ここに面した場所に藍染屋（紺屋）が存在したことをあらわしているはずである。いうまでもなく藍染は僧侶の衣を生産するための不可欠の過程であった。この道路は「亀山殿近辺屋敷地指

図」には描かれていない上に「厨子（図子）」と呼ばれているから、一四世紀前半の段階で新たに開削された道路であったと推定してよいであろう。すなわち、天龍寺や臨川寺の創建とほぼ同時に、寺院に関連するそのような手工業生産が開始されたことが知られるのである。

f 瀬戸川の付け替え

臨川寺の創建にあたってもうひとつおこなわれたのは、瀬戸川の付け替え工事である。「亀山殿近辺屋敷地指図」で見られる瀬戸川は、嵯峨朱雀大路に平行して流れ、河端殿御所の北側から西に大きく曲がって嵯峨朱雀大路東脇の小川と合流、さらに芹河殿を通過して大堰川に合流している。しかし、「大井郷界畔絵図」の瀬戸川は臨川寺の寺地をかすめることになり、そのままでは同寺の土地の使い方にかなりの制約が加わるからであろう。すなわち、らばその流路は臨川寺の西側をそのまま南下して大堰川にほぼ直角に流れ込むのである（図7─1P─Q）。これはおそらく、当初のままであるならば、瀬戸川の付け替えをも含む大規模なものだったということになる。

g 晴明塚

造路の南側の「日野殿領」には「清明墓」が描かれている。「応永鈞命絵図」にも「清明」として記載されており、現在も嵯峨天龍寺角倉町に残されている「安倍晴明墓」がこれである（図7─1R）。全国には安倍晴明墓と伝えられるものが数多く残っているが、その中で中世にまでさかのぼって成立していたと確証できるものはほとんどない。それに対して、嵯峨の「清明墓」は一四世紀前半には確実に成立していたということになる。一般論として、晴明墓（晴明塚）が残されているということは安倍晴明を祖と伝承する陰陽師集団が居住していたことを示しているが、しかし「大井郷界畔絵図」にはそうした形跡はまったく描かれていないから、この「清明墓」の存在はむ

ろ、鎌倉時代後半のある段階でこの地に陰陽師集団が居住していたことを示すものではなかろうか。

h　吉田氏の邸宅　臨川寺の東側には「吉田後家地」の記載がみえており、吉田氏の邸宅が嵯峨に存在したことが知られる。原田正俊が論じたように、吉田氏は後の角倉氏のことである。いうまでもなく角倉氏は下嵯峨を本拠として大堰川の舟運に活躍し、近世にはいると京都を代表する豪商として知られるようになる一族である。その吉田氏が一四世紀前半の段階ですでに下嵯峨の地に邸宅を持っているということは、おそらく彼らがこの頃から大堰川の水上交通の掌握に乗り出していたことをあらわすのであろう。

4　室町時代の都市嵯峨

(1)「応永鈞命絵図」

中世都市嵯峨の盛期の景観を描いたのが、室町時代中期に作られた「応永鈞命絵図」である。これは室町時代中期の応永三三年(一四二六)、四代将軍源(足利)義持の命により、臨川寺住持月渓中珊が作成した絵図である。ここには天龍寺、臨川寺、釈迦堂(清涼寺)を中心として一〇〇以上の寺院が描かれており、室町時代において嵯峨が一大宗教都市としての盛観を見せるにいたったことを示している。この絵図についてはこれまでも多数の研究が公表されているが、現在の地図に重ね合わせる形での復元研究はおこなわれてこなかった。現在の嵯峨の地域はかなり都市化が進んでしまって新しい街路が縦横に走っているものの、詳細に見るならば近世以前にさかのぼる地割や古道が残存しているのを見ることができる。また、福島克彦の努力によって明治三二年(一八九九)頃の地籍図が復元されており(図7-14)、それらを対照させたならば「応永鈞命絵図」の復元された中世の街区を復元することは難しくない。こうして作成したのが、図7-12、図7-13である。この図にしたがって、室町時代中期の嵯峨の様相を点描してみることにしよう。

(2) 室町時代の都市嵯峨の様相

a　天下龍門　天龍寺の正面道路となった造路を東にたどると、薄馬場との交差点付近に「天下龍門」という門が建っている。絵図の記載から見ると、この交差点附近だけは造路の道路幅が広く、一種の広場を形作っていたようである。高橋康夫によると、洛中・上京の相国寺においても、惣門正面の道路と一条大路との交点に「法界門」と呼ばれる門が建てられ、相国寺の寺域の南側が「妙荘厳域」と呼ばれる特別空間となっていた。また、室町殿や内裏の周囲にもそうした特別空間が存在していたという。天龍寺に設けられた「天下龍門」も、こうした特別空間を区画するために建てられたのであろう。天龍寺が中世都市嵯峨の中で占めていた位置の大きさを考えるならば、この天下龍門は中世都市嵯峨全体のシンボル・ゲートであると評価することが許されるのではないかと思う。

なお、大堰川に沿った東西道路(現・三条通)は、臨川寺の南側のところで東西二つの門によって区切られている。これによって臨川寺の大門(南門)はその周囲とは視覚的に区別され、同寺の正面を荘厳化しているのである。規模は小さいけれども、これもまた天龍寺の天下龍門と同様の都市設備だったということができよう。

b 現存する堂社と史跡　現在、長辻通（主要地方道宇多野嵐山樫原線、中世の嵯峨朱雀大路）と丸太町通の交差点の南西角に「毘沙門堂」という小さな堂が建っている（右京区嵯峨天龍寺立石町）（図7―1S）。正確な来歴はよくわからないが、この堂は「応永鈞命絵図」のみならず「大井郷界畔絵図」にも描かれており、遅くとも一四世紀前半には既に存在していたことが知られる。「応永鈞命絵図」に描かれた多数の寺院のうち現在まで残っているものは数少ないから、その意味では貴重な存在だということができるだろう。

長辻通をさらに北上した東側には京都市立嵯峨小学校（右京区嵯峨釈迦堂大門町）があるが、この校門をはいったところに「招慶院跡」の石碑が建っている（図7―1T）。招慶院は「応永鈞命絵図」に描かれた「雲松庵」が改名したものであり、明治初年に廃絶してその跡地が小学校に宛てられた。雲松庵は天龍寺の塔頭のひとつであり、応永八年（一四〇一）に絶海国師の塔所として建てられたものだという。

「応永鈞命絵図」や「大井郷界畔絵図」によると、天龍寺の北端に「六僧坊」が描かれている。現在、右京区嵯峨野々宮町にある共同墓地が「六僧坊墓地」と呼ばれている。中世の六僧坊の場所とはややずれるけれども、その名称が現在に受け継がれていることに興味を引かれる。

現在、右京区嵯峨小倉山田渕山町の小倉池の側には髪結師の祖神を祀る「御髪神社」という小祠がある。確証はないが、「応永鈞命絵図」の厳島社となんらかのつながりがあるのかもしれない。

c 室町時代嵯峨の基本構造　一四世紀中葉と一五世紀前半の嵯峨を比較すると、後者がさらなる都市的発展をとげていたことがわか

る。前者の場合には出釈迦大路（嵯峨朱雀大路）・造路・薄馬場などの基本街路は整備されていたが、その周囲にはまだまだ耕作地が多かった。それが後者になると、街路に面した部分はほとんど寺院や在家によって占められ、耕作地は存在したとしてもそれらの裏側に押しやられていたようである。

また、前者の段階では現・丸太町通（図7―1U―V）以北の嵯峨北部は都市的発展が未成熟であったのであるが、室町時代中期にはいるとここも盛んに開発されていった。ただ、嵯峨南部には鎌倉時代に亀山殿を中心とする嵯峨朱雀大路・造路・野宮大路・惣門前路などの直交する道路が配置され、さらに南北朝時代にはそれが拡大されて薄馬場・椎野小路といった道路が敷設され、それによって条坊制に似た方格地割が形成されていた。これはやはり、一定の都市計画がなければ不可能だったであろう。しかし、嵯峨北部にはそうした都市計画が施されていなかったようである。嵯峨南部の幹線道路のひとつである薄馬場や野宮大路も、図7―1U―Vの以北に延長されていてもおかしくないのであるが、そうした形跡は見あたらないのである。嵯峨南部と釈迦堂（清凉寺）を結ぶルートとしては瀬戸川に沿った図7―1P―WやX―Yといった湾曲した道路が新設されていたし、釈迦堂の西南方にも屈曲した道路が何本も延ばされていった。すなわち、嵯峨北部の開発は必ずしも厳密な都市計画に沿ったものではなく、便宜に応じて適当に道路を延ばし、そこに沿って寺院や民家を配置していったのである。

さらに注目されるのは、一四世紀中葉には造路の東への延長道路として存在した椎野小路が一五世紀前半になるとまったく姿を消し、造路は完全に天龍寺の正面道路に変化してしまっていることである。こ

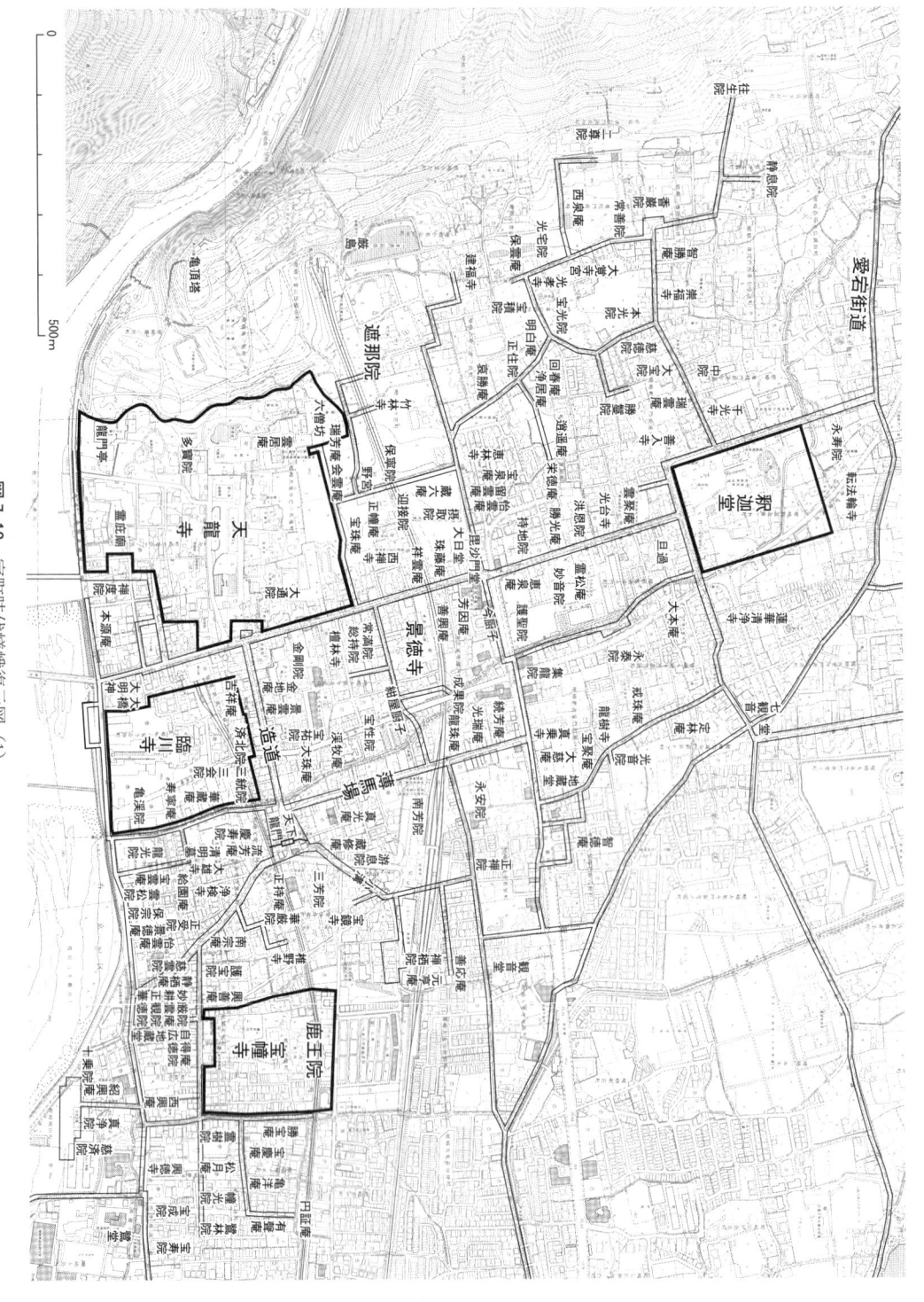

図 7-12　室町時代嵯峨復元図 (1)
京都市発行都市計画基本図（縮尺 2500 分の 1）を参考に作成

図 7-13　室町時代嵯峨復元図（2）

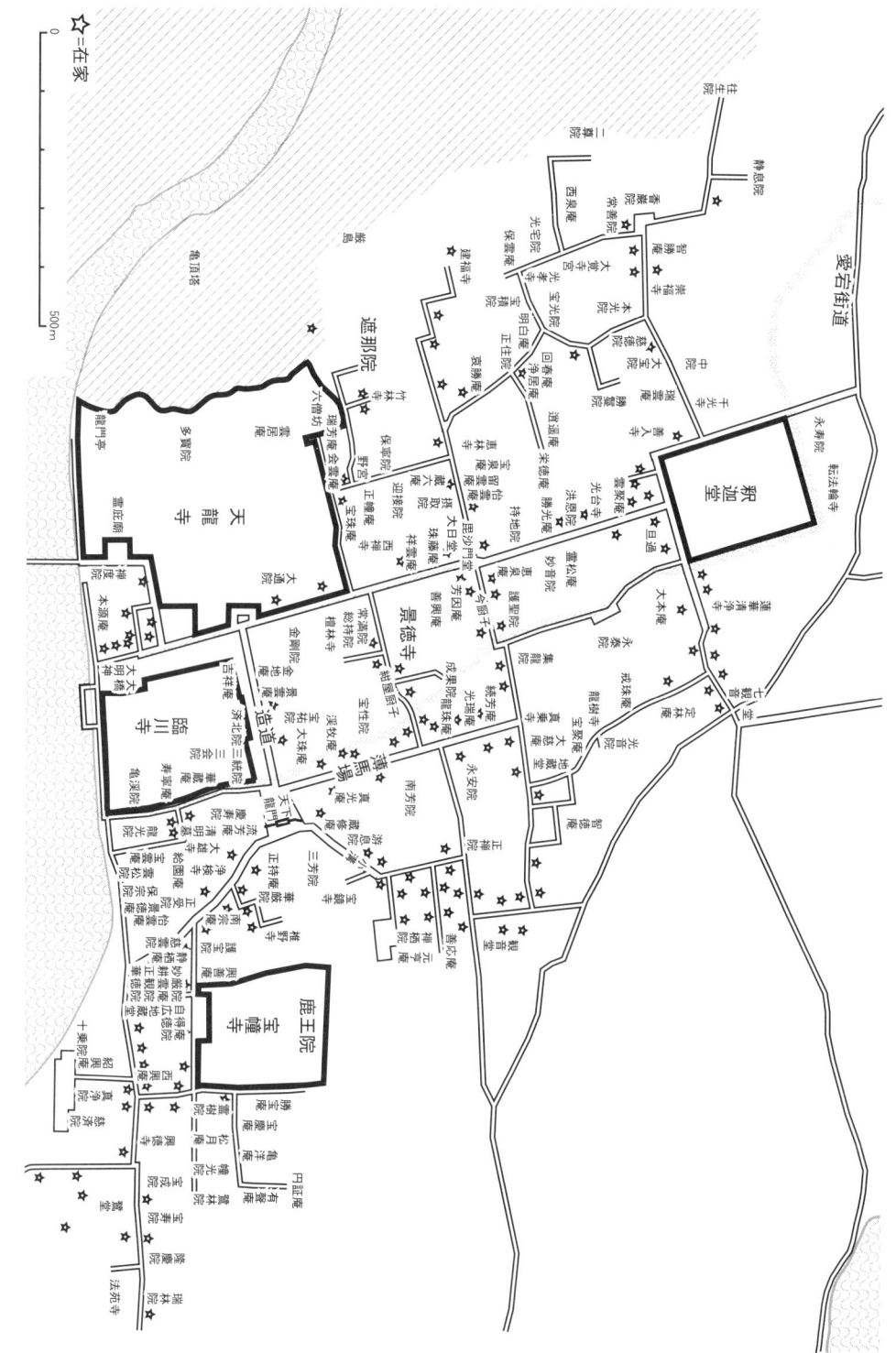

れはおそらく、室町幕府三代将軍源（足利）義満によって一四世紀後葉に宝幢寺（現在の鹿王院）が創建され、椎野小路の延長ラインが閉ざされてしまったことによるのであろう。このように、天龍寺・臨川寺創建以前と以後では嵯峨の都市構造は大きく変わっており、それは都市そのものの基本的な性格の変化を反映しているのである。

d 中世都市嵯峨の規模

かつて筆者は、室町時代の都市・嵯峨の面積は約一五〇万平方メートルであったと試算した[20]。これは「応永鈞命絵図」に描かれた寺院や在家の存在する範囲の概略の面積を概算したものである。ただ、「応永鈞命絵図」は天龍寺の寺領を示すことに主眼を置いて作られた絵図であり、嵯峨北部の大覚寺周辺については記載が省略されている。室町時代の大覚寺はまだまだ広大な境内地を誇っており、その門前にも同様の都市空間が附属していたと推定してよいであろう。大覚寺周辺の都市空間をも含めるならば、中世都市嵯峨の総面積は少なくとも一七〇万平方メートルには達していたであろう。もちろん、この範囲の中がすべて寺院と民家によってぎっしりと埋め尽くされていたと考える必要はない。中世のことであるから、寺院や民家の裏側にはたくさんの耕作地が広がっていたことはむしろ当然といわなければなるまい。ただ、それを差し引いたとしても、これだけの面積を誇っていた都市というものは中世の日本において数少なかったはずである。

さらに、「応永鈞命絵図」の特徴のひとつとして、寺院ばかりではなく、多数の「在家」を記載している点に注目することができる。その総数は実に一四七ヶ所にのぼっているのである。そして、この「在家」の文字は道路と道路の間に一ヶ所だけ記載されていたり、ほぼ等間隔に配分されていたりする。これは、そこに民家が一軒あっただけといっ

うことではなく、「在家」の文字一ヶ所につき少なくとも数軒の民家が存在したことを意味している。福島克彦が作成した明治三二年（一八九九）頃の嵯峨周辺の地籍図（図7-14）によると、たとえば釈迦堂南側の約二〇〇メートルの間に一七個の短冊形地割が見えており、「応永鈞命絵図」ではここに四個の「在家」の文字を記しているのである。もちろん地籍図に見える短冊形地割は江戸時代のある段階の土地区画なのであるが、それでも「応永鈞命絵図」の「在家」の文字ひとつについて、少なく見積もっても四―五軒程度の民家を推定することは可能だろう。そうすると、「応永鈞命絵図」に描かれた一四七ヶ所の「在家」とは、最低でも六〇〇―八〇〇軒、場合によっては一〇〇〇軒に近いような多数の民家の存在を示していることになる。

原田正俊は嵯峨に存在した酒屋や土倉について論じている[21]。彼によると、応永三二、三三年（一四二五、一四二六）の「酒屋交名」に見える三四二軒にのぼる酒屋のうち一七軒は嵯峨所在であり、またその他「在家」にはこうした大規模な酒屋や土倉も含まれていたことを指摘している。「応永鈞命絵図」に描かれた「在家」にも多数の土倉が存在していたという。

さらに原田は、天龍寺などの禅院が多数の僧侶・住民を抱えていたことを指摘している。天龍寺そのものの住僧の数を示す根拠は乏しいが、同じ京都五山の東福寺では七〇〇人以上、相国寺では寺僧八〇〇人・沙弥喝食一三〇人を数えていたという。天龍寺の塔頭の数は他の五山寺院を上回っていたから、同寺の僧侶や関係住民の数は一〇〇〇人を越えたとしても不思議ではない。さらに、嵯峨には天龍寺以外にも多数の寺院が存在し、その中には臨川寺・釈迦堂・宝幢寺といった大寺院が含まれていたのであるから、それらの僧侶と寺院に関連する住民の総数は少なく見積もっても二〇〇〇人以上はあったことであろ

う。そこに一〇〇〇軒近い「在家」の住民と、さらに絵図に居住地が描かれないような零細な住民の数まで加えるならば、中世都市嵯峨の人口は少なくとも八〇〇〇人、場合によっては一万人にまでふくれあがることを予想しておかねばならないであろう。この点から言っても、この時代の嵯峨は、洛中を除くならば中世日本における巨大都市のひとつであったとする評価を動かす必要はないであろう。

e 化野の葬地

嵯峨の西北端にあたるのが「化野」と呼ばれる土地である。ここは「応永鈞命絵図」には描かれていないけれども、『徒然草』（第七段）に「あだし野の露きゆる時なく、鳥部山の烟立ちでのみ住みはつる習ひならば、いかに、もののあはれもなからん」という文によってあまねく知られている通り、東山の鳥部野（鳥部山）と並んで京都を代表する葬地であった。現に、ここに存在する化野念仏寺は、境内にこの附近から掘り出された数千基におよぶ石仏を安置していることで有名である。石仏のほとんどは、室町時代後期以降に作られたものだと推定されている。京都市埋蔵文化財研究所の広域試掘・立会調査でも多数の土坑が検出され、その中には平安時代末期から鎌倉・室町時代、さらには江戸時代にいたる墓が含まれていることが確認されている。室町時代の墓としては、備前焼の大甕を甕棺とし、三〇枚の中国銭を副葬したもの（室町時代中期、墓五）や、小さな土坑を掘ってその中に火葬骨を直葬したもの（同後期、墓二二）などがある。また、一石五輪塔や石仏も多数が出土し、前者の中には「永正五年」(一五〇八)の紀年銘を持つものも見られる。こうした成果から見ると、室町時代の化野葬地の範囲は、ほぼ現在の化野念仏寺から現・後亀山天皇陵にいたる間であったと推定してよいであろう。つまり、「応永鈞命絵図」に描かれた嵯峨の都市空間の西北部には、平安時代

期からの伝統を引く葬地が存続していたのである。

なお、嵯峨中心部からはやや離れていたけれども、大覚寺の北方の後宇多天皇蓮華峰寺陵の域内にも多数の石仏が安置されている。正確な出土地はわからないけれども、同天皇陵周辺の丘陵裾部にも中世にさかのぼる墓地が存在したことを示しているのであろう。

5 「洛中洛外図屏風」に見る嵯峨

（1）「洛中洛外図屏風」と嵯峨

中世都市嵯峨の繁栄は永くは続かなかった。京都に甚大な被害を与えた応仁・文明の大乱の余波は嵯峨にもおよび、応仁二年（一四六八）九月七日の合戦によって天龍寺・臨川寺を中心とする一帯は焦土と化した（『碧山日録』同年九月七・一六日条）。そこから十数年を経た文明一二年（一四八〇）にいたっても嵯峨は「荒野」と称せられるような惨状を呈していたのである（『宣胤卿記』同年九月七日条）。これ以降の嵯峨は、室町時代中期のような壮大な宗教都市の景観を取り戻すことはついになかったのである。

残念ながら、戦国時代から桃山時代、さらに江戸時代初頭にいたる間の嵯峨を描いた地図は現存しない。この欠をわずかに補うものは、その時代から製作が盛んになった各種の「洛中洛外図屏風」および類似の屏風絵であろう。これらの絵図に描かれた嵯峨に注目するならば、そこには一定の共通点が見られる。すなわち、右端に釈迦堂（清凉寺）、亀山天皇陵にいたる間であったと推定してよいであろう。つまり、そこから左へと長辻通（中世の嵯峨朱雀大路）を

大堰川まで通し、さらにその上下に天龍寺と臨川寺を配置する、というものである。一六世紀から一七世紀にかけての人々にとっては、こうした景観が嵯峨の基本的構造であったと理解されていたことになる。ただ、こうした絵画史料を通じて中世末期から近世初期にかけての嵯峨の景観を復元するにはまだまだ考察が不足している。そこでここでは、一六世紀から一七世紀にかけて描かれた「洛中洛外図屛風」の中の嵯峨の景観から読み取れること[23]を覚書ふうに注記するに留めておきたい。

(2) 「洛中洛外図屛風」の中の嵯峨の描写

a 町田家本（国立歴史民俗博物館甲本）「洛中洛外図屛風」 一六世紀中葉の景観年代を示す、現存最古の「洛中洛外図屛風」である。右隻第四―六扇の最上部に嵯峨の景観が描かれる。天龍寺・臨川寺・釈迦堂には瓦葺の立派な伽藍が描かれる。今谷明によると、天龍寺は文明末年―長享初年（一四八〇年代後半）、また臨川寺は明応五年（一四九六）から永正元年（一五〇四）頃までに伽藍が再建されているし、天龍寺は雲に覆われているが、東向きの山門を描くのは町田家本と相違する。長辻通沿いの民家は全て置石板葺屋根切妻造である。臨川寺南側の大堰川岸は石垣で護岸された突出部となっており、そこに渡月橋がかかる。

文初年（一五六〇年代後半）には釈迦堂の本堂や多宝塔が竣工したという[24]。町田家本「洛中洛外図屛風」に描かれた姿はこのそれぞれの再建にかかるものであろう。長辻通沿いには両脇に民家が並ぶが、そこには石置板葺屋根切妻造、草葺屋根切妻造、同屋根入母屋造が混在している。その前には米俵を積んだ馬が馬方に引かれて通るとともに、米俵をかつぐ男性の姿が見える。おそらく、民家のうちの一軒が米屋だったのであろう。また、民家には床几を出してその上に商品を並べる商家が含まれている。大堰川の臨川寺南側は石垣で護岸され、二ヶ所に舟付場らしい突出部が見える。その付近では、大堰川を眺めなが

ら酒宴を楽しむ一団がいる。渡月橋は立派な木橋である。大堰川には筏流しが見える。

b 東京国立博物館模本「洛中洛外図屛風」 江戸時代の模本であるが、その景観年代は一六世紀中葉にさかのぼる。右隻五・六扇の最上部に嵯峨が描かれる。釈迦堂は多数の参詣者を迎えて賑わっている。釈迦堂門前に米俵を運ぶ馬や人々が行き交うのは町田家本と変わらない。臨川寺や釈迦堂の伽藍や渡月橋も町田家本と良く似ている。天龍寺は雲に覆われているが、東向きの山門を描くのは町田家本と相違する。

c 高橋家本（国立歴史民俗博物館乙本）「洛中洛外図屛風」 景観年代は一六世紀中葉―後葉である。右隻四・五扇の最上部にわずかに嵯峨が描かれている。ただ、その占める面積はきわめて小さい。釈迦堂・天龍寺・臨川寺ともに金雲で隠されている部分が多く、細部はよくわからない。臨川寺は本堂だけで、山門を描かない。長辻通沿いの民家は板葺屋根切妻造である。臨川寺南側の大堰川岸は石垣で護岸された突出部である。

d 上杉家本「洛中洛外図屛風」 数ある「洛中洛外図屛風」の中でも、その最高峰を極めた名作であることはいうまでもあるまい。景観年代は一六世紀中葉―後葉と推定される。嵯峨は右隻四・五扇の最上部に描かれる。天龍寺と臨川寺は瓦葺の本堂や山門を持つ豪壮な姿として描かれている。町田家本と違うのは、釈迦堂・天龍寺・臨川寺以外に大覚寺、本堂前の二尊院の堂宇が板葺屋根で、いかにも余裕のない仮建築である。今谷明によると、ここに描かれた二尊院の本堂は永正年間に藤原（三条西）実隆の尽力のもとで復興されたものであり、

現存する建物と一致するという。長辻通沿いの民家は置石板葺屋根切妻造であるが、これは以前指摘したように、上杉家本「洛中洛外図屏風」の作者がこの時期の嵯峨をすべて「都市」として認識していたことを示す。上杉家本は都市の民家はすべて板葺屋根で、農村の民家はすべて草葺屋根で描くという原則を固く守っているからである。長辻通の東側には板葺屋根切妻造の建物が見られるが、これは民家ではなく寺院の堂舎であろう。ただ、寺院の名を特定するにはいたらない。釈迦堂門前の東西通から長辻通にかけては小河川が流れている。大堰川には木造の渡月橋がかかり、臨川寺南側には二ヶ所の石垣護岸が描かれ、また川面には筏流しの姿が見える。臨川寺南側に酒宴を楽しむ人々を描くのは、町田家本と変わらない。

e 浮世絵太田記念美術館本「洛外名所図屏風」（京名所図屏風）

これのみは「洛中洛外図屏風」ではなく、洛外の名所だけを描くという変わった図様の絵画である。景観年代は宮島新一の推定によると一六世紀中葉、おそらく天文一四年（一五四五）を前後する頃であるとされ、戦国時代の「洛中洛外図屏風」と江戸時代のそれとの間をつなぐ重要な絵画史料であるといえよう。嵯峨は左隻第四・五扇に描かれる。特徴的なのは左隻の中心に釈迦堂が画面全体を圧するような大きさで描かれ、そこにはおびただしい数の参詣人が群在していることである。ちなみに、これに対応する右隻での中心的存在は清水寺である。釈迦堂をとりまいて野宮神社、天龍寺、臨川寺、二尊院などが描かれるが、その空間構成はかなりデフォルメが激しく、いずれも本来の位置とは違う場所にばらばらに嵌め込まれている。民家は、長辻通だけではなく清凉寺西門に通じる愛宕街道にも多数描かれている。

の民家には置石板葺屋根切妻造の身舎に置石板葺屋根の庇を付けるという変わった形式のものが見られ、さらにそれらはすべて茶屋や土産物屋という商家となっている。大堰川に渡月橋が架かっていないのはやや奇妙であるが、川には多数の筏流しが見られ、さらに臨川寺南側ではその材木を北岸へと運び上げている様子が大きく描かれている。おそらく、数ある絵画史料の中でここまで大堰川の川湊を明瞭に描いたものは他にないであろう。

f 出光美術館本「洛中洛外図屏風」 景観年代は一七世紀前葉である。嵯峨は左隻第五・六扇に描かれる。釈迦堂・天龍寺・臨川寺は定番通りであるが、長辻通の民家はすべて草葺屋根入母屋造と同屋根切妻造で、町屋というよりも農家のイメージが強い。大堰川には筏流しが描かれる。狩野博幸は「渡月橋がいかにも粗末な仮橋風」であると指摘している。渡月橋は、戦国時代の「洛中洛外図屏風」が天龍寺伽藍の南側に描いているのに対して、出光美術館本では長辻通の突き当たり附近に描いていることは注目に値する。室町時代の渡月橋は前者の位置にあったのに対して、現在の渡月橋は後者の場所に架橋されているからである。

g 勝興寺本「洛中洛外図屏風」 ほぼ同様の画様の品として、京都国立博物館本（旧・山岡本）「洛中洛外図屏風」が知られている。景観年代は一七世紀中葉であろう。嵯峨は左隻四・五扇に描かれる。長辻通の民家は草葺屋根入母屋造と同屋根切妻造である。京都国立博物館本の場合、天龍寺北側で長辻通から分かれて西北に向かう別の道路が明瞭に描かれている。臨川寺は壮大な伽藍として描かれているが、その山門は黒木を組み合わせただけの粗末なものとなっている。狩野博幸は、京都国立博物館本では渡月橋が描かれているのに対して、勝興

177　第7章　中世都市嵯峨の変遷

図 7-14　明治期の嵯峨地籍図
　　　　注 15 文献による

図7-15 江戸時代嵯峨復元図 （アミカケ部は短冊形地割密集地）

寺本ではそこに橋はなく、替わりに渡し舟が描かれているという重要な指摘をおこなっている。京都国立博物館本の場合、渡月橋は現在の場所に近いところに架かっているように見える。出光美術館本の描写とも比較するならば、渡月橋が現在地に架橋し直されたのは、一七世紀前葉から中葉の間のある段階だったと推定できることになる。

h　堺市博物館本「洛中洛外図屏風」　嵯峨は左隻第五・六扇に描かれる。長辻通沿いの民家は、置石板葺屋根切妻造、草葺屋根切妻造、同屋根入母屋造の混在となっている。渡月橋は木造の本格的な橋になっている。大堰川北岸は石積みの護岸を持っている。

6　江戸時代の嵯峨の様相

江戸時代にはいっても、嵯峨のすべてが農村に還ってしまったわけではない。明治期の地籍図（福島克彦作成、図7-14）を眺めるならば、都市特有の短冊形地割が嵯峨のあちこちに現れているのを見ることができる。そこで、江戸時代の嵯峨の様相を知るために、元禄年間（一六八八―一七〇三）に作成された「洛中洛外大絵図」（慶應義塾大学図書館蔵）をベース・マップとし、そこに天龍寺所蔵の江戸時代末期の嵯峨絵図に見える道路網を重ね合わせ、さらに明治期の地籍図にみえる短冊形地割の密集地を表示してみることにした（図7-15）。元禄の「洛中洛外大絵図」は、江戸時代前期の京都図の中でももっとも精細を極めた地図のひとつであり、さらに洛中だけでなく洛外までをも視野にいれている点で史料的価値が高い。天龍寺蔵の嵯峨絵図は同寺が編集した『天龍寺』のモノクロ図版に挙げられているものである。未だ実物を見る機会を得ていないので詳細を知らないが、これは天龍寺領の範

囲を描いた村絵図であり、江戸時代末期に制作されたと見てまちがいあるまい（なお、同書にはこの絵図を貞和三年の「臨川寺領大井郷絵図」としているが、これは明らかに誤りである）。もちろん、江戸時代を通じても嵯峨の景観は変化していったであろうから、その変遷をさらに細かくたどる作業は今後の課題となる。ともあれ、こうして作成した図7-15によって、江戸時代における嵯峨の都市的様相の一端をつかむことはできるだろう。ここで短冊形地割が密集するのは、

（一）釈迦堂から天龍寺にいたる長辻通
（二）釈迦堂西門につながる愛宕街道
（三）釈迦堂山門に接する東西道路
（四）大覚寺門前
（五）天龍寺門前の造路
（六）角倉町周辺
（七）大堰川北岸の現・三条通

などである。このうち、（一）～（五）が釈迦堂、天龍寺、大覚寺の門前町であったことはいうまでもないだろう。（六）・（七）は嵯峨の豪商としての角倉家に所属した舟夫たちの住居地を中心とする交易地区である。室町時代のような壮観を取り戻すことはなかったにせよ、寺院門前町や水陸交通の拠点として都市・嵯峨は生き続けていたのである。

注

1 山田邦和「中世都市京都の変容」（中世都市研究五『都市をつくる』新人物往来社、一九九八）九〇－一二三頁。

2 東京大学史料編纂所編『日本荘園絵図聚影』東京大学出版会、一九九二、図版一七－二一。

3 下坂守「描かれた日本の中世―絵図分析論―」法蔵館、二〇〇三、四〇五―四二〇頁。

4 金田章裕『条里と村落の歴史地理学研究』大明堂、一九八五、二九―二四〇頁。

5 大村拓生「中世嵯峨の都市的発展と大堰川交通」都市文化研究三、二〇〇四、六七―八三頁。

6 西山良平「山城 山城国葛野郡班田図」（『日本古代荘園図』東京大学出版会、一九九六）一九七―二二二頁。

7 西田直二郎『京都史蹟の研究』吉川弘文館、一九六一、四八九―五〇〇頁。

8 辻純一「条坊制とその復元」（角田文衞監修、古代学協会・古代学研究所編『平安京提要』角川書店、一九九四）一〇三―一二六頁。

9 上村和直「院政と白河」（角田文衞監修、古代学協会・古代学研究所編『平安京提要』、角川書店、一九九四）五一三―五四六頁。

10 山田邦和「院政王権都市嵯峨の成立と展開」（『中世の都市と寺院』高志書院、二〇〇五）八七―一一〇頁。

11 近年、亀山殿跡とその周辺の発掘調査が進展し、さまざまな成果があげられている。特に重要なのは、右京区天龍寺芒ノ馬場町の「小倉百人一首の殿堂『時雨殿』」建設にともなう発掘調査である。ここでは、亀山殿南庭の庭園遺構とそこに張り出す建物が検出されているのである。京都市埋蔵文化財研究所編『平安京提要』（京都市埋蔵文化財研究所発掘調査概報二〇〇四―七、京都市埋蔵文化財研究所、二〇〇五）。京都市埋蔵文化財研究所編『史跡・名勝 嵐山』（京都市埋蔵文化財研究所発掘調査概報二〇〇四―一二、京都市埋蔵文化財研究所、二〇〇五）。

12 京都市埋蔵文化財研究所編『史跡・名勝 嵐山』（京都市埋蔵文化財研究所発掘調査概報二〇〇四―一二、京都市埋蔵文化財研究所、二〇〇五）。

13 （一）前掲注4。
（二）米倉二郎「山城の条里と平安京」史林三九―三、一九五六、二七―三五（二〇三―二一一）頁。

14 原田正俊「中世の嵯峨と天龍寺」（浄土真宗教学研究所・本願寺史料研究

に北欧で発見されて再び日本にもたらされた、狩野松栄筆と推定される『釈迦堂春景図屏風』(京都国立博物館蔵)である。特に、釈迦堂から西へのびる愛宕街道の途中に「惣構」を思わせる門が描かれていることが注目される。

15 池田円暁「浄金剛院顛末期」《西山禅林学報》一六、一九七五)二一—三一頁。この論文については、高橋慎一朗の教示を得た。
16 堀一郎『我国民間信仰史の研究』二 宗教史編(創元社、一九五三)五一二—五四〇頁。
17 伊藤毅「寺院と塔頭」《図集日本都市史》(東京大学出版会、一九九七)七九—一二二頁。
18 大山崎町歴史資料館(福島克彦)編『都とともに—大山崎と洛外の街—』図録(大山崎町歴史資料館、二〇〇四)二三頁。
19 高橋康夫「室町期京都の都市空間」《中世都市研究九 政権都市》新人物往来社、二〇〇四)五六—八四頁。
20 前掲注1。
21 前掲注13。
22 京都市埋蔵文化財研究所編『京都嵯峨野の遺跡』(京都市埋蔵文化財研究所調査報告第一四冊、同研究所、一九九三)。
23 京都国立博物館(狩野博幸)編『洛中洛外図—都の形象 洛中洛外の世界—』(同博物館、一九九六)。
24 今谷 明『京都・一五四七年』(平凡社、一九八八)、七五—七八頁。
25 この資料は、田中日佐夫監修『京都風俗画展—寛永から幕末まで—』図録(浮世絵太田記念美術館、一九九三)に図版が掲載されていたけれども、それは不鮮明なモノクロ写真であり、隔靴掻痒の感があった。近年、九州国立博物館編『開館記念特別展 美の国日本』図録(西日本新聞社、二〇〇五)において鮮明なカラー図版が宮島新一の詳しい検討結果とともに公表されたのは喜ばしい。なお、九州国立博物館における展示の際に、それまで使われていた「京名所図屏風」の名称が「洛外名所図屏風」に改められている。
26 前掲注22。
27 白石克編『元禄京都 洛中洛外大絵図』(勉誠社、一九八七)。
28 奈良本辰也監修、大本山天龍寺編『天龍寺』(東洋文化社、一九七八)、一二頁。

〔補注〕本章脱稿後、中世の嵯峨の景観を伝える新史料に接した。二〇〇二年

第8章 中世後期京都の都市空間復原の試み

仁木　宏

1 はじめに

　中世都市の性格を解明しようとする際、空間構造の分析がもっとも有効な方法のひとつであることはもはや周知である。しかし、中世京都の研究において、都市空間論は必ずしも重要な位置を占めていない。京都が首都である故にあまりに膨大な文献史料を残し、また各時代における考古学的な知見があまりに豊かでありすぎるため、かえって整理が困難となっているという「贅沢な」事情がその理由であろうか。

　中世後期京都の都市空間をヴィジュアルに示す研究としては、高橋康夫の描いた二枚の地図が著名である。すなわち、酒屋・土倉や祇園会山鉾などの立地を地図上にドットし、それらが濃密に分布する地域が富裕層の居住地、すなわち中心的な市街地であると推定した。応仁の乱前と乱後の二段階の地図を作成したところ、乱前は旧左京域にまんべんなく分布した市街地が、乱後は上京・下京の大きな二つの「島」に収斂することから、応仁の乱による都市京都へのダメージの大きさを鮮やかに浮かび上がらせた。

　また、高橋は、応仁の乱後の図に、「洛中洛外図屛風」にみえる惣構などの構[3]の推定ラインと、元亀年間（一五七〇年代初頭）に確認される都市共同体（町組と町）の範囲を描きこんだ。その結果、酒屋・土倉や祇園会山鉾などの分布と、都市共同体が形成されている範囲がきわめてよく一致し、しかもそれらが惣構ラインの中にきれいにおさまることを明らかにした。応仁の乱後の都市共同体の展開、高密度化した都市空間のあり方を表現するすぐれた地図となっている。

　この高橋の研究以外に、後述するように、将軍邸と武家屋敷の分布を地図化した田坂泰之、寺院の分布から宗派と都市空間のかかわりを論じた伊藤毅、六条以南の屋地の分布の特徴を明らかにした大村拓生の研究などがある。また徳政令の適用にかかわって債権者・債務者の所在地を網羅した史料など、異なる視角から都市域の展開を示す史料もある。

高橋が用いた史料が普遍的で、「質のいい」ものであることから、先述の応仁の乱前・後の地図が強い説得力をもっているのに対し、他者の研究はそれぞれ、悉皆的に史料を収集できているかという疑問をぬぐいされないし、対象とする時代や地域に限定があることはまちがいない。しかし、高橋が用いていない史料、異なる分析研究の成果をすべて地図上に描きこむことによって、新しい京都の都市空間像が浮かび上がってくるのではないか。本章はそうした視角にもとづく一試論である。

2　史料と先行研究

本章において使用する史料の性格、分析の方法には限界がある。そこで最初にそれぞれ、どのような問題点があるのか、それをどのように克服して、より蓋然性の高い研究となるよう試みるのか、管見のかぎり、高橋は典拠とした史料群を明示していない。その際、当該史料を活用してなされた先行研究の成果についても簡単にまとめることにする。

（1）酒屋・土倉と祇園会山鉾（高橋康夫）

酒屋・油屋などの所在地を地図上にドットした研究は、脇田晴子を嚆矢とする。高橋康夫の研究はこれを発展させたものであるが、管見のかぎり、高橋は典拠とした史料群を明記していない。高橋が使用したと推定される史料は以下の通りである。

酒屋・土倉の所在地について、「応仁の乱前」の分としては、『北野神社文書』「酒屋請文」応永二六年九月二九日—一一月一五日付ならびに年月日未詳分、「酒屋交名」応永三三

年二月一六日付、『真乗院文書』「日吉社未日右方神人交名帳」応永元年四月一六日付、「日吉社未右方酒一膳座神人交名帳」応仁元年四月付、「赤山社宣旨免左方荘厳供神人交名帳」同年同月付、「日吉社未日右方油座神人交名帳」同年同月付。「応仁の乱後」の分としては、『蜷川家文書』「酒屋新加注文」明応四年一二月二三日付、「酒屋土倉等新加検知在地注文」年月日未詳、「酒屋味噌役免除在所注文」年月日未詳、「土倉酒屋注文」年月日未詳、「土倉酒屋古在所并新加在所注文」年月日未詳、「酒屋・日銭屋加増分注文」年月日未詳、「土倉酒屋注文」年月日未詳である。

祇園会の山鉾などの配置については、『八坂神社文書』「祇園社記第十五」所収文書による。「応仁の乱前」の分としては、「祇園会山ほこの次第」に七日分、一四日分がわけて記されている。「応仁の乱後」の分としては、「祇園会山鉾次第以闕定之（明応九六六）」に記載がある。

これらの史料については多言を要しない。網羅性も高く、普遍的で「質のいい」史料であるといえよう。

（2）永正期の酒屋（久留島典子）

前項をうけて、久留島典子によって詳細に分析された『小西家所蔵文書』をあげる。造酒正押小路氏が酒屋から徴収した酒麹役銭の算用状が、同文書のなかに六通伝わっている。本章では、そのうち、上京分・下京分の両方をふくみ、かつ記載の所在地数が一番多い、永正一二年（一五一五）正月分を地図上にドットする。下京につづく「辺土井寺方分」に記されている所在地も採用する。

同じ戦国時代前期でも、高橋が使用した明応年間の酒屋注文とくらべると、上京の中で武者小路や小川付近に酒屋の分布が遷移している

ことが、久留島によって指摘されている。

（3）将軍邸（幕府）と武家屋敷（田坂泰之）

田坂泰之は、古記録・古文書を博捜し、建武年間から応仁の乱前までの将軍邸（幕府）と武家屋敷の分布を整理し、地図化した。その結果、将軍邸周辺への武家屋敷の集中が徐々に進み、とりわけ一五世紀第二四半期には、将軍邸を中心にして奉公衆・近習などの邸宅が立地し、そのまわりを守護邸が囲むという同心円構造が見られるようになるという。ここには将軍足利義教による武家邸宅の計画的配置がみられ、同時代以降、上京が武家の拠点として定着するという。

ただし、下京にもかなり多くの武家邸が分布したことが明らかにされ、一五世紀なかばの烏丸殿期になっても二条以南に複数の守護邸が確認される。公家邸がほぼ一貫して上京にのみ占地したのに対し、応仁の乱前の武家邸の下京への立地には注意を払う必要があるだろう。

田坂の本論文は、一九九七年六月一四日に開催された第七回平安京・京都研究集会（日本史研究会主催）での報告をもとにしている。本章では、論文に掲載されなかったが、研究集会当日配布された表（武家邸・公家邸一覧）も参考とした。また田坂より基礎データの提供をうけ、上記の表にも採用されていない、寺院・町屋の所在地もドットする。

（4）六条八幡宮領の屋地（大村拓生）

六条八幡宮は、室町時代には六条通・佐女牛通・町通・西洞院通に囲まれて立地した神社である。大村拓生によれば、同社が地口銭免除のために幕府に提出したと推定される洛中散在敷地注文が、応永二〇年（一四一三）から寛正三年（一四六二）まで八通残っている。大村は、史料の性格を把握するとともに、一部を一覧表にするにあたっては、高橋康夫の応仁の乱前にあたっては、屋地の所在地の図のベースに、各注文ごとに屋地・野畠などをドットする方法を採用している。その結果、これは都市住民の流動性に対応するものであって、①六条八幡宮領の屋地の変動が顕著で、七条通にかけては町通沿いにのみ分布していること、②六条通から七条通の烏丸通以西に屋地が分布し、またそこから油小路通・猪熊通沿いに南方に屋地が展開し、東寺境内とつながっていた可能性があること、などを解明した。

本章においては、八通の注文のうち、上記の②・③の特徴をよく示す永享七年（一四三五）一一月七日付の注文をとりあげる。その際、大村の一覧表を参考にする。

（5）宗派別の寺院分布（伊藤毅）

伊藤毅は、中世後期の京都においては、「寺内」系寺院が旧左京域に展開したことを明らかにした。「寺内」系とは、自閉する「寺内」の中に町その他の要素を内部化したもので、浄土真宗に限らず、日蓮宗・浄土宗・時宗でも見られるという。そして宗派別に、どのような寺院がどこに立地したかを地図化していった。

その結果、日蓮宗寺院は、下京の周縁部を取り巻くように立地し、既成市街地周縁部の都市化を促進したという。浄土宗寺院の多くは戦国時代、下京の内部に寺地を構え、町と一体となって都市形成をおこなう、典型的な都市型寺院であった。時宗寺院は、日蓮・浄土のさらに外縁部に道場を分散させていたことなどが明らかになった。

本章では、こうした伊藤の地図を参考にし、『京都市の地名』[16]の情報なども加味しながらドットしてゆくこととする。

（6）蜷川家文書と室町幕府引付史料集成

いずれも室町幕府関係の史料群である。

幕府の政所執事である伊勢氏に仕えた蜷川氏は政所代をつとめ、その関係文書を伝える。明応年間前後の酒屋・土倉注文については、高橋によって地図化されたが、『蜷川家文書』の中には、この他に、将軍に仕える小舎人・雑色らの所在地の注文がある。[17]小舎人・雑色といっても、その社会的実態は洛中の有力商人であろう。実際、その分布は、下京のもっとも中心的な市街地を核にしている。

桑山浩然によって編集された『室町幕府引付史料集成』所載の史料群には、洛中屋地にかかわるものが多い。とりわけ、天文一五年（一五四六）の分一徳政令関係の引付には、債権者・債務者の所在地が洛中洛外にわたって、きわめて多く載せられている。[18]債権者の多くが北小路室町など、上京中心地に分布するのに対して、債務者の大半は御霊口や千本など、上京の周縁部に分布する。債権者にくらべて債務者の方が零細な都市民であることは彼らの名前からもわかるが、そうした中下級の都市民が都市の周縁に居住していたのである。

（7）洛中洛外図屏風

初期洛中洛外図屏風のなかでもとりわけ情報が豊富な上杉本については、一九八〇―九〇年代に論争がたたかわされた。その結果、そこに描かれた建物・道路などをそのまま実態とみなすことができないこ

とは、定説化したといえよう。[19]しかし、本章では、現実に存在する都市空間上の特定の場所に描かれた邸宅や町並みに、なにがしかの実態が反映されているものと判断する。そこで、一六世紀第三四半期に描かれたとされる上杉本について、公家邸、武家邸、寺院の関係する部分を点線（……）で示す。[20]また町屋については、その町並みの描かれている部分を点線（……）で示す。

初期洛中洛外図屏風としてはこの他、町田家本（歴博甲本）、東博模本、歴博乙本などがある。[21]町田家本は天文法華の乱以前の景観を描くといわれるが、本章では東博模本・歴博乙本ともども、上杉本を補完するものとして使いたい。すなわち、上杉本に記載されていない寺院や町並みについて、戦国時代後期の地図にドットすることとする。また、惣構のラインについては、高橋復原にしたがって記入する。[22]

（8）織田政権による貸米の記録

元亀二年（一五七一）、織田政権は、米を洛中の町々に貸与し、その利息を朝廷財政にあてる政策を実施した。この貸米に対する下京の町々の借用状が残っている。また翌元亀三年付けで、実際に各町からいくらの利米を出すかを記した一覧も見られる。[23]

これらの史料によって、上京・下京の町組と、それぞれの町組に所属する町（個別町）の全体像が初めて知られ、当該期、都市共同体に編成されていた市街地の広がりが明らかとなる。

しかし、ここに記された町名には、今に伝わらないものも多いため、それぞれが現在のどの町にあたるのかを復原しなければならない。また、これらの史料は当該期、下京に存在したはずの巽組・三町組についての記載を欠くので、その点も補訂する必要がある。こうした作業

をへて作成された図として、木下正雄図、『京都の歴史』所収図[24]と、高橋康夫図がある。前二者と高橋図は細部で微妙に異なるが、本章においては高橋復原を基本的に踏襲することとする。

ただし、地図への記入にあたっては、高橋図と高橋図[25]がある。前二者と高橋図は細部で微妙に異なるが、本章においては、該当する町（道路の両側）を薄色の帯で示すことにする。この方法によって、「洛中洛外図屏風」に描かれた町並み表記（点線）との対応関係をより明確に表現できると考える。

（9）その他

日吉社で開催された小五月会に際して、洛中洛外の神人が左方馬上役に差定された。『八瀬童子会文書』中には、差定のための基礎資料となったと思われる神人在所の一覧などが残されていて、馬上役などを負担した酒屋・土倉などの所在地が判明する。しかし、これらの史料はすべて断簡で全体像がわからず、また年次不明のものが多い。

本章では、比較的まとまった一覧となっている文書二通をとりあげて、それぞれ室町時代、戦国時代前期の地図にドットする[26]。

この他、地図化にあたっては、『蜷川家文書』『小西家所蔵文書』『八坂神社文書』『八瀬童子会文書』[27]『室町幕府引付史料集成』[28]などで、町屋などの所在地情報を載せるものを可能な限り採用する。

3　時代区分と所在地表示

本章では、京都の全体的な都市空間構造を改編させた要素として、応仁の乱と天文法華の乱を措定する。

応仁の乱は周知の通り、京都の市街地の大半を焼失させたとされる大乱である。本章では、この大乱がようやく収拾し、新たな将軍邸の建設がはじまる文明一一年（一四七九）二月以降を画期として、同年正月以前を室町時代、同年二月以降を戦国時代前期とする。

天文法華の乱は、それまで数年間、京都市中で権勢をふるっていた法華宗徒を弾圧するため、天文五年（一五三六）、細川氏・六角氏などの支援を受けた山門（比叡山）勢力が京都を攻撃したため発生した戦争である。数日間にわたる戦闘で、法華宗寺院が立地し、信者が多く住む下京の大半が焼失したといわれ、法華宗寺院や信者の多くは京都から追放された[30]。本章では、この天文五年七月以前を戦国時代前期、同年七月以降を戦国時代後期とする。

ただし、天文の乱では、応仁の乱とちがって上京にはほとんど戦火はおよばなかったようであり、下京でも、乱の前後で、たとえば山鉾の分布にちがいが生じたわけではない。しかし、戦国時代の都市改変の激しさを念頭におけば、一五世紀末から一六世紀末までを一枚の地図上に表記することには無理があると考える[31]。また、一六世紀第二四半期以降、都市共同体がその姿を明確に現すことなどもふくめて考えれば、天文五年を便宜上、画期とすることに意義なしとはしない。

ところで、中世京都における地点表示の方法はきわめて多様である。古代においては、条坊ならびに四行八門の表記により、京内のどこにあるのかが明示されたが、中世においては基本的に東西・南北に直行する道路との関係性によってその地点が表示される。以下、地点表示のパターンを示し、それぞれの場合について、本章で地図上にドットする場合、どのように処理するかをあらかじめ説明しておく。

ここでは、A・Bを東西通り、X・Yを南北通りとする[32]。またα・

βを方角とする。

地点表示は八パターンに分類できると考える。〔 〕内は具体的な表示例である

1―① A・X……A通とX通の交差点
② A・Xのα……A通とX通の交差点のα方〔四条室町西〕
③ A・X・α・β……A通とX通の交差点のα・β方〔四条室町西北〕

2―① A・XとYの間……A通沿いの、X通とY通の間
ア（地点表示）……A通沿い、X通とY通の間のどちらか側の一点〔四条通、室町と町の間、北〕
イ（町名）……A通沿いの、X通とY通の間〔月鉾町〕

② A の、XとYの間のα方……A通沿いの、X通とY通の間のα方
ア（地点表示）……A通沿いの、X通とY通の間の一点〔四条通、室町と町の間〕
イ（町名）……A通沿いの、X通とY通の間のα側の全部の領域〔月鉾町北〕

3 AとBの間、XとYの間……A通とB通とX通とY通で四周を囲まれた範囲〔限南四条、限北錦小路、限東室町、限西町〕

本章では、以上のパターンのそれぞれを地図表記する際、以下のポイントにドットを落とすこととする。

1―① ……A通とX通の交差点
② （αが「西」の場合）……A通上で、A通とX通の交差点の「西」側
③ （αが「西」、βが「北」の場合）……A通上で、A通とX通の交差点の「西北」側

2―① ア……A通上で、X通とY通の中間点
イ……同上
② ア（αが「北」の場合）……A通上で、X通とY通の中間点の「北」側
イ（αが「北」の場合）……同上

3 ……A通とB通とX通とY通で四周を囲まれた正方形の中心点（方二町の邸宅・寺院の場合は、長方形の中心点。対角線の交点）

以上の事例は正確には、旧左京域、すなわち一条通以北に適用される方法である。しかし、上京では一条通以北がむしろ都市の中心部にあたる。一条通以北についても同様の原則で表現できる場合も多いが、柳原、白雲、御霊口など、必ずしも範囲が明確でない地名もあり、その場合、ドットの位置は不正確にならざるをえない。また一条通以北では、街路の復原を必ずしも的確におこなうことができない。当該地域の都市開発については、院政・鎌倉期を対象とした高橋康夫の研究がある[33]。また高橋は、室町・戦国時代についても街路復原をおこない、応仁の乱前、応仁の乱後の図を作成している。そこで本章では、一条通以北の街路については、基本的に高橋説にしたがうこととする[34]。

4 空間復原と都市構造

前節までの分析をもとに、図8-1、図8-2、図8-3を作成した。これらの図がそれぞれの時代の空間復原に一定度、成功していることを前提として、中世後期の京都における都市構造とその変容について、気づいた点を述べたい。

すでに論じられていることと重複する点も少なくないが、地図化することで初めてヴィジュアルに確認されるようになった事実も少なくない。

(1) 室町時代

室町時代においては、今出川通から六条通までの間に市街地(公武邸・寺院もふくむ)が広がっていたことがわかる。戦国時代以降との比較でいえば、一条通から三条通あたりにおいて、京極通から大宮通にいたるまでほぼまんべんなく市街地が展開することが、とりわけ特徴的である。

公家邸は近衛通以北にほぼ限定され、武家邸も春日通以北に濃密に分布する。ただ、武家邸については、下京の東部にもかなり立地している。これは、内裏(禁裏)が土御門東洞院北東から動かなかったのに対し、将軍邸(幕府)は室町殿・烏丸殿に必ずしも固定せず、三条坊門殿に移っていた時期もあることによるだろう。

町屋は三条通から樋口通、東洞院通から油小路通の間にとりわけ濃密に分布する。この範囲は、祇園会の山鉾などを出す町々の分布に重なり、武家邸や寺院はほとんど立地しない。町屋の稠密性がきわめて高かったことがわかる。他方、今出川通以北の町屋分布は驚くほどまばらである。一般に、戦国時代をさして、上京は公武の邸宅からなる政治都市、下京は町屋が建ちならぶ商業都市といわれるが、こうした性格はむしろ室町時代により顕著なのではないだろうか。

六条通以南については、町通沿い、七条通沿いにのみ町屋が展開する。他の多くの中世都市同様、街村的な景観であったことが推定される。

(2) 戦国時代前期

戦国時代は、天文法華の乱を境に前期・後期に分けた。

祇園会の山鉾等のドット、都市共同体の展開範囲や惣構ラインは、前期・後期に共通するが、便宜上、それぞれ図8-2、図8-3にのみ記載した。そのため、戦国時代全体の動向を把握するには、両図をあわせてみていただきたい。

応仁の乱を経た戦国時代になると、全体として市街地は収縮する。鷹司通から姉小路通の間は室町通を中心とする地域に限定されるし、樋口通以南の情報はきわめて限られたものになる。

上京の一条通以北で特徴的なことは、烏丸通以東の市街地がほぼ完全に消失したことである。これに対して、上京の北西部にあたる、寺之内通以北、町通以西は、室町時代よりむしろ市街地が展開したといえるだろう。これは町屋の増加によるもので、とりわけ大宮通沿いの開発(いわゆる「西陣」)は、上京の都市域を西に向かって広げる作用をはたした。

下京では、町屋が東洞院通と油小路通の間にほぼ限定され、その周辺に寺院が展開する。武家邸はほとんどみられなくなった。ただ、四条通東部だけは、鴨川から祇園社方面にかけて街村状に町屋がつづいている

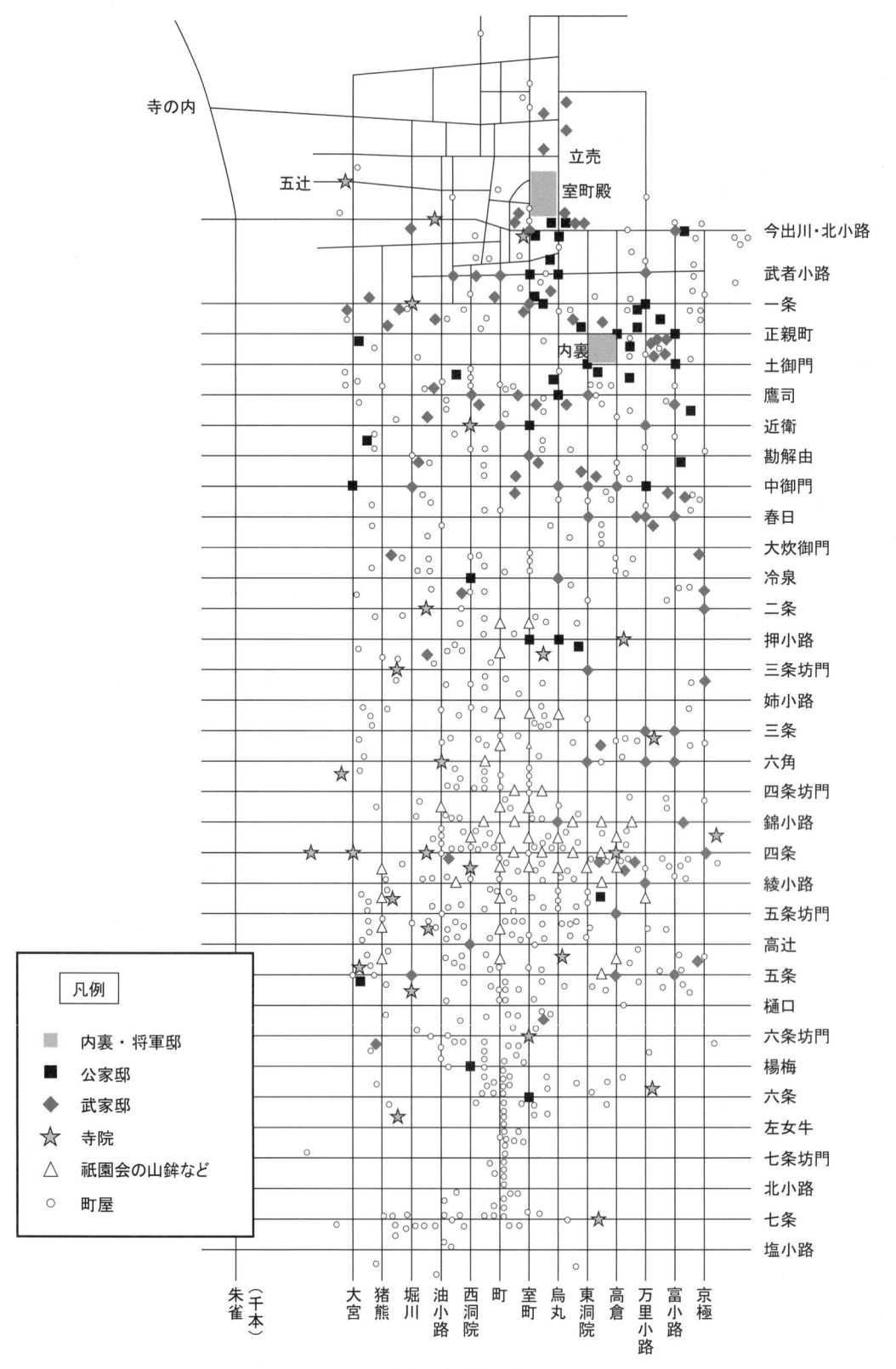

図 8-1 京都の都市空間復原 I
室町時代 〜文明 11 年（1479）1 月

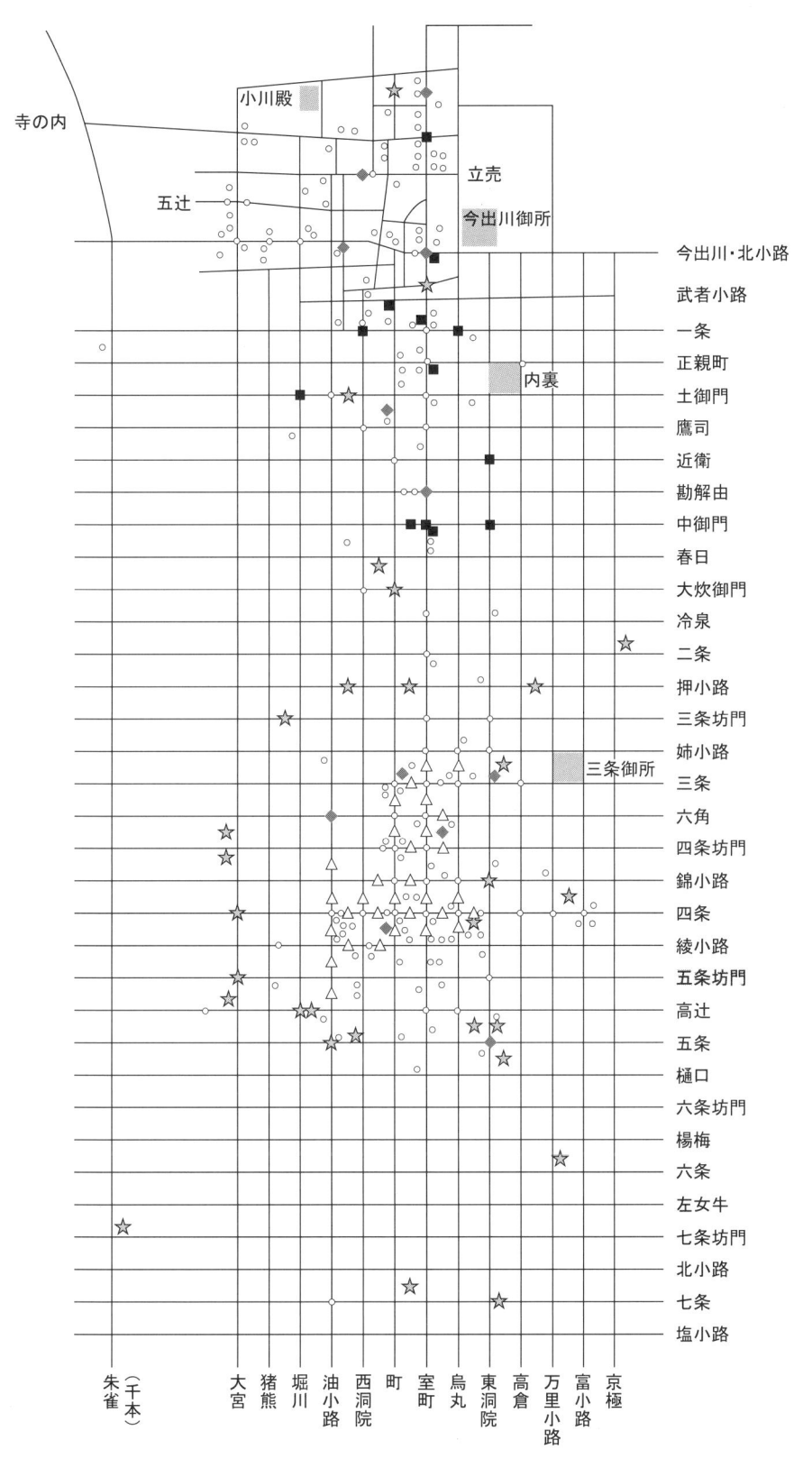

図 8-2 京都の都市空間復原 Ⅱ
戦国時代前期 文明 11 年（1479）2 月〜天文 5 年（1536）6 月

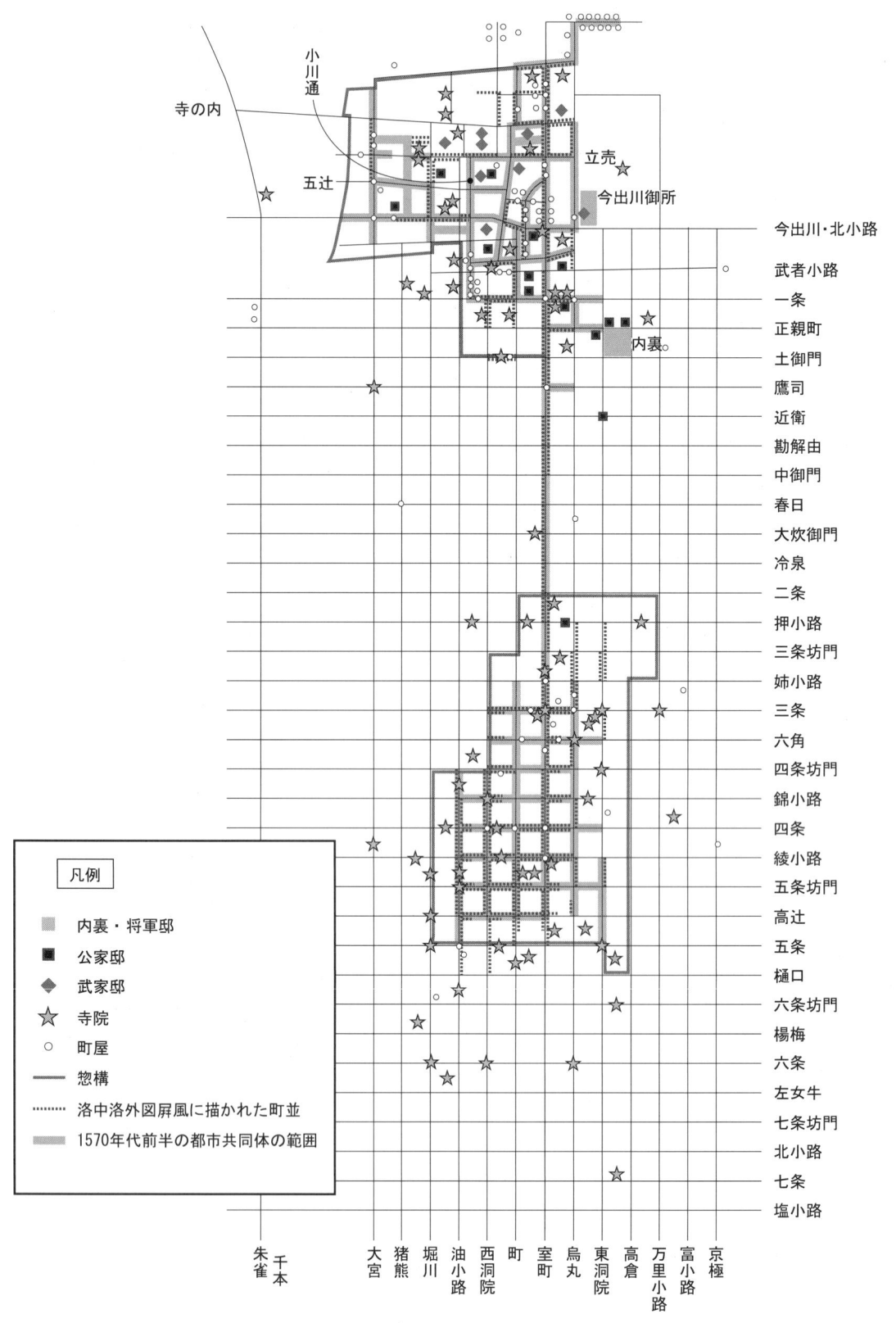

図 8-3 京都の都市空間復原Ⅲ
戦国時代後期天文 5 年（1536）7 月～元亀 4 年（1573）3 月

第Ⅱ部 平安京―京都の都市構造　192

(3) 戦国時代後期

市街地の広がりは戦国時代前期とほとんど変わらないたらしい。地図上で認められる、もっとも大きな変化は、浄土宗を中心とする寺院が、上京・下京の中心部に急激に進出してきたことである。表通りに面して建ちならぶ町屋の裏地が再開発されたものであろうか。都市社会が安定し、都市民のイエの存続性がつよくなって先祖供養がより積極的になされるようになることと関係があるのかもしれない。

「洛中洛外図屏風」では、公武の邸宅や寺院でうめつくされている感のある上京だが、都市共同体の広がりは町屋の卓越を示す。前代以来集中している室町通とその周辺に加えて、小川通沿いへの進出が顕著である。また大宮通沿いの分布も継続し、ここを中心に川ヨリ西組が形成されたことがわかる。ただ、大宮と堀川の間にはほとんど町屋のドットがないのに、元亀段階で都市共同体が確認されるのは何故であろうか。一五七〇年前後に急速に都市化が進んだのであろうか。

当該期の武家邸の情報が必ずしも十分ではないので限界もあるが、図8-3による限り、武家邸は将軍邸の近辺に密集するのではなく、そこから西・北に離れて存在したことになる。将軍邸はむしろ町屋に取り囲まれていたのである。

すなわち、上京には内裏・将軍邸や公武の邸宅が建ちならんでいたことは確かであるが、戦国期には町屋の進出もはなはだしく、町屋群と邸第がモザイク状に分布する景観であっただろう。「洛中洛外図屏風」に描かれた上京像は、公武の邸第や寺院を実態以上に強調するものであり、上京を政治都市という類型だけで説明することは必ずしも正しくないのである。

下京では、都市共同体の形成範囲と、「洛中洛外図屏風」に描かれた町並みの一致にあらためて驚かされる。町並みがかなりの程度、正確に描いていることは明らかだろう。「洛中洛外図屏風」が現実の町並みをかなり正確に描いていることは明らかだろう。だとすれば、下京の北東部にみられる顕著な齟齬に注目すべきだろう。烏丸通・東洞院通の、押小路通から姉小路通のあたりについては、屏風では立派な町並みがつづいているのに、元亀の都市共同体形成範囲にふくまれていない町並みがつづいているのに、元亀の都市共同体形成範囲にふくまれていないのである。このことは逆に、貸米史料から復原された市街地の広がりの推定に複雑な問題がはらまれていることを示唆するのかもしれない。

下京の市街地の広がり全体を眺めた時、北西部分、すなわち西洞院通以西、四条通以北の密度が低いことに気づかされる。室町時代にはこうした特徴はみられないので、判断は慎重にするべきだが、地形条件を考慮するべきなのかもしれない。すなわち、現代においても、四条通以北の西洞院通付近は、室町通付近からすれば急激に落ち込んだ谷地形を形成しており、「洛中洛外図屏風」ではここに西洞院川が流れている。そのため四条通以北の西洞院通以西は必ずしも居住環境がよくなかったのかもしれない。今後、こうした地図の精度を高めてゆけば、微地形と市街地の関係、さらには住人の職業や社会階層についての分析も可能となるかもしれない。

5 おわりに

先にも述べたように、本章で使用した史料はそれぞれ様々な限界をはらみ、また地図上への表記方法にも問題は多い。さらに、完成した

地図から得られた結論も、すでに『京都の歴史』や高橋康夫らの研究で指摘されている点を大きくこえるものではない。

しかし、いくつかの新しい発見もあったし、何より三枚の地図をながめていると、それぞれの時代の京都の都市空間が、これまでになくヴィジュアルに浮かび上がってくるのではないだろうか。

今後は、文献史料から得られる情報をより悉皆的に収集して地図に書き加える作業を進めてゆきたい。また、近世初頭にかけて都市域がどのように拡張していったかについても明らかにする必要があろう。たとえば、元亀四年（一五七三）の織田信長による焼き討ち後の上京の市街地の広がりは、法華宗の勧進記録から詳細に知られる。[39]考古学的な資料とのつきあわせも必要であろう。一例をあげれば、山本雅和が明らかにした洛中の堀の分布などとの比較検討は有効であろう。[40] また、自然地形と、都市の領域や発展のかかわりについても考察を深める必要がある。[41]

本章でおこなった都市空間復原の方法は、あくまでひとつの試みであり、本章がきっかけとなって中世京都の空間構造研究がいっそう進むことに期待したい。

注

1 比較的平らな地形の上に、広大な都市域が広がっているという地理的条件も、都市内の個々の地域の性格づけを難しくしている。

2 高橋『京都中世都市史研究』（思文閣出版、一九八三年、三七二頁折込みの第三〇図）、週刊朝日百科『日本の歴史』一八（朝日新聞社、一九八六年、五―一二二頁、高橋『洛中洛外』（平凡社、一九八八年、二三、二三頁、高橋康夫・吉田伸之編『図集日本都市史』（東京大学出版会、一九九三年、八六、

3 一〇四、一三〇頁）など。

上京・下京の全域を囲う都市壁。屛風では土塀として描かれるが、発掘調査では堀が確認され、土塁をともなっていたと推定されている（山本雅和「中世京都の堀について」、財団法人京都市埋蔵文化財研究所『研究紀要』二、一九九五年）。

4 たとえば、高橋の図には武家邸は花の御所しか書き込まれていない。しかし、田坂泰之（後掲注13）によれば、応仁の乱前には上京・下京に多数の武家邸が分布している。また、高橋は、戦国時代の洛中とその周縁部において一四の寺院を地図上に表記している。だが、戦国期の上京に公武の邸宅が建ちならんでいたこと、下京の中心部に数倍する寺院が分布したことが伊藤毅の研究（後掲注15）によって明らかとされ、浄土宗寺院が多数立地したことなどは、高橋の図からはイメージできない。

5 脇田『日本中世都市論』（東京大学出版会、一九八一年、二八四、二八五頁）。

6 『北野天満宮史料』古文書（北野天満宮、一九七八年）一〇―六二号。

7 東京大学史料編纂所影写本。

8 大日本古文書『蜷川家文書』二（東京大学出版会、一九八四年）三〇二―三〇八号。「酒屋土倉等新加検知在地注文」以下については年次不詳であるが、大日本古文書の見解にしたがい、明応年間前後のものと判断する。

9 『八坂神社記録』三（増補続史料大成四五、臨川書店、一九七八年）。

10 「戦国期祇園会に関する基礎的考察——史料の性格をめぐる問題については、河内将芳「戦国期祇園会山鉾次第以圖定之」の史料の性格をめぐる問題をめぐる考察」（『史林』八五―五、二〇〇二年）参照。本章では、河内の指摘に従いドットした。

11 ただし、高橋が地図上に落としたドットのうち、上記の史料から確認できなかった箇所があり、逆に、上記の史料にあって、高橋の図にドットされていなかった箇所もある。

12 久留島典子「戦国期の酒麹役」（石井進編『中世をひろげる』吉川弘文館、一九九一年）、『小西家所蔵文書』（小西康夫発行、一九九五年）参照。

13 田坂「室町期京都の都市空間と幕府」（『日本史研究』四三六、一九九八年）。

第Ⅱ部　平安京―京都の都市構造　194

14 田坂「室町期京都の武家邸宅地について」(図録『京都・激動の中世』京都文化博物館、一九九六年)も参照。

15 大村「六条八幡宮領からみた室町期京都」(『中世京都首都論』吉川弘文館、二〇〇六年)。大村は、河原者の集住地としての六条村についても、興味深い発見をしている。

16 伊藤「中世都市と寺院」(『都市の空間史』吉川弘文館、二〇〇三年、初出は一九八九年)。法華宗についての表1・図1、浄土宗寺院についての表2、各宗派についての図2を参考にする。京都におけるこの分析は、のちに「境内」と「町」理論として、大きな展開を見せる。

17 日本歴史地名大系二七『京都市の地名』(平凡社、一九七九年)。『京都・山城寺院神社大事典』(平凡社、一九九七年)も参照。

18 『蜷川家文書』二(前掲)四〇七号「小舎人雑色衆家間数注文」。年次不詳であるが、大日本古文書の見解にしたがい、永正年間前後のものと判断する。

桑山浩然校訂、日本史料叢書一〇、二六『室町幕府引付史料集成』上、下(近藤出版社、一九八〇、八六年)。天文一五年の分一徳政令関係は、下巻所収の「銭主賦引付」「徳政賦引付」など。なお、『史料集成』の誤字・脱字は可能な限り、写真版で訂正した。

19 黒田日出男『謎解き 洛中洛外図』(岩波書店、一九九六年)。

20 黒田紘一郎「都市図の機能と風景」(前掲注2)所収の画像にもとづく。また、『図集日本都市史』(淡交社、一九九七年)一九九六年。初出は一九八七年)、山田邦和「戦国期上京の復元」(同志社大学考古学シリーズⅧ『考古学に学ぶ』Ⅱ、同志社大学考古学研究室、二〇〇三年)を参考にする。

21 『洛中洛外図大観』(小学館、一九八七年)、京都国立博物館編『洛中洛外図』(淡交社、一九九七年)所収の画像にもとづく。また、『図集日本都市史』(前掲注2)三・一一一一一六も参考にする。

22 上京・下京の惣町を囲繞する惣構に限り記入し、惣町内に入り込んでゆく構のラインについては省略した。

23 『立入宗継文書』「元亀二年御借米之記」「元亀三年御膳方月晴米寄帳」国民精神文化文献一三『立入宗継文書・川端道喜文書』国民精神文化研究所、

24 木下正雄「京都における町組の地域的発展」(『日本史研究』九二、一九六七年)。『京都の歴史』四(京都市、一九六九年)一〇九—一一一頁。

25 前掲注2。

26 叢書京都の史料四『八瀬童子会文書』増補(京都市歴史資料館、二〇〇三年)。

27 「馬上方出銭在所納分算用状」応仁三年(一四六八)六月日付(補遺一八号、「酒屋在所注文断簡」年月日未詳(補遺八八号)。後者については、記された下京の在所の大半が戦国時代の惣構の内側にあることから、戦国時代前期のものと判断した。

28 この他、大山崎住京神人の所在地を一覧できる史料『離宮八幡宮文書』「大山崎住京新加神人等被放札注文」永和二年(一三七六)一二月日付、『大山崎町史』史料編(六三六頁)などもあるが、本章では採用しない。

なお、本章でドットする諸施設の所在地情報については、本来であれば一覧表にして提示すべきであるが、膨大な量にのぼることから本章においては断念する。近い将来、ウェブ上で公開するなどして大方の御批判を仰ぎたい。

29 「室町時代」の開始時期は、足利義満がいわゆる「花の御所」を築造した永和四年(一三七八)とする。

30 河内将芳『中世京都の民衆と社会』(思文閣出版、二〇〇〇年)など。

31 仁木『空間・公・共同体』(青木書店、一九九七年)。

32 ただし、A・BとX・Yは対概念を示すものであり、以下の説明は、A・Bが南北通り、X・Yが東西通りであっても、同様に成立する。

33 高橋『京都中世都市史研究』(前掲注2)。

34 高橋『空間・公・共同体』(前掲注20)。

ただし、高橋は、中世後期については、復原の根拠を示す研究を公表していない。なお、山田邦和の研究(前掲注20)も参考にする。

35 高橋康夫「室町期京都の空間構造と社会」(『日本史研究』四三六、一九九八年)、『京都の歴史』ならびに第一節で参照した諸研究など参照。煩瑣になるので、重複する点についてはいちいちあげない。

36 ◆のドットはあるが、武家被官で、実態は商人である場合がほとんどと思

われる。

37 「洛中洛外図屏風」には、こうした小規模な寺院は全く描写されていない。これらの寺院は、豊臣秀吉の政策で寺町などに移転させられ、その跡地には、南北道である突き抜けが通されたり、江戸時代になると大名屋敷が設定されたりするのであろう。

38 仁木宏「荘園解体期の京都」（網野善彦他編『講座日本荘園史』四、吉川弘文館、一九九九年）。

39 『頂妙寺文書・京都十六本山会合用書類』三（大塚巧藝社、一九八九年）。河内将芳前掲著書注30、古川元也「中近世移行期の法華宗寺内組織と檀徒の構造」（今谷明・高埜利彦編『中近世の宗教と国家』岩田書院、一九九八年）など。

40 前掲山本論文注3。

41 近年の河角龍典の研究を念頭においている。

第9章 一七世紀京都の都市構造と武士の位置

藤井譲治

1 はじめに

江戸時代、京都という都市にとって武士はどのような存在だったかを、一七世紀の京都の都市構造を概観したうえで、検討するのが本章の課題である。

この時代の京都研究は、主に近世京都の町人組織である町および町組を分析対象とし、京都における武士の存在については全く研究がないといってもよい。そこで、まず一七世紀の京都の都市構造を「洛中絵図」を用いて概観し、それを前提に京都における武士の存在形態を明らかにすることにしたい。

2 一七世紀京都の都市構造

一七世紀京都の都市構造は、天正一九年(一五九一)に始まる豊臣秀吉による御土居の建設とそれに連動した都市改造とに基本的には規定されている。御土居の内側、近世の洛中は、中世の洛中からすれば北に大きく伸びたが、南の境は、東南部を欠くものの九条に設けられ、中世の洛中と大きくは変わらなかった。西側は、北部から南流する紙屋川(天神川)とその南への延長線上がほぼ境をなし、南西部分の大半は野畠であり、中世では洛中とされなかった部分までが取り込まれることになった。東の土居は鴨川の西岸に設けられ、その内側に多くの寺院が北から南まで軒を連ねる寺町を形成した。

この都市大改造の核であった聚楽第は、天正一五年に建設が始まり、それまでほとんど市街化していなかった内野の地に築城され、聚楽第内部とともにその東側に武家町の展開を伴った。いっぽう上京東部に禁裏・公家町が集められ、その集住化が計られている。また上京北部の「寺之内」には、洛中にあった複数の法華宗寺院が移された。さらに洛中中央部は、中世まで上京と下京とが市街を連続することなく、二つの島状態にあったが、徐々にその隙間が埋められていく。また、

表 9-2　洛中の武家地等の面積と割合

項　目	面積（坪）	％
武家地	255,000	4.3
禁裏・公家町	99,000	1.7
医師衆他	33,000	0.6
寺社地	637,000	11.0
町人地	2,952,000	50.8
田畠等	1,839,000	31.6
合　計	5,815,000	100.0

表 9-1　「洛中絵図」に図示された屋敷

類　　別	軒　数
諸　公　家　衆	169
諸　大　名　衆	136
医師・後藤・本阿弥・検校ノ家	51
諸　　寺	457
合　計	813

従来の方一町の区画が、下京の有力町を除いて新たに南北に道路が設けられ、短冊状の町割景観が作り上げられた。

豊臣期のこうした状況は、江戸時代に多く継承されたが、秀吉の京都大改造の主因ともいえる聚楽第が廃棄され、その跡地は野畠に帰り、聚楽第に伴って形成された武家町も消滅した。江戸時代には、旧聚楽第の南に徳川家康によって二条城が築かれた。この二条城は、慶長七年（一六〇二）に普請が始まり翌年に完成したもので、当初の広さは方四町であった。寛永元年（一六二四）、後水尾天皇の行幸に備えて城地を西側に拡張し、本丸・二丸を持つ城となった。

禁裏・公家町の核は、豊臣期にほぼ形作られており、その後の変化は、高台院の屋敷の設定と消滅、仙洞御所等の建設などが見られる。

これに対し町屋は、中世後期には上京・下京が独立し、その間に町屋が見られないような空間的分離がみられたものが、豊臣期から序々に町屋が展開し、一七世紀三〇年代には両者をつなぐ地帯は町屋で埋まった。

つぎに、一七世紀前半の京都の都市構造を、寛永末年と推定されている「洛中絵図」（図9-1（口絵3））によって概観することにする。

「洛中絵図」は、江戸幕府が京都支配のために、京都大工頭であった中井家に作成させたものであり、およそ一三六八分一の縮尺で御土居のうちである洛中全域を対象とした地割図である。縦六三六センチメートル、横二八二・五センチメートルの巨大な絵図で、図作成にあたり、全面に一目盛四・七五五分の方眼をへら押しの線引きで施し、一目盛一〇間としたものに、地割りを墨書し、町・田・畠・野畠・山林・林・藪等の別を記し、町では町名と道幅および町地割の間口、奥行間数を記入している。さらに公家衆、大名衆、医師衆・後藤・本阿弥・検校家、寺社の各屋敷では間口、奥行間数を記入し、その区画内に所有者の名を記した色紙（公家衆は黄色紙、大名衆は青色紙、医師衆他は桃色紙、寺院は柿色紙）を貼り付けている。表9-1は、図示された屋敷等の軒数を、この「洛中絵図」によって、武家地（七万二〇〇〇坪の二条城を含む）、禁裏・公家町、寺社地、町人地、田・畠・野畠・山林・林・藪等の坪数の概数とその全体に占める割合とを示したものである。

この二つの表から、この期の京都の都市構造を概観すると、御土居のうちである洛中全体の面積は五八一万五〇〇〇坪に対し、三一・六パーセントが田・畠・野畠・山林・林・藪等で占められ、洛中といっても屋地で埋め尽くされていたわけではない。野畠等は、主として洛中の北部・西部・南部の外縁部に集中的にみられ、中心部および東部にはほとんど見られない。なお、北部に「大門村」「七竹村」、東南部

に「東塩小路村」が存在しており、洛中すべてが都市的景観を示していたわけではない。

武家地(二条城を除き一三六軒について、次節以下で詳細に検討する)は、全体の四・三パーセントを占める。この比率は、江戸や多くの城下町における武家地の比率と比較して、少なくとも五〇パーセント以上と比較すればきわめて小さいものであり、この期の京都の都市的性格を示すものとなっている。

禁裏・公家町は、全体の一・七パーセントと大きくはないが、上京東部に禁裏を中心に所在し、公家町は、洛中の他の部分にはほとんど見られず、戦国時代以前の公家屋敷の点在ぶりと比較したとき大きな特徴である。公家屋敷は、一六九軒、その規模は、全体としてそれほど大規模なものはないが、おおよそ摂家・清華等の家格に応じて高いものほど大きな屋敷を持っている。しかし、この時期に武家伝奏を勤めた勧修寺家などは、比較的大きな屋敷を所持している。
医師衆他は、五一軒、全体に占める割合は〇・六パーセントと小さいが、いずれも幕府から特権を得たものたちである。医師衆は、幕府お抱えの医師で、必要な時には江戸に下った。後藤は刀剣装飾、本阿弥は刀剣鑑定、検校は盲人支配を担当していた。
寺社地は、全体の一一・〇パーセントを占め、江戸や他の城下町と比較してかなり大きな比率と思われる。なかでも相国寺、大徳寺、東寺、本国寺、東西本願寺、妙覚寺など規模の大きな寺院がみられるのも一つの特徴である。しかし、都市構造としては、頂妙寺や六角堂のように都市中央部に所在するものもあるが、都市内の外郭部分に大半の寺院が所在している点が注目され、殊に東側のいわゆる寺町筋に寺院が軒を連ねているのは、近世京都の大きな特徴といってよいであろ
う。

町人地は、全体のほぼ半分を占めている。田畠等を除くいわゆる都市部に占める町人地の割合は約七五パーセントとなり、京都が町人の町であることを如何なく示している。

3 武家屋敷の立地と規模

こうした一七世紀前半の京都の都市構造を前提にして、京都における武家屋敷の様相をその立地と規模の二つの面から分析することにする。

京都に居住した武士は、いくつかのグループに分けられる。第一のグループは、所司代・京都町奉行・禁裏付武士など京都での役割を幕府から命じられたものと、それらに附属した与力・同心などである。第二のグループは、大名等から京都に派遣された家臣たちである。この第二のグループは、二つに分けられる。一つは、京都に屋敷を持つ大名等の家臣であり、もう一つは京都屋敷を持たない大名等から派遣された家臣である。前者の居住地はいうまでもなくそれぞれの京都屋敷であり、後者は基本的に借屋住まいであった。第三のグループは、大名の子息や隠居等が京都に住み着いたものたちで、第四のグループは、牢人等である。第五のグループは、武士そのものではないが、大名をはじめとする武士の後室等である。

図9−2(口絵9)は、一六三〇年代後半から四〇年代前半、京都に屋敷を持った武士の居住状況を示したものである。この図は、寛永末年の状況を描いていると推定されている「洛中絵図」をもとに作成したものである。

この図9-2から空間的に京都における武家屋敷の立地の様相をまずみていこう。赤色は幕府役人、黄色は譜代大名・旗本、紫色は外様大名、水色は大名子息や隠居した武士の屋敷、桃色は大名の後室・娘の屋敷、緑色は不明者の屋敷を表している。

この図には、第一、第二グループの前者、第三、第五グループが表示され、第二グループの後者、多くは借屋住まいと思われる第四グループはごく一部を除き示されていない。こうした点に留意しつつその特徴をみていくと、まず第一に、洛中の南北の両端には武家屋敷はほとんどみられず、禁裏の北辺から五条通までのあいだにかなり分散的に武士が住み、特定の武士居住区は形成されてはいない。

第二に、江戸幕府による京都支配の拠点である二条城の周辺には所司代屋敷・二条大手門番・京都奉行・蔵奉行衆屋敷・御目付衆屋敷など幕府役人の屋敷が展開する。他方で、これ以外の地域にも伏見奉行・大坂町奉行・奈良奉行・上方郡奉行・代官・大工頭など畿内支配にかかわった幕府役人の屋敷がかなりの広がりをもってみられる。

第三に、大名屋敷についてみてみると、譜代大名の屋敷は二条城周辺に多くみられるのに対し、外様大名の屋敷は譜代大名との混在をみせつつもその外縁部に展開している。

第四に、禁裏周辺に幕府役人の屋敷がみられるものの、全体としてみれば、幕府役人の屋敷、譜代大名・旗本の屋敷、外様大名の屋敷が二条城を中心に外に向かって半同心円的に展開していたといえよう。

第五に、大名子息や隠居した武士の屋敷は、散在しており、取り立てた特徴はみられない。大名等の後室や娘などの屋敷の分布も同様の様相を示すが、女性所持の屋敷が見られるのは一つの特徴といってよい。

なお、この図には示されていない牢人については、寛永二〇年（一六三三）に洛中居住の五七人のうち若干名は六条より南の本願寺寺内に住んでいるが、多くは大名等と同様分散的に居住している[7]。

表9-3は、グループ別に屋敷の規模を示したものである。全一五一軒の内一五軒は同一人の所持する屋敷であり、屋敷所持者の人数は一三六人である。その詳細については、後掲表9-7「洛中絵図」武家居住地・屋敷坪数一覧」を参照されたい。

第一グループの幕府役人の屋敷で最大のものは所司代板倉重宗の下屋敷で四万九七〇坪と飛び抜けて大きい。これに次ぐ

表9-3　武家屋敷の類別

単位：坪

項　目	坪数軒数	5000-以上	3000-5000	1000-3000	500-1000	300-500	100-300	100-未満	不　明
幕府役人	32	4	4	10	1	7	4	2	
旗　本	10				2		6	2	
譜代大名	40	1		4	11	8	7		
外様大名	49		2	8	21	12	6		
隠居等	9				2	3	4		
後室等	11			1	1	2	5	1	
不　明	9				3	1	4	1	
合　計	151	5	6	23	38	35	36	6	1

注　151軒のうち15軒は同一人の屋敷

のが、幕府より派遣された女院付武士の屋敷（九一二〇坪）とそれに附属する与力の屋敷（二六四六坪と一六二〇坪）である。このほか軍事的なものに二条大手門番の春日家吉の屋敷（六二〇五坪）、二条鉄砲頭の柘植宗次の屋敷（一三三八〇坪）がみられる。こうした人物は、知行高はそれほど高くはないが、その役職の関係で広大な屋敷を所持している。またこのグループには、京都奉行（五味豊直、三八七六坪）・伏見奉行（小堀政一、二か所合計二八二四坪）・大坂町奉行（久貝正俊、二三〇坪）、奈良奉行（中坊秀政、四二〇坪）、上方奉行（市橋長政、四五一坪）といった近隣の奉行たちや、畿内近国の幕府領を支配した代官たちの屋敷が多くみられるのも大きな特徴である。なお、このグループの中に山城淀の永井尚政（四二三四坪）と山城勝龍寺の永井直清（二七四一坪）を加えたのは、彼等が所司代等とともにこの時期幕府の上方支配にあたった上方八人衆のメンバーであったからである。

譜代大名でもっとも大きな屋敷を所持しているのは、当時老中であり若狭小浜一二万石を領した酒井忠勝である。その広さは一万四一七五坪であり、もう一つの屋敷を加えれば一万五八五五坪となり、所司代板倉重宗を除けば最大の屋敷である。二位の老中土井利勝の屋敷は二〇九〇坪と、一位と二位との差はかなり大きなものがある。これは、寛永一一年（一六三四）に老中であった酒井忠勝が武蔵川越一〇万石より若狭小浜一一万三五〇〇石（のち一万石加増）に加封され西国に配置されたことと関連するものといえよう。また、屋敷の広さは、領知高とは必ずしも対応しないが、後述する外様大名にみられるほど、極端な非対応性をみせない。

老中あるいはそれに準ずるものの屋敷として、下総古河の土井利勝の屋敷（二〇九〇坪）、上野厩橋の酒井忠行の屋敷（九三七坪）、武蔵忍

の松平信綱の屋敷（八六五坪）をあげることができ、かれらの屋敷は二条城の正面に位置するが、先の酒井忠勝の屋敷が二条城南面に位置していることを含め、その配置は政治的なものとみてよいであろう。また、これらとともに上野高崎の安藤重長の屋敷（三九八坪）、下総佐倉の松平家信の屋敷（三二四坪）、信濃飯田の脇坂安元の屋敷（八八八坪）、越後長岡の牧野忠成の屋敷（一一五坪）などを除くと、いずれも美濃より西に領知を持つ大名たちの屋敷である。なお、紀伊和歌山徳川頼宣の付家老で紀伊田辺城主であった安藤義門（六〇〇坪）、尾張名古屋徳川義直の付家老で美濃犬山城主であった成瀬正虎（四八八坪）も、ここでは譜代大名としてあつかった。

旗本で京都に屋敷を持つものは一〇人と多くはなく、またその領知は、武蔵・下総で領知を持つ市川満友を除くと、京都に近い大和・山城・摂津・近江に領知を持つものである。

次に、外様大名についてみると、外様大名の方が譜代大名よりも概して大きな屋敷を持つ。しかし、屋敷の広さは、領知高とはほとんど対応していない。外様大名で最も大きな屋敷を持っていたのは越後村上一〇万石の堀直寄（三三六四坪）、二位は伊勢津三二万石の藤堂高次（三〇二五坪）、三位は大和松山三万二二〇〇石の織田高長（二九一二坪）、四位は丹波柏原三万六〇〇〇石の織田茲政（一四四四坪）である。それに対し加賀一一九万石の前田利常の屋敷はわずか七〇二坪に過ぎず、陸奥仙台六二万石の伊達忠宗の八八〇坪、出雲松江二六万石の京極忠高の七八〇坪、筑後久留米二一万石の有馬豊氏の七四〇坪など、大大名であってもそれほど屋敷地は広くはなく、屋敷の広さが領知高とほとんど対応していない様子をみてとれる。この点は江戸での大名屋敷の広さがその大名の領

知高や格式にほぼ対応していたのとは大きな違いである。なお、土佐高知の山内忠義の家臣である辻宗兵衛と伊藤源丞の屋敷も取りあえず外様大名の屋敷として扱った。

大名子息等のなかには、元代官であった村上吉正（六五六坪）や長崎代官長谷川藤継の子長谷川広永（五六四坪）など幕府の奉行や代官あるいはその子供など一族や、細川忠興の長男であって廃嫡された長岡休無（四三三坪）など大名の一族の屋敷がみられる。

後室等については、女性が屋敷所有者として明記されている点で一つの大きな特徴であるが、寛永一一年に改易された蒲生忠知の娘の屋敷一〇二〇坪、松平土佐守の後室の七一三坪の二つを除くと、他は三一八坪以下であり、規模は比較的小さい。

4 居住武士の構成と存在形態

こうした武家屋敷の空間的広がりと規模とを念頭においたうえで、京都に居住した武士の構成と存在形態とを少し詳しくみていこう。まず、幕府から派遣された人々を取り上げよう。表9―4は、寛文八年（一六六八）京都町奉行が成立して以降の一七世紀後半における幕府から派遣された主要な役人とそれに附属した与力・同心の数をあげたものである。

この表から、幕府が恒常的に京都に派遣した譜代大名・旗本の総数は、二条在番の番士を含め一二九人、それに附随する与力一六四騎、同心四八〇人、坊主一七人等であったことがわかる。この内、二条在番のものは江戸より一年交代で京都に上り二条城の警護にあたったものであり、自らの奉公人を召し連れたが、その数はそれほど多くはな
い。

それに対し唯一の大名である所司代は、幕府から附属された与力・同心以外に自らの家臣団の一部を京都に住まわせている。後年の例であるが、文化五年（一八〇八）に所司代となった酒井忠進が領地若狭小浜から京都に召し連れた人数は、知行取二六人、扶持米取等一〇七人、合計一三三人である。この人数のなかには女中・足軽は含まれず、また知行取の家臣や家族は含まれていない。所司代ほどの数ではないが、町奉行や禁裏付武士たちもかなりの数の家臣や従者を抱えていた。所司代や禁裏付武士に附属された与力・同心といってよい存在であり、武士の交代があっても変化なく、京都の住人といってよい存在であり、当然ながらその家族や家族がいた。このほかこの表には表現されていないが、先に触れたように、畿内近国の幕領支配にあたっていた代官や大工頭中井などの幕府役人たちがおり、それに附属し居住した人数もそれなりの数が見込まれる。

次に第二のグループについて検討する。表9―5は、京都に屋敷を持つ大名の地域別と領知高との関係と譜代・外様の別とを示したものである。

まず京都に屋敷を持つ大名の総数は七一人であり、当時の大名総数二二〇人ほどの三分の一にも満たず、京都に屋敷を持つことが大名にとって必須の要件ではなかったことをうかがわせる。

第二に、京都に屋敷を持つ大名七一人のうち三五パーセントにあたる二五人が五畿内と近江・丹波・播磨のいわゆる上方八ケ国の大名であり、それに中国・四国・九州の大名を加えると七三パーセントにあたる五二人となり、京都に屋敷を持つ大名の多くは西国の大名であっ

表 9-4　17世紀後半における京都役人

役職	人数	附属の武士・役人
京都所司代	1人	与力50騎　同心100人
禁裏付	2人	与力20騎　同心80人
仙洞付	2人	与力4騎　同心30人
女院付	2人	与力10騎　同心60人
二条門番頭	2人	与力20騎　同心60人
二条御殿番	1人	坊主17人
二条鉄砲奉行	2人	同心10人
二条蔵奉行	2人	手代8人　蔵番3人　小揚38人
京都町奉行	2人	与力40騎　同心100人
京都代官	1人	手代？
二条在番	2人	組頭8人　番士100人　与力20騎　同心40人
目付	2人	
合計	21人	組頭8人　番士100人　与力164騎　同心480人他

表 9-5　京都屋敷所持の大名

地域	上方	中国	四国	九州	北陸	東海	関東	陸奥	合計
20万石以上		3-3	2-2	2-2	1-1	1-1		1-1	10-10
10-20	3-	2-1	1-1	2-1	2-1	1-	2-	1-1	14-5
5-10	6-	4-4	2-2		1-	1-	1-		15-6
3-5	6-5	3-3	1-	1-		3-1	2-	1-1	17-10
2-3	3-1	2-2		1-		1-			7-3
1-2	7-5	1-1							8-6
合計	25-11	15-14	6-5	6-3	4-2	7-2	5-	3-3	71-40

-の前の数字は総数、後の数字は外様大名数を示している

第三に、西国・東国で絶対数は異なるものの、京都から領地が遠くになるに従って京都に屋敷を持つものの数は減少していく。

第四に、外様・譜代の分布をみると、中国・四国・陸奥では外様大名が圧倒的に多く、上方・九州・北陸では相半ばし、東海・関東では譜代大名が占めている。このような在り方は、この時期の外様・譜代の地域分布にほぼ対応しており、そこからは際立った特徴を見出すことはできない。

第五に、岡山の池田、鳥取の池田、佐賀の鍋島、鹿児島の島津などの西国の大大名でも京都に屋敷を持たないものがみられる。

第六に、領知高の少ない大名で京都に屋敷を持っているものは上方と中国、なかでも備中に集中しており、遠方の大名にはみられない。この表から除いた旗本についても一人を除いてすべて五畿内および近江のいずれかに所領を持っている。このような京都での屋敷所持の状況は、京都と領地の近接が示すように、政治的要因というより経済的地理的要因によるものと思われる。

第七に、関東の五人は四人までが幕府の重臣であり、他とは異なった様相をみせるが、この場合は、経済的要因ではなく政治的要因から屋敷を将軍から拝領したものと考えられる。

大名の京都屋敷内の様子については、まったく研究がなく詳細を知ることができないが、京都の屋敷に主人で

ある大名は上洛など特異な場合を除いて不在であり、日常的には国元から派遣された家臣がいた。その数は、所司代を除いて最大の屋敷を持った譜代大名酒井忠勝の例をみると、留守居二人、京番二人、足軽中間数名であり、決して多くはない。また、寛永一一年に酒井忠勝が定めた京都屋敷についての条目には「両屋敷之内ニ我等扶持人之外一人成共居所を借置申間敷候」とあり、藩関係者以外の居住が禁止されている。

第二グループで京都に屋敷を持たない大名の場合をみてみよう。

一筆致啓上候、然者松平相模守（池田光仲）京都ニ而調物役之上山六右衛門と申者差上せ申候、在京中借屋無異儀罷在候、手形於被下者、可奉忝存候、御六借御座候共御頼候、恐惶謹言、

御六借御座候共御頼候、恐惶謹言、
　　　　　　　　　　　　　　　　　荒尾但馬守
　　七月十六日（正保二年）
　　板倉周防守殿（重宗）

この書状は、京都に屋敷を持たなかった鳥取池田光仲の国元家老荒尾但馬守より所司代板倉重宗に宛てられたものである。その内容は、藩主池田光仲の「調物」のために京都へ派遣する上山六右衛門という家臣の借屋による居住の許可とその証明書である宿手形の発行を求めたものである。「調物役」の事例ではないが、宿手形の事例を一つあげておく。

当町医師治徳家、稲垣信濃守殿（重昭）家来山下宗勺、煩為養生当分借屋之儀、信濃守依断不苦候、於帰国者此手形依頼之証文に成間舗者也、
　　　　　　　　　明暦二

　　　　四月十二日
　　　　　　　　　　　　　　　佐渡（牧野親成）印
　　　ふや町通布袋町
　　　　　　年寄
　　　　　　　町代

このように、京都に屋敷を持たない大名が長期に滞在するものを京都に派遣する場合、所司代の許可とそれを証明する宿手形が必要であった。これを幕府の側からみれば、幕府はこの宿手形でもって京都に居住する大名家臣を掌握したといえる。

第三のグループである隠居後に京都に住み着いたものたちと、第四のグループの牢人とは主を持たない点では同じであり、牢人の範疇を広くとれば前者も牢人ということができる。事実、第三グループの九人のうち長岡休無と石川小十郎は、寛永二〇年の牢人改めでも牢人の一人として書き上げられている。両者の違いは必ずしも明確ではないが、第四のグループの大半が借屋住まいであり、また前者の多くが徳川氏に仕えたあと幕府の許可のもと京都に住んだものであるのに対し、後者の多くがかつて大名の家臣であったことが、指摘できる。第三のグループは、数の上ではわずかに九人であり、その家族や奉公人を入れてもその人数はそれほど多くはない。

第四のグループは牢人である。この時期の京都の牢人については朝尾直弘の研究がある。多くをそれによりながら検討していくことにする。

慶長八年（一六〇三）、幕府は、町中で借家住まいをする家中・奉公人に対し所司代の発行する切手を所持することを命じ、町中居住の武士・武家奉公人の掌握をはかった。ついで二代将軍徳川秀忠が上洛し

た元和五年（一六一九）に洛中の武家奉公人を改め、さらに、徳川家光が将軍宣下で上洛した元和九年に「重而奉公可仕と存牢人可払事」と主取りのある牢人を京都から追放するよう命じるとともに、「公儀御存之牢人」と「年久商仕牢人」に対しては所司代より居住許可を証明する牢人切手を発行することとした。そこでは、幕府による牢人の京都からの追放と限定された牢人の掌握とが意図されている。徳川家光の最後の上洛の年である寛永一一年には追放政策は転換し、牢人改めによる管理・掌握策へと緩和されていくが、京都居住の牢人は所司代による牢人改めによって厳格に掌握された。この時に出された牢人切手の一例をあげておく。[17]

　　　　　　　　　（板倉重宗割印）
　　当町酒屋二郎左衛門家ニ加藤平入当座借屋之儀不苦、但於宿相替者、此手形可為反古　者也、
　　寛永十年
　　　九月十九日　　周防（黒印）
　　　　　　　本国寺西門前
　　　　　　　　上之町
　　　　　　　　　年寄
　　　　　　　　　町代

この年に京都にどれくらいの牢人が居住していたかを知ることはできないが、九年後の寛永二〇年の牢人改めでは総数五七人であり、その数は極めて少なかった。その後、表9-6に示したように上層の武士の数は天和三年（一六八三）には八二人と若干増加をみせるものの、その絶対数は極めて小さく、江戸とは様相を大きく異にしている。ち

なみに武家奉公人を含めた牢人の数は、元禄四年（一六九一）一五二人、元禄七年一七二人、元禄一三年一三五人である。[18]

第五のグループは、武士そのものではないが大名をはじめとする武士の後室等である。この場合もその屋敷の居住者はそれほど多くはないであろう。

5　おわりに

以上、京都に居住した武士をグループ別にみてきたが、全体的な特徴についてふれ、おわりとしたい。

まず、京都に居住した武士の数である。第一グループの人数は、大名・旗本一二九人、与力一六四人、同心四八〇人、合計七七三人、これに蔵奉行に附属した手代等を入れるとその数は若干増える。また所司代や町奉行の家臣、それらの武家奉公人、これらの家族を加えると、おおよその数は、三〇〇〇人から四〇〇〇人位となる。この数は、五万石から一〇万石程度の大名の城下町の武士人口に相当するに過ぎない。[19]

第二グループは、多くとも一屋敷に二人ないし三人の知行取家臣数名の足軽・中間であり、また屋敷のない大名家臣の場合は一人ないし二人であり、武士数は二五〇人前後、奉公人・家族を含めても一〇〇〇人を越すことはないであろう。

表9-6　天和3年（1683）の京中牢人数

項　目	上京	下京	合計
先知有浪人	43	39	82
無　足	2	4	6
扶持取	3	3	6
合力米取	3	2	5
奉公不仕	11	12	23
切米取	5	3	11
合　計	67	66	133

居住地・屋敷坪数一覧

〈外様大名〉

	氏名	領知	高	町名	坪数
1	堀 直頼	越後村上	100000	—	3264
2	藤堂高次	伊勢津	323950	四条坊門堀川	3025
3	織田高長	大和松山	31200	東浄土寺町	2912
4	織田信勝	丹波柏原	36000	わくや町	1444
5	亀井茲政	石見津和野	43000	今新在家町	1380
6	毛利秀就	長門萩	369411	丸ヤ町	1344
7	浅野長晟	安芸広島	376500	中野ノ町	1306
8	寺沢堅高	肥前唐津	120000	山里町	1155
9	山内忠義	土佐高知	202600	こり木町	1005
10	毛利秀就	長門萩	369411	角倉町	1056
11	森 長継	美作津山	186500	青や町	992
12	池田長常	備中松山	65000	柳風呂ノ町	915
13	金森重頼	飛騨高山	30700	柳馬場五丁目	897
14	伊達忠宗	陸奥仙台	620000	宮木町	880
15	稲葉紀通	丹波福知山	45700	樋ノ口町	837
16	小出吉英	但馬出石	50000	せとや町	825
17	木下利房	備中足守	25000	舟や町	782
18	京極高политики	出雲松江	264200	にはとりほこ町	780
19	蜂須賀忠英	阿波徳島	257000	ゑようし町	780
20	有馬豊氏	筑後久留米	210000	かまきり山町	740
21	伊東長昌	備中岡田	10300	信行寺前町	737
22	前田利常	加賀金沢	119276	西一条町	702
23	毛利秀元	長門長府	50000	いなり町	660
24	織田尚長	大和柳本	10000	てんひんノ丸町	630
25	山崎家治	備中成羽	35000	立花町	620
26	小出吉親	丹波園部	29700	たいかすノつし	603
27	片桐孝利	大和竜田	40000	立神明町	588
28	藤堂下屋敷	伊勢津	323950	三文字町	538
29	桑山一玄	大和新庄	10000	徳ヤ町	521
30	青木重兼	摂津麻田	10000	ちきりや町	512
31	京極高直	丹後田辺	36000	堀内町	510
32	織田長政	大和戒重	10000	丸ヤ町	485
33	伊達秀宗	伊予宇和島	100000	小田原や町	465
34	京極高広	丹後宮津	78200	芦刈山ノ町	459
35	森 長継	美作津山	186500	今小路	403
36	一柳直盛	伊予西条	68000	丸ヤ町	400
37	細川忠興	肥後熊本	540000	驢庵町	400
38	津軽信義	陸奥弘前	47000	西姉小路	350
39	九鬼久隆	摂津三田	36000	清明町	326
40	毛利秀元	長門長府	50000	堀川五丁目	323
41	谷 衛政	丹波山家	10000	永原町	310
42	戸川正安	備中庭瀬	29200	丸ヤ町	304
43	丹羽長重	陸奥白川	100000	浦出山町	304
44	古田重恒	石見浜田	57000	大炊町	226
45	蒲生秀行カ	—	—	伊藤ノ町	200
46	加藤泰興	伊予大洲	60000	松本町	192
47	亀井茲政	石見津和野	43000	土御門中ノ町	165
48	辻宗兵衛	山内忠義家臣	—	駒薬師町	150
49	伊藤源丞	山内忠義家	—	絹や町	105

〈大名子息等〉

	氏名	職	高	町名	坪数
1	村上吉正	元代官	—	—	656
2	長谷川広永	藤継の子	—	ほり出し町	564
3	長岡休無	細川忠興の子	—	ひしやもん町	432
4	石川十三郎	—	—	本土御門町	405
5	小笠原忠慶	忠真の弟	—	相国寺父下北辯	330
6	島田直次	島田直時子	500俵	張付町	225
7	山口直友	—	—	丸ヤ町	219
8	田中吉興	—	—	和泉町	152
9	織田信次	織田信貞の子	—	なにや町	136

〈後室等〉

	氏名	職	高	町名	坪数
1	蒲生忠知娘女	—	—	桑原町	1020
2	松平土佐守後室	—	—	桑原町	713
3	三好因幡守後室	—	—	百々町	318
4	木下延俊母后室	—	—	御旅ノ町	315
5	宮木丹波守後室	—	—	堀上立町	248
6	小出三尹母	—	—	立花ノつし	216
7	稲葉貞通カ後室	—	—	仕丁町	214
8	生駒永福院	—	—	たいかすノつし	178
9	小倉右衛門後室	—	—	橋つめ町	160
10	山岡半兵衛母	—	—	舟や町	91
11	竹中重利後室	—	—	□木原町	?

〈不明〉

	氏名	職	高	町名	坪数
1	蒔田孫四郎	—	—	たいかすノつし	861
2	松田次郎右衛門	—	—	古城下ノ町	840
3	石川藤右衛門	—	—	驢庵町	576
4	山名主殿	—	—	押小路堀川	308
5	村上孫左衛門	—	—	三条上町	296
6	松平丹波守	—	—	ほねや町	225
7	一伯耆守	—	—	こり木町	212
8	荒木権左衛門	—	—	梅ヤ町	112
9	津田玄蕃	—	—	薬師町	48

浅野と蜂須賀は、誤記とし延宝期の屋敷地の所在によった

表 9-7 「洛中絵図」武家

〈幕府役人〉

	氏名	職	高	町名	坪数
1	板倉重宗下屋敷	所司代	50000	—	40978
2	天野長信	女院付	1730	大門町	9120
	大岡忠吉	女院付	1800		
3	春日家吉	二条大手門番	1500	—	6205
4	御蔵屋敷	—	—	—	5418
5	板倉重宗	所司代	50000	—	4816
6	板倉重宗	所司代	50000	—	4270
7	永井尚政	山城淀	100000	—	4234
8	五味豊直	京都代官	1070	—	3876
9	永井直清	山城勝龍寺	20000	—	2741
10	天野与力	女院付		大門町	2646
11	小堀政一	代官	12460	かめや町	2646
12	柘植宗次	二条鉄砲頭	300	—	2380
13	蔵奉行衆屋敷	—	—	—	2083
14	大岡長信与力	女院付		三右衛門町	1620
15	板倉重宗	所司代	50000	—	1574
16	今井兼隆	代官	1300	あしうぢや町	1444
17	中井正知	大工頭		大文字町	1228
18	多羅尾光雅	代官	2300	越後町	1225
19	中井正純	大工頭		ゑひす町	603
20	市橋長政	上方奉行	18000	和泉町	451
21	中坊秀政	奈良奉行	3500	古城下ノ町	420
22	岡田義政	美濃	1000	柳ノすち	403
23	小野貞則	大津代官	500	堀川七丁目	392
24	御目付衆	—	—	—	383
25	末吉長方	代官		れんじや町	360
26	御目付衆	—		市野町	320
27	久貝正俊	大坂町奉行	5000	古城下ノ町	220
28	小堀政一	代官	12460	畠山ノ町	178
29	多羅尾光好	代官	1500	するヤ町	114
30	芦浦観音寺	代官		あいノ町夷町	105
31	上林勝盛	代官	490	浦出山町	98
32	穴太駿河	穴太衆		鶴ヤ町	90

〈旗本〉

	氏名	領知	高	町名	坪数
1	桑山貞晴	大和	2500	角倉町	480
2	佐久間実勝	—	2000	舟や町	314
3	武藤安信	大和	510	少将井町	194
4	能勢頼重	摂津	1530	古城町	126
5	能勢頼之	摂津	1000	薬師町	126
6	市川満友	武蔵下総	430	石神町	108
7	朽木宣綱	山城近江	6740	布袋町	105
8	朽木宣綱	山城近江	6740	布袋町	105
9	能勢頼隆	摂津	1500	大炊ノ町	54
10	武藤安信	大和	510	少将井町	45

〈譜代大名〉

	氏名	領知	高	町名	坪数
1	酒井忠勝	若狭小浜	123500	—	14175
2	土井利勝	下総古河	162000	押小路堀川	2090
3	松平重直	豊前竜王	37000	しやうしん院町	1695
4	酒井忠勝	若狭小浜	123500	三間町	1680
5	水野勝成	備後福山	101012	鶴ヤ町	1326
6	酒井忠行	上野厩橋	152500	土橋上町	937
7	脇坂安元	信濃飯田	55000	いけす町	888
8	松平信綱	武蔵忍	30000	堀川八丁目	865
9	本多政朝	播磨姫路	150000	本能寺南町	784
10	菅沼定房	丹後亀山	41100	ひた殿町	693
11	水野忠清	三河吉田	40000	南志水町	667
12	井上正利	遠江横須賀	47500	古城下ノ町	660
13	松平忠明	大和郡山	120200	本竹田町	650
14	岡部宣勝	播磨龍野	51200	釜座町	608
15	安藤義門	紀伊田辺	38800	張付町	600
16	松平忠国	丹波篠山	50000	西魚ヤ町	510
17	成瀬正虎	美濃犬山	35000	妙伝寺町	488
18	松平忠昭	豊前中津	22200	水かねや町	462
19	松平康重	和泉岸和田	60000	竹屋町	459
20	石川忠総	近江膳所	70000	志水町	420
21	安藤重長	上野高崎	66600	二条油小路	398
22	小笠原忠真	豊前小倉	150000	こり木町	364
23	分部光信	近江大溝	20000	たはら町	325
24	松平家信	下総佐倉	40000	菊本町	324
25	青山幸成	摂津尼崎	50000	かいノ守町	278
26	戸田氏鉄	美濃大垣	100000	たはら町	265
27	岡部宣勝	播磨龍野	51200	上松ヤ町	207
28	松平康重	和泉岸和田	60000	大文寺町	189
29	松平定房	伊予今治	30000	枳や町	140
30	牧野忠成	越後長岡	74023	古城下ノ町	115
31	松平乗寿	美濃岩村	20000	—	112

第三グループおよび第四グループの武士は、七〇人前後、家族・奉公人を入れた人数は四〇〇人から五〇〇人程度、第五グループも数は多くはなく一〇〇人前後と推定される。これらを単純に合計すれば、武士は一九〇〇人、奉公人・家族を含めた総数は四五〇〇人から五六〇〇人となる。

こうした推計を前提に京都の武家の特徴をみていくと、まず当時の京都の町方人口四一万人に対し、武士の総人口を大目に見積もった五六〇〇人としても、その割合は一・五パーセントにもみたず、当時の江戸が武士人口と町方人口とがほぼ半分半分であったのと比較すると、極端に武士人口の少ない都市であった。

第二は、京都の武士人口の約七五パーセントが江戸から派遣され、またそれに附属したものたちで占められていたことである。この点は、京都の武士人口の大きな特徴であり、幕府が京都に大名をはじめとする武士を極力近づけないでおこうとした様子をうかがうことができる。見方を変えれば、これは京都警護の幕府による独占であり、結果として天皇・朝廷と諸大名とが結びつくことを排除する機能を果たしており、鎌倉幕府・室町幕府の京都警護体制とは大きく異なっている。[21]

第三は、京都には江戸と比較して牢人の数が極端に少なく、またそれらが所司代によって厳格に掌握されていた点である。この点と武家屋敷の掌握、京都町奉行の京都警護とを併せ考えれば、幕府による京都居住の武士の管理・掌握は、相当徹底したものであったといえる。

注

1 『京都の歴史』四、学芸書林、一九六九年。高橋康夫『京都中世都市史研究』(思文閣出版、一九八二年)、高橋康夫・吉田伸之編『日本都市史入門』Ⅰ・Ⅱ (東京大学出版会、一九八九年・一九九〇年)、横田冬彦「城郭と権威」(岩波講座『日本通史』一一、一九九三年) 等。

2 『京都の歴史』四、学芸書林、一九六九年。

3 幕府大工頭中井家旧蔵、現京都大学附属図書館蔵。一九七九年『洛中絵図』として臨川書店より刊行。なお本図と同系統のものに宮内庁書陵部蔵の『寛永十四年洛中絵図』(吉川弘文館、一九六九年)があり、本分析でも一部これを利用した。

4 川上貢『洛中絵図』解題参照。

5 この数字には、蓮台野・船岡山の坪数も含めた。

6 享保一四年(一七二九)の「山城国高八郡村名帳」によれば、大門村・七竹村(紫竹村)は大宮郷二六〇一石余の内に含まれ、東塩小路村は一七八・六八石の村であった。

7 朝尾直弘「近世京都の牢人」(『京都市歴史資料館紀要』一〇、一九九二年)にその一覧表が示されている。

8 この時期の京都を中心とした幕府支配機構の変遷については、拙稿『京都町奉行の成立過程』(『京都町触の研究』岩波書店、一九九六年)を参照されたい。

9 朝尾直弘『近世封建社会の基礎構造』(お茶の水書房、一九六七年)を参照。

10 文化八年京都分限帳(酒井家文書)、『小浜市史』藩政史料編二、一九八五年。

11 寛文四年(一六六四)の大名数は、支藩の数え方にもよるが、御三家も含めて二二五程度である(国立史料館編『寛文朱印留』東京大学出版会、一九八〇年)。

12 寛永一八年分限帳(酒井家文書)、『小浜市史』藩政史料編二、一九八五年。

13 寛永二一年一一月一四日京都屋敷条々(酒井家文書)、『小浜市史』藩政史料編一、一九八三年。

14 「万留帳」(鳥取県立博物館蔵鳥取池田家文書)。

15 『京都町触集成』別巻1(岩波書店、一九八八年)二一頁。

16 注7参照。
17 板倉重宗牢人手形(「古文書集」)京都大学総合博物館蔵。なお、この文書は目録では「前欠か」となっているが、前欠と判断した理由と思われる右袖中央の印は、手形発行にあたっての割印である。
18 『京都御役所向大概覚書』上巻、清文堂出版、一九七三年。
19 若狭小浜藩一一万三五〇〇石の酒井家の城下小浜における延宝七年(一六七九)の武士人口は五〇八二人である《『拾椎雑話』福井県郷土史懇談会、一九七四年)。
20 『京都の歴史』五、学芸書林、一九七三年。
21 鎌倉時代には禁裏の警護のために幕府は御家人に京都大番役を課した。室町時代には京都に幕府が置かれたため多くの武士が京都には滞在していた。

第10章　近現代期京都の富裕層と都市空間構造

田中和子

1　はじめに―研究の背景と課題―

　京都における富裕層の居住分布が、近現代期を通じてどのように変遷してきたかを明らかにすることによって、都市構造の変化とその意味を検討することが、本章の課題である。こうした視点からの研究は、京都のみならず日本の都市ではほとんどなされてこなかったものである。
　しかしながら、居住の場としての現代都市の空間構造を解明する上では、さまざまに性格の異なる住宅地とそれらの空間配置が、歴史的な過程のなかでどのように形成され変化してきたかを把握しておく必要がある。本章では、こうした立場から、都市富裕層の居住を取り上げる。その際、近世までに形作られていた市街地と近代の住宅地供給を特徴づける現象の一つである郊外住宅地、いわば旧中心市街地と新郊外地帯の間で、あるいはそれぞれの内部で、富裕層の居住分布が今日までどのように推移してきたのかを中心に検討する。

　本章の対象とする富裕層の居住地に関して、欧米ならびに日本で行われてきた、主として近現代期における都市研究の要点を整理しておく。欧米の都市史研究では、産業革命を契機とする都市の急速な成長と変化によって、社会的・空間的な居住配置が大転換したことが指摘されている。すなわち、社会、宗教、政治、社会を司る支配層が都心部に居住し、その周辺部に多数の労働者が居住するという旧来のパターンが、産業革命を経て職住分離が進むなか、産業資本家に代表される富と経済力を有する社会階層が郊外に住み、工場労働者が職場に近い中心部に住むパターンに逆転したことである。この配置が現代にまで強く受け継がれているイギリスでは、最も裕福な近隣地区は郊外にあるし、アメリカ合衆国でも同様である。かつての都心部居住に代わり、郊外居住が都市富裕層のステータスと見なされている。もっとも、大陸ヨーロッパのパリなどでは、ブルジョアは旧市内の高級アパートを好んで居住する傾向が根強い。他方、社会地区分析や因子生態研究では、居住者の社会経済的地位、家族のライフサイクル、エスニシティとい

う三つの側面から都市の空間構造が議論され、社会・経済的地位の高い居住者の分布にはセクター的な特徴が見られること——高級住宅街は、都市域の拡大に伴って、都心からみて同じ方向に延びたり、より外縁の郊外地帯に場所を移していくこと——が明らかにされている。つまり、都市域の郊外地帯の全域が富裕者層の居住地区となるのではなく、方向的な限定があるという指摘である。さらに、近年は、郊外論というジャンルの都市論として、郊外空間の意味を比較文化論的に探る議論も盛んである。緑豊かな田園郊外や無機質・無個性な大規模ベッドタウンといった、近代以降、国や地域によってさまざまな郊外という場所が成立した背景や実態、場所イメージなどが多面的に議論されている。

日本では、歴史学や歴史地理学の分野では、近世の城下町における武家屋敷や町家、あるいは職人集団の棲み分けといった空間構造が現代都市の内部構造にどのように受け継がれてきたかに関して、豊富な研究蓄積がある。また、建築学や都市地理学などでは、明治期における武家屋敷や寺社境内から邸宅街や別荘地といういわゆる高級住宅街への転換、電鉄会社や土地会社、区画整理組合などの手による高級住宅地の開発などについての事例研究も多く、京都を対象にしたものも少なくない。さらに、東京や大阪を対象とする郊外論だけでなく、明治期から大正期にかけて全国各地で行われた郊外住宅地の開発を通じて、郊外居住という新しい生活・文化のスタイルが成立する過程を明らかにしようとする試みもある。ただし、現代の都市構造に関しては、都心地区の画定や商業地区、工業地区といった経済的機能についての分析は多いが、欧米と比べると日本では、社会的また経済的な階層の分化や格差がそれほど顕著でないため、エスニック・マイノリティや貧富の階層分化などに関わる居住空間のセグリゲーションについての研究の少なさの背景には、ブルーカラー層や貧困層と比べると、富裕層はその数や居住域が限られていることや、社会問題や都市問題として注目を集めることがほとんどないという事情もあろう。

近現代期の日本の都市を対象に、富裕層の居住パターンがこれまで十分に議論されてこなかったことのもう一つの原因は、資料の制約であろう。国勢調査をはじめ、官庁統計では、所得や住宅価格といったデータは収録されておらず、都市富裕層を厳密に特定することすら容易ではない。そこで、本章では、従来の都市研究ではほとんど活用されることのなかった『全国商工人名録』、『京都市及び山城全郡長者番付』、『高額所得者調』、『高額所得者全覧』および『高額納税者全覧』といった、富裕者名鑑的な性格を持つ資料に掲載された各人の住所データを用いて、彼らの分布を描出する。近現代期には、旧来からの中心市街地の外部の郊外地帯で都市化が進んだことによって、京都の都市構造が大きく変化しただけでなく、富裕層の実体そのものも社会や経済の変化に応じて変わってきたと考えられる。そうした過程のなかで、彼らの居住地がどのように変化してきたのかを明らかにしていく。主な検討課題は、（一）都市富裕層の居住地の変遷、（二）高額給与所得者層の登場と自営業者層との居住分離、（三）高額給与所得者層内部の差異、の三点である。

2　分析対象範域と資料

(1) 分析対象範域と座標系の設定

本章での分析対象範域は、現在の京都市域の中心部を覆う、東経一三九度四一分一五秒から一三九度四八分四五秒までの東西約一〇キロメートル、北緯三四度五五分から三五度五分までの南北約二〇キロメートルの範囲である(図10-1)。この範囲には、近世までの都市域だけでなく、山科区東部と西京区西部を除く現在の市街地全体がほぼ含まれている。

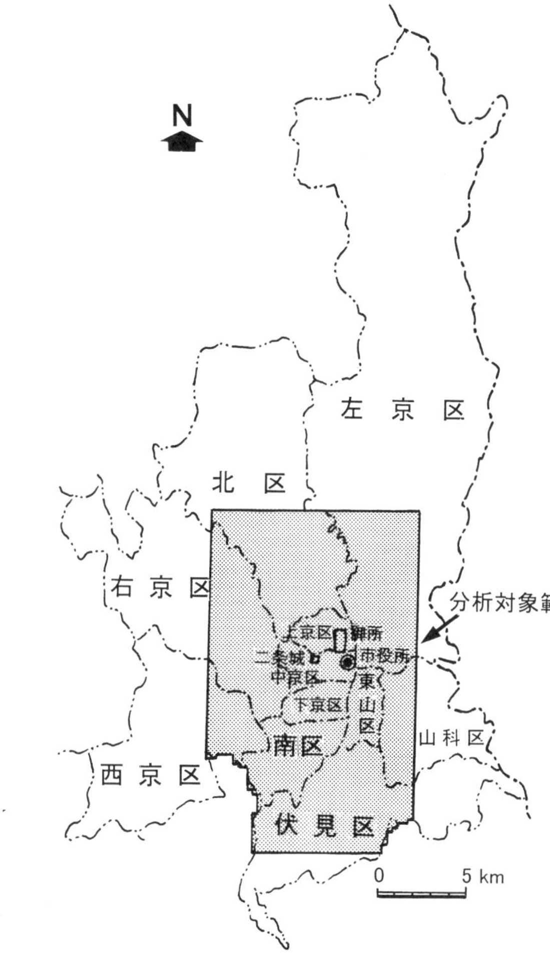

また、対象範域には、地域基準メッシュ(二万五千分の一地形図の図幅を縦横に一〇等分した区域、経度方向に四五秒、緯度方向に三〇秒間隔)を縦横に四等分(すなわち一六分割)した方形格子(一辺、約二五〇メートル)を置いている。この方形格子は、資料に記載された富裕層の住所を地図上にプロットする際の直交座標系としても用いる。現代都市における空間構造の分析では、地域的差異や空間パターンとしてのまとまりを比較的適切に捉えうる単位地区として、一辺一五〇〇メートルのメッシュがよく用いられる。一方、平安京あるいは御土居といったより狭い範囲内部での構造を検討する際には、一辺一〇〇メートルないしそれ以下の大きさのメッシュのほうが適していると思われる。ここでは、現代都市の空間分析にも、歴史的都市の空間分析にも接近することができる単位面域として、二五〇メートル・メッシュを採用することにした。

分析対象範域は東西方向(X軸)には四〇メッシュ、南北方向(Y軸)には八〇メッシュで、市域外部分等を除くと、二九七一個のメッシュが含まれる。

本章では、富裕層の分布をはじめ、京都の市街地拡大や商業地、工業地の配置なども、このメッシュ単位で把握する。富裕層の住所については、資料により記載の仕方がかなり異なる。町組と町名の組み合わせ、「元学区」と町名の組み合わせ、東西および南北の通りの交点を起点として上ル、下ル、西入ル、東入ル等として表示するもの、町名と地番による住居表示等、さまざまである。二五〇メートル方形格子を市街地図に書き加えたものを基に、大縮尺の住

図10-1　2004年現在の京都市域と分析対象範域

宅地図や地名辞典等を参照しながら、住所の位置を確認し、該当する二五〇メートル・メッシュを特定した。これにより、個々の住所はX Y座標による位置データに変換される。この住所特定作業を分析に用いたすべての資料の住所について行った。町名の誤字・脱字、複数の町名が存在するといった理由でメッシュの特定ができなかった住所については、分析対象から除外した。複数のメッシュにまたがるような広い面積の町名が挙げられている場合、吉田村や北白川村といった旧町村名のみが表示されている場合には、その町や旧町村の中心的な集落の所在するメッシュで位置を代表させることにした。

なお、京都の地形条件や都市化の進展、今日の土地利用地区の配置を把握するために、地形図や都市計画図を用いて、各メッシュを分類した。各メッシュの過半をある種の土地状況や用途地域が占めるか否かを確認し、たとえば山地・丘陵が過半を占めていれば、山地・丘陵メッシュと分類した。本章での空間的な分析精度は、二五〇メートル・メッシュのレベルにとどまることになるが、約一八五キロメートルもの面積の都市域（図10-1、図10-2A）の空間構造の特徴を把握する上では、大きな支障とはならないと考える。

（2）資 料

近代期の富裕層に関する資料には、長者番付、地価金や所有反数による地主名簿、国税納付額や所得税額、全資産額など各種の基準に基づく資産家名簿など、いくつかの系譜がある。本章では、一九世紀末から今日までの京都の富裕層資料として、①掲載された各人の住所特定が可能なものうち、②掲載人数が約一〇〇〇人を超え、比較的多い、③同種の資料が時系列的に存在し比較可能である、④資料に大きな欠損等がない、⑤全国規模の調査に基づいて信頼性が比較的高いとされている、といった諸条件をなるべく多く満たすものを選び、明治期から昭和初期まで発行された『全国商工人名録』から初版（一八九二）、第二版（一八九八）第五版（一九一四）、第一一版（一九三〇）の四冊、また、『京都市及び山城全郡長者番付』（一九三三）、一九六一年から一九八三年までに発行された各年次の『高額所得者調』と『高額所得者全覧』さらに一九八四年以降の『高額納税者全覧』を用いた。一八九二年から二〇〇三年まで四一の年次の京都の富裕層資料による富裕層の人数の推移を図10-2Bに示している。ただし、各資料の収録対象と基準は、同一ではなく、相互の比較には制約があることを踏まえておく必要がある。たとえば、『全国商工人名録』は、製造業および卸・小売業の自営業者のうち、所得税額や営業税額の高額な者が選ばれているが、その基準は必ずしも明確でなく、「特色」ある者」や「有望な者」なども選定されている。当時の京都の自営業者が数万人規模であったのに対して、『全国商工人名録』には一〇〇〇人余りから多くても一万人程度の商工業者しか掲載されておらず、全人口比にすると〇・五一一・五パーセントにとどまっている。『全国商工人名録』には官吏や地主等の資産家集団は掲載されていないが、当時の富裕層の大部分はこの資料で示されていると推測される。

これに対して、『京都市及び山城全郡長者番付』や『高額所得者全覧』、『高額納税者全覧』および『高額所得者全覧』資料では、職業や産業の限定はない。ただし、年次によって掲載基準が異なる。『京都市及び山城全郡長者番付』（一九三三）では、総資産額一〇万円以上、『高額所得者』では年間の所得額が二〇〇万円から五〇〇万円、ついで一〇〇〇万円以上に上昇している。『高額納税者全覧』の掲載基準は一九八

A. 総人口と市域面積、および、就業人口と自営業者数の変化

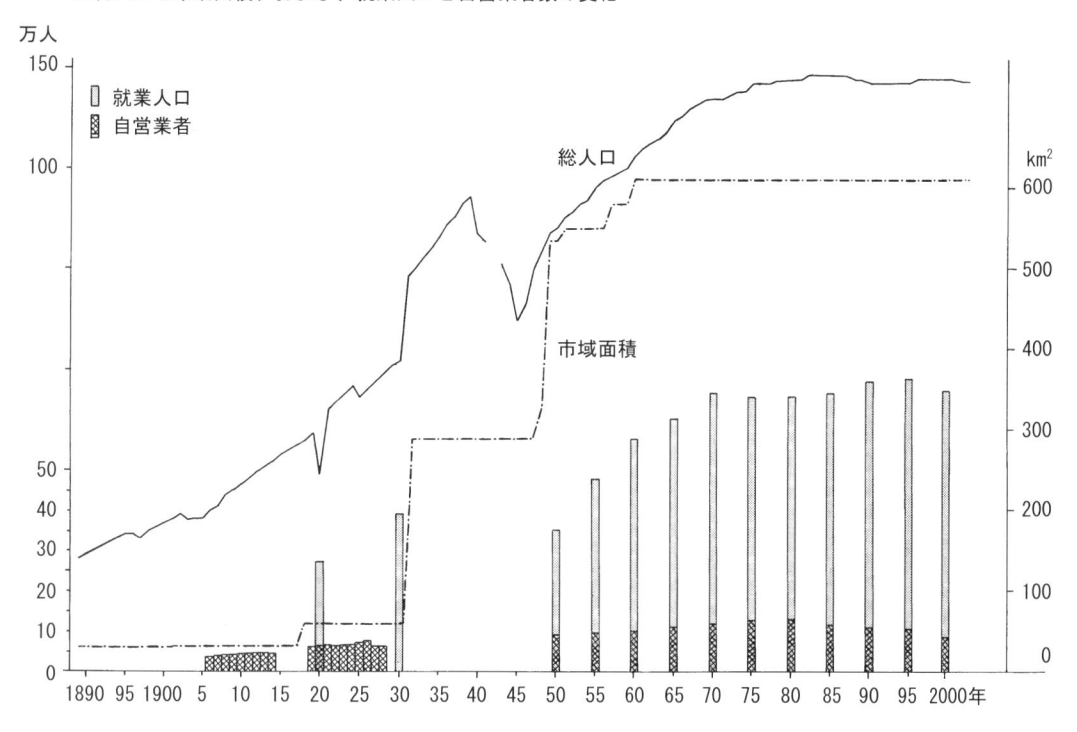

B. 商工業者、資産家、高額所得者および高額納税者の人数と総人口に占める割合

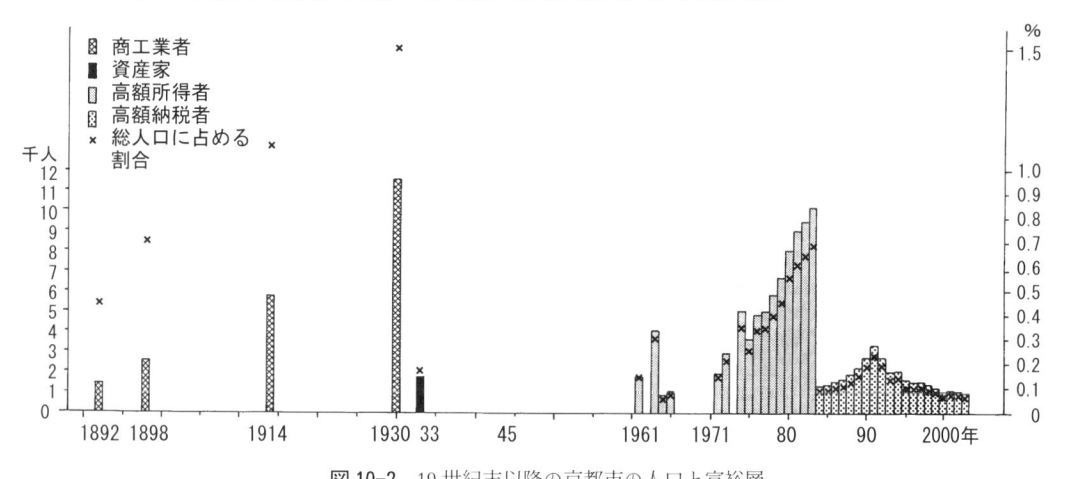

図 10-2 19 世紀末以降の京都市の人口と富裕層

注：グラフAの左の縦軸は人口、右の縦軸は面積、横軸は年次（西暦）。グラフBの左の縦軸は人口、右の縦軸は比率（％）、横軸は年次（西暦）。

資料：各年版『京都市統計書』、各年版『国勢調査報告』。『日本全国商工人名録』（1892）、『日本全国商工人名録・第二版』（1898）、『日本全国商工人名録・第五版』（1914）、『日本全国商工人名録・第十一版』（1930）、『京都市及び山城全郡長者番付』（1933）、各年版『高額所得者調』、『高額所得者全覧』、『高額納税者全覧』。資産家は 10 万円以上の者。1963 年までは 200 万円以上、1969 年までは 500 万円以上、1983 年までは 1,000 万円以上の高額所得者。1984 年以降は、1,000 万円以上の高額納税者。

四年以降ずっと年間一〇〇〇万円以上とされている。これらの資料に掲載された富裕層は、景気の変動や掲載基準の変化に対応して、一九六四年の八〇〇人台からは一九八三年の一万人余りまでかなりの幅がある。しかしながら、全人口比で見ると、最大でも一・〇パーセントを下回り、〇・一パーセントに満たない年次もあり、きわめて限定された上位経済階層であることが明らかである。

掲載基準の不統一の他に、資料に関して留意しなければならない点は、一九六〇年代からの『高額所得者調』や『高額所得者全覧』では、納税上の住所が掲載されていることである。そのため、事務所や会社の住所が挙げられている場合もあり、すべてが自宅住所とは限らない。したがって、これらの資料から住所をプロットした分布図には、富裕層の居住地の他に、一部、自宅外の職場が混じっていると考えなくてはならない。

資料項目として興味深いのは、『京都市及び山城全郡長者番付』(一九三三) および『高額所得者全覧』(一九六一) や一九七〇年代初頭までの『高額所得者調』の一部に記載されている、自ら申告した、あるいは、調査主体が推定した職業名である。産業別の自営業者層だけでなく、会社員や会社社長、大学教授といったいわゆるホワイトカラーを中心とする給与所得者としての職業が登場している。この職業データは、富裕層内部での集団分化および空間分離を明らかにする手がかりになりうる。

本章では、京都の富裕層の居住パターンをほぼ三〇年間隔でとらえる資料として、収録基準が必ずしも同一ではないが、『全国商工人名録・第二版』(一八九八)、『京都市及び山城全郡長者番付』(一九三三)、『高額所得者調』(一九六一)、および『高額納税者全覧』(一九九〇) を使用する。分析対象範域内部に居住する富裕層は、二五七四人(一八九八年)(他に住所特定ができなかったもの一七人)、一六六一人(一九三三年)(他に住所特定ができなかったもの三八人)、一六二一五人(一九六一年)(他に住所特定ができなかったもの二〇人)、二四二七人(一九九〇年)(他に住所特定ができなかったもの二人)であった。

3 都市富裕層の居住地区の変遷

(1) 京都の都市発展と郊外住宅地の建設

まず、近現代期に京都がどのように発展してきたか、概観しておく。図10-2Aに、一九世紀末以降の京都市の人口と市域面積の推移を示している。京都は、周辺市町村を合併しつつ、市域を拡大してきた。現在は、一一の区から構成される六〇〇平方キロメートルを超える市域(図10-1)におよそ一五〇万人が居住している。図10-3は、一八八九―九〇年頃、一九二四年、一九三八年、二〇〇〇―二〇〇一年の四つの時期の地形図をもとに密集市街地の拡大過程を示したものである。図中には、市街化を制約する地形条件として山地・丘陵部ならびに現在の主要河川を図示している。さらに、八世紀末の平安京の区域と、一六世紀末に計画された御土居(近世の都市域にほぼ相当する)ならびに伏見城下の町家区域に加え、一九二五年当時の外周幹線道路[14][15]初期の郊外住宅地のおもなものも図示した。これらから、京都の歴史的な旧市街地と新しい郊外地帯の配置パターンを読み取ることができる。なお、御所と二条城の他、本章で言及する地名なども記載している。

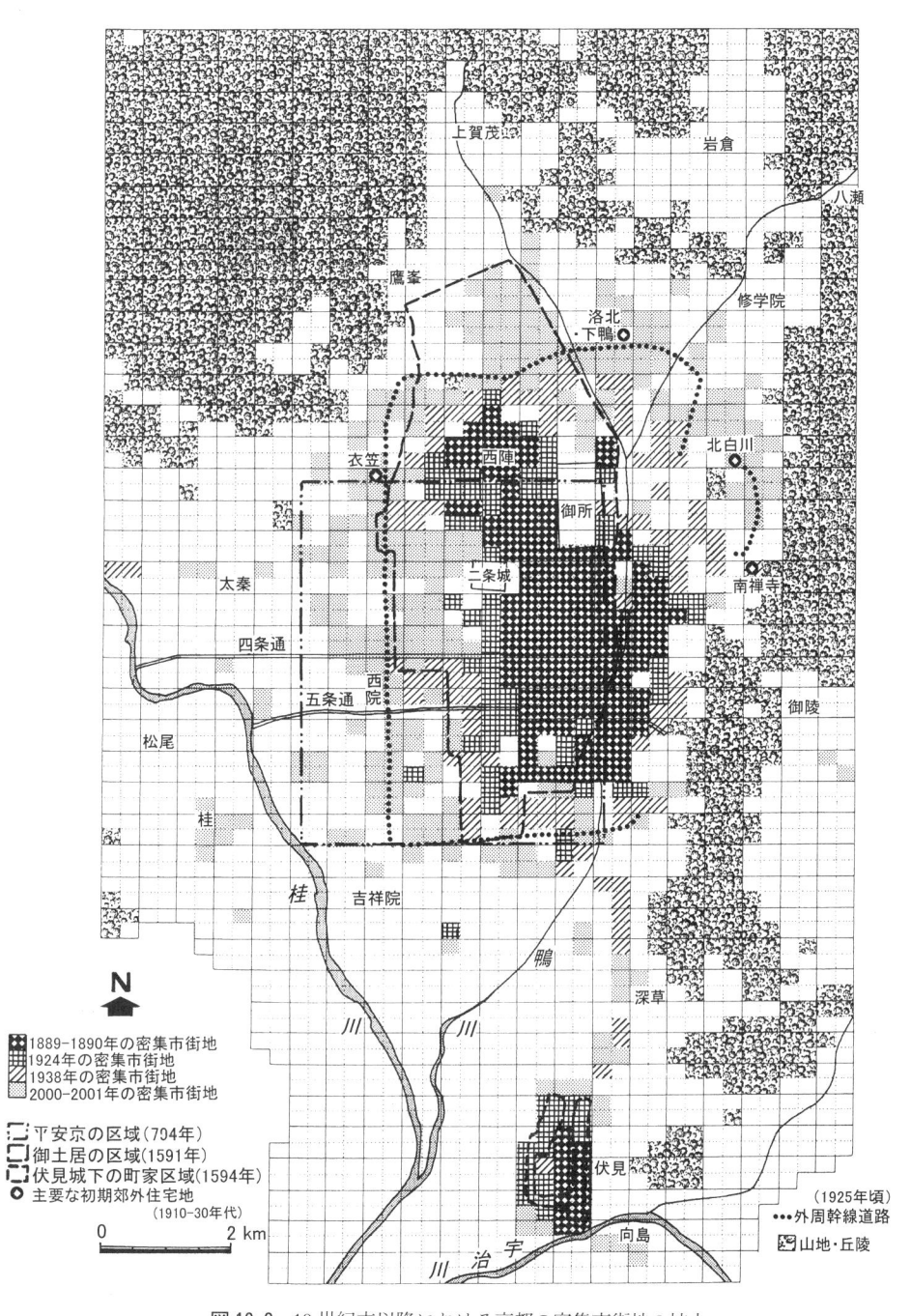

図 10-3 19世紀末以降における京都の密集市街地の拡大
資料：明治22・23年、大正13年、昭和13年および平成12・13年の地形図。『京都歴史アトラス』(1994)、『近代日本の郊外住宅』(2000)、『京都土地区画整理事業概要』(1935)。

図10-3を見ると、明治期の中心市街地の大半が、平安京の左京部分と御土居の重なる部分の範囲に収まっていることと、伏見の旧町家区域に中心市街地が形成されたことが読み取れる。平安期にも市街化の進まなかった右京部分は明治期に至ってもまだ都市化から取り残されていた。この状況は、明治初年から明治中頃（一九世紀末頃）までほとんど変わらず、市街地が大きく拡大したのは昭和に入ってからである。この時期に、東部を除く周辺郊外地帯で広く市街化が進展したこと がうかがえる。鴨川左岸（鴨東地区）はすでに江戸時代から寺社領地の宅地化によって開発が進んでいたことや、山地が迫るという地形的制約もあって、新たに拡大した市街地はそれほど広くなかった。現在は、この密集市街地以外の部分もほぼ市街化されている。

一九二二年の「都市計画区域」の策定によって、東山地区と洛北地区が住宅専用地区に、また、西南部が工業地帯に指定されたことや、一九二五年には「土地区画整理事業」を実施して、中心市街地を取り巻く外周地帯に住宅地を造成することが計画された（図10-4）。現在の商業地域が御所以南の旧中心市街地にあたる部分を広く占めているのに対し、工業地域は南西の桂川両岸に置かれている。また、最も良質な住宅地である第一種住居専用地域は、かつての外周幹線道路沿いの区画整理区域から周囲の山裾まで延び、同心円状に広がっている。この区画整理区域と旧中心市街地との間のゾーンが当時の都市社会問題や貧困問題、住宅問題を集中的に抱えるインナーリングであり、今日もブルーカラー層が多く居住する地区となっている。これとは対照的に、区画整理事業地帯は、北白川や下鴨などで土地会社や土地区画整理組合によって宅地開発と分譲が行われたことをきっかけに、良質な住宅地が形成されていった。この時期に開発された郊外住宅地区の主だったものが、南禅寺（一九一二年ころから別荘地の売り出し）、北白川小倉町（一九二五年から分譲開始）、洛北（一九一二年、組合設立）・下鴨（一九三〇年、組合設立）である。これらの住宅地区は、歴史的に見ても空間的に見ても、京都における優良郊外住宅地のフロンティアであり、現在では、第一種住居専用地域内に位置を占める市内有数の高級住宅街となっている。

こうした京都の初期郊外住宅地の開発は、東京や大阪の場合と異なり、電鉄会社と一体となったものではなく、当時まだ交通の整備されていない地域での宅地造成であった。つまり、職場への通勤の便を考えなくてもよい集団（学者、楽隠居、ブルジョアなど）が集まる傾向があったとされている。本章では、富裕層がこうした郊外住宅地への居住を始める時期や状況を追求する。

（2）富裕層とその居住分布の変遷

図10-5〜図10-8に、一八九八年、一九三三年、一九六一年、および一九九〇年の富裕層の分布パターンを示している。それぞれ、メッシュ単位のXY座標で位置特定した富裕層をメッシュごとに集計した図である。

一八九八年については、商工業者のなかの富裕層の分布を示している（図10-5）。旧中心市街地からさほど拡大していない当時の中心市街地の範囲（図10-3）にほぼ一致する分布パターンである。富裕層が集中しているのは、四条通以北の一帯、五条通沿いの一部、西陣一帯の三カ所である。いわゆる呉服関連の製造や卸小売を中心とする自営業者の集積パターンがうかがえる。伏見でも旧町家地区に富裕な商工

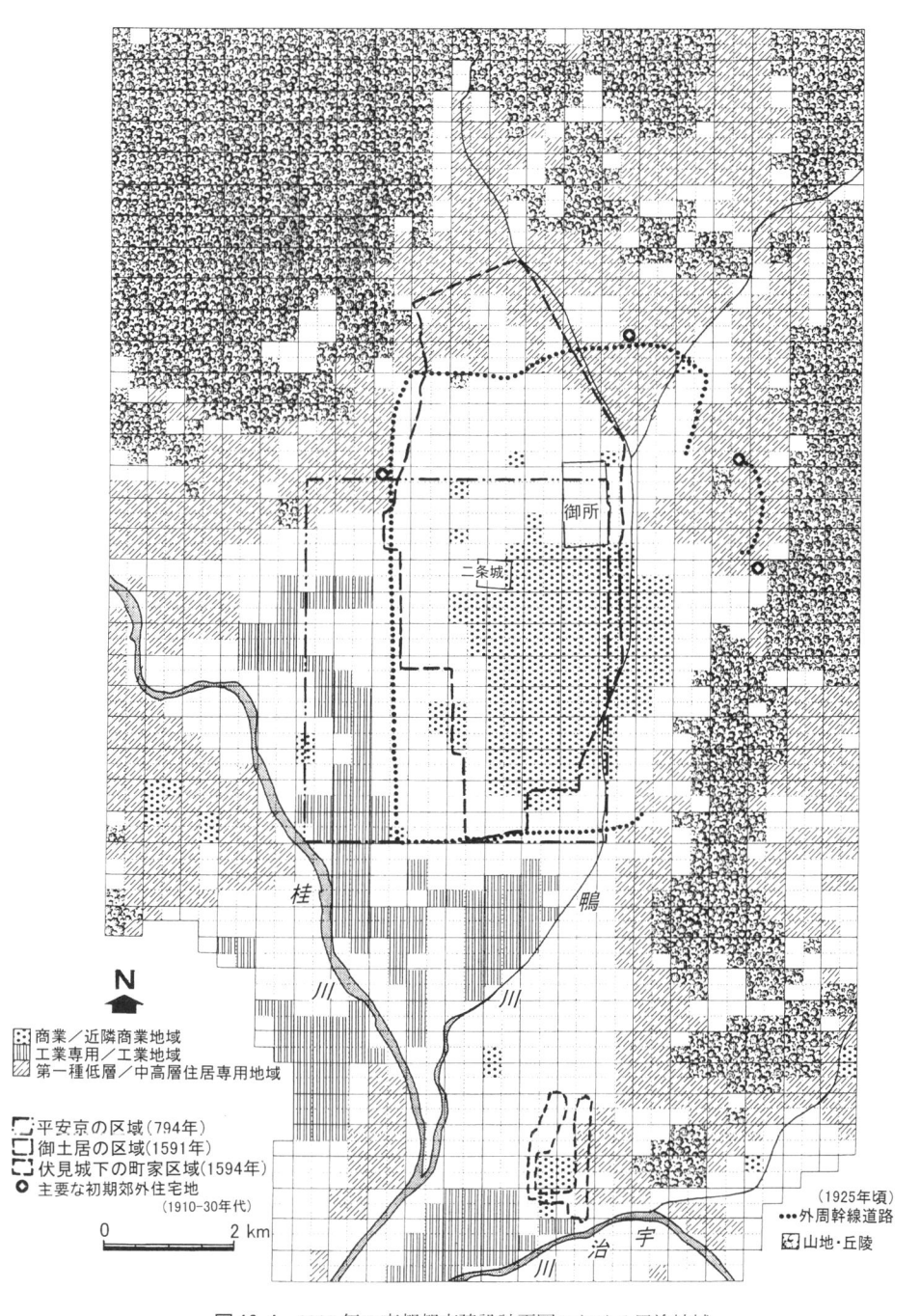

図 10-4　2000 年の京都都市建設計画図における用途地域
資料：『京都国際文化観光都市建設計画　総括図－1（用途地域）』(2000)、『京都歴史アトラス』(1994)、『近代日本の郊外住宅』(2000)、『京都土地区画整理事業概要』(1935)。

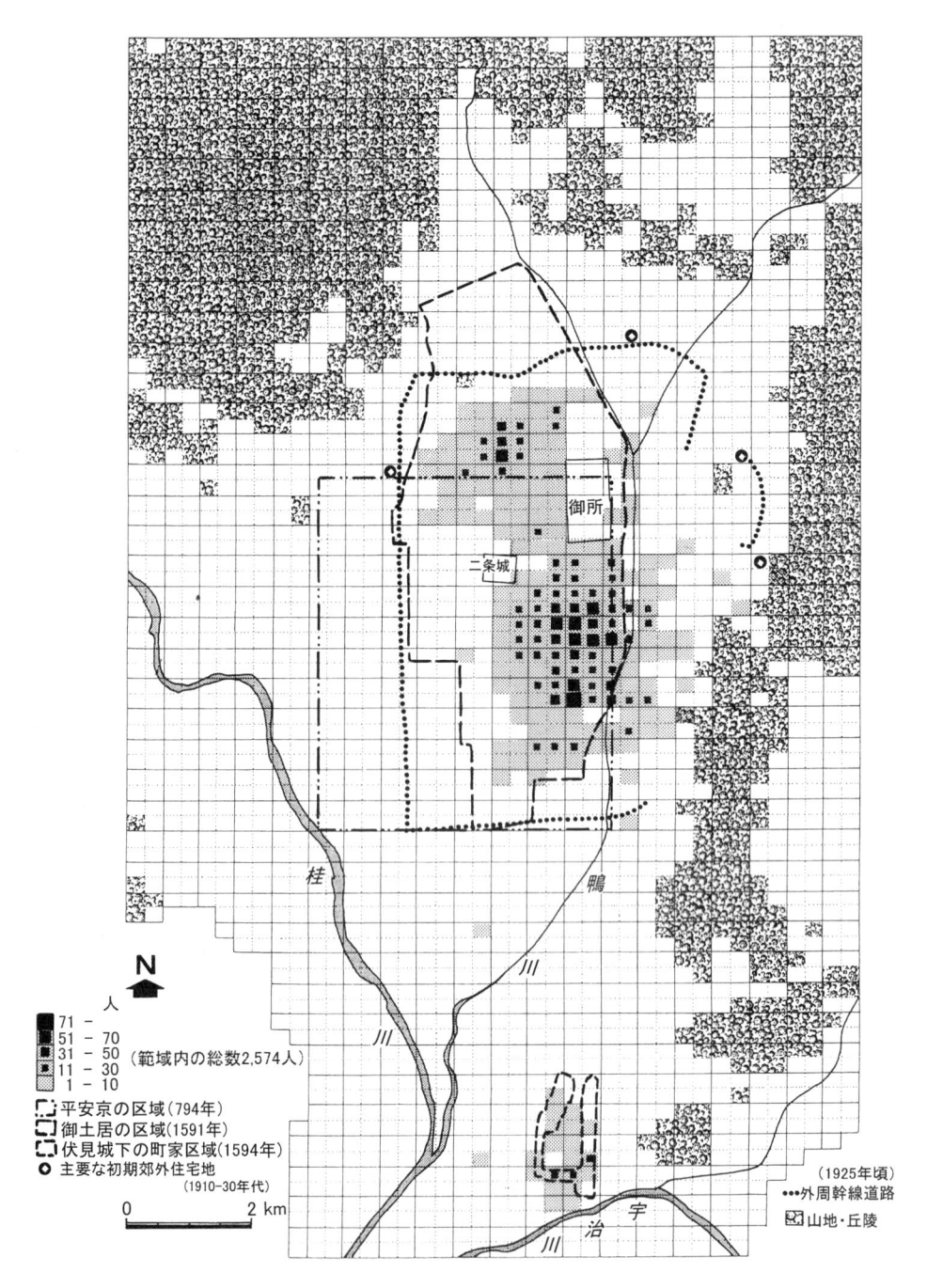

図 10-5 『日本全国商工人名録・第二版』(1898) に掲載された商工業者の分布
資料：『京都国際文化観光都市建設計画　総括図－1 (用途地域)』(2000)、『京都歴史アトラス』(1994)、『近代日本の郊外住宅』(2000)、『京都土地区画整理事業概要』(1935)。

業者が集まっている。当時の商工業者の間では、まだ職住一致が基本的な生活様式であったと思われる。

一九三三年の分布図（図10-6）は、一〇万円以上の資産家の居住パターンを示している。四条通沿いと五条通沿いと西陣一帯の三カ所への富裕層の集積は依然として明瞭であるが、分布の範囲が旧中心市街地を越えて広がっていることがうかがえる。鴨川左岸の東山地区の他、西部郊外、さらに桂川右岸にも富裕層は拡散している。伏見でも富裕層の居住域は東へも、北へも延びている。この北への居住域の延びは、京都の中心部と伏見をつなぐように市街地が延長し始めたことと対応している。この時期には、初期郊外住宅地は開発されており、衣笠や南禅寺、また北白川付近にも、富裕層の分布域が及んでいる。

一九六一年の高額所得者の分布（図10-7）は、年間の所得額が二〇〇万円以上の者を示している。この時期の大きな特徴は、富裕層の分布が特に北部郊外一帯に拡大したこと、郊外地帯の内部に集中箇所が新たに出現したこと、旧中心市街地内部にあった三カ所の集積は明確さを失ったことの三点である。四条通と五条通に沿って東西に延びていた富裕層の集中パターンは、御所に向かって南北の帯状に延びるパターンに変わっている。西陣における富裕層の凝集は西へ拡大している。洛北・下鴨を筆頭に、衣笠や北白川といった初期郊外住宅地で富裕層の集積が明確になっている。また、西郊の太秦や桂などでも富裕層の凝集核がありその周囲にも広がりを見せている。伏見では、旧町家地区の南部に富裕層の居住が多かったが、この時期はむしろ北東部へ富裕層の重心が移っている。第2節（2）で述べたように、『高額所得者調』資料には、納税上の住所が掲載されている場合がある。そのことを考慮してもなお、かつて富裕層が集中していた旧中心市街地内部での分布が大きく減少していること、富裕層そのものが変化したことと、以前からの富裕層が職住分離の生活様式に変わったという二つの変化をうかがわせるものである。前者は高額給与所得者層の出現を指すが、彼らの生活様式も職場へ通勤する職住分離である。

一九九〇年については、年間の納税額が一〇〇〇万円以上の者の分布を示している（図10-8）。この年次は、景気の好況によって高額納税者の人数が増加したことも影響してか、富裕層の居住域はいっそう拡大している。旧中心市街地への富裕層の集中はさらに弱まり、都心部の集積は四条通から御所までを中心にした範囲に狭まっているし、西陣にあった集積はほとんど目立たなくなっている。土地投機による都心部での中高層マンションの建設が進んだ時期でもあるが、それが富裕層の都心回帰の現象として顕著に現れるには至っていない。むしろ目立つのは、東部から北部、北西部へかけての郊外地帯での富裕層の集積である。そうした集積は郊外地帯からさらに外周部へも広がりつつある。洛北・下鴨地区での集積は、鴨川と高野川の二つの支流に挟まれた三角地帯を埋めるまでに広がり、北は岩倉方向へ、南は支流の合流点に向かって延びている。また、北白川から南禅寺を含む東部郊外での富裕層の集積は、丘陵を超えて山裾へ入り込んでいる。北西部郊外でも、衣笠付近から鷹峯へ北に集積部分が延びているし、さらに西方の山裾にも凝集核ができている。西部郊外でも、太秦付近にあった集積は見あたらなくなったが、桂から松尾にかけて集積地が拡大しただけでなく、桂川の両岸一帯に富裕層が広がっている。伏見では、富裕層は旧町家地区よりも東へ重心を移し、鴨川から宇治川に至る一帯にも分布域が拡大した。このように富裕層の分布が全般的に拡大しているにも

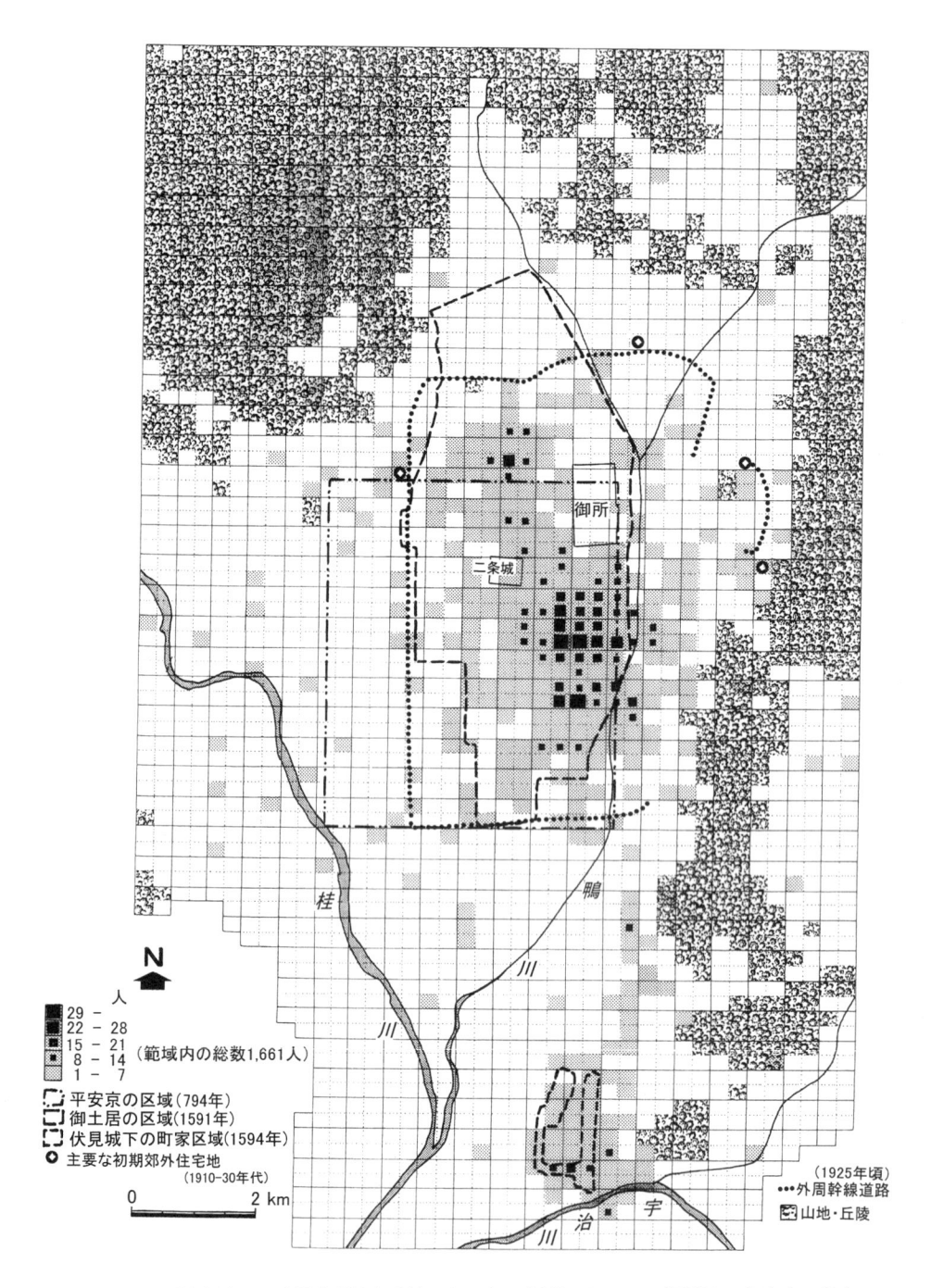

図 10-6 『京都市及び山城全郡長者番付』(1933) に掲載された 10 万円以上の資産家の分布
資料:『京都国際文化観光都市建設計画　総括図-1 (用途地域)』(2000)、『京都歴史アトラス』(1994)、『近代日本の郊外住宅』(2000)、『京都土地区画整理事業概要』(1935)。

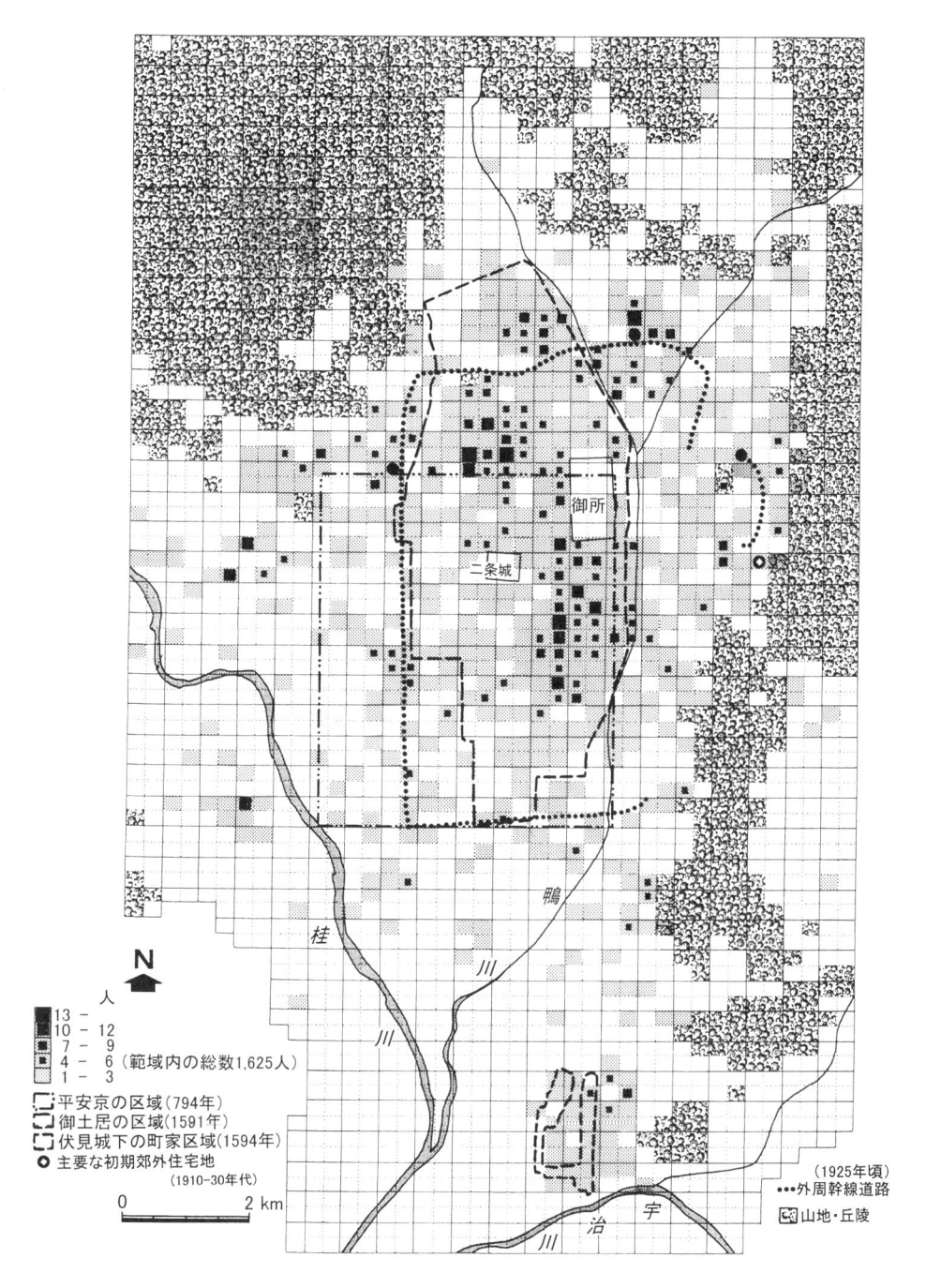

図10-7 『近畿地区全域(大阪国税局管内)高額所得者調』(1961)に掲載された
200万円以上の高額所得者の分布

資料:『京都国際文化観光都市建設計画　総括図−1(用途地域)』(2000)、『京都歴史アトラス』(1994)、『近代日本の郊外住宅』(2000)、『京都土地区画整理事業概要』(1935)。

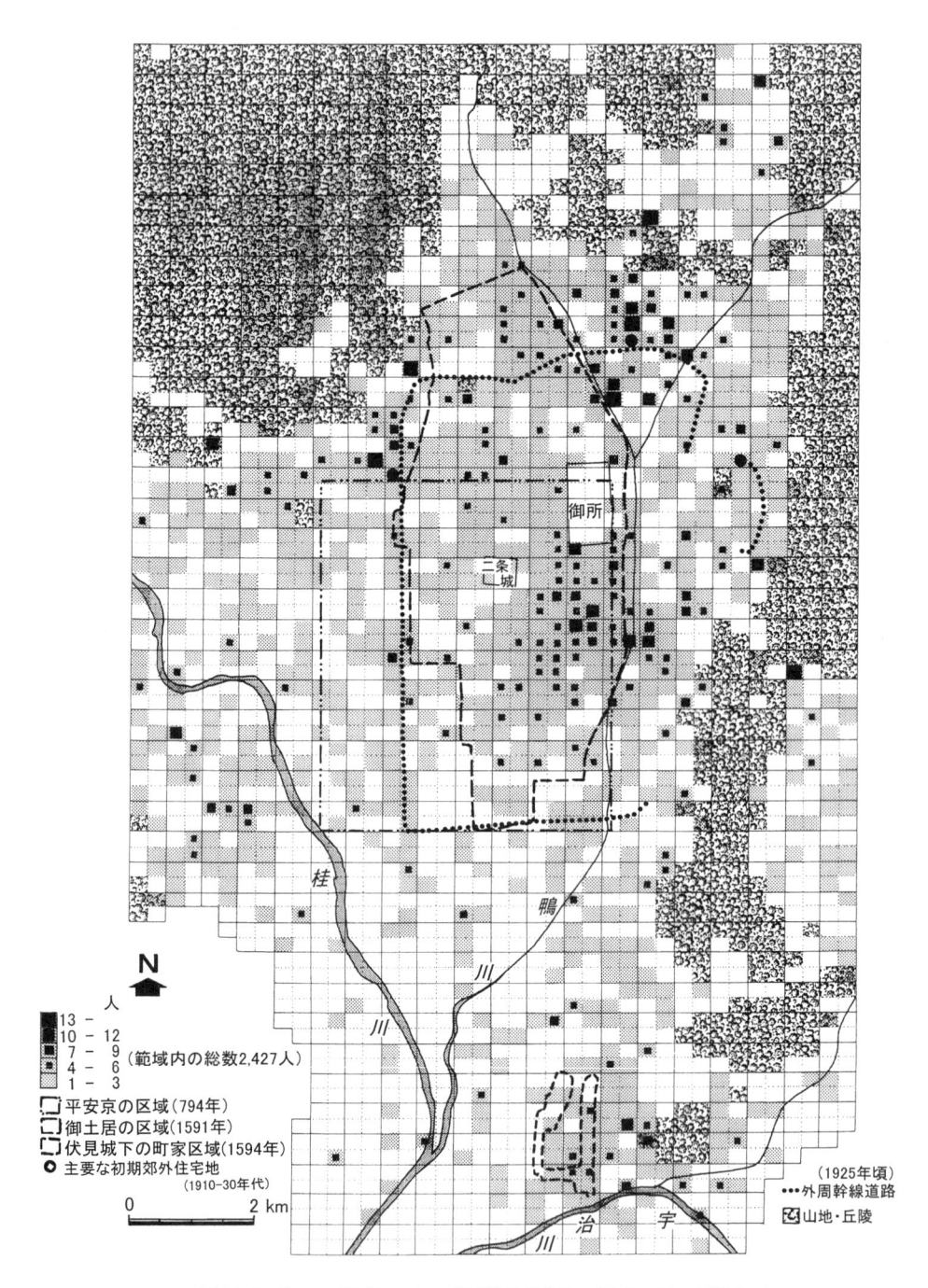

図 10-8 『1,000 万円をこえる高額納税者全覧　平成 2 年 5 月調査
―大阪国税局管内（近畿地方 2 府 4 県）―』(1990) に掲載された高額納税者の分布
資料：『京都国際文化観光都市建設計画　総括図－1（用途地域）』(2000)、『京都歴史アトラス』(1994)、『近代日本の郊外住宅』(2000)、『京都土地区画整理事業概要』(1935)。

かかわらず、工業地域（図10−4）の広がる南西部一帯はほとんど富裕層の空隙地であるし、旧中心市街地と郊外地帯との間のゾーン（第二次世界大戦前のインナーリング）にも、富裕層はそれほど分布していない。富裕層の居住地区はそれほど分布していない。富裕層の居住地区の有無を含めた配置パターンは、現在だけでなく過去の都市構造をも投影していると言えよう。なお、この時期に見られる新しい傾向は、岩倉地区や桂地区に所在する高級老人ホームが富裕層居住区として登場したことである。こうした富裕な引退者層の居住区はまだ局所的で、面的な広がりや集積の量はそれほど大きくない。

けれども、高齢化の進む現代社会では注目すべき現象であろう。

以上の四時期における富裕層の居住分布の検討から、一九世紀末以降から今日まで、ほぼ一世紀の間に、旧中心市街地の内部に凝集していた富裕層が、一九一〇─一九三〇年代の住宅地開発を契機にしだいに郊外地帯へと分布の比重を移していったことが明らかになった。こうした富裕層の分布域の変化の背景には、この時期を通じて、京都の中心産業であった呉服関連の商工業の落ち込みのほか、職住分離が進行したことや、ホワイトカラーの高額給与所得者層という新しい富裕層の出現などの現象がある。次節では、この高額給与所得者層と彼らの居住パターンを検討することにする。

4 富裕層内部の分化と空間的な分離

（1）高額給与所得者層の登場と自営業者層との居住分離

第2節で述べたように、『京都市及び山城全郡長者番付』（一九三三）および『高額所得者調』（一九六一）には、職業名が記載されている。

掲載された職業は、産業の名称（織物製造や米穀商など産業分類表で特定できる業種）、職業の名称（会社員や医師など、職業分類表で特定できる職業の名称）、物品の名称（醬油や家具など、その物品を扱う自営業主と考えられる）の三種類に分類できる。両年次の資料について、産業／職業／物品、それぞれの記載数を集計すると、一九三三年には、五一三人／二九〇人／八五六人（記載なし二人）だったのが、一九六一年には、一九二人／八九七人／一三九人（記載なし三九七人）であった。産業名と物品名が挙げられている者を非自営業者（その多くが給与所得者）と見なすと、両者の比率は、八二・四パーセント対一七・五パーセントから二〇・四パーセント対五五・二パーセントへと大きく逆転している。富裕層のなかに、従来の自営業者とは異なる給与所得を経済基盤とする集団が登場し、増大したことがうかがえる。むろん、自営業者のなかには、会社社長と職業名を回答している者もいる。そうした自称の仕方には、会社という組織と自分の関係を回答している者もいる。そうした自称の仕方には、会社という組織と自分の関係を回答している意識がうかがえ、旧来の自営業者とは異なる集団と見なせる。

図10−9には、『京都市及び山城全郡長者番付』（一九三三）と『高額所得者調』（一九六一）、それぞれの資料で、職業名を記載した富裕層（高額給与所得者層）を取り出して分布パターンを描いている。両年次の分布を比較すると、一九三三年の二九〇人から一九六一年には八九七人と約三倍も増加しているほか、分布パターンにも、中心部の旧中心市街地から郊外地帯への進出という点で大きな変化が見られる。一九三三年には、旧中心市街地の中心部に高額給与所得者層の大半が集まっているが、その集積規模はそれほど大きくない。鴨川左岸の南禅寺や北白川など、郊外地帯へも分散が広がりつつある。これに対し、一九

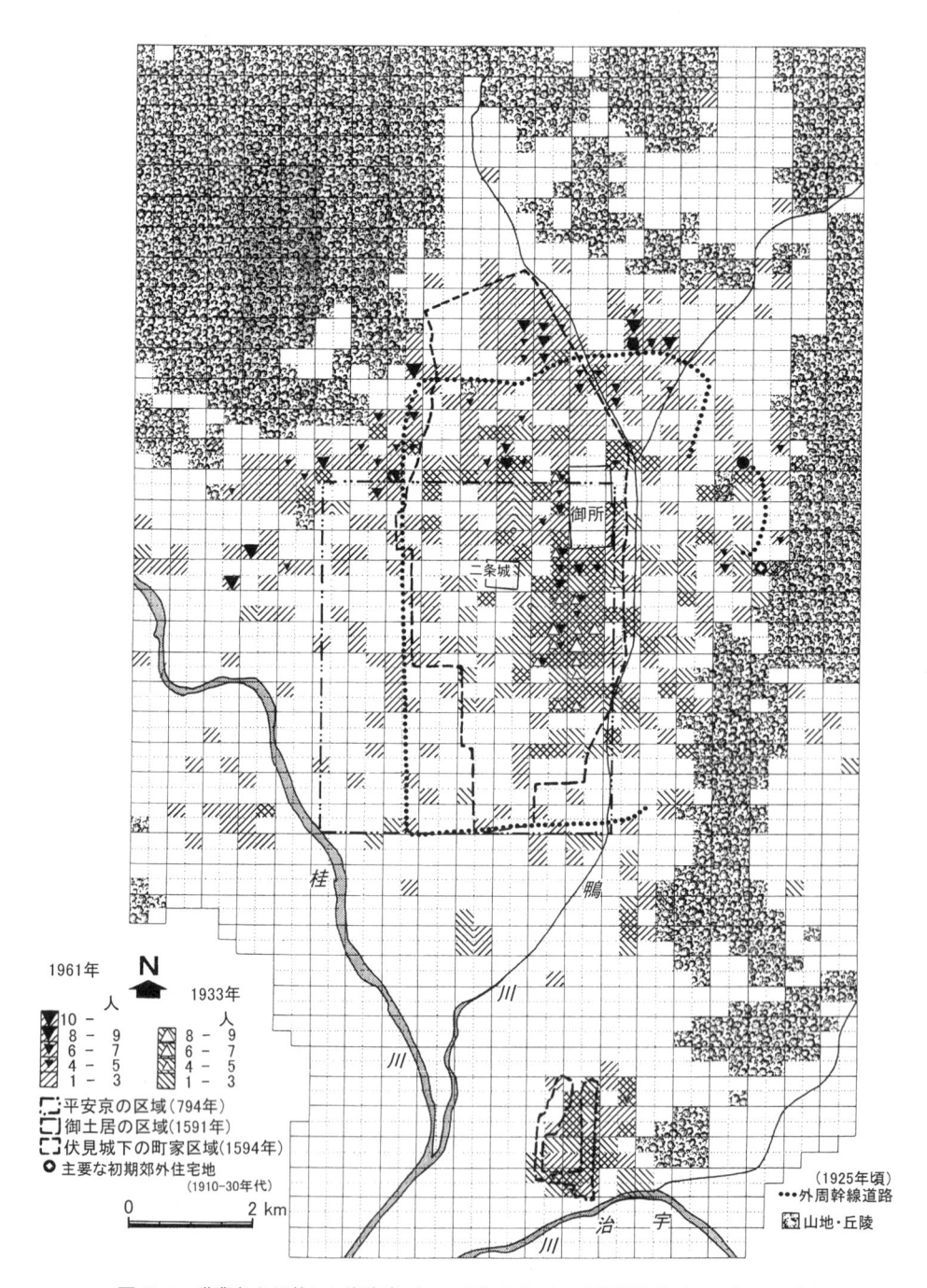

図10-9 職業名を記載した資産家(1933年)ならびに高額所得者(1961年)の分布
資料:『京都市及び山城全郡長者番付』(1933)、『近畿地区全域(大阪国税局管内)高額所得者調』(1961)。『京都国際文化観光都市建設計画 総括図-1(用途地域)』(2000)、『京都歴史アトラス』(1994)、『近代日本の郊外住宅』(2000)、『京都土地区画整理事業概要』(1935)。両年次の資料で職業名を記載した富裕層は、290人(1933年)と897人(1961年)。

六一年の高額給与所得者層の居住域は、旧中心市街地では一九三三年のそれよりも若干縮小し、代わって郊外地帯で大幅に拡大している。とりわけ洛北・下鴨付近などの北部から北西部の郊外への集積が顕著であるほか、桂や衣笠にも集積箇所がある。伏見地区では、分布の中心は旧町家区域の南部から北東部にやや移行しているが、居住域の範囲が大きく変化しているわけではない。

高額給与所得者層と自営業者層の居住域を、一九三三年については図10-6と図10-9、一九六一年については図10-7と図10-9との比較から検討してみよう。どちらの年次でも、自営業者の富裕層は依然として旧中心市街地に集まっているが、それを越えて郊外地帯へ広がる富裕層のかなりの部分は高額給与所得者層である。富裕層内部の新旧二つの集団は、その空間的分布パターンにおいても異なる様相を示している。また、一九三三年と比べると一九六一年には高額給与所得者の北部郊外集中が進んでいる。

（2）高額給与所得者内部の居住分化

では、同じ高額給与所得者層の中では、職業・職階による居住域の違いは見られないのであろうか。図10-10は、一九六一年の高額給与所得者層の中から、会社社長や役員等の管理職グループ（五四九人）と会社員・公務員等のサラリーマン・グループ（二九七人）をとりだし、それぞれの分布を示したものである。前者のグループの総数が後者のそれの約二・五倍にも上る。ただ、人数の違い以上に、両者の空間パターンには大きな相違点がある。管理職グループは、旧中心市街地の中心を含めて対象範域の北半の部分に広く分布している。これに対し、サラリーマン・グループの分布も北部に多いが、さらに北寄り

で、洛北・下鴨から衣笠へ向かう比較的狭いセクターに集中している。つまり、北を中心とするセクター状の分布ではあるが、後者のそれの方は半径が短く鋭角的である。伏見や桂、さらにみられず、旧中心市街地の南半では、サラリーマン・グループがほとんどである。管理職グループに比べると、高給サラリーマン層の空間的偏在が特徴的である。居住空間に関して選択の幅が狭いとも解釈できよう。

5　おわりに

本章では、『全国商工人名録』、『京都市及び山城全郡長者番付』、『高額所得者調』、『高額納税者全覧』および『高額所得者全覧』といった、富裕者名鑑的な性格を持つ資料を用いて、京都における富裕層の居住地が、近現代期を通じてどのように変遷してきたかを分析した。近世までに形作られていた市街地と近代に始まる郊外住宅地を対置させ、これら旧中心市街地と新郊外地帯の間で、あるいはそれぞれの内部で、富裕層の居住分布がどのように推移してきたのかを中心に検討した結果、以下の三つの特徴を明らかにした。（一）都市富裕層の居住域の郊外拡散、すなわち、旧中心市街地内部にとどまっていた状態から、しだいに郊外地帯へ拡散していったこと、また、洛北・下鴨を軸とする北部を中心に東部から西部に及ぶ郊外地帯からさらに外周部にも分布域が拡大しつつあること、この拡散傾向は、伏見地区でも同様に見られること、である。この郊外拡散の契機となっているのが、一九一〇－三〇年代に行われた郊外住宅の開発である。旧来の商工業自営業者の他に、新旧の富裕層集団

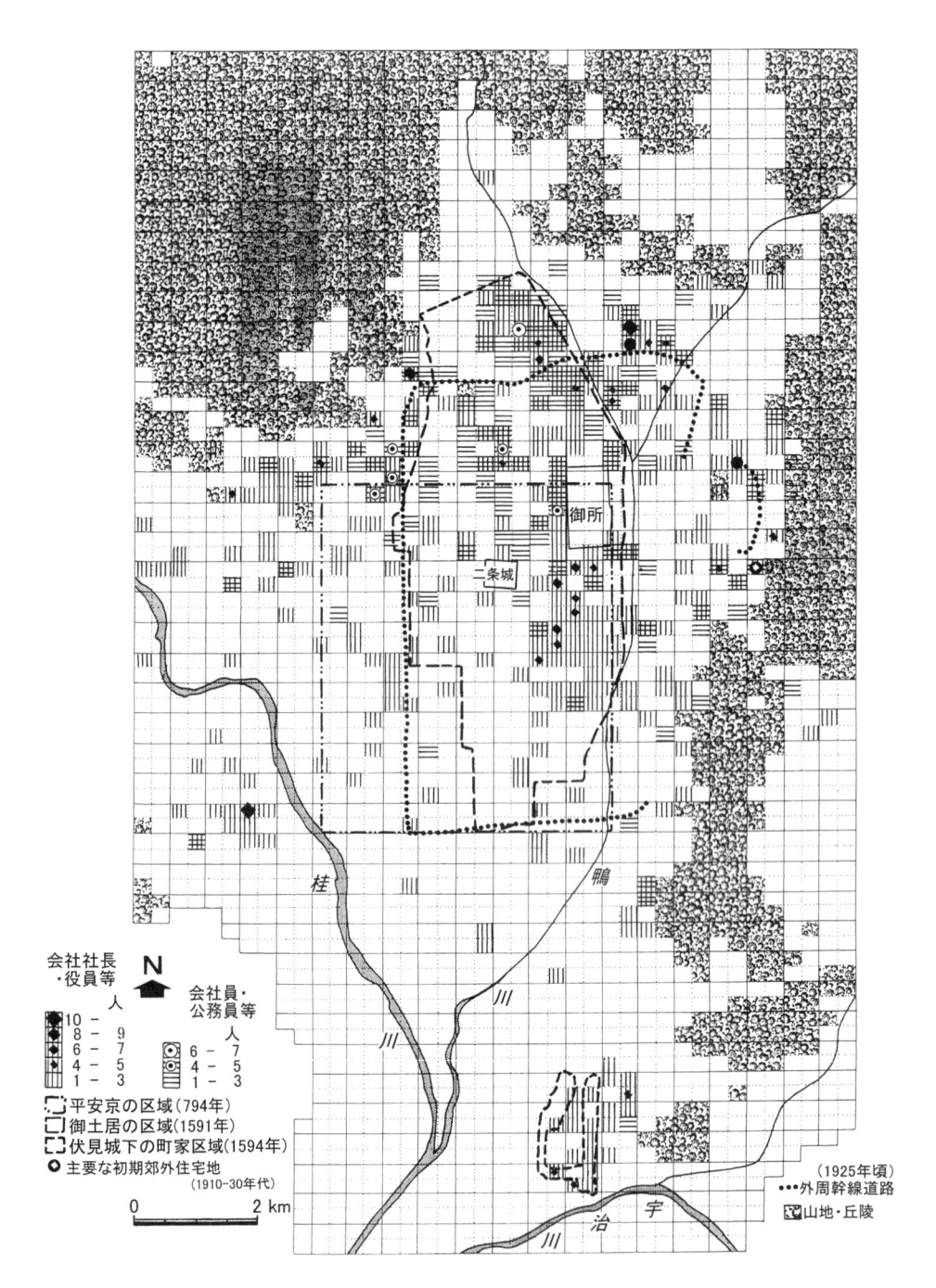

図 10-10 職業別の高額所得者の分布（1961 年）─会社社長・役員等と会社員・公務員等
資料：『近畿地区全域（大阪国税局管内）高額所得者調』(1961)。『京都国際文化観光都市建設計画　総括図－1（用途地域）』(2000)、『京都歴史アトラス』(1994)、『近代日本の郊外住宅』(2000)、『京都土地区画整理事業概要』(1935)。会社社長・役員等は 549 人、会社員・公務員等は 197 人。

新たに高額給与所得者層が登場し、彼らによって郊外居住の傾向がいっそう強まった。こうした変化は、郊外住宅の建設に並行して生じており、新富裕層が、北部郊外地帯を中心とする新規の住宅地に入居していったことがうかがえる。(三)高額給与所得者層内部でも集団間で居住域が異なる。会社社長や役員等の管理職グループと会社員・公務員等のサラリーマン・グループはともに京都市域の北部に多く分布するが、後者の方が郊外地帯内部のより狭いセクターに偏在する傾向がある。

近現代期に、中心市街地を取り巻く郊外地帯で都市化が進んだことによって、京都の都市構造は大きく変化しただけでなく、富裕層の実体そのものも社会や経済の変化に応じて変わってきた。本章で明らかにした富裕層の居住パターンの変遷は、そうした都市の空間構造の変化と社会構造の変化の両面を反映するものであったと解釈できる。

このような分析結果は、富裕層の居住地の歴史的・空間的な変遷を手がかりに、居住の場としての現代都市の空間構造がどのように形作られてきたのかを解明していくことに資するものであろう。本章では紙数の制約もあって、富裕層内部の集団間差異、すなわち自営業者層や高額給与所得者層、さらには富裕な引退者層など、それぞれを細分した上で分布の違いを検討したり、富(資産額、所得額、納税額)の量による階層分化を空間的側面から分析するといった課題には触れていない。また、南部の伏見や西部の桂での富裕層居住についても十分には検討していない。これらについては、稿を改めて論ずることとしたい。

注

1 大阪市都市住宅史編集委員会編『まちに住まう―大阪都市住宅史』平凡社、一九八九。とくに、第5章「大阪都市圏の拡大」、三二二―三七九頁。
2 Knox, P., *Urban social geography: an introduction*, 2nd ed., Longman Scientific & Technical, 1987, pp. 9–30.
3 ① Hoyt, H., *The structure and growth of residential neighborhoods in American cities*, Federal Housing Administration, 1939. ② Johnston, R. J., Toward a general model of intra-urban residential patterns: some cross-cultural observations (Board, C., et al. eds., *Progress in Human Geography*, Vol. 4, Edward Arnold, 1972), pp. 88–124.
4 たとえば、内外のよく知られた都市論を集成した論文集として、今橋映子編著『リーディングズ 都市と郊外―比較文化論への通路』NTT出版、二〇〇四。
5 ①石田潤一郎「《衣笠園》の形成―近代京都における住宅地形成(その2)―」日本建築学会近畿支部研究報告集三二(計画系)、一九九一、八〇九―八一二頁。②石田潤一郎「北白川・下鴨/京都の近代が求めた居住空間―」(片木篤・藤谷陽悦・角野幸博編『近代日本の郊外住宅地』鹿島出版会、二〇〇〇)二四五―二六〇頁。③石田潤一郎「郊外の発見」(高橋康夫・中川理編『京・まちづくり史』昭和堂、二〇〇三)一八六―一九七頁。④石田潤一郎・中川理・橋爪紳也「北白川住宅地の成立―近代京都における住宅地形成(その1)―」日本建築学会大会学術講演梗概集F(都市計画、建築経済・住宅問題、建築歴史・意匠)(関東)昭和六三年一〇月、一九八八、八一五―八一六頁。⑤石田潤一郎・中川理・橋爪紳也「明治後期以降の京都市およびその周辺地域における住宅地形成事業について―近代日本の市街地形成に関する考察(その1)―」日本建築学会近畿支部研究報告集二八(計画系)、一九八八、九〇九―九一二頁。⑥片木篤・藤谷陽悦・角野幸博編『近代日本の郊外住宅地』。⑦神島孝治「和歌山市新高町における郊外住宅地形成―戦前期を中心に―」和歌山地理一七、一九九七、一―二〇頁。⑧鈴木勇一郎「『郊外生活』から『田園都市』へ―明治末期大阪天下茶屋における郊外住宅地の形成―」日本歴史六〇六、一九九八、七三―九〇頁。⑨中川

1 一六七—一九一頁。

2 ①東亜興信所調査部『昭和三六年度 近畿地区全域（大阪国税局管内）高額所得者調』東亜興信所調査部、一九六一。②東亜興信所編『高額所得者調 昭和三八年』東亜興信所、一九六三。③東京商工興信所編『全国高額所得者名簿 昭和三九年版』東京商工興信所、一九六四。

3 ①清文社編『500万円以上の高額所得者全覧 昭和45年5月調査』清文社、一九六五。②清文社『大阪国税局管内 1000万円をこえる高額所得者全覧』清文社、一九七一。③清文社『大阪国税局管内 1000万円をこえる高額所得者全覧—昭和46年5月調査—』清文社、一九七二。④清文社『大阪国税局管内 1000万円をこえる高額所得者全覧—昭和47年5月調査—』清文社、一九七四。以降、一九八三年発行まで各年版。

4 清文社『大阪国税局管内 1000万円をこえる高額納税者全覧—昭和49年5月調査—』清文社、一九七二。④清文社『大阪国税局管内 1000万円をこえる高額所得者全覧—昭和59年5月調査—』清文社、一九八四。以降、二〇〇三年まで各年版。

5 前掲注8）、凡例一頁（収録では七四頁）。

6 足利健亮編『京都歴史アトラス』中央公論社、一九九四、六八—六九および七二—七三頁。

7 京都市は、一九二五年、都市計画道路の整備とスプロール現象の緩和のために「土地区画整理事業」の実施を発案した。外周幹線道路（現在の白川通、東大路、北大路、西大路、九条通）の両側約一二〇—一五〇間幅の土地約三一三万坪が区画整理区域に定められた。この事業は、京都の郊外住宅地の形成を大きく促進するものであった。京都府・京都市共編『京都土地区画整理事業概要』京都府、一九三五。

8 ①京都市編『京都の歴史8 古都の近代』學芸書林、一九七五。②桑原公徳「京都の近現代における市街地・市域の拡大と町組から番組・区・学区への推移」佛教大学総合研究所紀要四、一九九七、六四—九〇頁。③吉野作治「京都・都市景観の近代と現代」佛教大学総合研究所紀要三、一九九六、二六七—三〇三頁。

9 中塚正雄編『京都市及山城全郡長者番付』吉祥閣出版社、一九三三（渋谷隆一編『都道府県別資産家地主総覧 京都編1』日本図書センター、一九九一）一二一—二〇二頁（京都府部分を収録）。

6 ①水内俊雄「大阪都市圏における戦前期開発の郊外住宅地の分布とその特質」（大阪市立大学地理学教室編『アジアと大阪』古今書院、一九八六）四八—七九頁。②水内俊雄・綿久美子「戦前期開発の郊外住宅地形成史—大阪狭山市の狭山（自由丘）住宅を事例として—」地理科学五一—一、一九九六、三四—五四頁。③安田孝『郊外住宅の形成 大阪—田園都市の夢と現実』INAX出版、一九九二。④山口廣編『郊外住宅地の系譜 東京の田園ユートピア—』鹿島出版会、一九八七。

7 渋谷隆一編『都道府県別資産家地主総覧 京都編1』日本図書センター、一九九一、三—九頁。

8 ①白崎五郎七・白崎敬之助編『日本全国商工人名録』日本全國商工人名録發行所、一八九二。②鈴木喜八・関伊太郎編『日本全国商工人名録 第二版』日本全国商工人名録発行所、一八九八（渋谷隆一編『都道府県別資産家地主総覧 京都編2』日本図書センター、一九九一）三一—六九頁（京都府部分を収録）。③室田惣三郎・吉沢雅次（商工社）編『日本全国商工人名録 第五版』商工社、一九一四（渋谷隆一編『都道府県別資産家地主総覧 京都編2』日本図書センター、一九九一）七一—一一九頁（京都府部分を収録）。④高瀬末吉（大日本商工会）編『大日本商工録 第十一版』商工社、一九三〇（渋谷隆一編『都道府県別資産家地主総覧 京都編2』日本図書センター、一九九一）一二一—二〇二頁（京都府部分を収録）。

理「明治末期から大正期の京都における市街地の拡大—税負担不均衡を契機とする周辺町村への移住を中心に—」日本建築学会計画系論文報告集三八二、一九八七、一一〇—一一九頁。⑩中嶋節子「北白川小倉町の住宅地形成について—近代京都の住宅地開発—」日本建築学会大会学術講演梗概集F（建築歴史・意匠）（北海道）一九九五年八月、一九九五、一一一—一一二頁。⑪矢ヶ崎善太郎「南禅寺下河原／京都—近代の京都に花開いた庭園文化と数寄の空間—」（片木篤・藤谷陽悦・角野幸博編『近代日本の郊外住宅地』鹿島出版会、二〇〇〇）二六一—二七六頁。

17 小出祐子「都市の拡大—寺社領地開発による鴨東の発展—」（高橋康夫・中

第Ⅱ部 平安京—京都の都市構造　230

川理編『京・まちづくり史』昭和堂、二〇〇三、一〇二一一二五頁。

18 京都市編『京都都市計画概要』京都市役所、一九四四。

19 前掲注15。

20 ①ヴォー・ゴク・ハン・木村大輔・小林善仁・塔筋岳史・藤井暁・藤田真人・水内俊雄「地図で復元する近代京都市の歴史社会地理」空間・社会・地理思想八、二〇〇三、七六—一一五頁。②河原大「京都の社会地図—平成12年国勢調査小地域集計をもとに—」京都地域研究一七、二〇〇三、六五—七一頁。③神子島寛章・矢野桂司「立命館地理情報システム（RGIS）を用いた京都市域のデジタル社会地図」京都地域研究一三、一九九八、六一—九一頁。④矢野桂司・武田祐子「GISによる国勢調査小地域集計に基づいた京都市域のセンサス地図システム」京都地域研究一、二〇〇〇、一—一二頁。

21 ①鶴田佳子・佐藤圭二「近代都市計画初期における京都市の市街地開発に関する研究」日本建築学会計画系論文集四五八、一九九四、九九—一〇八頁。②中川理「近代都市計画事業の実相」（高橋康夫・中川理編『京・まちづくり史』昭和堂、二〇〇三）一五二—一六一頁。

22 前掲注5①、②、④、⑤、⑩、および⑪。

23 前掲注5③。

終章 都市図と都市構造への接近——むすびにかえて

金田章裕

 平安京—京都について、本書は都市図の分析を主要課題とし、一方で都市構造の分析をも目ざした。序章においてこの主旨の背景を説明するために、まず、八世紀末に律令国家の首都として新たに建設された平安京とその後の変遷の概要、ならびに平安京から京都にいたる呼称について述べた。また、多様な都市図についてもその概要と基本的な特性を一覧した。
 その上で、第Ⅰ部第1章から第5章では各種の都市図の分析を主眼とした論考を配し、第Ⅱ部第6章から第10章には各時期の都市構造の析出を目ざした論文を収載した。ここでその結果を摘記しておきたい。
 第1章「平安京左・右京図について」は、平安京図最古の地図群の中から九条家本『延喜式』左・右京図を取りあげて分析を加えたものである。成立過程について、これまで不明の点が多かった同図について、その内容の詳細を説明すると共に、一〇世紀中ごろに成立していた左・右京図が筆写を重ね、一一世紀前半に筆写して加筆した図と共に、さらに、それを筆写して加筆した図が九条家本『延喜式』左・右京図の原図となった可能性を推定することとなった。ただし、一〇世紀中ごろに成立が推定される左・右京図が、直接左・右京職作製図を原図としたものか、成立時の『延喜式』用に作製ないし一旦再編集されたものかについては分析が届いていない。
 第2章「平安京西郊桂川の河道変化と耕地開発——葛野郡班田図から松尾社境内図まで——」は、天長五年（八二八）班田図を基図として加筆され成立した現存山城国葛野郡班田図と、一四世紀前半ごろの松尾社境内図を主要な分析対象としたものである。時代を異にしているものの、期せずして両図は、松尾社近傍一帯を表現している。両図と各種資料の分析によって、桂川の河道変化と耕地開発の状況について論及した。桂川はこのすぐ下流で平安京域西南隅に及んでおり、鴨川と共に平安京にとって重要な治水の対象でもあった。平安遷都に際しては、「近都」の故をもって愛宕・葛野郡の鴨・松尾二神に加階した（『日本紀略』延暦一三年一〇月二八日条）とも想起される。桂川と松尾社は平安京外ではあるが、平安京—京都と極めて密接に関わる川であ

り、神社であった。本論では一二世紀の中ごろまでに松尾社が開発に乗り出す自然環境が出現し、一二世紀後半に同社が近傍の開発と社領の形成を積極的に展開した様相を描き出している。松尾社からみてこの桂川対岸に相当する嵯峨野の状況については、後述の第7章でも取り扱われている。

第3章「刊行京都図の版元について」は、近世に盛んになった地図出版の版元について検討したものである。神戸市立博物館と京都大学に所蔵されている約一五〇〇点の刊行地図から、六八七軒の版元名を検出し、その中の一四六名が京都または京都であると推定され、住所の判明する九七軒の分布について検討を加えた。ちなみに、都市レベルで所在地が判明するのは、江戸一七五軒、京一二九軒、大坂一三四軒とされ、版元の圧倒的な三都への集中がみられた。京の版元林吉永は元禄以前の一七世紀から活発に地図出版をしているが、江戸の岡田屋嘉七、須原屋茂兵衛、山城屋佐兵衛、大坂の河内屋嘉兵衛などの四大版元は元禄期以後に営業を開始したとされる。京都では、寺町通の二条・松原間と、その西の堀川通沿いに地図の版元・書肆が多かったことを明示し、さらに一八・一九世紀に活発に出版を行う竹原好兵衛が、最初は六角柳馬場、ついで三条麩屋町、さらに三条寺町へと住所を移していることに注目している。特に三条通、三条大橋付近の賑わいと関わっていたとする。都市図が都市の構造を表現していることはもとよりであるが、その版元の所在地自体が、都市構造を示しているとの指摘である。

第4章「林吉永版京大絵図の特徴とその変化」は、一七・一八世紀の京都図を代表する林吉永版の京都図の分析である。林吉永版の京都図は、貞享三年（一六八六）刊の「新撰増補京大絵図」と寛保元年（一七四一）刊の「増補再版京大絵図」に代表される京大絵図の大成者として著名であるが、この前後を含み約四〇点の京都図を刊行した。その半数近くの一七点が大絵図であることを改めて確認している。その上で、全体を時期別に三タイプに区分し、周辺部を圧縮して詰め込んだ地図から、四五〇〇分の一の縮尺の地図へと変化し、記載方法も次第に整備されたことを明らかにしている。その上で、林吉永版京都図を特徴付ける名所案内記的および町鑑的記載について、多くの刊行名所案内記ないし地誌類との比較検討をしている点に特徴がある。初期のタイプ1の主たる情報源が『京羽二重』であったこと、タイプ3にはこれに加えて『雍州府誌』が主要な情報源として加わっていることを明らかにした。

第5章「森幸安の地誌と京都歴史地図」は、三〇〇点以上の自筆の地図を残し、自ら「地誌家」と称した森幸安を採りあげたものである。この謎の多い人物は、一八世紀中ごろに天文図・国図・都市図・境内図・内裏図など各種の地図を作製し、この中に京都・山城に関するものの四七点が含まれる。中でも、「平安城東西両京地図」、「中古京師内外地図」、「近世京師内外地図」は、後世の紹介でも著名になった京都歴史地図であり、過去の京都の推定・考証図である。一方、幸安は地図・地誌を一体とした歴史アトラスを構想していたとの結論を得ている。本章では、幸安が地図・地誌を一体とした歴史アトラスを構想していたとの結論を得ている。地誌・歴史地図の双方について『延喜式』・『拾芥抄』・『山城名勝志』等の引用・参照が多いことも明らかにし、また本能寺周辺の表現を事例として幸安の復原作業についても分析を加えている。平安京—京都の地図と地誌、言うならば都市図と都市構造の研究の一つの嚆矢とも言える著作例であり、研究者例であろう。

第6章「院政期平安京の都市空間構造」は、一一世紀第4四半期から一二世紀第3・四半期までの約一〇〇年間の院政期を対象としている。個別の町や地域ではなく、平安京全体のスケールでの空間構造の析出を目的としている。『中右記』・『玉葉』などから、邸宅、屋敷・敷地、小屋などの記載を一覧表に整理した上で地図に表現するという方法を採用し、それを前半と後半で空間構造に大きな変化があったことを指摘した。前半では、各種の施設が五条大路以北に集中し、特に鴨東の白河と接続する二条大路と三条大路には貴族の邸宅の集中がみられて都市構造の中心を構成していたこと、一方で南北道路の町小路と邸宅の裏手などに商業機能が集積していたことを示した。後半には、三条大路以南に中心がシフトし、南北の町小路中がみられなくなり、三条大路以南の邸宅の集中は散在的であったことを示した。この時期は、第1章で分析した九条家本『延喜式』左・右京図そのものが筆写され、加筆されていた時期でもある。

第7章「中世都市嵯峨の変遷」は、桂川北岸一帯の「都市」のありようとその変化を、多くの古地図分析を軸に追跡・復原したものである。中世京都の権門体制下における「巨大都市複合体」のモザイク状に分割された一部として嵯峨野が位置付けられている。建永二年（一二〇七）の「舎那院御領絵図」には、「山城国葛野郡班田図」を基図とした一〇世紀ごろの同図の「檀林寺路」を「大道」とする舎那院付近の景観が描かれていたが、鎌倉時代中期には、鎌倉と極めてよく似た「院政王権都市」が出現していたとされる。天徳元年（一三二九）ごろの「山城国嵯峨亀山殿近辺屋敷地指図」には、後嵯峨天皇によって築かれた亀山殿を中心に展開した複数の院御所、妃たちの御所、女房たちの宿所、御堂、貴族の別業、武家邸宅などが立ち並ぶ都市景観が描かれている。貞和三年（一三四七）の「山城国臨川寺領大井御絵図」では、亀山殿が天龍寺に、亀山殿河端殿御所が臨川寺に転じ、瀬戸川の河道も付け替えられて、両寺を中心とした「寺院境内都市」へと転換した様相が知られる。さらに、応永三三年（一四二六）の「山城国嵯峨諸寺応永鈞命絵図」では、南は桂川から北は釈迦堂付近に至る嵯峨野の大半が、一大「宗教都市」の様相を呈し、寺院に加え、在家一四七カ所、酒屋一七軒、多数の土倉など一〇〇〇軒近くの民家の存在が推定されるという。「洛中洛外図屏風」などによれば、江戸時代にはその繁栄は失われたようであるが都市的様相を一部にとどめていたとも推定されている。

第8章「中世後期京都の都市空間復原の試み」は、室町時代から戦国時代後期にかけての都市空間の広がりと構造を復原しようとするものである。先行研究による寺院の分布に加え、『蜷川家文書』、『室町幕府引付史料集成』、『洛中洛外図屏風』、織田政権による貸米の記録などを用いて、各種機能の時期別分布図を作製し、それに分析を加えた。室町時代には今出川通から六条通までの間に市街地が広がり、そのうち公家邸はほぼ近衛通以北に限定され、町屋は三条通・樋口通間、東洞院通・油小路間に濃密な分布を示した。応仁の乱を経た戦国時代前期の市街は、鷹司通・姉小路間では室町通を中心とする部分に限定され、樋口通以南の情報は得られず、上京の一条通以西ではむしろ市街が拡大した。天之内通以北、町通以東の市街が消滅し、寺之内通以北、町通以西ではむしろ市街が拡大した。下京では町屋が東洞院通と油小路間にほぼ限定され、周辺に寺院が分

布した。戦国時代後期に入っても市街の広がりに大きな違いはないが、上京・下京の中心部に寺院が立地し、また、内裏・将軍邸、公武の邸宅と町屋群がモザイク状に分布する景観を呈していたと判断される。

第9章「一七世紀京都の都市構造と武士の位置」は、近世最初の実測図である「洛中絵図」を用いて分析したものである。一七世紀の京都は、豊臣秀吉による御土居・寺町・聚楽第の建設、徳川家康による二条城の築城という大きな変化に加え、上京・下京間の市街の連続化など大きな変化を経た。「洛中絵図」は約一二六八分の一の縮尺であり、洛中面積計五八一万五〇〇〇坪を描き、内三二・六パーセントが、田・畠・林等であった。また、武家地は四・三パーセント、禁裏・公家地一・七パーセント、寺社地二一・〇パーセント（四五七カ所）等であった。武士は禁裏の北辺から五条通までの間に分散的に住んでいたが、二条城周辺には幕府役人の屋敷と譜代大名の屋敷が多く、外様大名はそれと混在しつつもその外側に多かった。女性所持の屋敷がみられるのも京都の一つの特徴とされる。武家屋敷総数一五一軒のうち、最大は京都所司代板倉重宗の下屋敷四万九七〇坪、大名では老中酒井忠勝の一万四一七五坪であった。幕府が恒常的に京都に派遣した譜代大名・旗本の総数は一二九人、付随の与力一六四騎、同心四八〇人、坊主一七人等であり、大名の屋敷詰の武士等も含めて、その総数は一九〇〇人、奉公人・家族を含めると四五〇〇人—五六〇〇人となるとされる。当時の町方人口は約四一万人であったから、当時の江戸が武家と町方のほぼ半々で構成されていたのに比べると、極端に武士人口の少ない都市であった。これらの詳細が析出された。

第10章「近現代期京都の富裕層と都市空間構造」は、一八九八年の『全国商工人名録』の富裕層二五七四人、一九三三年の一六六一人（『長者番付』）、一九六一年の一六二二五人（『高額所得者調』）、一九九〇年の二四二二七人（『高額納税者全覧』）の分布状況を分析して都市構造の変化とその意味を検討したものである。分析の結果、(1)一九一〇—三〇年代における郊外住宅の開発に伴う、都市富裕層の居住域の郊外拡散、(2)旧来の商工業自営業者の他に新たな高額所得者層の出現による、新旧の富裕者集団の分化と空間的分離、(3)会社経営者等の管理職グループの市街北部への集中と、サラリーマングループの郊外地帯内部のより狭いセクターへの偏在による相互の居住域の分化、の三つの大きな傾向が析出されている。

以上のように、本書の各章における分析は、いずれも京都図を主たる分析対象ないし分析材料としているか、京都の都市構造と深くかかわる形で都市構造を分析対象としている。第1章から第9章までが院政期から近世の時期を扱い、序章が平安前・中期の概観を、第10章が近・現代を取り扱っていることを加えると、平安建都から現代までを一応の視野に含めていることになる。

ただ本書は、この間の都市図と都市構造の課題のすべてに論及しているわけではない。京都の都市図も、都市構造も、いずれも研究対象としては稀にみる魅力を備えた、すぐれた存在であり、先行研究も極めて多い。本書の各章の分析は、従来それらが十分に及んでいなかった部分に焦点をあてることとなっている。

その結果、各章で新たに判明した事実や、析出された構造は多岐にわたり、都市図と都市構造への接近の歩を進めることが可能となった点は多い。しかし、その道にはまだまだ先があるといわねばならない。本書がその一歩となれば幸いである。

洛中　6-7, 11, 13, 153
洛中絵図　12, 15, 197-200
洛中散在敷地注文　185
洛中辺土　7
洛中洛外　7, 11, 15
洛中洛外大絵図　179
洛中洛外図屏風　7, 11, 187
洛中洛外図屏風出光美術館本　177
洛中洛外図屏風上杉家本　7, 112, 176-177, 186, 193
洛中洛外図屏風京都国立博物館本〔旧山岡本〕　177
洛中洛外図屏風堺市博物館本　179
洛中洛外図屏風勝興寺本　177
洛中洛外図屏風高橋家本〔国立歴史民俗博物館乙本〕　176, 186
洛中洛外図屏風東京国立博物館模本　176, 186
洛中洛外図屏風町田家本〔国立歴史民俗博物館甲本〕　176, 186
洛北（洛北地区）　218, 221, 227
洛陽　6-7
羅城門　28
両側町　7, 11, 126

涼風坊　24
臨川寺　154, 160, 168-170, 174-177
臨川寺領大井郷絵図　180
冷泉院　29
霊庇廟　168
歴史アトラス　100, 101, 109, 111, 115-117, 119
歴史地図　14-15, 99-101, 108-109, 111, 116, 118
牢人　208
牢人改め　205
牢人切手　205
鹿王院　174
六条通　185, 189
六条八幡宮　185
六条御堂　34
六僧坊　171
六波羅　6-7, 12, 125
六波羅探題　7
六角堂　199
六角通　73
若宮　7

蓬智門　27
宝幢寺　174
放牧地　5
坊名　6
豊楽院図　10, 19, 104
北辺（北辺坊）　24-25
鉾町　7
法性寺八町　153
堀川（堀川通、堀川小路）　3, 25, 73, 193
堀直寄　201
本国寺　199
本能寺　112-115

●マ行

前田利常　201
間口　11
正本屋吉兵衛　13, 72
町　10-11
町組　7, 15, 186
町小路　141
町定　7
町尻　25, 29
町通　185, 188-189
松尾　221
松尾社　42-45, 49-51, 53-54
松尾社境内図　14, 41, 44, 49-51, 53
松尾社前桂川流域図　49
松尾前神主秦相憲譲状　52
松尾前神主相頼田地譲状　51-52
松平家信　201
松原通　73
松室　51, 54
松室遺跡　51-52
万寿禅寺　34
御髪神社　171
御溝水　28
水分神　50
南市門　25, 28
源厳子地林相博券文　44, 47
源為憲　6
源能有邸　34
源倫子　34
壬生大路　1, 11-12
耳敏川　28
土産用　14
都記〔寛永平安町古図〕　12, 14, 69-70
宮子内親王　31
都名所自在歩行　13
都名所図絵　13
妙覚寺　199
民家　3
武者小路　184
宗像　44
宗像社　49
村上勘兵衛　70
室町（室町通、室町小路）　25, 188, 193
室町殿　170, 189

室町幕府　6
室町幕府引付史料集成　186-187
明月記　42
名所案内　13
名所旧跡　13
メッシュ〔250m〕　213-214
馬寮大路　29
木版手彩色　12-13
物見遊山　13
森幸安　14, 99-100, 103-104, 106, 108-109, 111-119
万里小路　29
森島中良　63
森ノ前　44
社里　43
紋所　13

●ヤ行

八坂神社文書　184, 187
屋敷指図　11
屋敷地　11
八瀬童子会文書　187
宿手形　204
柳原　188
山科　221
山城国桂川井手取口指図　47
山城国桂川用水差図　50
山城国紀伊郡里々坪付帳　41
山城国旧地図　100
山城国嵯峨亀山殿近辺屋敷地指図　15, 154
山城国嵯峨諸寺応永鈞命絵図　46, 154
山城国東寺辺水田并屋敷指図　11
山城国山田郷長解　43-44
山城国臨川寺領大井郷界畔絵図　46, 154
山城名勝志　104, 106, 108, 111-112, 114, 116-118
山城屋佐兵衛　62, 72
大和撰　103
山鉾　187
山本五兵衛　12, 62
山城国葛野郡　1
山城国葛野郡班田図　43, 154-155
有職故実　10, 20
有名寺社　12
靫負　28
雍州府志　92, 94, 109
陽明門　27
慶滋保胤　3, 6, 11
吉田氏　170
吉野水分神社　50
吉野屋仁兵衛　72
与力　199, 202
頼親〔秦宿祢〕　53

●ラ・ワ行

洛外　11
洛外名所図屏風（京名所図屏風）浮世絵太田記念美術
　　館本　177

永井尚政　201
長岡休無　204
中京　7
中御門大路　3, 25
奈良奉行　200-201
南極大路　30
南禅寺　218, 221, 225
南都　7
南都二条家所伝図　21
南辺　25
二井　49-52
西一の川　49
西大宮大路　1
西岡十一ヶ郷　53
錦小路　29, 188
西京極大路　3, 5
西匣　29
西陣　7, 189, 218, 221
西高瀬川　41
西洞院（西洞院通、西洞院大路）　25, 25, 185, 193
西洞院川　25, 28
西八条第　34
西堀川小路　3
西本願寺　199
二条（二条通、二条大路）　1, 24-25, 30, 73, 140
二条大手門番　200-201
二条在番　202
二条城　8, 11-12, 198, 200-201, 216
二条鉄砲頭　201
二中歴　21, 104
蜷川家文書　184, 186-187
日本志　103-104, 115, 118-119
日本輿地通志　106, 109
女院付武士　201
仁和寺蔵京都古図　10, 28
野宮大路　169
野宮神社　155, 177

● ハ行

白雲　188
幕府　185
秦氏　50, 54
秦氏本系帳　50
秦宿祢相久　51, 53
秦相久譲状　53
秦徳山畠売券　44
八条院町　126
八大屋弥吉　69
林子平　63
林吉永（林氏吉永）　12, 15, 62-63, 76, 78, 84, 95-96
林吉永版京大絵図　13, 76-77, 84, 89, 94-95
早見京絵図　13
原田正俊　168, 170, 174
針小路　29
万国総図　60
版元　12-15, 59
東一の川　49

東梅津　41
東京極大路　3, 12
東三条院　31
東朱雀大路　141
東洞院（東洞院通、東洞大路）　11, 189, 193
東山地区　218, 221
樋口通　189
毘沙門堂　171
藤原頼通　34
悲田院沼　5
美福門　27
平賀源内　63
平野屋茂兵衛　63
復原考証図　14
武家　6
武家奉公人　205
武家地　199
武家邸（武家屋敷）　183, 185-186, 189, 193, 199, 202, 208
粭原（節原、ふし原）　47-48
伏見（伏見城下）　84, 95, 216, 218, 221, 227, 229
伏見書林　71
伏見奉行　200-201
藤原顕長　34
藤原勲子　31
藤原聖子　31
藤原邦綱　31
藤原（三条西）実隆　176
藤原忠能　31
藤原為家　24
藤原基房　34
藤原師長　34
藤原安子　31
藤原良房　31
譜代大名・旗本　201-202
物類品隲　63
富裕層　15, 211-214,216, 218, 221, 225, 227, 229
古町　7
藤原道長　31
分散的・多核的構造　15
平安京　1, 5-7, 11-12, 14-15, 19-20, 37, 41, 54, 216
平安京左・右京職　8
平安京左・右京図　15
平安京図　8
平安京の大路・小路　10
平安宮内裏図　104
平安城東西南北町並之図　12, 62
平安城東西両京地図　100-101, 109, 111, 115
平城京　37
辺土　11
坊　10
方格（方格状街路）　10, 19-20
方格地割　125
防葛野河使　54
方形　19
方形方格（方形格子）　12, 213-214
豊財坊　25
法住寺殿　6, 125

相頼（相頼法師） 51-53
雑令集解古記 50
造路 168-169, 171
曽祢西里 43-45, 47-49
染殿 31

● タ行

第一種住居専用地域 218
大覚寺 169, 174-176, 180
代官 200
大工頭 200, 202
待賢門 27
大乗院寺社雑事記 7
大清広輿図 69
大内裏 3, 5
大内裏図 14
大道 11
大徳寺 199
大日本国地震之図 60
大名屋敷 200
内裏（禁裏） 10, 24, 27, 189, 193
内裏図 10, 13, 19, 21 ,70, 104
高粟田里 47
鷹峯 221
多核複合的 125
鷹司（鷹司通） 29, 189
宅地班給 11
竹原好兵衛 12-13, 62-63, 72, 76, 89, 95
太政官 27
太政官符 3
巽組 186
伊達忠宗 201
帯刀町 28
多那井小路 29
谷川 43-44
太郎焼亡 3
談天門 27
丹波国桑田荘 53
丹波国雀部荘 53
檀林寺 155, 158
地域基準メッシュ 213
地球一覧図 69
地口銭 185
地誌 99-100, 103-104, 106, 108-109, 111, 114-117, 119
地誌情報 76, 78, 84-85, 88, 94-95
地誌的記載 12
池亭記 3, 6, 11
中古京師内外地図 14, 99-101, 109, 111-115, 117
中昔京師地図 14, 99, 101,109, 111-112, 114
中右記 6, 127
中和院図 10
町（町名） 7, 10, 12
長安 6
鳥瞰図 11
町法 7
頂妙寺 199
地理的知識 99-100, 114-115

地割形態 5
月鉾町 188
月読社 49
土御門（土御門通、土御門大路） 3, 189
土御門第 31
土御門殿 31
徒然草 175
帝王編年記 6
邸第（邸宅） 3, 10, 19-20, 27, 31, 126
寺之内通 189
寺町（寺町通、寺町筋） 11-12, 62, 73, 199
云延喜式宮城指図 21
天下龍門 170
天神川 41
天明改正細見京絵図 71
天龍寺 154, 160, 168-170, 174-177, 179-180
殿暦 6
土井利勝 201
桃花坊 6, 24
陶化坊 24
東京・西京 6
東洞院・西洞院 30
東寺 185, 199
東寺所伝大内裏及都城図 21
同心 199, 202
銅駝坊 6, 24
藤堂高次 201
遠江国池田荘 53
東福寺 153, 174
解縄 29
時の断面 116-117
徳川家光 205
徳川家康 8, 198
徳川秀忠 204
渡月橋 42, 54, 177, 179
外様大名 201
都市共同体 187
都市空間構造 15
都市構造 11, 13, 15, 197-198
都市軸 141
都市図 8, 12
都市富裕層 211-212, 227
都市プラン 19
土倉 183, 186-187
土地管理システム 10, 20
土地区画整理事業 218
土地制度 10, 20
鳥羽 125
鳥羽上皇 31
鳥部山 175
具平親王 31
豊臣秀吉 7, 11, 14, 197
取り合わせ本 24

● ナ行

中井家 15, 198
永井直清 201

索　引　　240

サラリーマン　227, 229
三国通覧図説　63
山州撰　104, 106, 109, 115-116, 119
山州名跡志　109, 116-117
三条（三条大路、三条通）　12, 73, 95, 140, 189
三条大橋　73, 85, 88, 94-95
三条寺町　73
三条坊門殿　189
三条町　148-149
三町組　186
椎野小路　168, 171, 174
寺院境内都市　160
自営業者　212, 214, 216, 218, 225, 227
塩小路　21
事業家　15
四行八門　187
寺社・名所旧跡　12
四条（四条通、四条大路）　73, 75, 188-189, 193, 218, 221
四条後院　34
四条町　149
七条（七条通）　12, 21, 185
七条町　126, 149
侍中群要　30
実測図　12
寺内　185
信濃国今溝荘　53
信乃　25, 29
島原　12
清水　44
四面町　126
下辺り　6
下布施里　41-42
下鴨　218, 221, 227
下賀茂地図　103-104
下京　148, 183-187, 189, 193
釈迦堂〔清凉寺〕　169-171, 175-176, 180
社寺参詣　13
舎那院　154-155, 158-159
舎那院御領絵図　154, 158-159
拾芥抄　3, 6, 10, 13, 20-21, 28-29, 69, 104, 106, 108-109
拾芥抄四行八門図　11
拾芥抄東京図・西京図　10-12, 20, 28
拾芥抄八省院図　104
集団分化　216
縮尺　13
守護邸　185
出釈迦大路　168-169, 171
首都　153
聚楽　7
聚楽第　8, 11, 14, 197-198
修理職町　29
将軍邸　183, 185, 187, 189, 193
招慶院　171
相国寺　12, 170, 174, 199
浄金剛院　168-169
上西門　27

城池天府京師地図　101, 108
掌中歴　21, 29
上東門　27
条坊（条坊制、条坊プラン）　1, 14, 21, 24, 27, 126, 187
昌愈田地譲状　54
条里プラン　1
初期郊外住宅地　221
職原抄　108
職住一致　218
職住分離　211, 221, 225
所司代（所司代屋敷）　199-200, 202, 208
諸司厨町　3, 5
白河　6-7, 125
白河天皇　34
白河殿　6
次郎焼亡　3, 34
新改内裏之図御紋入　13
新改洛陽并洛外之図　70
新京　1
真乗院文書　184
神泉苑所伝図　21
新撰増補京大絵図　12, 70
新地　78, 95
新板大坂之図　13
新板増補京絵図　76
新板平安城東西南北町并洛外之図　70, 84
朱雀院　3
朱雀大路　1, 3, 12, 28
朱雀大路〔嵯峨〕　159, 168-169, 171, 175
朱雀門　27
辻子　126
崇仁坊　24
薄馬場　171
崇徳上皇　31
須原屋伊八　62-63
須原屋市兵衛　63
須原屋茂兵衛　62
角倉家　180
制度通　14
晴明塚　169
清和上皇　31
堰　44
絶海国師　171
摂津撰　103
摂津国山本荘　53
摂陽神廟図　103
瀬戸川　169
宣義坊　25
全国商工人名録　212, 214, 216, 227
宣風坊　24
千本　186
相久〔秦宿祢〕　53
惣構　183, 189
葬送　5
藻壁門　27
増補再板京大絵図　12
増補再版京大絵図　乾坤　77

京土産花洛往古図　14
京洛　6-7
玉葉　127
居住パターン　212, 216, 229
近世都市図　15
禁裏・公家町　197-199
禁裏・仙洞御所　13
禁裏付武士　199, 202
空間構造　125
空間分離　216, 227
空也堂　112, 114-115
公家邸（公家屋敷）　13, 185-186, 189
公家町図　13
公家名　13
櫛司小路　29
九条（九条大路）　1, 5, 11, 25, 30, 41
九条家本延喜式　14, 19-21, 24, 28, 30, 36, 38
九条家本延喜式左京図・右京図・付図　8, 10, 12-14, 19-21, 24-25, 27-31, 36-37, 76, 154
九条家本延喜式八省院図　10, 19
九條坊門　29
久世郡　1
具足小路　29
屎ノ小路　29
口遊　6
蔵奉行衆屋敷　200
黒川道祐　92
桑原里　47-48
郡里　54
京師　7
京師内外地図　101, 117
京師内外地図　第一～第三　101
京師内外地図　第三　紀伊郡　城南　116
けいせい町　12
境内町　11
京兆図　21
月渓中冊　170
検非違使　5
原図　37
けんにょ譲状　53
権門体制　153
故一品記　42
郊外住宅地　211-212, 216, 218, 227
高額給与所得者　212, 221, 225, 227, 229
高額所得者全覧　212, 214, 216, 227
高額所得者調　212, 214, 216, 221, 225
高額納税者全覧　212, 214, 216, 227
皇嘉門　27
皇嘉門大路　3
高級住宅街　212, 218
高級老人ホーム　225
小路　3, 11, 19, 24-25
皇州緒餘撰　103-104, 106, 108-109, 111, 113-119
巷所　11
考証図　14
皇城大内裏地図　104
構造　12
後宇多天皇蓮華峰寺陵　175

光徳坊　25
河野道清　63
校班田図　10, 20
紅毛雑話　63
紺屋厨子　169
高陽院　31, 34
広隆寺　169
広隆寺資財交替実録帳　1
広隆寺資財帳　1
鴻臚館　3
国府　126
後嵯峨天皇（後嵯峨上皇）　159, 168
御所　6, 216, 218, 221
五条（五条通、五条大路）　73, 141, 218, 221
子代　29
古代荘園図　10, 20
小西家所蔵文書　184, 187
近衛大路　3
近衛天皇　31
近衛殿　31
個別町　186
小社（小社田）　44-45, 49-51
小社里　43-46, 48-49, 52
小森社　50
小屋　126
小山田里　43
固有名詞坊名　36
御霊口　186, 188
金色堂　34
今昔物語　6

● サ行

西京　5, 153
在京御家人　6
西寺　41
彩色地図　13
西大寺資財流記帳　37
西芳寺川　43, 49, 51-52
左京・右京　3, 5-6
左京職・右京職　1, 5, 10, 19-21, 29, 37
左・右京職坊保図　14
さうしや（草子屋）九兵衛　60
嵯峨　15, 154, 159-160, 168-171, 174-177, 179-180
酒井忠行　201
酒井忠勝　201, 204
酒井忠進　202
嵯峨釈迦堂（清凉寺）　159
嵯峨天皇　6, 36
嵯峨野　45, 54
相模屋太兵衛　62-63
酒屋　183-184, 186-187
下ル　6
前神主相憲譲状　53
左京　6, 11, 19, 27, 185, 216
左京鷹司富小路　25
座標系　213
佐女牛通　185

索引　242

改正京町絵図細見大成　13, 70, 84
改正両面京図名所鑑　13
解体新書　63
懐宝京絵図　13, 71
街路（街路パターン、街名）　10-11
勘解由小路　29
春日　29
型紙　13
合羽刷り　13, 70
桂　221, 225, 227, 229
桂川　1, 14-15, 41-43, 45-54, 218, 221
葛野　1
葛野大堰（葛野川堰）　50-51
葛野河堤　54
葛野郡　5, 43, 45, 47, 50
葛野郡班田図　14-15, 41, 43-47, 49, 51-52
葛野鋳銭所　44, 51
鎌倉　160
上辺り　6
上石原里　42
上方郡奉行　200
上方奉行　201
上桂荘　41
上桂庄実検取帳　47
上桂庄坪合内検帳　47
上桂庄坪付注文　54
上桂庄年貢算用状　54
上賀茂社　50
上京　41, 183-187, 189, 193-194
上京・下京　7
上山田村字森ノ前　44
亀山殿　154, 159-160, 168-169, 171
亀山殿近辺屋敷地指図　154, 159, 160, 168-169
鴨川　1, 6, 41, 54, 189, 218, 221, 225
鴨・松尾二神　1
賀陽親王　34
花洛　7
花洛細見図　13
烏丸（烏丸通）　25, 29, 185, 189, 193
烏丸殿　185, 189
韓橋　25
街路遺構　5
川勝寺村　41
河内屋喜兵衛　62
河内屋太助　63
河端殿御所　169
川ヨリ西組　193
河原田　51-53
官衙　3
観光　13
刊行図　75
観光地図　12-13
官正近昔京師地図　101, 118-119
官上京師地図　101
勧進記録　194
閑地　3
官廳　27
桓武天皇　1, 5

管理職　227
紀伊郡　5
祇園　153
祇園会（祇園祭）　7, 184, 189
祇園会山鉾　183
祇園社（祇園感神院）　153, 189
菊屋幸三郎　72
菊屋七郎兵衛　72
菊屋長兵衛　13
貴族　6
貴族邸　6
北小路　186
北白川　218, 221, 225
北白川小倉町　218
北野（北野社）　153
北野神社文書　184
北野天満宮史料　21
吉祥院（吉祥院前河）　42
木戸　11
巨大都市複合体　153-154
畿内五州地図　103, 115
衣笠　221, 227
衣笠園　218
宮城図　10, 19, 21
宮城南大路　30
京　6-8
京画図問屋　72
京絵図版元　73
京大絵図　12, 15, 76-77, 85, 89, 92, 94, 96
教業坊　24
京極河　25
行慶　31
京極（京極通）　29, 189
京極川　28
京職　37
経師屋加兵衛　62
京白河　6
京中　6
京程（京程条）　1, 19-21, 30
京都　5-8, 13-15
京都大番役　7
京都九条図　11
京都左京九条四坊一町屋地図　11
京都市及び山城全郡長者番付　212, 214, 216, 225, 227
京都寺社名所図巻　13
京都守護　6
京都所司代　12-13, 78
京都書林　72
京都図　8, 12-13
京都図問屋（京図問屋）　73
京都図屏風　11-12
京都屋敷　199, 204
京都藩邸　15
京都奉行（京都町奉行）　199, 200-202
京羽二重　89, 91-94
京町画図並京名所案内記株元　72-73
京南大路　5
京南大路西末　5

索　引

●ア行

間の町　7, 11
赤松九兵衛　62
上ル　6
朝妻　6
足利義教　185
安曇　25
愛宕　1
化野　175
吾妻鏡　6
姉小路通　189, 193
油小路（油小路通）　25, 28, 185, 189
油屋　184
嵐山森ノ前町　44
浅野弥兵衛　62
安嘉門　27
安寧坊　24
偉鑒門　27
毓財坊　25
郁芳門　27
郁芳門院　34
池田東籬亭　72
池田光仲　204
石井　34
石川流宣　63
医師衆　199
石田治兵衛　70
伊勢物語　28
板倉勝重　13
板倉重宗　200-201
市屋　27-28
一井　49-52
櫟谷　44
櫟谷社　49-51
櫟原西里　43
櫟原里　43
一条（一条大路、一条通）　3, 24, 12, 188-189
一条札辻　85, 94-95
伊藤東涯　14
猪隈（猪隈通）　25, 28, 185
今出川通　189
下小社田　44-45, 49
岩倉　221, 225
院政王権都市　159-160
院政期　125
二尊院　155, 176-177
引退者　225, 229
インナーリング　218, 225
殷富門　27
上野　41
植山弥平次正利　63
右京　6, 11, 19, 41, 218
宇治川　221

太秦　221
梅津　47
梅宮　47
雲松庵　171
永昌坊　24
衛星都市　153
永寧坊　25
永楽屋東四郎　62-63
越中国松永荘　53
えづや庄八　63
江戸　13
江戸大絵図　13
江戸図　12, 15
江戸幕府　15
絵屋庄兵衛　63
延嘉坊　25
延喜式　1, 10, 20, 24, 29, 36-37, 109
延喜式左右京職　28
延喜式図（右京図・左京図）　10, 19, 21
円融天皇　34
応永鈞命絵図　154-155, 168, 170-171, 174-175
鴨東（鴨東地区）　6, 11-12, 218
応仁の乱　14
御絵図司（御絵図所）　72-73
大炊（大炊御門大路）　3, 29
大堰川　176-177, 179-180
大井里　43, 45, 49
大井郷界畔絵図　154-155, 160, 168-169, 171
大坂図（大坂大絵図）　13, 15
大坂町奉行　200-201
大路　3, 11, 19, 24
大豆田里　43, 48
大宮（大宮大路、大宮通）　1, 25, 30, 189, 193
大宮川　28
大山田里　43
岡田屋嘉七　62
小川（小川通）　184, 193
屋地・敷地　126
奥行　11
小倉里　43
押小路（押小路通）　29, 193
織田高長　201
織田信長　8
遠近道印図　13
御土居　7-8, 11-12, 197, 216, 218
御前河原　53
御目付衆屋敷　200
親町　7

●カ行

絵画的　12
開建坊　25
外周幹線道路　216, 218

244

山村　亜希（やまむら　あき）

　京都大学大学院文学研究科博士後期課程修了。京都大学博士（文学）。現在、愛知県立大学日本文化学部准教授。専門は中世都市の歴史地理学的研究。
　主要著書・論文：『中世都市の空間構造』（吉川弘文館、2009 年）、「中世移行期における都市景観と地形」（五味文彦・小野正敏編『中世都市研究 14　開発と災害』新人物往来社、2008 年）、「日本中世都市の空間とその研究視角」（『史林』89-1、2006 年）など。

山田　邦和（やまだ　くにかず）

　同志社大学大学院文学研究科博士課程前期修了。博士（文化史学）（同志社大学）。現在、同志社女子大学現代社会学部教授。専門は考古学・都市史学。
　主要著書・論文：『須恵器生産の研究』（学生社、1998 年、第 8 回雄山閣考古学特別賞受賞）、『カラーブックス 京都』（保育社、1994 年）、「院政王権都市嵯峨の成立と展開」（吉井敏幸・百瀬正恒編『中世の都市と寺院』高志書院、2005 年）、「平安時代天皇陵研究の展望」（『日本史研究』第 521 号掲載、2006 年）、『京都都市史の研究』（吉川弘文館、2009 年）など。

仁木　宏（にき　ひろし）

　京都大学大学院文学研究科博士後期課程単位取得退学。京都大学博士（文学）。現在、大阪市立大学大学院文学研究科教授。専門は、中世・近世都市研究。
　主要著書・論文：『空間・公・共同体』（青木書店、1997 年）、『戦国時代、村と町のかたち』（山川出版社、2004 年）、「『御土居』への道──戦国・織豊期における都市の展開──」（日本史研究会編『豊臣秀吉と京都──聚楽第・御土居と伏見城──』（文理閣、2001 年）、「日本のなかの京都──政治、経済、地域と「首都」──」（高橋康夫編 中世都市研究 12『中世のなかの「京都」』新人物往来社、2006 年）など。

藤井　讓治（ふじい　じょうじ）

　京都大学大学院文学研究科博士課程単位修得退学。京都大学博士（文学）。現在、京都大学大学院文学研究科教授。専門は日本近世史。
　主要著書：『江戸幕府老中制形成過程の研究』（校倉書房、1990 年）、『徳川家光』（吉川弘文館、1997 年）、『江戸時代の官僚制』（青木書店、1999 年）、『幕藩領主の権力構造』（岩波書店、2002 年）、『徳川将軍家領知宛行制の研究』（思文閣出版、2008 年）。

田中　和子（たなか　かずこ）

　京都大学大学院文学研究科博士後期課程中途退学。京都大学博士（文学）。現在、京都大学大学院文学研究科教授。専門は都市地理学。
　主要著書・論文：『都市空間分析』（古今書院、2000 年）、Geometrical aspects of intra-urban migration: migration career and the concept of 'spatial configuration', *Geographical Review of Japan,* Vol. 75, 2002, pp. 709-729. The impact of disaster education on public preparation and mitigation for earthquakes: a cross-country comparison between Fukui, Japan and the San Francisco Bay Area, California, USA, *Applied Geography,* Vol. 25, 2005, pp. 201-225.

編者紹介

金田　章裕（きんだ　あきひろ）

　京都大学大学院文学研究科博士課程単位取得退学。京都大学博士（文学）。現在、人間文化研究機構機構長、京都大学名誉教授。専門は、歴史地理学・人文地理学。
　主要著書：『条里と村落の歴史地理学研究』（大明堂、1985年）、『オーストラリア歴史地理』（地人書房、1985年）、『古代日本の景観』（吉川弘文館、1993年）、『微地形と中世村落』（吉川弘文館、1993年）、『オーストラリア景観史』（大明堂、1998年）、『古代荘園図と景観』（東京大学出版会、1998年）、『古地図からみた古代日本』（中央公論新社、1999年）、『古代景観史の探究』（吉川弘文館、2002年）、『散村・小都市群地域の動態と構造』（共編、京都大学学術出版会、2004年）、『大地へのまなざし　歴史地理学の散歩道』（思文閣出版、2008年）など。

執筆者紹介〔執筆順〕

青山　宏夫（あおやま　ひろお）

　京都大学大学院文学研究科博士後期課程退学。京都大学博士（文学）。現在、国立歴史民俗博物館教授・総合研究大学院大学教授。専門は歴史地理学・地図史研究。
　主要著書・論文：『前近代地図の空間と知』（校倉書房、2007年）、「干拓以前の潟湖とその機能——椿海と下総の水上交通試論——」（『国立歴史民俗博物館研究報告』第118集、2004年）など。

三好　唯義（みよし　ただよし）

　関西大学大学院文学研究科博士課程後期課程単位取得退学。関西大学博士（文学）。
現在、神戸市立博物館事業係長（学芸員）。専門は歴史地理学（古地図研究）。
　主要著書・論文：『図説　世界古地図コレクション』（河出書房新社、1999年）、『図説　日本古地図コレクション』（河出書房新社、2004年）、「五雲亭貞秀の地理調査レポート——『東海道五十三駅勝景』をもとに——」（『神戸市立博物館研究紀要21』神戸市立博物館、2005年）、「神戸市立博物館での古地図の出会い——コレクションを形成した三人——」（『喜谷美宣先生古稀記念論集』同刊行会、2006年）、「オランダ製壁掛け世界地図と地図屏風」（橋本征治編著『海の回廊と文化の出会い』関西大学出版会、2009年）など。

山近　博義（やまちか　ひろよし）

　京都大学大学院文学研究科博士後期課程単位取得退学。文学修士。現在、大阪教育大学教育学部教授。専門は近世都市図・地誌研究。
　主要著書・論文：「近世後期の京都における寺社境内の興行地化」（人文地理43-5、1991年）、「近世奈良の都市図と案内記類——その概要および観光との関わり——」（奈良女子大学地理学研究報告5、1995年）、「文学作品にみられる近代盛り場——明治・大正期の京都新京極の場合——」（『地理学報』31、1996年）、「『都名所図会』の構成と本文にみられる諸特徴」（『地理学報』36、2005年）など。

上杉　和央（うえすぎ　かずひろ）

　京都大学大学院文学研究科博士後期課程修了。京都大学博士（文学）。現在、京都府立大学文学部講師。専門は江戸時代の地理的知識に関する研究。
　主要著書・論文：「地誌作成者としての森幸安」（『歴史地理』47-4、2005年）、「17世紀の名所案内記にみえる大坂の名所観」（『地理学評論』77-9、2004年）、「青年期本居宣長における地理的知識の形成過程（『人文地理』55-6、2003年）など。

| 平安京―京都　都市図と都市構造 | ⓒ Akihiro Kinda 2007 |

2007年2月25日　初版第一刷発行
2009年6月10日　初版第二刷発行

編　者　　金　田　章　裕
発行人　　加　藤　重　樹
発行所　　**京都大学学術出版会**
　　　　　京都市左京区吉田河原町15-9
　　　　　京大会館内（〒606-8305）
　　　　　電　話（075）761-6182
　　　　　FAX（075）761-6190
　　　　　URL　http://www.kyoto-up.or.jp
　　　　　振　替　01000-8-64677

ISBN 978-4-87698-696-5　　　　印刷・製本　㈱クイックス東京
Printed in Japan　　　　　　　　定価はカバーに表示してあります